◇ 21 世纪高职高专规划教材·市场营销系列

消费者行为学

（第 2 版）

主　编　柴少宗
副主编　贾桂玲

清华大学出版社
北京交通大学出版社
·北京·

内 容 简 介

全书共有 11 章，内容包括绪论、消费者心理活动过程、消费者个性与态度、消费者需要与购买动机、消费者购买决策与购买行为、消费习俗与消费流行、消费群体的消费行为、环境因素与消费行为、营销策略与消费行为、现代信息技术与消费行为、消费新趋势与消费行为。每章附有学习目标、阅读资料、练习题、实训题及案例分析。

本书在编写过程中本着理论与能力并重的原则。本书可作为高职高专院校市场营销专业教材，销售工作的人员借鉴使用。

图书在版编目 (CIP) 数据

消费者行为学/柴少宗主编. —2 版 . —北京：北京交通大学出版社：清华大学出版社，2019.6

（21 世纪高职高专规划教材·市场营销系列）

ISBN 978-7-5121-3849-0

Ⅰ. ① 消…　Ⅱ. ① 柴…　Ⅲ. ① 消费者行为论-高等职业教育-教材　Ⅳ. ① F713.55

中国版本图书馆 CIP 数据核字（2019）第 041115 号

消费者行为学
XIAOFEIZHE XINGWEIXUE

责任编辑：吴嫦娥

出版发行：清华大学出版社　　邮编：100084　　电话：010-62776969
　　　　　北京交通大学出版社　邮编：100044　　电话：010-51686414
印 刷 者：三河市华骏印务包装有限公司
经　　销：全国新华书店
开　　本：185 mm×260 mm　　印张：17　　字数：424 千字
版　　次：2019 年 6 月第 2 版　　2019 年 6 月第 1 次印刷
书　　号：ISBN 978-7-5121-3849-0/F·1860
印　　数：1~4 000 册　　定价：46.00 元

本书如有质量问题，请向北京交通大学出版社质监组反映。对您的意见和批评，我们表示欢迎和感谢。

投诉电话：010-51686043，51686008；传真：010-62225406；E-mail：press@bjtu.edu.cn。

前　言

随着全球经济一体化进程的加速和网络技术的日益普及，企业界所面对的外部环境在不断变化，企业的竞争空前激烈，竞争的焦点开始从对物质资源的争夺和对资本的争夺转向了对顾客资源的争夺上。谁能比竞争对手更深入地了解顾客，更好地满足顾客需求，更懂顾客的消费心理，谁就能在竞争中处于优势。

在全球经济复苏的大背景下，本书全面系统地介绍消费者的心理特点和行为特点，并借助国内外企业真实案例，为即将从事或已经从事企业管理和营销管理的相关人员提供知识上的帮助和实践上的借鉴，希望能为我国企业的发展尽微薄之力。

本书的编写基本沿着消费者内外影响因素及其购买决策过程这一主线而展开。在编写过程中，广泛借鉴国内外有关研究成果，力求反映出该研究领域发展的最新水平。在研究体系上，对逻辑结构进行了精心设计和编排，以便尽可能完整全面地涵盖该研究领域的各个方面。在研究内容上，对近年来消费领域出现的许多新现象、新问题进行了分析和探索性研究。在研究方法上，注重理论与实践的紧密结合，以求为企业开展营销活动提供切实有效的方法和手段。

内容主要包括：消费者行为学的研究对象和研究方法、消费者心理活动过程分析、消费者个性与态度分析、消费者需要与购买动机分析、消费者购买决策与购买行为分析、消费习俗与消费流行、社会群体消费行为分析、环境因素对消费行为的影响、营销策略与消费行为、现代信息技术与消费行为、消费新观念与消费行为。

本书既有理论，又有实际操作能力培养的内容，充分体现高职学生特点，在理论学习上强调"必需""够用"，重点突出操作能力的培养和提高。在结构的安排上，每章都有学习目标、中间穿插阅读资料、后面都有练习题、实训题和案例分析。学习目标指出了应掌握的知识和技能，为学生提供学习指导；阅读资料有利于提高学生的学习兴趣，开阔视野；练习题是对本章重点知识巩固、复习；实训题为了提高操作层面的素质，培养实际工作能力；案例分析可以更好地帮助学生理解教学内容，让学生学会分析问题并解决问题。

本书修订过程中更换了部分案例，并根据使用教材的部分老师建议，调整、修改了部分内容，在此对关心教材建设的同仁表示感谢！全书由柴少宗担任主编，贾桂玲担任副主编，参加编写的还有王若军、韩红梅、汤勇、岳炳红、曹炳政、胡泽萍、武克华、刘卫明、王杰、沈健。

本书力求反映最新理论与实践成果，但由于时间仓促、水平有限，难免存在不成熟、不严谨之处，恳请各位专家和读者提出宝贵意见。在编写过程中参考引用了一些国内外公开出版或发表的资料和文献，在此，向这些作者表示感谢！也向为此书出版付出辛苦劳动的北京交通大学出版社的编辑致以衷心的感谢！

编　者
2019 年 4 月

目　录

第 1 章

绪　　论

【学习目标】
1. 掌握消费、消费者、消费心理学、消费者行为学的概念；
2. 掌握消费者行为的基本特征；
3. 掌握消费者行为学的研究对象及研究内容。

随着经济一体化和经济全球化的网络经济时代的到来，世界经济高速发展，市场的供求关系、需求结构和消费结构都在发生着巨大变化。市场竞争日趋加剧，消费者的消费行为受到社会特别是企业的高度重视。在供大于求的买方市场环境下，认真分析和掌握消费者的购买心理与购买行为，对企业准确把握市场机会、开发和生产适销对路的产品、提高经营管理水平、增强企业竞争能力具有重要的现实意义。

消费者行为是客观存在的社会现象，是消费主体出于延续和发展自身的目的，有意识地消耗物质资料和非物质资料的能动行为。消费者是市场的主体与核心，消费者行为是影响市场运行的基本因素，决定着企业的生存与发展。因此，消费者行为的研究是市场营销研究的基石。

消费者行为研究的主要目的是分析影响消费者行为的各种因素之间的相互关系，探讨消费者行为特点、方式及其规律，进一步解释、预测和引导消费者行为。消费者行为的研究有利于分析消费者日益增强的影响力，增强企业发展的驱动力；有助于企业进行正确的决策；有助于企业创新能力的提升，提高产品性能和服务质量；同时可以正确引导消费需求，提倡科学文明的消费，有利于教育和保护消费者。

消费者行为与市场营销有着密切的关系。消费者行为研究是市场营销决策和制定营销策略的基础，对市场机会分析、市场细分、产品定位、市场营销组合具有重要的现实意义。

1.1　与消费者行为有关的概念

1.1.1　消费与消费者

1. 消费

消费是人类社会为了满足生存发展需要而进行物质资料和精神产品的消耗过程，可分为生产消费和生活消费。生产消费是指在生产过程中的消费，包括生产资料和劳动力的使用与消耗。这种消耗是维持生产过程连续进行的基本条件。生活消费又称为个人消费，是指人们为了满足自身的生理和精神需要对物质资料和精神产品的消耗过程。生活消费是人们维持生存和发展，进行劳动力再生产的必要条件，也是人类社会最大量、最普遍的经济现象和行为活动。生活消费是一种最终消费，也是社会再生产得以生存的基础。

2. 消费者

消费者是指为了满足生产或生活的需要，获取、使用、消耗各种商品与服务的个人或组织。消费者可分为狭义的消费者和广义的消费者。狭义的消费者，是指购买、使用各种商品与服务的个人或居民户。广义的消费者，是指购买、使用各种商品与服务的个人或组织。在本书中，主要研究狭义的消费者。

消费者与消费是既有联系又有区别的两个概念。消费是人们消耗物质资料和精神产品的活动和过程，是购买和使用消费品或服务的活动；消费者是消费活动的主体，是物质资料和精神产品的购买者或使用者。

1.1.2　消费心理与消费者行为

1. 消费者心理

人类的一切行为都是由心理作用支配的，消费心理是消费者行为的基础。消费心理是消费者的所思所想，是指消费者购买、使用商品与服务过程中所发生的一系列心理活动。消费心理学是研究消费者在消费过程中消费者心理与行为的产生、发展及其规律，并探讨在市场营销活动中各种心理现象之间相互关系的一门学科。目的在于发现和掌握消费者在消费活动中心理与行为的特点及规律，以便适应及引导消费者行为。

在经济全球化和信息化的社会中，消费者在消费活动中的行为是通过可支配的收入、购买和使用商品实现其实用价值。在购买和使用商品过程中，受其心理作用的影响和支配。

2. 消费者行为

消费者行为是指人们为了满足需要和欲望而寻找、选择、购买、使用、评价及处置商品和服务所表现出来的行为过程。消费者不但要了解如何获取商品或服务，而且要了解怎样使用或消费商品。同时对使用后的商品作进一步的评价，验证自己的购买决策是否正确，从而得到购后感受。这种感受将影响到以后的购买行为。

消费者行为具有以下特征。

1）消费者行为受动机所驱动，目的是满足需要或欲望

人们形成需要往往必须具备两个前提条件：一是感到不满足，缺少什么东西；二是期望得到某种东西，有追求满足之感。一般来说，人们有什么样的需要就会相应地产生什么样的动机。例如，人的肚子饿了，需要吃东西，只要他身上有钱，而商店又有食品出售，他就会产生购买食品的动机，动机一旦产生就会推动他到商店去买食品充饥。消费者行为是在某种刺激的作用下产生的，这种刺激既可以来自消费者的生理或心理因素，也可以来自外界环境。购买动机是直接驱使消费者进行某种购买活动的一种内部动力，是消费者为满足某些需求采取购买行为的动力。在各种刺激因素的作用下，消费者经过复杂的心理活动，产生购买

动机，在动机的驱使下作出购买决策，采取购买行动。

2）消费者行为是复杂心理活动的产物

由于市场竞争日趋激烈，不同企业提供相同种类的商品众多，消费者购买商品时具有明显的选择性，主要表现为以下两个方面。一是追求自身利益最大化。消费者购买商品的目的就是要用最少的钱买到最值得的商品，最大限度地满足自身的需要。二是逃避风险。每一次消费都存在风险，消费者购买商品时首先要考虑商品的质量，同时要考虑商品质量出现了问题能否及时得到上门维修等。购买付出的成本越大，相应感受到的风险就可能越大，在采取购买行为时就会越谨慎。因此，消费者在购买商品（特别是贵重商品）时往往经过反复对比、慎重选择的复杂的心理过程。经过利益权衡得失后才作出购买决定。

3）消费者行为具有多样性和复杂性

不同的消费者有不同的需求特点，购买心理和购买行为也有差别。不同消费者在年龄、性别、民族传统、宗教信仰、生活方式、文化水平、经济条件、个性特征和所处地域的社会环境等方面的主客观条件千差万别，由此形成多种多样的消费需要，即消费行为的多样性和复杂性。

不同的消费者在需求、偏好以及选择商品的方式等方面各有侧重；消费者的购买一般是以个人或家庭为单位进行，购物具有种类多、数量少、购物频率高的特点；同时消费者普遍存在追求价廉物美、求实从众、求名争胜、求新趋时、求奇立异等购物心理倾向。

4）消费者行为具有可诱导性

大多数消费者购买商品时，一般是凭感觉和印象进行购买的。他们对商品缺乏专业性了解，属于非专业性购买。一些消费者在购买商品时会出现犹豫不决的情况，有些消费者有时对自己的需要并未清楚地意识到。扩大销售、提高效益的关键是实现这部分消费者的购买。除了店堂环境、灯光装饰、商品陈列、商品适销度等因素外，很重要的是营业员的仪表、神态、言语、示范，即营业员的诱导；同时，商品的广告、包装、推销方式和服务质量对顾客购买行为也会产生积极影响，使消费者的心理向购买的方向发展。因此，企业可以制定适当的营销战略并运用各种营销手段，吸引消费者的购买兴趣，有效地引导消费者的购买行为，扩大产品的销售量。随着科学技术的发展和生产水平的不断提高，大批新产品会进入市场，消费者由于自身消费知识的局限，不可能及时全面地了解所有新产品的性能、特点、使用方法等，因此要善于利用各种不同的推销手段与策略对消费者进行引导消费，提高销售能力。

消费者行为学是运用相关的理论与技术，分析和预测消费者行为规律，为企业的市场营销活动提供重要依据的一门科学。通过对消费者行为过程及心理活动过程进行分析，掌握消费者行为的规律，有针对性地开展企业的市场营销活动。

消费者心理与消费者行为具有一定的区别，消费者心理是消费者看不见摸不着的心理活动和思维活动，属于内隐行为，包括消费者行为的决策过程及影响决策过程的个人因素（如需要、动机、态度、个性等）。消费者行为反映消费者外显的行为举止，是可见的，属于外显行为，包括商品的选择和购买活动等。从发生的时间上看，消费者心理与消费者行为可以同时或不同时发生。一般情况下，消费者心理在前，消费者行为在后。消费者心理与消费者行为又是相互联系的，主要表现为：一方面，消费者心理支配着消费者行为，消费者心理是消费者行为的基础，支配着消费者行为的形成与发展，因此可以根据消费者心理推断消费者行为；另一方面，消费者行为又反映了消费者心理，消费者行为是满足消费者心理需要和实现消费者购买动机的过程，反映出消费者的心理状态和活动过程。因此，可以根据消费者行为分析消费者心理。

阅读资料 1-1

沃尔玛理念——"保证你满意"

一位长者来到新开张的沃尔玛青岛店，结账时发生了一点儿小意外：由于分类装袋的原因，长者顺手将装有一条鱼和一块肉的塑料袋挂在收款台旁的柱子上，结完账却忘记带走。回家后他发现了自己的疏漏，却记不得把东西落在哪儿了，他试着给服务台打了个电话。卖场录像显示塑料袋中的商品让别人顺手牵羊拿走了。沃尔玛青岛店没有因为是长者自己造成的失误而一推了之，而是补给那位长者一份同样的商品。

一位下了班的深圳沃尔玛员工，在乘坐公交车回家的路上，看到一个手提沃尔玛购物袋的人上了车，很有礼貌地起身让座，并说："您是我们的顾客，顾客就是上帝，所以给您让座是应该的。"这位顾客感动不已。在沃尔玛，你可以享受到这样的服务：当你询问某种商品在货架什么位置时，你不仅可以得到明确的告知，而且会被引导到该商品的摆放处。

沃尔玛的创始人萨姆·沃尔顿曾多次说过："向客户提供他们需要的东西，并且再多一点儿服务，让他们知道你重视他们。在错误中吸取教训，不要找任何借口，应该向客户道歉，无论做什么，都应该让三分。我曾经在第一块沃尔玛招牌上写下了最重要的四个字——保证满意。"

沃尔玛以"天天平价"作为竞争力的又一招数，天天平价要求天天低成本，为此沃尔玛采取了少做广告、节约内部开支、利用先进的管理手段来降低成本的做法。沃尔玛有一套全球最大、最先进的数据处理系统，它可以对分店供货做出最佳安排，从而使成本低于竞争对手。另外，通过仔细评价客户行为，可以相应提高顾客需求较多商品的库存，减少周转频度较低商品的库存。沃尔玛对客户的盛情服务，以及有效的低成本运作方式改革了现代零售业，使其取得了世界 500 强之首的地位。人们甚至看不到沃尔玛的广告宣传。

做企业首先是做内功，如果自己的服务不到位，那么根本得不到任何消费者的垂青。从上面的案例里可以看到，沃尔玛以品质为"逸"，得到了消费者的"劳"，这正是企业本身内在精神给予消费者的一种直观体验，消费者在体验的过程中会受到感动，从而使企业的品牌更加具有市场竞争力。

资料来源：汪玉光. 消费心理学. 北京：化学工业出版社，2008：86.

1.2 消费者行为学研究对象和内容

1.2.1 消费者行为学的研究对象

消费者行为学的研究对象是市场商品交换活动中消费者各种心理现象和行为的产生、发展及其规律。主要表现为以下几个方面。

1. 消费者在购买行为中的心理现象和心理状态

消费者在购买商品或服务的过程中，总是根据自己的意图和偏好购买所需的商品。不同的消费者在购买商品或服务时所表现的心理现象是不同的，有些消费者表现为节约求廉，总是期望以有限的收入，买到更多或有更大效用的商品或服务。有些消费者表现为求新求异求奇，总是期望商店出售的商品具有新颖性、趋时性。消费者购买商品时表现出不同程度的兴奋、愉悦、平淡、紧张、愤怒、屈辱等各种心理现象。因此，有的消费者采取了购买行为，有的消费者犹豫不决，有的消费者浏览观望等，消费者的这些表现与其心理过程和心理状态有直接关系，成为消费者行为学研究对象之一。同时，消费者与营销人员之间由于服务态度、自身利益等方面的因素，双方有时会表现出一致，有时会表现出矛盾或冲突，也会不同程度地表现出消费者心理现象。

2. 消费者在消费过程中的行为和规律

消费者的购买行为是由一系列环节和要素构成的完整过程。消费者的购买行为有 5 个阶段：认识需要、搜集信息、分析评价、决定购买、购后感受。购买过程实际上是消费者需要、购买动机、购买决策、购买活动和购后感受的统一。购买决策在消费过程中处于最重要的地位，在顾客的购买行为中居核心地位，正确的购买决策是合理消费的保证，决策的正确与否直接决定着购买行为的发生。因此，对购买决策的研究有助于掌握消费者行为特征和规律。从这个过程可以看出，消费者行为不仅指发生在购买过程中的行为，也包括购前过程，如产品信息收集和产品的选择比较；还包括购后过程，如产品使用、评估和处理以及消费者是否满意，能否形成良性的购买循环。对消费者行为的综合研究，则可以找出消费过程中消费者的一般心理和行为规律，这是消费者行为学的基本研究对象之一。

3. 消费活动中的营销环境

消费者及其所从事的消费活动是在某种特定的环境条件下进行的，消费者行为在很大程度上受到环境的影响和制约。因此，营销环境成为消费者行为的研究对象之一。

营销环境是影响消费者心理和行为的重要因素，购物环境好坏、客流量的多少、营业员的服务态度和服务水平影响着消费者的购物心理和行为。购物场所的装潢、装饰及所经营商品的档次、品位等，也会对消费者的购买决策产生重要影响；同时，购物场所及商品的空间关系也影响着消费者心理与行为，如消费者与购物场所的空间距离、商品在购物场所的位置等。宏观环境因素如人口因素、经济因素、政治法律因素、社会文化因素、自然因素和科学因素等对消费者行为也会产生影响。

4. 消费者行为的发展变化趋势

消费者行为学的研究对象逐渐扩大，研究领域越来越广泛。随着生活水平的提高及消费观念的变化，消费领域逐渐增大。在消费过程中，消费者不仅注重有形产品的消费，而且越来越关心无形产品的消费，这样，精神生活消费、闲暇消费、储蓄与投资行为的普及程度等，都成为影响消费者行为和心理变化的重要因素。消费者满意和消费者忠诚越来越受到营销部门的重视，品牌心理和品牌忠诚是消费者行为学探究的热点，品牌忠诚度的提高是企业长期盈利的唯一的也是最重要的驱动力，根据消费者品牌偏好来设计品牌和进行品牌管理成为现代企业营销战略的重点。

1.2.2 消费者行为学的研究内容

消费者行为学研究的主要目的在于揭示和掌握消费者心理与行为特征及其规律，预测和引导消费者行为。消费者行为学的研究内容由影响消费者行为的因素所决定，主要的影响因素包括消费者自身因素、环境因素和市场营销因素。

1. 消费者的心理过程研究

消费者心理是指消费者在购买、使用、消耗商品过程中的一系列心理活动。消费者在消费活动中有思想、感情、欲望、喜怒哀乐、兴趣爱好、性格气质、价值观念、思维方式等，它们构成消费心理活动或心理现象。消费者的消费行为总是在一定心理活动支配下进行的，因此有必要对消费者的心理活动和心理反应进行分析和研究。

消费者的心理活动包括消费者的意识、感觉和知觉，消费者的记忆、想象和思维，消费者的情绪、情感和意志，消费者的认知和行为学习，消费者的态度和行为，消费者的购买需要和动机等。通过消费者心理分析揭示消费者心理现象，掌握消费者行为的一般规律，认真分析和研究消费者需要和动机，为购买行为的研究奠定基础。

2. 消费者的购买行为研究

消费者的消费是消费心理和消费行为的统一。当人们缺乏某种东西时，心理上就会产生某种紧张或不安的感觉，这就是消费者需要的认知。消费者为了获得可靠的商品或服务，需要进一步广泛收集可靠、有效的产品信息，了解市场上的商品及其特性，才能更好地对各种备选商品或服务作广泛而深入的性价比较，形成满足需求的多种方案。每一种方案各有其优点和不足。根据自己的价值观、经济状况、地位等因素，消费者对每一种方案进行比较和评价，最后优化出自己可行的购买方案。消费者对各种商品或服务的价格、品牌、售后服务等各项产品特征进行分析、评价之后，对某种品牌形成偏爱，从而形成购买意图。根据商品或服务的急需程度，顾客就会作出购买决策和实现购买行为。顾客购买使用商品或服务后，根据自己的期望对商品或服务作出评价，这种感受将影响到以后的购买行为。分析消费者的消费过程，抽象出消费者购买行为的基本模式。消费者在购买过程的不同阶段上表现出不同的行为特点，企业营销人员应当分析研究这些特点，制订相应的营销方案。

3. 消费者行为与外界影响因素研究

消费者及其所从事的消费活动是在一定的环境条件下进行的。外界因素对消费者行为会产生重要影响，这些因素包括两个方面。一是受到社会因素的影响，包括国家的经济因素、相关社会群体、社会舆论、宗教信仰，以及民族、地理、社会等级等社会经济文化因素等。

在消费者消费时，消费者对某些商品或服务的态度会受到社会环境的影响和制约，从而影响消费者对某些商品或服务及品牌的选择。二是特定的销售环境，如零售设计中的招牌设计、门面设计、橱窗设计、商店的氛围甚至商店的拥挤程度等，也会对消费者的购买心理及购买行为产生影响。此外，市场规划也在相当程度上影响消费者的行为。

4. 消费者行为与市场营销关系研究

市场营销的一切活动都是围绕消费者进行的。市场营销活动是能够适应消费者心理要求和购买动机的营销，也是对消费者开展商品、价格、渠道、促销因素的营销组合活动。营销活动会对消费者心理及购买行为产生直接影响，其目的在于通过满足消费者的需要，激发其购买欲望，促成购买行为，实现商品的最终销售。企业的营销活动为消费者提供所需要的产品，使其需求得到满足，丰富了人们的生活，提高了人们的生活质量。企业营销组合因素对消费者行为的影响，企业营销人员研究消费者行为的目的是更好地运用营销组合因素去影响和引导消费者行为，以扩大企业的产品市场占有率。

1.3　消费者行为学的形成与发展

消费者行为学的形成和发展与社会经济状况、商品的供求关系、市场竞争的激烈程度有关。18 世纪中叶，大机器生产体系尚未形成，商品生产的社会化程度低，商品供不应求，企业生产出来的商品不愁没有销路，因此消费者心理与行为并没有引起重视。随着经济的发展，商品的供求关系逐渐过渡到供大于求的买方市场，市场竞争日趋激烈。此时，商品的生产者和经营者开始重视商品的需求和销售问题，消费者心理与行为逐渐受到关注，了解消费者需求、引起消费者对商品的兴趣和购买欲望、促成其购买行为成为其关注的重点内容。从此，消费者心理与行为的研究逐渐完善、深入和系统化，形成了较为完整的一门独立学科。消费者行为学的形成与发展大致可以分为三个阶段。

1.3.1　萌芽阶段

萌芽阶段是从 19 世纪末到 20 世纪 20 年代。最早从事这方面研究的是美国明尼苏达大学的盖尔，他在 1895 年采用问卷调查方法，就消费者对商业广告及其介绍的商品的态度与看法进行了研究。1899 年，美国社会学家凡勃伦（T. B. Veblen）在其出版的《有闲阶级论》（*Theory of the Leisure Class*）中，提出了炫耀性消费及其社会含义，认为过度的消费是人们在炫耀心理支配下激发的，强调了研究消费者心理与行为的必要性，引起了心理学家和社会学家的兴趣，也受到了企业的密切关注。1901 年 12 月 20 日，美国心理学家斯科特（W. D. Scott）在一次演讲时提出广告应发展成一门科学，阐述了要运用心理学的理论和方法引导企业的广告和销售工作。1903 年斯科特（W. D. Scoott）发表的 12 篇论文被汇编成《广告论》一书出版。该书较系统地论述了如何在广告中应用心理学原理，较为系统地谈及影响消费者心理的各种因素，引起消费者的注意和兴趣。1908 年，美国社会学家罗斯（E. A. Ross）出版了《社会心理学》，着重分析了个人和群体在社会生活中的心理与行为，开辟了群体消费心

理的研究，使消费者心理的研究领域进一步扩大。1912 年德国心理学家闵斯特伯格
（H. Munsterberg）主持哈佛大学心理实验室工作，出版了《工业心理学》，最早研究了广告面
积、色彩、文字、编排等因素与广告效果的关系，并且注意到了商品宣传在销售方面的作
用，提出了广告与橱窗对消费者心理的影响。1923 年，科普兰（M. T. Copeland）提出了关
于将消费物品分为便利品、选购品和专门品的分类方法，至今被很多教科书所使用。

这一阶段的各项研究为消费者行为学的产生奠定了基础，研究的重点是促进企业的产品
销售和广告问题，而不是满足消费者需求。这一阶段的研究范围小，研究深度不够，因此这
些研究在当时未引起社会的广泛重视。

1.3.2　发展阶段

发展阶段是从 20 世纪 20 年代到 20 世纪 50 年代。这一时期消费者行为学的研究得到了
迅速发展，并广泛应用于企业的市场营销实践中。

1929—1933 年，西方资本主义国家发生经济危机，生产过剩，产品大量积压，商品销
售十分困难，使得需求问题成为西方企业面临的首要问题。在这种形势下，刺激消费作为反
危机的一种手段被提了出来。为了促进销售，降低产品积压，摆脱产销脱节的困境，企业提
出"创造需求"的口号，纷纷加强了广告、促销等方面的力量，市场逐步成为企业关注的焦
点。同时，开始重视和加强市场调研，刺激消费需求，预测消费趋势。产业界对运用消费者
行为研究成果表现出越来越浓厚的兴趣。在广告界，运用心理学原理与方法探测广告对顾客
行为的影响日益普遍，由此广告心理学得以发展。这一时期，越来越多的心理学家、经济学
家、社会学家开始关注消费者心理和行为问题，市场学、管理学、广告学、营销学在市场营
销活动中得到广泛应用，并取得明显效果，从而大大推动了消费者心理与行为的研究，为第
二次世界大战以后消费者行为研究的发展奠定了基础。

第二次世界大战后，军事工业迅速转向民用产品生产，市场商品供应急剧增多。随着第
三次科技革命的深入，劳动生产率空前提高，产品更新换代加快。产品供过于求的买方市场
更趋明显，消费者需求也不断变化，消费者行为也日益多样化、个性化。企业之间的竞争更
加激烈，企业的经营观念从生产观念转向销售观念，重视广告和推销，重视分析、预测消费
需求，为消费心理学的研究提供了良好的社会条件。了解消费者需求特点，把握消费者行为
的变化趋势，成为企业赢得竞争优势的重要前提。在此背景下，越来越多的心理学家、经济
学家、社会学家加入到消费者行为研究的行列，并相继提出了许多理论。1951 年，美国心
理学家马斯洛提出了需要层次理论；1953 年，美国心理学家布朗开始研究消费者对商标的
倾向性；1957 年，社会心理学家鲍恩开始研究参照群体对消费者购买行为的影响。

这一阶段，西方发达国家市场竞争加剧，许多企业从过去关心产品的生产问题转向关注
产品的销售问题。消费心理学从此进入了发展时期，它对市场营销活动的参与、影响和服务
的作用也日益明显。

1.3.3　成熟阶段

成熟阶段是从 20 世纪 60 年代至今。这一时期消费者行为学作为一门独立学科的地位得

以确立，研究成果广泛应用于企业的市场营销实践中。

1960 年，美国正式成立了"消费者心理学会"，其会员约 400 人。这一学会的成立标志着消费心理学作为一门独立学科从此诞生。20 世纪 60 年代中期，消费者行为学课程开始在美国的一些大学出现。1968 年，俄亥俄州立大学的恩格尔（Janes Engel）、科拉特（Dovid Kollat）和布莱克威尔（Roger Blackwell）合作出版了《消费者行为学》一书，这是第一部消费者行为学教材。1969 年，消费者研究协会（Association for Consumer Research）正式成立。该协会的成员来自心理学、经济学、市场营销学、法学、社会学等各个领域，促进了消费者行为研究的多学科相互渗透。在 20 世纪 60—70 年代，一些重要的研究成果相继出现，罗杰斯（Rogers）关于创新扩散的研究，拉维吉（Lavidge）和斯坦勒（Steiner）关于广告效果的研究，菲什拜因（Fishbein）等人关于态度及其与行为关系的研究，谢斯（Sheth）等人关于组织购买行为和消费者权益保护问题的研究，科克斯（Cox）和罗斯留斯（Roselius）等人关于消费者如何应对知觉风险的研究等。

1974 年，《消费者研究杂志》创刊。该杂志发表了大量有关消费者行为方面的研究成果。目前在美国，刊载消费者研究成果的主要学术杂志，还有《应用心理学》《市场营销研究》《市场营销》《广告研究》等。据美国统计，1968—1972 年在各类刊物上发表的有关消费者行为的研究成果数量多于 1968 年以前所有出版的全部研究成果数量。

从 20 世纪 80 年代以来，消费者行为学成为多学科相互渗透的一门科学，研究内容日趋完善和深化，研究领域不断扩大，文化消费问题、消费信用问题、消费生态问题、信息处理问题、消费者心理结构、外部环境对消费行为的影响、消费者权益保护的政策与法律问题等都纳入消费者行为的研究范围之内；同时，消费者行为研究方法逐渐完善。

这一时期消费者行为学作为一门独立学科的地位得到承认。消费者行为研究呈加速发展趋势，研究成果的数量明显增多，质量明显提高，广泛应用于企业的市场营销实践中，研究的范围也大大扩展，研究方法也日益多样化。

练习与实训

一、练习题

1. 简述消费者行为学研究的意义。
2. 简述消费者行为的基本特征。
3. 简述消费者行为学的研究对象。
4. 简述消费者行为学的研究内容。

二、实训题

1. 根据所学知识，总结消费者行为学与市场营销的关系。
2. 以小组为单位讨论我国目前的消费热点。
3. 运用所学知识，对我国当前房地产市场的消费特点进行分析，并提出相应的营销对策。

案 例 分 析

互联网环境下中国消费者购买行为的变化[①]

由于互联网商务的出现，消费观念、消费方式和消费者的地位正在发生着重要的变化，互联网的迅速发展促进了消费者主权地位的提高；网络营销系统巨大的信息处理能力，为消费者挑选商品提供了前所未有的选择空间，使消费者的购买行为更加理性化。

（一）网络消费者的行为特征

网络用户是网络营销的主要个体消费者，他们的购买行为决定了网络营销的发展趋势。要做好网络市场营销工作，就必须对网络消费者的群体特征进行分析，以便采取相应的对策。网络消费需求主要有以下几个特点。

1. 个性化的消费需求

随着21世纪的到来，这个世界变成了一个计算机网络交织的世界，消费品市场变得越来越丰富，消费者进行产品选择的范围全球化、产品的设计多样化，消费者开始制定自己的消费准则，整个市场营销又回到了个性化的基础之上。没有一个消费者的消费心理是一样的，每一个消费者都是一个细小的消费市场，个性化消费成为消费的主流。

2. 消费者需求的差异性

不仅仅是消费者的个性消费使网络消费需求呈现出差异性，对于不同的网络消费者因其所处的时代环境不同，也会产生不同的需求；不同的网络消费者，即便在同一需求层次上，他们的需求也会有所不同。因为网络消费者来自世界各地，有不同的国别、民族、信仰和生活习惯，因而会产生明显的需求差异性。

3. 消费的主动性增强

在社会化分工日益细化和专业化的趋势下，消费者对消费的风险感随着选择的增多而上升。在许多大额或高档的消费中，消费者往往会主动通过各种可能的渠道获取与商品有关的信息并进行分析和比较。或许这种分析、比较不是很充分和合理，但消费者能从中得到心理的平衡以减轻风险感或减少购买后产生的后悔感，增加对产品的信任程度和心理上的满足感。

4. 消费者与厂家、商家的互动意识增强

传统的商业流通渠道由生产者、商业机构和消费者组成，其中商业机构起着重要的作用，生产者不能直接了解市场，消费者也不能直接向生产者表达自己的消费需求。而在网络环境下，消费者能直接参与到生产和流通中来，与生产者直接进行沟通，减少了市场的不确定性。

5. 追求方便的消费过程

在网上购物，除了能够完成实际的购物需求以外，消费者在购买商品的同时，还能得到

---

① 资料来源：http://www.docin.com/p—1329524258.html.

许多信息，并得到在各种传统商店没有的乐趣。今天，人们对现实消费过程出现了两种追求的趋势：一部分工作压力较大、紧张程度高的消费者以方便性购买为目标，他们追求的是时间和劳动成本的尽量节省；而另一部分消费者由于劳动生产率的提高，自由支配时间增多，他们希望通过消费来寻找生活的乐趣。今后，这两种相反的消费心理将会在较长的时间内并存。

6. 消费者选择商品的理性化

网络营销系统巨大的信息处理能力，为消费者挑选商品提供了前所未有的选择空间，消费者会利用在网上得到的信息对商品进行反复比较，以决定是否购买。对企事业单位的采购人员来说，可利用预先设计好的计算程序，迅速比较进货价格、运输费用、优惠、折扣、时间效率等综合指标，最终选择有利的进货渠道和途径。

7. 价格仍是影响消费心理的重要因素

从消费的角度来说，价格不是决定消费者购买的唯一因素，但却是消费者购买商品时肯定要考虑的因素。网上购物之所以具有生命力，重要的原因之一是网上销售的商品价格普遍低廉。尽管经营者都倾向于以各种差别化来减弱消费者对价格的敏感度，避免恶性竞争，但价格始终对消费者的心理产生重要的影响。因消费者可以通过网络联合起来向厂商讨价还价，产品的定价逐步由企业定价转变为消费者引导定价。

(二) 网络时代消费行为的变化

网络经济时代的最大特征是买方市场，互联网强大的通信能力和网络商贸系统便利的交易环境，改变了消费者的消费行为，企业营销也必须跟上时代发展的步伐。网络时代消费行为的变化可以概括为以下几个方面。

1. 消费产品个性化

由于社会消费品极为丰富，人们收入水平不断提高，这些因素进一步拓宽了消费者的选择余地，并使产品的个性化消费成为可能。消费者购买产品也不再仅仅是满足其物质需要，而且还要满足其心理需要，这一全新的消费观念影响之下的个性化消费方式正在逐渐成为消费的主流。网络营销必须面对这一市场环境，对市场实行细分，直至极限。

2. 消费过程主动化

在网络营销中，消费者消费主动性的增强，来源于现代社会不确定性的增加和人类追求心理稳定与平衡的欲望。这种消费过程主动性的特点，对网络营销产生了巨大的影响，它要求企业必须迎合消费者这种需要，对顾客不再"填鸭式"的宣传，而是通过和风细雨式的影响，让顾客在比较中作出选择。

3. 消费行为理性化

在网络环境下，消费者可以很理性地选择自己的消费方式，这种理性消费方式主要表现在：①理智的选择价格；②大范围地选择比较，即通过"货比千家"，精心挑选自己所需要的商品；③主动地表达对产品及服务的欲望，即消费者不再会被动地接受厂家或商家提供的商品或服务，而是根据自己的需要主动上网去寻找适合的产品。即使找不到也会通过网络系统向厂家或商家主动表达自己对某种产品的欲望和要求。

4. 购买方式多样化

网络使人们的消费心理稳定性减少，转换速度加快，这直接表现为消费品更新换代的速度加快。这种情况，反过来又使消费者求新、求变的需求欲望进一步加强；同时，由于在网上购物更加方便，因此人们在满足购物需要的同时，又希望能满足购物的种种乐趣。这两种心理使购买方式变得多样化，这种多样化的购买方式又直接影响了网络营销。

（三）支付方式的变化

相对于传统的商品买卖活动，网络购物由于买卖活动在网络上进行，在支付问题上买卖双方更容易产生不信任。网购消费者在选择支付方式时，考虑较多的是支付手段的安全性和便利性。不仅如此，网购消费者对网络购物活动中支付方式的选择具有倾向性，不同的消费人群有着不同的偏好。

网络购物提供给消费者的支付方式比较典型的有网上支付（包括支付宝和微信形式）、货到付款（包括现金和信用卡形式）、邮局汇款、银行转账以及分期付款等。研究发现，网购消费者使用频率最高的三类支付方式依次分别是：支付宝、货到付现金、非支付宝网付（如快钱支付、网上信用卡支付等），而使用货到信用卡付款、邮局汇款、银行转账以及分期付款方式的人群比例则比较低，尤其是使用邮局汇款和分期付款的人群比例极低。总的来说，网上支付以及货到付款是目前消费者网络购物时选用最多的支付方式，而传统的支付方式，如邮局汇款和银行转账则基本上只是一种补充方式。

消费者选择支付宝方式作为最常使用的支付手段，是由于支付宝在目前已经运作得非常成熟。支付宝创造性地以特殊身份参与到买卖活动的支付环节中，为买卖双方提供了安全保障的同时，又增加了网络购物的便捷性，因此受到了人们的青睐。货到付款的现金支付方式最大程度上满足了网购消费者对资金安全的顾虑，非常适用于较为慎重的网购人群，顾客只需要准备好现金坐等货物上门即可。与之相对的是，无论是邮局汇款还是银行转账，都需要到邮局或银行（ATM）才能进行，会占用消费者较多的时间，成本较高。而分期付款的支付方式，其本身代表的是一种提前消费的观念，需要消费者承担还款压力以及信用风险，与美国居民相比，在中国这样一个倡导量入为出的消费观念下，分期付款的使用频率相对较低。

总体而言，目前网上支付和货到付款是消费者网络购物时选用较多的支付方式，网络零售企业要充分予以重视，在具体的操作环节上，与相关的组织进行合作，优化网络购物支付过程，同时采取措施消除消费者的顾虑，使消费者网络购物更加便利。

随着互联网在经济活动中的广泛运用，人们对网络的依赖越来越强烈，网络正在不知不觉中改变着当今社会的生活状态和生活方式。

案例思考题

1. 你是否同意网络环境下消费者行为特征的分析？你还有哪些补充？

2. 在网络环境下，你有哪些营销新对策？

第2章 消费者心理活动过程

【学习目标】

1. 了解消费者的心理活动过程；
2. 理解消费者的感觉与知觉，掌握其在营销活动中的应用；
3. 掌握消费者的注意与记忆；
4. 掌握消费者的学习和联想；
5. 理解消费者的情绪与意志过程。

消费者的心理活动过程是决定其行为的内在因素。通过研究各种心理机能或要素，可以揭示出不同消费者心理现象的共性及其外部行为的共同心理基础。消费者心理过程具体可分为认识过程、情感过程、意志过程三个方面，其中认识过程是消费者心理过程的起点和第一阶段，构成认识过程的心理机能包括感觉、知觉、注意、记忆、学习与联想。

心理活动是消费者行为的基础，是影响其行为诸因素中的首要因素。消费者在寻找、购买和使用商品或服务的过程中，随时随地受到各种心理机能或心理要素的支配。其中，某些带有共性的心理机能或要素彼此联系，相互依赖，共同作用于消费者的行为，由此构成一个统一的心理过程。消费者心理过程的实质是客观事物在消费者头脑中的连续反映。

消费者对商品或服务的认识过程不是单一的、瞬时的心理活动。消费者对商品或服务的认识，通常经过由现象到本质、由简单到复杂的一系列过程。

2.1 感觉与知觉

2.1.1 消费者的感觉

感觉是人脑对直接作用于感觉器官的客观事物个别属性的具体反映。消费者对商品的认识过程是从感觉开始的。在消费活动中，当消费者与商品等消费对象发生接触时，会借助眼、耳、鼻、舌、体肤等感觉器官感受商品的物理属性（如颜色、形状、大小、软硬、光滑、粗糙等）和化学属性（气味、味道等），并通过神经系统传递至大脑，从而引起对商品的各种感觉，包括视觉、听觉、嗅觉、味觉、肤觉等。例如，一种新型化妆品，消费者可以通过眼睛、鼻子、手等感觉器官对该化妆品颜色、状态、香型、质地等方面有所感觉。

感觉是人脑对客观事物外部特征和外部联系的直觉反映,是一种最简单的心理现象。消费者通过感觉获得的只是对商品属性的表面、个别、孤立的认识。因此,若仅仅依靠感觉对商品作出全面评价和判断显然是不可靠的。但是,感觉又是认识过程乃至全部心理活动的基础。通过感觉,消费者才可能进一步认识商品,形成知觉、记忆、思维、想象等较复杂的心理活动,从而获得对商品属性全面正确的认识。也正是以感觉为基础,消费者才能在认识商品的过程中产生各种情感变化,确认购买目标,作出购买决策,即引发和完成心理活动的情感过程和意志过程;反之,离开对消费对象的感觉,一切高级的心理活动都无从谈起。消费者将失去与客观环境的联系,消费行为也无法实现。因此,在一定意义上,感觉是消费者获得相关知识和经验的基础。

感觉是其他心理活动的基础,其具有如下特点。

1. 感觉的感受性和感觉阈限

感受性指感觉器官对刺激物的主观感受能力。感受性通常用感觉阈限的大小来度量。感觉阈限指能引起某种感觉的持续一定时间的刺激量,如一定强度和时间的光亮、色彩、声音等。消费者感受性的大小主要取决于消费刺激物的感觉阈限值的高低。一般来说,感觉阈限值越低,感受性就越大;感觉阈限值越高,感受性就越小。

消费者的每一种感觉都有两种感受性,即绝对感受性和相对感受性。在消费活动中,并不是任何刺激都能引起消费者的感觉。如要产生感觉,刺激就必须达到一定的量。那种刚刚能够引起感觉的最小刺激量,称为绝对感觉阈限。对绝对感觉阈限或最小刺激量的觉察能力,就是绝对感受性。绝对感受性是消费者感觉能力的下限。凡是没有达到绝对感觉阈限值的刺激物,都不能引起感觉。例如,电视广告的持续播放时间若少于3秒钟,就不会引起消费者的视觉感受。因此,要使消费者形成对商品的感觉,必须了解他们对各种消费刺激的绝对感受性和绝对感觉阈限值,并使刺激物达到足够的量。

在刺激物引起感觉之后,如果刺激的数量发生变化,但变化极其微小,也不易被消费者察觉。只有增加到一定程度时,才能引起人们新的感觉。这种刚刚能够觉察的刺激物的最小差别量称为差别感觉阈限,而人们感觉最小差别量的能力即差别感受性。差别感觉阈限与原有刺激量的比值为常数,与差别感受性成反比。即原有刺激量越大,差别阈限值越高,差别感受性则越小;反之亦然。这一规律清楚地解释了一个带有普遍性的消费心理现象,即不同商品有不同的差别阈限值,消费者也对其有不同的差别感受性。例如,一台汽车价格上调几十元乃至上百元,消费者往往不会注意;而一瓶普通矿泉水提价几角钱,消费者却十分敏感。了解消费者对不同商品质量、数量、价格等方面的差别感受性,对合理调节消费刺激量,促进商品销售具有重要作用。

2. 任何感觉都有适应性

随着刺激物持续作用时间的延长,消费者因接触过度而造成感受性逐渐下降,这种现象叫作感觉适应。适应是一种普遍的感觉现象。消费实践中,人们连续品尝十几种糕点之后,对甜味的感觉会变得迟钝;接连观看多款新车,会丧失新奇感。显然,感觉适应性对不断激发消费者的购买欲望是不利的。要改变这一现象,使消费者保持对消费刺激较强的感受性,就要调整消费刺激的作用时间,经常变换刺激物的表现形式。

3. 感觉的相互影响性

人体各感觉器官的感受性不是彼此分离的，而是相互影响、相互作用的，即一种感觉器官接受刺激产生感觉后，还会对其他感觉器官的感受性发生影响。消费者在同时接受多种消费刺激时，经常会出现不同感觉间相互作用的现象。例如，在优雅柔和的音乐声中挑选商品，对色泽的感受力会明显提高，即听觉影响了视觉；进餐时赏心悦目的各色菜肴会使人的食欲增强，这是视觉影响了味觉。

2.1.2　消费者的知觉

在认识过程中，消费者不仅借助感觉器官对商品的个别属性进行感受，而且能将多个属性联系、综合起来，进行整体反映。这种人脑对直接作用于感觉器官的客观事物多个属性的整体反映，就是知觉。

知觉与感觉既紧密联系又相互区别。知觉必须以感觉为基础。因为任何客观事物都是由若干个别属性组成的综合体，事物的整体与其个别属性是不可分割的。消费者只有感觉到商品的颜色、形状、气味、轻重等各方面属性，才有可能形成对该商品的整体知觉。但是，知觉不是感觉在数量上的简单相加，它所反映的是事物个别属性之间的相互联系，是建立在多个不同属性内在联系基础上的事物的完整映象。此外，知觉是在知识、经验的帮助下，对感觉到的信息进行加工解释的过程。没有必要的知识、经验，就不可能对客观事物的整体形象形成知觉。因此，知觉是比感觉更为复杂深入的心理活动，是心理活动的较高阶段。

现实生活中，消费者通常以知觉的形式直接反映商品等消费对象，而不是孤立地感觉它们的某个属性。例如，在人们头脑中出现的汽车，不是简单的钢铁、橡胶、电子器件。因此，与感觉相比，知觉对消费者的影响更直接，也更为重要。

知觉是消费者对消费对象的主动反映过程。这一过程受到消费对象特征和个人主观因素的影响，从而具有整体性、理解性、选择性、恒常性、偏差性等特征。

1. 知觉的整体性

心理学研究表明，尽管知觉对象由许多个别属性组成，但是人们并不把对象感知为若干个相互独立的部分，而是趋向于把其知觉为统一的整体。在认知商品的过程中，消费者经常根据消费对象各个部分的组合方式进行整体性知觉。这一特性的表现形式有：①接近性，指在空间位置上相互接近的刺激物容易被视为一个整体；②相似性，指刺激物在形状和性质上相似，容易被当作一个整体感知；③闭锁性，指刺激物的各个部分共同包围一个空间时，容易引起人们的整体知觉；④连续性，指当刺激物在空间和时间上具有连续性时，易被人们感知为一个整体。

消费知觉的整体性还表现在对消费对象各种特征的联系与综合上。人们通常把某种商品的商标、价格、质量、款式、包装等因素联系在一起，形成对该商品的整体印象。评价一家商店时，顾客依据的也不是某单一因素，而是对商品种类、档次、服务质量、购物环境、企业信誉等多种因素加以综合考虑。知觉的整体性使消费者能够将某种商品与其他商品区别开来。当环境变化时，可以根据消费对象各种特征间的联系加以识别和辨认，从而提高知觉的准确度。

2. 知觉的理解性

消费者借助生活实践中积累的商品知识和经验，对各种感觉到的信息加以选择和解释，也就是知觉过程是通过思维而实现的。概念和词语是知觉对象的标志，如电视机、音响、汽车、饮料等。人们借助于各种概念和词语的命名，把商品的个别属性联合成为整体；相反，如果缺乏必要的知识、经验和相应的概念和词语，消费者就不能形成对商品的正确知觉。例如，20 世纪 70 年代以前，我国大多数消费者从未接触过冰箱、彩电、洗衣机、音响等高档家用电器，因而即使面对这些商品，也很难作出准确判断。消费经验水平的不同，造成消费者之间在知觉理解能力和程度上的差异，知识、经验的不足将直接导致消费者对商品的知觉迟缓和肤浅。

3. 知觉的选择性

选择性又称对象性，即消费者并非对所有刺激都作出反应，而是有选择地把其中一部分刺激加以接收、加工和理解，这种在感觉基础上有选择地加工处理，即知觉的选择性。

引起消费者知觉选择的原因，首先源于感觉阈限和人脑信息加工能力的限制。凡是低于绝对感觉阈限的较弱小的消费刺激，均不被感觉器官所感受，因而也不能成为知觉的选择对象。只有达到足够强度的刺激才能为消费者所感知。而受人脑信息加工能力的限制，消费者不能在同一时间内对所有感觉到的信息进行加工，只能对其中一部分加以综合解释，形成知觉。一般情况下，具有某些特殊性质或特征的消费对象，如形体高大、刺激强度高、对比强烈、重复运动、新奇独特、与背景反差明显等，往往容易首先引起消费者的知觉选择。

其次，消费者自身的需要、欲望、态度、偏好、价值观念、情绪、个性等，对知觉选择也有直接影响。凡是符合消费者需要、欲望的刺激物，往往成为首先选择的知觉对象；而与需要无关的事物则经常被忽略。

此外，防御心理也潜在地支配着消费者对商品信息的知觉选择。趋利避害是人的本能。当某种带有伤害性或于己不利的刺激出现时，消费者会本能地采取防御对策，关闭感官通道，拒绝信息的输入。

4. 知觉的恒常性

恒常性指知觉的条件发生变化，知觉的映象仍能保持相对不变，即具有恒常性。如煤在白天光线充足时，我们感知是黑的；晚上，在仅有微弱的光线时我们依旧感知煤是黑的。知觉的这一特性使消费者能够避免外部因素的干扰，在复杂多变的市场环境中保持对某些商品的一贯认知。有些传统商品、名牌商标、老字号商店之所以能长期保有市场份额，而不被众多的新产品、新企业所排挤，重要的原因之一就是消费者已经对它们形成恒常性知觉，在各种场合条件下都能准确无误地加以识别，并受惯性驱使连续进行购买。知觉的恒常性可以增加消费者选择商品的安全系数，减少购买风险；但同时也容易导致消费者对传统产品的心理定势，阻碍其对新产品的接受。

5. 知觉的偏差性

现实生活中，消费者并不能总是准确地认知商品，知觉有时会偏离事物的真实情况，导致知觉的偏差。常见的知觉偏差主要有晕轮效应、近因效应、首因效应和刻板效应。知觉偏差性的过度偏差就是错觉，错觉是一种知觉歪曲状态。引起错觉的原因是多方面的，商品的图形就经常引起消费者的视错觉，例如宽大的物体因竖条纹而显得窄小，窄小的物体又因横条纹而显得宽大。当前知觉与过去经验相互矛盾时，消费者会因固守已有经验而产生错觉。例如，许多人认为"好货不便宜，便宜没好货"，因而对物美价廉的商品产生质量错觉。此外，心理定势的形成、思维推理上的错误等，也都是造成错觉的原因。

错觉现象非绝对无益。在商品经营中巧妙利用消费者的错觉，有时可以取得意想不到的效果。例如，两瓶同样容量的酒，扁平包装会比圆柱形包装显得多些；又如，狭长形店堂若在单侧柜台的对面墙壁装饰镜面，可以通过镜面反射使消费者产生店堂宽敞、商品陈列丰满的视觉效果。

2.1.3　感觉和知觉在营销活动中的应用

1. 感觉在营销活动中的应用

消费者的感觉在消费者的购物活动和企业的市场营销工作中，有着很重要的作用。

1）感觉使消费者获得对商品的第一印象

感觉是消费者认识商品的起点，是一切复杂心理活动的基础。消费者只有在感觉的基础上，才能获得对商品及影响消费者购买行为产生的其他因素，如营业环境、销售服务及各种营销手段等的全面认识。购买商品时，消费者首先相信的是自己的感觉。第一印象的好坏往往直接影响消费者是否购买某种商品；各种营销手段只有给消费者良好的第一印象，才能发挥其作用。

2）感觉是消费者对客观事物产生某种情感的依据

消费者对客观事物的感觉不同，会引起不同的情绪感受。商店营业环境的布置、商品陈列的造型和颜色搭配、灯光和自然光的采用、营业员的仪表仪容等给消费者造成的感觉直接影响消费者的情绪，而消费者不同的情绪状态将直接影响到其对商品的购买情况。

例如，美国的一家食品公司在底特律城郊树立了一块高 80 英尺、长 100 英尺的面包型的巨型广告牌，不仅能播放介绍面包的音乐，还能释放出面包的香味，引起路人的食欲，使其面包的销量猛增两倍多，这就是利用感觉对情绪的影响。

3）消费者感觉的感受性可以帮助企业制定营销工作策略

不同的消费者对刺激物的感受性是不一样的。刺激强度过弱，则不足以引起消费者的感觉，达不到诱发其购买欲望的目的；反之，刺激强度过强则又会使消费者受不了，走向反面。应根据不同消费者的感受性差异、不同商品给消费者的感觉差异采取有针对性的营销活动，根据感觉阈限确定营销活动对消费者的刺激强度与水平。

2. 知觉在营销活动中的应用

消费者的知觉与消费者心理活动的各个方面紧密相连，对企业的经营活动产生直接的影响，其作用主要表现在以下几个方面。

1）利用知觉帮助消费者确定购买目标

消费者购物时都带有一定的购买目的。利用知觉的选择性原则，能够从琳琅满目的商品中优先选择自己所要购买的目标商品，而对自己不需要的商品往往将其作为知觉对象的背景或根本注意不到，或者感知得比较模糊。将知觉的选择性特征运用于商业设计中，为了突出商品，可以将商品背景衬以特殊的包装，以强化顾客对该商品的注意。

"希尔顿"的报纸广告

20 世纪 80 年代《福建日报》的一个版面上突然出现大块空白，在这块空白的中间只是依稀写着一行小字"明日此处刊登重要消息"。这一新颖独特的举动，引起消费者知觉的选择性。在众多的报纸广告中，读者都很关心次日报纸在这块空白刊登什么消息，第二天看到的却是"希尔顿"三个字。很多消费者不知是指商品还是指企业名称，希望再进一步了解情况。

2）利用知觉的恒常性有利于系列产品的销售

知觉的恒常性可以使消费者根据原有的信息来解释新的信息，并凭借以往的经验来确认当前的事物，因此对企业相同品牌的系列产品也会产生好感。当然，知觉的恒常性有时也会阻碍消费者接受新产品，从而不利于新产品的推广和宣传。

3）利用整体性进行广告宣传

即在广告活动中不宣传产品本身，而宣传商品的使用效果或使用情景及意境，使消费者通过理解或判断产品的质量与性能以及给消费者带来的利益，从而促使消费者产生购买行为。知觉的整体性特征表明，具有整体形象的事物比局部的、支离破碎的事物更具有吸引力和艺术性。

根据知觉的整体性特征进行广告制作时，企业在广告中要针对购买对象的特性，在向消费者提供信息时，其方式、方法、内容和数量必须与其文化水准和理解力相吻合，使信息被迅速、准确地理解和接受。

高脚酒具的销售

有一家百货商店新进了一批刻花玻璃高脚酒具，造型与质量均佳，但摆上柜台后销路一直不畅，平均每天只能卖出 3 套。后来，一位营业员灵机一动，在一套酒具的每个酒杯中斟满红色的液体，摆在玻璃柜内，望之宛如盛满名贵的葡萄酒，使人感到芬芳四溢、满口生津，购买欲望油然而生，结果每天销售量增长到 30 套。

这里，消费者把酒具与酒的美好口感联想为一体，进而增强了对酒具的购买欲望。

4）利用错觉心理推销商品，诱发消费者的购买欲望

消费者在购买商品过程中由于知觉对象受背景或参照物的干扰，也有可能受过去经验的影响，会对商品的线条长度、方向、大小、形状、色彩、商品档次等发生错觉，商店可以利用这些错觉对商品进行艺术化处理，达到诱发消费者购买欲望的目的。消费者的错觉有助于企业在店堂装潢、橱窗设计、广告图案、食品包装、商品陈列等方面，进行巧妙的艺术设计，从而达到一定的心理效果。

营业员利用错觉心理向不同的消费者推销与之相适应的商品，如向身材比较矮胖的顾客推荐深色带有竖条纹的服装，对于脸形大而圆的顾客则不能推荐圆领口及带圆形图案的服装，劝说脖子长的顾客不要穿鸡心领或 V 字领服装等，可以获得顾客的信任和产生满意感，

提高自身的服务水平。

颜色的错觉

有人做过如下实验：请 30 多位被试者喝咖啡，每人各喝 4 杯，各杯浓度一样，只是 4 个杯子的颜色不同，分别为咖啡色、青色、黄色和红色。喝完咖啡后，要求被试者对咖啡的浓淡作出各自的评判。结果，有 2/3 的被试者都说红色、咖啡色杯子中的咖啡太浓，青色杯子中的太淡，只有黄色杯子中的咖啡浓度适中。据此，销售商便把咖啡店里的杯子全部都改用黄色，以便更好地发挥颜色视觉的作用，结果使大多数消费者都感到满意。

2.2 注意与记忆

2.2.1 消费者的注意

1. 注意的含义

注意就是消费者心理活动指向并集中于特定对象的一种状态。注意不是一个独立的心理活动，而是各个心理机能活动的一种共有状态或特性。这一特性主要体现在指向性和集中性两方面。注意的指向性表现为心理活动是有选择、有方向地指向特定的客体；集中性则指心理活动能在特定的选择和方向上保持并深入下去，同时对一切不相干因素予以排除。例如，消费者在商场选择商品时，其心理活动总能集中在购买的物品上，这时其对商场内的噪声、音乐等干扰进行抑制，以获得所选商品准确的反映，从而决定是否购买。指向性和集中性相互联系，密不可分，正是在二者的共同作用下，人们才能在感觉、知觉、记忆、思维、情感、意志等活动中，有效地选择少数对象，对其作出深刻、清晰、完整的认知。

2. 注意的功能

注意作为一种复杂的心理活动，在消费者认知商品的过程中具有一系列重要功能。

（1）选择功能。消费者在购买商品时会选择有意义的、符合需要的对象加以注意，排除或避开无意义的、不符合需要的外部影响或刺激。面对多种商品，消费者不可能同时对所有对象作出反应，只能把心理活动指向和集中于少数商品或信息，将它们置于注意的中心，而使其他商品或信息处于注意的边缘或注意的范围以外。这样，消费者才能清晰地感知商品，集中精力进行分析、思考和判断，在此基础上作出正确的购买决策。

（2）维持功能。消费者把选择对象的内容或映象保持在意识之中，并一直持续的特点就是维持功能。由于注意的作用，消费者在对消费对象作出选择后，能够把这种选择贯穿于认知商品、制定决策乃至付诸实施的全过程中，而不致中途改换方向和目标，由此使消费者心理与行为的一致性与连贯性得到保证。

（3）加强功能。指消费者不断促进和提高消费者心理活动的强度与效率，排除各种干扰。在注意的情况下，消费者可以自动排除无关因素的干扰，克服心理倦怠，对错误和偏差及时进行调节和矫正，从而使心理活动更加准确和高效率地进行。

3. 注意的分类和特征

1）注意的分类

消费者在认知商品的过程中，有时漫无目的，有时目标专一；有时主动注意，有时被动注意。根据消费者有无目的以及是否需要意志努力，将注意分为无意注意、有意注意、有意后注意三种形式。

无意注意是没有预定目的、不加任何意志努力而产生的注意。消费者在无目的地浏览、观光时，经常会于无意之中不经意地对某些消费刺激产生注意。例如，包装鲜艳的商品、散发香味的食物、形体巨大的广告、闪烁变换的霓虹灯等，都会因其本身的特征而产生较强的刺激信号，引起消费者的无意注意。此外，消费者的潜在欲望、精神状态等，也是形成无意注意的重要诱发条件。

有意注意是有预定目的、需要经过意志努力而产生的注意。在有意注意的情况下，消费者需要在意志的控制之下，主动把注意力集中起来，直接指向特定的消费对象。例如，急需购买某品牌汽车的消费者，会刻意寻找、收集有关信息并在众多的同类商品中，把注意力直接集中于期望的品牌上。与无意注意相比，有意注意是一种更高级的注意形态。通过有意注意，消费者可以迅速地感知所需商品，准确地作出分析判断，从而缩短对商品的认知过程，提高购买效率。

有意后注意指有预定目的但不经意志努力就能维持的注意。它是在有意注意的基础上产生的。消费者对消费对象有意注意一段时间后，逐渐对该对象产生了兴趣，即使不进行意志努力，仍能保持注意，此时便进入有意后注意状态。例如在观看趣味性、娱乐性广告或时装表演时，人们就经常会出现有意后注意现象。这种注意形式可使消费者不会因过度疲劳而发生注意力转移，并使注意保持相对稳定和持久。

以上三种注意形式并存于消费者的心理活动中。它们之间既交替作用，又相互转换，如无意注意可以转换为有意注意，有意注意可以进一步发展便转换为有意后注意。

2）注意的特征

在消费过程中，消费者的注意经常表现出一系列活动特征，如范围、分配、紧张、分散、稳定、转移等。

（1）注意的范围是指消费者在同一时间内所能清楚地把握消费对象的数量。实验表明，成人在 1/10 秒的时间内能注意到 4～6 个彼此不相联系的物体或符号，幼童只能注意 2～3个。但是，如果消费对象的位置集中，彼此具有内在联系，消费者注意的范围就会扩大。

（2）注意分配是指消费者能在同一时间内把注意分配到两种或两种以上的消费对象或活动上。例如，消费者在注意倾听广播广告的同时可以注意观察某种商品。注意分配的重要条件是，在同时存在的两种以上的消费对象中，只能有一种是消费者不太熟悉、需要集中注意感知或思考的，其他对象则是消费者相对熟悉或了解的，无须过分注意。

（3）注意紧张是指消费者集中注意一定对象时聚精会神的程度。当消费者进入紧张的注意状态时，其意识中会极其清晰和鲜明地反映这一对象；同时，其他对象将远离注意中心。此时，消费者的注意范围和注意分配能力都有所降低，但是注意的效果将明显提高。

（4）注意分散是指消费者无法控制和集中自己的注意力。这种情况通常发生在生理疲劳、情绪激动或意志薄弱的消费者身上。当处于注意分散状态时，消费者对商品的感知和思考能力都会大大降低。

（5）注意稳定是指消费者在一定时间内把注意保持在某一消费对象或活动上。稳定是与分散相反的注意状态。能否保持注意稳定与消费对象是否单调枯燥有关，但更主要取决于消费者的主观状态和意志努力。

（6）注意转移是指消费者根据新的消费目标和任务，主动把注意力从一个对象转移到另一个对象上。转移注意力是一种有意识的、需要意志加以控制的注意状态，它要求消费者具备较高的灵活性和适应性。如果能迅速自如地转移注意力，将有助于消费者更好地适应外部环境的变化，高效率地从事消费活动。

4. 注意理论在营销活动中的应用

注意在消费者的心理活动中具有重要作用，它可以维持和增加心理活动的强度，也可以降低或减弱心理活动的效率。

1）利用有意注意和无意注意的关系，创造更多销售机会

在实际活动中人的无意注意和有意注意是相互联系、相互转换的。而消费者在商场购物时，因为需要走路，需要长时间处于有意注意状态中，感觉很疲劳。营销人员就可以利用现代大型零售商厦集购物、餐饮、健身和休闲娱乐为一体的特点，配上主题营销策略，使消费者在购物活动中时而有意注意，时而无意注意，时而忙于采购，时而消遣娱乐。这种多角化经营显然有利于延长消费者在商场停留的时间，不仅可以创造更多的销售机会，同时也使消费者自然而然地进行心理调节，感到在商场购物是一种快乐的享受。

2）发挥注意心理功能，引发新的消费需求

正确地运用和发挥注意的心理功能，可以使消费者实现由无意注意到有意注意的转换。例如，大部分消费者在接受广告宣传时都是处于无意注意状态之中，特别是广播广告和电视广告，往往是在无意注意状态中被强烈刺激之后引起消费者注意的转换，形成有意注意。当营销人员了解了这个现象之后，就要千方百计增强广告的效果，使消费者的无意注意转换为有意注意。

2.2.2 消费者的记忆

1. 记忆的概念

记忆是过去经验在人脑中的反映，是人脑对感知过的事物、思考过的问题或理论、体验过的情绪或做过的动作的反映。与感知相同，记忆也是人脑对客观事物的反映。二者的区别在于，感知是人脑对当前直接作用的事物的反映；而记忆是人脑对过去经验的反映。也就是说，记忆中保留的映象是人的经验。

记忆是消费者认识过程中极其重要的心理要素。在消费实践中，消费者感知过的广告、使用过的商品、光顾过的商店、体验过的情感以及做过的动作等，在经过之后，都会在大脑皮层留下印迹。当引起兴奋的刺激物离开之后，在一定条件影响下，这些印迹仍然能够重新活跃起来。这样，消费者就能重新再现已经消失的消费对象，这将影响消费者作出是否购买的决定。

记忆在消费者的心理和行为活动中具有重要作用。正因为有了记忆，消费者才能把过去

的经验作为表象保存起来。经验的逐渐积累推动了消费者心理的发展和行为的复杂化；反之，离开记忆则无法积累和形成经验，也不可能有消费心理活动的高度发展，甚至连最简单的消费行为也难以实现。

记忆作为人脑对客观事物的一种反映形式，其生理基础是大脑神经中枢对某种印迹的建立和巩固。人类记忆的容量是十分巨大的，而且记忆保存的时间也很长。因此，营销人员在进行广告设计时，要考虑广告信息是否符合消费者的记忆规律，是否赋予消费对象以鲜明特征，把不好记忆的变为好记忆的，不便回想的变为便于回想的，使消费者能够更快、更长时间地记住有关商品的信息。

2. 记忆过程

消费者对过去经验的反映，是经历一定过程的。心理学研究表明，这一过程包括识记、保持、回忆、再认等几个基本环节。

1）识记

识记是一种有意识的反复感知，从而使客观事物的印迹在头脑中保留下来，成为映象的心理过程。整个记忆过程是从识记开始的，它是记忆过程的第一步。识记的分类如下。

（1）根据消费者在识记时是否有明确目的和随意性，可分为无意识记和有意识记。

无意识记是事先没有明确目的，也没有经过特殊的意志努力的识记。无意识记具有很大的选择性。一般来说，那些在消费者的生活中具有重要意义，适合个人需要、兴趣、偏好，能激起情绪或情感反应的消费信息，给人的印象深刻，往往容易被无意识记。

有意识记是有预定目的并经过意志努力的识记。例如，欲购买家用汽车的消费者，对各种汽车的品牌、性能、质量、价格、外观、内饰、油耗等特性，均须进行全面了解和努力识记。可见，有意识记是一种复杂的智力活动和意志活动，要求有积极的思维参与与意志努力。消费者掌握系统的消费知识和经验，主要依靠有意记忆。

（2）根据所识记的材料有无意义和识记者是否理解，可分为机械识记和意义识记。

机械识记是在对事物没有理解的情况下，依据事物的外部联系机械重复所进行的识记。例如，对没有意义的数字、生疏的专业术语等的记忆。机械识记是一种难度较大的识记，容易对消费者接收信息造成阻碍。因此，企业在宣传产品、设计商标或为产品及企业命名时，应当坚持便于消费者识记的原则。例如，中国移动通信公司的客服电话"10086"，这个电话号码非常好记，对公司开展各项业务起到了很大的推动作用。

意义识记是在对事物理解的基础上，依据事物的内在联系所进行的识记。它是消费者通过积极的思维活动，揭露消费对象的本质特征，找到新的消费对象和已有知识的内在联系，并将其纳入已有知识系统中来识记。运用这种识记，消费者对消费对象的内容形式容易记住，保持的时间较长，并且易于提取。

2）保持

保持是过去经历过的事物映象在头脑中得到巩固的过程。但巩固的过程并不是对过去经验的机械重复，而是对识记的材料做进一步加工、储存的过程。即使储存起来的信息材料也不是一成不变的，随着时间的推移和后来经验的影响，保持的识记在数量和质量上会发生某些变化。一般来说，随着时间的推移，保持量呈减少的趋势。此外，储存材料的内容、概要性、完整性等，也会发生不同程度的改变。

3）回忆

回忆是对过去经历过的事物表象在头脑中重新显现出来的过程。

根据回忆是否有预定目的或任务，可以分为无意回忆和有意回忆。无意回忆是事先没有预定目的、无须意志努力的回忆；有意回忆则是有目的、需要意志努力的回忆。

消费者对消费信息的回忆有直接性和间接性之分。直接性就是由当前的对象唤起旧经验。例如，一见到瑞士天梭表广告，就想起过去了解的瑞士钟表技术及各种赞美之词。这种直接的回忆或重现相对比较容易。所谓间接性，即要通过一系列的中介性联想才能唤起对过去经验的回忆。这种回忆有时需要较大的努力，经过一番思索才能完成。这种情况叫作追忆。运用追忆的心理技巧，如提供中介性联想，利用再认来追忆，有助于帮助消费者迅速回忆起过去的经验。

4）再认

对过去经历过的事物重新出现时能够识别出来，就是再认。例如，消费者能够很快认出购买过的商品、观看过的广告等。

上述四个环节彼此联系，相互制约，共同构成消费者完整统一的记忆过程。

3. 消费者记忆的类型

消费者的记忆按不同的标准，可以划分为多种不同的类型。

（1）根据记忆内容或映象的性质，可以分为形象记忆、逻辑记忆、情绪记忆和运动记忆。

① 形象记忆。形象记忆是以感知过的事物形象为内容的记忆。这些形象可以是视觉形象，也可以是听觉、嗅觉、味觉等形象。例如，消费者对商品的形状、大小、颜色等方面的记忆就是形象记忆。

② 逻辑记忆。逻辑记忆是以概念、公式、定理、规律等为内容的记忆，是通过语词表现出来的对事物的意义、性质、关系等方面的内容的记忆。例如，消费者对某种商品的制作原理、广告宣传等方面的记忆就是逻辑记忆。

③ 情绪记忆。情绪记忆是以体验的某种情感为内容的记忆。例如，消费者购买某品牌的商品后，在使用过程中感到满意和愉悦，在此心情下记住了这个产品和品牌，就是情感记忆。

④ 运动记忆。运动记忆是以过去做过的运动或动作作为内容的记忆。例如，一个人多年前学会的游泳、骑车等动作，间隔了一段时间仍然不会忘记，就是运动记忆。运动记忆对于消费者形成各种熟练选择和购买技巧是非常重要的。

（2）根据记忆保持时间的长短或记忆阶段，可以分为瞬时记忆、短期记忆和长期记忆。

① 瞬时记忆。瞬时记忆是指通过感觉得到的信息储存。这种储存很短暂，至多持续几秒钟。例如，一个人走过一家食品店，会迅速看看里面卖的是什么食品。尽管这种感觉只持续几秒钟，但这段时间已足够消费者作出决定是否留下来进一步观察和搜集信息。如果信息保留下来并经初步处理，它就会转化为短期记忆。

② 短期记忆。短期记忆是指在有限的短暂时间里储存信息。短期记忆的信息在头脑中储存的时间长一些，但一般不超过 1 分钟；同时，短期记忆的容量也不大。因此，在告知消费者数字、符号等机械性信息时，不宜过长或过多。

③ 长期记忆。长期记忆是指 1 分钟以上，直至数日、数周、数年甚至保持终生的记忆。

长期记忆的容量是相当大的,并且是以有组织的状态储存信息。长期记忆对消费者知识和经验的积累具有重要作用,它会直接影响消费者的购买选择和决策。就企业而言,运用各种宣传促销手段的最佳效果,就是使消费者对商品品牌或企业形象形成长期记忆。

企业在传递商品信息时,首先要考虑消费者接受信息的记忆极限问题,尽量把输出的信息限制在记忆的极限范围内,避免因超出相应范围而造成信息过量,使消费者无法接受。其次,从记忆类型的效果看,情绪与情感因素对记忆效果的影响最为明显。消费者在愉快、兴奋、激动的情绪状态中,对商品及有关信息极易形成良好、鲜明、深刻的记忆表象,并将这一表象保持较长时间。在适当的环境下,消费者也会迅速回忆和再认原有表象及情绪体验。

4. 消费者的遗忘

现实生活中,无论何种类型的记忆都难以做到永远保持,这是因为在记忆过程中遗忘的存在。遗忘是一项重要的心理机制,指对识记过的事物不能再认或回忆,或者表现为错误的再认或回忆。遗忘可能是永久性的,即不再重复就永远不能再认或重现。例如,许多文字或电视广告,倘若不加注意和有意识记,就很可能会完全忘记。遗忘也可能是暂时的,消费者叫不出熟悉商品的名称,想不起使用过商品的用法,都属于暂时性的遗忘。

消费者的遗忘是有规律的。根据心理学家艾宾浩斯的研究,消费者的遗忘过程大致如下:消费者在识记后其头脑中的材料会随时间的推移而递减,这种递减在识记后的短时间内特别迅速,即遗忘较多。一项试验表明,某广告最后一次重复之后,只相隔4个小时,消费者记住它的百分数就下降了50%;此后,随着时间的推移,遗忘的速度缓慢下来,保持渐趋稳定的下降。也就是说,遗忘的进程是"先快后慢"。了解消费者遗忘的这一规律,对于企业有针对性地采取措施,帮助消费者减少遗忘,保持有效记忆,具有重要启示。

5. 记忆在营销中的作用

记忆是个体经验积累和心理发展的前提。作为一种基本的心理过程,记忆是和其他心理活动密切联系着的。消费者的每次购物活动不仅需要新的信息、新的知识,还需要参照以往对商品或服务的情感体验、知识和经验。在以后的消费活动中,消费者会自觉地利用记忆材料如过去的使用经验、广告宣传、效果印象等对商品进行评价,这有助于消费者全面、准确地认识商品,并作出正确的购买决策。尤其是对一些价格昂贵的消费品,人们大都经过慎重的挑选、比较、权衡之后,才决定购买与否。因此,信息在消费者记忆中如何组织就成为专家和营销人员十分关心的问题。对企业来说,在了解消费者记忆的特点的基础上,在营销中可以采取如下方法。

(1) 有意义的材料比无意义的材料容易记忆。企业在做广告或给商品命名时,应尽量避免生、冷的词汇,少用专用名词和费解的字句。

(2) 人的信息加工能力是有极限的。普通人的大脑不能同时处理7个以上的单位,也就是说,很少有人能记住同类产品7个以上的品牌名称。这就给企业传递了一个信息,即使本企业的产品非常幸运地挤进了七者之一,也不能高兴太早。因为影响消费者购买的往往只是前二三名。有人做过统计,首位的企业和产品比第二位的市场占有率高出一倍;而第二位又比第三位高出一倍。所以,企业的产品、品牌要想让消费者眷顾,就必须了解消费者记忆的特征,做好市场定位。

(3) 适度重复可以加深消费者对广告或商品的印象。由于适度重复可以增加信息在短时记忆中停留的机会，不断的重复还有助于将短期记忆转化为长期记忆，所以在传递消费信息时，特别是新产品上市时，应尽可能多次重复有关内容，但应注意表现形式的多样化和重复时间的间隔性。

2.3　消费者的学习与联想

2.3.1　消费者的学习

1. 学习的概念

学习是消费过程中非常重要的一个环节。从心理学角度看，学习是某种体验（直接经验、间接经验）所产生的一种相对持久的行为变化，是通过神经系统不断接受环境变化信息，获得新的行为模式的过程。

可以简单地把学习理解为经验的习得，把记忆理解为经验的保持。由于学习和记忆，人们才能在与环境相互作用的过程中习得新的经验，并不断地积累和扩大经验，使自己的行为与外界多变的环境相适应。学习和记忆是人对外界环境最主要的一种适应方式。

消费者学习就是消费者在购买商品和使用商品过程中，不断获得知识经验与技能，不断完善其购买行为的过程。消费者购买商品是一种学习，使用商品也是一种学习。消费者大部分行为是后天习得的，人们通过学习而获得绝大部分价值观、品位和行为的偏好，这些学习过程极大地影响了人们的生活方式和消费习惯。

2. 学习的理论

1）经典性条件反射理论

经典性条件反射理论是由俄国生理学家伊万·巴甫洛夫提出来的。该理论认为，借助于某种刺激与某一反应之间的已有联系，经由练习可以建立起另一种刺激与同样反应之间的联系。

运用刺激与反应之间某种既定的关系，使个体学会对不同的刺激产生相同反应的过程就叫经典性条件反射。这一理论是建立在巴甫洛夫著名的狗与铃声的实验基础上的。实验是这样的：在每次给狗喂食之前都要打铃（称为条件刺激），于是在狗的大脑皮层上引起一个兴奋中心，紧接着给狗吃食物（称为无条件刺激）。经过多次反复后，狗听到铃声就会分泌唾液（称为条件反射）。这时，学习或条件联系便产生了。具体来说，铃声由无关刺激物变成了食物的信号。

一般来说，在低介入情境下，经典性条件反射比较常见，因为此时消费者对产品或产品广告可能并没有十分注意，也不大关心产品或广告所传达的具体信息。然而，在一系列对刺激物的被动接触之后，各种各样的联想或联系可能会由此建立起来。应特别指出的是，在低介入情境下，消费者所学到的并不是关于刺激物的信息，而是关于刺激物的情感反应。正是这种情感反应，导致消费者对产品的学习和试用。

瑞士银行的广告背景

海上的惊涛骇浪（无条件刺激）总是能够引发人们艰难险阻和恐惧的情感（无条件反射），瑞士银行（条件刺激）的广告背景就是一幅在惊涛骇浪中奋勇搏击的帆船的图片，二者同时出现，反复多次。由此，瑞士银行给人的形象是：无论是惊涛骇浪，还是艰难险阻，瑞士银行都会勇往直前（无条件反射）。

2）操作性条件反射理论

操作性条件反射理论是由美国著名心理学家斯金纳提出来的。该理论认为，学习是一种反应概率上的变化，而强化是增强反应概率的手段。

斯金纳通过对白鼠进行实验发现，将饥饿的白鼠放置箱中，当白鼠乱窜碰到杠杆时，就会掉下食物。这样反复多次，每触动杠杆，必得食物，于是发展到白鼠主动触压杠杆以求得到食物。如此反复，这种行为就会得到强化，形成条件反射。由于触动杠杆是获取食物的一种手段或工具，因此，这一类型的学习被称为操作性或工具性条件反射。

操作性条件反射理论的基本思想实际上很简单，归结为一点就是强化会加强刺激与反应之间的联结。联结学习或刺激与反应之间的学习，在很大程度上取决于对强化物的安排。如果给予连续强化，即在每次正确反应后就给以强化物，个体对正确反应的学习速度很快。但当强化物不再呈现或中止强化时，正确反应的消退速度也很快。

一般来说，操作性条件反射作用更适合于高介入度的购买情境。因为在高介入情境下，消费者对购买回报将会有意识地予以评价。以购买汽车为例，消费者将汽车购买回家后很可能会从象征性和功能性两个方面对购买行为作出评价。在此情形下，强化无疑会在消费者心理上产生重要影响。比如，如果有别人对消费者所买的汽车予以赞许，或者在某些场合目睹一些名人开同样品牌汽车，均会对消费者起到正面的强化作用。

操作性条件反射对理解复杂的消费者心理现象具有重要的意义。这个理论把消费者行为视为原先产品使用后的满意感的函数。按照该理论，消费者对自己的购买行为是可以主动控制的，从产品使用中获得的持续强化（反复满意）将会提高消费者再次购买这一品牌的可能性。

在操作性条件反射理论中还提到一种现象，叫作自然消退。它是指某种条件反射形成后，不再受到强化，那么这种反射就逐渐减少，甚至消失。例如，消费者在有奖销售的影响下，购买了某种商品；当他以后再次购买同类商品时，没有受到奖励，就有可能不再购买该商品。另外，消费者对某一种品牌或服务不再有好感，消退过程使消费者再次购买相同品牌的可能性迅速降低。

被水淋湿的猴子

有一个著名的实验是这样的：研究人员把五只猴子关在一个笼子里，笼子一端挂了串香蕉，旁边有个自动装置，若侦测到有猴子要去拿香蕉，立刻会有水喷向笼子。实验开始后，有只猴子去拿香蕉，喷出来的水顿时把猴子们淋成了落汤鸡；每只猴子都去尝试了，发现都是如此。于是，猴子们达成了一个共识——"不要去拿香蕉，因为有水会喷出来。"

后来，实验人员把其中的一只猴子带走，换进一只新猴子，这只猴子进到笼子里看到香蕉，马上想去拿，结果被其他四只猴子揍了一顿，因为其他四只猴子认为新猴子会害得它们被水淋湿。新猴子尝试了几次，结果被打得头破血流，还是没有拿到香蕉，当然这五只猴子也没有被水淋到。后来，实验人员把喷水装置拿走了，再把一只猴子带走，换进另外一只新猴子。这只猴子看到香蕉，当然也是马上要去拿，结果又是被其他四只猴子痛打了一顿。新猴子尝试了几次总是被打得很惨，只好作罢。再后来，慢慢地一只一只把所有的猴子都换成新猴子，可大家都不敢去动那串香蕉，但是它们都不知道为什么。

3）认知学习理论

认知心理学认为，学习是一个解决问题的过程，而不是在刺激与反射之间建立联系的过程。在许多解决问题的情境中，并没有类似建立条件联系时那种可见的强化物，但并不意味着没有任何强化。实际上，解决问题本身就是一种很重要的强化因素。

最早研究认知学习现象的是德国心理学家柯勒。在 1917 年柯勒报告了他对黑猩猩的学习过程研究。在房间中央的天花板上吊着一串香蕉，但是站在地面够不到，房间里有一些箱子，但又不在香蕉下面。开始时，黑猩猩企图通过跳跃去取得香蕉，但没有成功。于是，它就不再跳了，在房间里走来走去，突然在箱子面前站立不动，然后很快地把箱子挪到香蕉下面，爬上箱子，从箱子上跳，取得了香蕉。有时候站在一个箱子上仍够不到香蕉，黑猩猩还会把两个或几个箱子叠起来，取得香蕉。柯勒认为，这就是对问题情景的一种"顿悟"，并且认为黑猩猩解决问题是靠领悟了事物之间的关系，对问题的情景进行改组，才使问题得以解决的，是突然实现的。认知心理学派认为学习不是尝试错误的过程，而是知觉经验的重新组织，是突然的顿悟。因此，柯勒的学习理论就被称为"顿悟说"。

在柯勒看来，顿悟是主体对目标和达到目标的手段之间关系的理解，顿悟学习不必靠练习和经验，只要个体理解到整个情境中各成分之间的相互关系，顿悟就会自然发生。

继柯勒的顿悟学习实验之后，美国心理学家托尔曼与霍齐克于 1930 年所做的关于潜伏学习的实验，对行为主义的强化学习原理做了进一步反驳。该项实验发现，在既无正强化也无负面强化的条件下，学习仍可以采用潜伏的方式发生。关于这一点，现实生活中的很多现象都可以对此提供支持。比如，在接触各种广告的过程中，消费者可能并没有有意识地对广告内容予以学习，在其行为上也未表现出受某则广告影响的迹象，但并不能由此推断消费者没有获得关于该广告的某些知识与信息。也许，当某一天消费者要达成某种目标时，会突然从记忆中提取源自该广告的信息，此时，潜伏的学习会通过外显行为表现出来。

3. 学习进程

个体学习的具体途径、方式和方法多种多样，每人、每时、每地的情况也各不相同。但学习也有一些普遍的规律，这些规律在消费者消费活动的各个方面都有着不同程度的表现。

（1）先快后慢。即学习初期效果大、进步快；随着练习次数的增加，进步逐渐缓慢。这种状况产生的原因多种多样，如动机、兴趣由强到弱，内容由易到难，学习者能力的限制等。

（2）先慢后快再慢。即刚开始学习时进步较慢，经过一定的学习次数后，进步变快。这可能是由于开始学习新东西时经验不丰富，甚至是由于以前的经验对现在的学习起了阻碍作用，需要一段时间来适应新的情境；而在有相当经验后，学习的速度就会迅速提高。

无论是哪一种学习进程，学习效果到后来都表现出相对停滞，称之为学习的高原现象。在学习曲线上表现为学习效果上升到某一程度后停滞不前，呈水平直线，这一段水平线称为高原。高原的起始点称为学习极限。"高原"阶段，学习引起人的厌倦；过度的重复还可能产生副作用。

4. 学习的方法

学习的具体方法多种多样，常见学习方法如下。

（1）模仿法。模仿法即按照一定的模式进行学习的方法。模仿在行为的学习过程中起着重要作用。我们儿时的各种动作、生活习惯、语言表达等都是在模仿中学习的。

① 模仿可以是有意的、主动的，也可以是无意的、被动的。

② 模仿可以是重复的，也可以是主动的、有变化的。完全照原样模仿称为重复模仿；有所变化创新的模仿称为主动的、有变化的模仿。

模仿行为在消费者的购买活动中大量存在。例如，在衣着方面，企业常用的时装展示、模特表演，这在现代社会具有越来越大的影响；名人、明星的衣着打扮常常成为大众效仿的对象，因此，一些厂商、经销商经常会不惜重金请名人、明星做广告。

（2）试误法。消费者在积累经验的过程中，总要经历一些错误的尝试，以后随着不断的反复，错误逐渐减少，成功逐渐增多。

试误不一定要亲身经历，从间接经验中同样可以认识错误。消费中的错误是消费的失败、消费的不满足。导致消费失败的原因是多种多样的。企业的任务是尽量避免自己的产品、服务成为消费者消费失败的原因；相反，企业要尽量使消费者消费的满足与自己的商品或服务相关。

（3）发现法。所谓发现法，是指消费者建立在对消费过程各方面的认识、发现的基础上的和其他主动应用自己头脑获得知识的一切方法。如某消费者在超市里对某种商品产生了兴趣后，主动积极地收集有关信息或者当场询问售货员，或者经过一段时间留心，通过比较、判断最后作出决定。一般购买价值较大的商品时，用这种方法进行学习；而对小商品、日常用品则大多数用试误法完成学习。

（4）对比法。对比是人们认识事物很常用的一种方法。消费者在消费中的对比可以是消费的对象、方式、时间、地点甚至是消费观念等方面的对比。在每个消费者每一次具体的对比选择过程中，决定比较结果的因素孤立地看可能是随机的，但是通过适当的消费需求调查分析，还是可以找到一定的统计规律。

消费对象的对比在消费者的消费行为活动中具有重要意义。对比的结果直接决定着消费者的消费选择和购买决策。因此，在竞争激烈的市场上，如何使自己的商品或服务在消费者的对比中脱颖而出，成为其首选，是企业经营的一个重点。

5. 学习的效果

由于消费者通过学习之后可以改变自身的某些行为方式，而这些行为方式的改变对于企业经营及商品销售具有直接意义，所以研究学习之后的效果是相当重要的一个问题。一般来说，学习之后对于原来行为的改变有四种效果。

（1）加强型。通过学习之后，消费者加强了原来的行为，增加了行为的频率等，这都属于加强型的学习效果。

（2）稳定型。由于学习消费某种商品或某一类型的商品之后，逐渐形成了一定的消费需要或消费习惯，这种行为方式逐渐地被稳定下来。比如一个人喝啤酒，喝酒这种行为便成了其一种习惯；形成消费习惯后，该消费者购买啤酒这种商品的直接动机就不再是因为兴趣、炫耀或新奇等，而是出于习惯性的需要了。

（3）无效型。即不管怎样学习，无论是消费者使用过这种商品，还是接受了大量的有关这种商品的信息，都没有改变其原来对待这种商品的行为方式，学习之后没有相应的效果。出现这种情况的原因可能是消费者长期没有这方面的需要。

（4）削弱型。由于接受了商品的信息，了解到企业的某些特点，而削弱了原来行为方式，或将原来的行为方式转变为另一种行为方式。如有些消费者原来吸烟，当意识到吸烟有害健康后，购买香烟的行为减少了或干脆不购买，而去购买口香糖。

2.3.2 消费者的联想

1. 联想概述

联想是由一种事物想到另一种事物的心理活动过程，是一种比较重要的消费心理活动。联想可以由当时的情境引起，如当时注意、感知到的事物，也可以由内心回忆等方式引起，在消费心理的研究中，主要着重于注意、感知等因素所激发的联想，因为开展营销活动时，可以控制消费者所处的购物环境，使用各种各样的方法来激发消费者形成有益于营销活动的联想。

2. 联想的一般规律

联想是心理学家研究较早的一种心理现象。迄今为止，已经总结出来的人们的一般性联想规律主要有四种，即接近联想、类似联想、对比联想、因果联想等，另外还有一种形式的联想即特殊联想。

（1）接近联想。由于两种事物在位置、空间距离或时间上比较接近，所以看到第一种事物时，很容易联想到另一种事物。上午 12 点左右人们一般会想到要吃午饭；到了北京，人们一般会想到长城、故宫、颐和园、北京烤鸭；到了西安，人们一般会想到兵马俑、华清池等，这就是接近联想。

（2）类似联想。两种事物在大小、形状、功能、地理背景、时间背景等方面有类似之处，认识到一种事物的同时会联想到另一种事物。例如，一对有孩子的夫妻在看到周围邻居或亲友带孩子外出旅游散心之后，也会想到要带自己的孩子出去走一走。

（3）对比联想。两种事物在性质、大小、外观等一些方面存在着相反的特点，人们在看到一种事物的同时也会从反面联想到另一种事物。例如，在节假日到公园游玩的人太多，就会不由自主地想起平时人少的时候。

（4）因果联想。两种事物之间存在着一定的因果关系，由一种原因会联想到另一种结果，或由事物的结果联想到它的原因等。

（5）特殊联想。指由一种事物联想到另一种事物时，不一定是按以上的规律进行的，事物之间不存在必然的联系，而是由消费者所经历过的某些特殊事件造成的，消费者见到一种事物时就会自然地联想到另一种事物。如顾客在购买商品时得到了某服务员良好的服务，以后他每一次对服务十分满意的时候都会想到那位热情的服务员。

3. 联想的主要表现形式

（1）色彩联想。由商品、广告、购物环境或其他各种条件给消费者提供的色彩感知而联想到其他事物的心理活动过程，叫作色彩联想。色彩联想在人们的日常消费行为中表现得十分普遍，尤其是在购买服装、化妆品、手工艺品、装饰品，以及其他一些需要展现产品外观的商品时，必然要从商品的色彩上产生相应的联想。

色彩联想有多种形式，如从色彩联想到空间、从色彩联想到事物的温度、从色彩联想到事物的重量等。

此外，人们在服饰方面的色彩还可以使人联想到这个人的性格特点，如穿红色衣服的人给别人的联想是：这个人比较活泼，可爱，也可能爱表现等；而经常穿白色服装或素色服装的人，给人的印象是爱清洁，为人比较稳重等。

（2）音乐联想。音乐联想虽然比较重要，但是在实际工作中却较少遇到。音乐给人们的联想形式较多：单纯的背景音乐给人的联想，音乐的题材和内容给人的联想，音乐的音量和音质给人的联想。

2.4　情绪与意志

消费者的心理活动是一个完整的过程，其中除认识过程外，还包括情绪过程和意志过程。情绪和意志是两种相对独立的心理要素，有着各自独特的作用机制和表现形式，并在消费者的心理与行为活动中发挥着特殊的影响和作用。

2.4.1　消费者的情绪过程

1. 情绪或情感

根据商品是否符合消费者的需要，消费者可能对之采取肯定的态度，也可能采取否定的态度。当采取肯定的态度时，消费者会产生喜悦、满意、愉快等内心体验；当采取否定的态度时，则会产生不满、忧愁、憎恨等内心体验。这些内心体验就是情绪或情感。

情绪或情感是一种十分复杂的心理现象。它包括 5 种基本类型：第一类是喜、怒、哀、乐等经常出现的基本情绪；第二类是痛楚、压迫等纯粹由感观刺激引起的情绪；第三类是自信、羞辱等与自我评价有关的情绪；第四类是爱、憎等与人际交往有关的情绪；第五类是理智感、荣誉感、美感等与意识有关的情绪或情感。以上各种类型在消费者的情绪过程中都有不同形式的表现。

情绪或情感是人对客观事物的一种特殊反映形式，它的产生与认识过程一样，源于客观事物的刺激。当刺激达到一定强度时，便会引起人的相应体验，从而产生各种情绪反应。这些情绪反应不具有具体的现象或形态，但可以通过人的动作、语气、表情等方式表现出来。例如，某消费者终于买到盼望已久的笔记本电脑时的面部表情和语气会表现出欣喜的特点；而当发现买回的商品存在质量问题时，又会表现出懊恼、沮丧、气愤等表情。

从严格的意义上讲，情绪和情感是既有联系，又有区别的两种心理体验。情绪一般指与生理需要和较低级的心理过程（感觉、知觉）相联系的内心体验。例如，消费者选购某品牌的轿车时，会对它的颜色、外形、内饰等可以感知的外部特征产生积极的情绪体验。情绪一般由当时特定的条件所引起，并随着条件的变化而变化。所以，情绪表现的形式是比较短暂并不稳定的，具有较大的情景性和冲动性。

情感是指与人的社会性需要和意识紧密联系的内心体验，如理智感、荣誉感、道德感、美感等。它是人们在长期的社会实践中，受到客观事物的反复刺激而形成的内心体验。与情绪相比，情感具有较强的稳定性和深刻性。在消费活动中，情感对消费者心理和行为的影响相对长久和深远。例如，对美感的评价标准和追求，会驱使消费者重复选择和购买符合其审美观念的某一类商品，而排斥其他商品。情绪的变化一般受到已经形成的情感的制约；而离开具体的情绪过程，情感及其特点则无从表现和存在。因此，在某种意义上可以说，情绪是情感的外在表现，情感是情绪的本质内容。实际中二者经常作同义词使用。

2. 消费者情绪的表现形式

（1）现实生活中，消费者表现出来的情绪类型是多种多样的，同一种情绪所具有的强度在不同场合也各不相同。根据情绪发生的强度、速度、持续时间的长短和稳定性方面的差异，可以将情绪的表现形式划分为以下四种。

① 激情。激情是一种猛烈的、迅速爆发而短暂的情绪体验，如狂喜、暴怒、恐怖、绝望等。激情具有瞬时性、冲动性和不稳定性的特点，发生时常伴有生理状态的变化。消费者处于激情状态时，其心理活动和行为表现会出现失常、理解力和自制力下降的特征，以致作出非理性的冲动购买行为。

② 热情。热情是一种强有力的、稳定而深沉的情绪体验，如向往、热爱、嫉妒等。热情具有持续性、稳定性和行动性的特点。它能够控制人的思想和行为，推动人们为实现目标而不懈努力。例如，一个古钱币收藏家为了不断增加藏品，满足自己的爱好，可以长年累月压缩生活开支，甚至借钱来购买收藏品。

③ 心境。心境是一种比较微弱、平静而持久的情感体验。它具有弥散性、持续性和感染性的特点，在一定时期内会影响人的全部生活，使语言和行为都感染上某种色彩。在消费活动中，良好的心境会提高消费者对商品、服务、使用环境的满意程度，推动积极的购买行为；相反，不良的心境会使人对诸事感到厌烦，或拒绝购买任何商品，或借助购物消愁解闷。

④ 挫折。挫折是一种在遇到障碍又无法排除时的情绪体验，如怨恨、沮丧、意志消沉等。挫折具有破坏性、感染性的特点。消费者处于挫折的情绪状态下，会对广告宣传、商品促销等采取抵制态度，甚至迁怒于销售人员或采取破坏行动。

（2）就情绪表现的方向和强度而言，消费者在购买过程中所表现出的情绪，还可以分为以下三种类型。

① 积极情绪。如喜欢、欣慰、满足、快乐等。积极情绪能增强消费者的购买欲求，促成购买行动。

② 消极情绪。如厌烦、不满、恐惧等。消极情绪会抑制消费者的购买欲望，阻碍购买行为的实现。

③ 双重情绪。许多情况下，消费者的情绪并不简单地表现为积极或消极，如满意或不

满意、信任或不信任、喜欢或不喜欢等，而经常表现为既喜欢又怀疑、基本满意又不完全称心等双重性。例如，消费者对所买商品非常喜爱，但价格过高又感到有些遗憾；又如，由于销售人员十分热情，消费者因盛情难却而买下不十分满意的商品。双重情绪的产生，是由于消费者的情绪体验主要来自商品和销售人员两个方面。当二者引起的情绪反应不一致时，就会导致双重情绪的产生。

3. 消费者购买活动的情绪过程

消费者在购买活动中的情绪过程大体可分为四个阶段。

① 悬念阶段。这一阶段，消费者产生了购买需求，但并未付诸购买行动。此时，消费者处于一种不安的情绪状态。如果需求非常强烈，不安的情绪会上升为一种急切感。

② 定向阶段。这一阶段，消费者已面对所需要的商品，并形成初步印象。此时，情绪获得定向，即趋向喜欢或不喜欢，趋向满意或不满意。

③ 强化阶段。如果在定向阶段消费者的情绪趋向喜欢和满意，那么这种情绪现在会明显强化，强烈的购买欲望迅速形成，并可能促成购买决策的决定。

④ 冲突阶段。这一阶段，消费者对商品进行全面评价。由于多数商品很难同时满足消费者多方面的需求，因此消费者往往要体验不同情绪之间的矛盾和冲突，如果积极的情绪占主导地位，就可以作出购买决定。

4. 影响消费者情绪的主要因素

购买活动中，消费者情绪的产生和变化主要受下列因素的影响。

1）消费者的心理状态

消费者生活的遭遇、事业的成败、家庭情况等现实状况，对消费者的情绪过程有着重要的影响，从而影响其购买决策过程。

2）消费者不同的个性特征

消费者的个性特征主要包括个人的气质类型、选购能力、性格特征。这些个人的个性特征也会影响消费者购买活动的情绪体验。例如，有的消费者选购能力差，在众多的商品中就会感到手足无措，这时候，感到麻烦的情绪越发浓重，就会产生放弃购买的心理。

3）商品特性的影响

人的情绪或情感总是针对一定的事物而产生的。消费者的情绪首先是由于其消费需要能否被满足而引起和产生的，而消费需要的满足是要借助于商品实现的。所以，商品的各方面属性能否满足消费者的需要和要求就成为影响消费者情绪的重要因素，具体表现在以下方面。①商品命名中的情感效应。厂家在商品命名中给商品取一个具有独特情绪色彩的名称，符合消费者某方面的需要，容易激起其购买欲望。②商品包装中的情绪效果。消费者选购商品时，首先看到的是商品的包装，包装对消费者购买商品起到很大的作用，影响其购买意愿。

4）购物环境的影响

心理学认为，情绪不是自发的，它是由环境中多种刺激引起的。从消费者购买活动来分析，直接刺激消费者感官引起其情绪变化的主要有购物现场的设施、照明、温度、声响以及销售人员的精神风貌等因素。购买现场如果宽敞、明亮、整洁、整体环境幽雅，售货员服务周到热情，会引起消费者愉快、舒畅、积极的情绪体验；反之，会引起消费者厌烦、气愤的情绪体验。

（1）温度。适宜的温度令人感到舒适。过冷的温度令人情绪低落，购物的兴趣也不高；而过热的温度又令人烦躁，导致不舒服、不愉快情绪。

（2）音乐。购物场所的音乐是影响消费者情绪或情感的重要因素。音乐的内容、音量大小、节奏、音响的质量等，都会给顾客带来不同的情绪情感反应。

阅读资料 2-6

超市背景音乐对消费行为的影响

心理学家曾经做过一个实验。在两个月的时间里，在一家超级市场里每天随机地播放两种背景音乐（一种是每分钟 108 拍的快节奏音乐，另一种是每分钟 60 拍的慢节奏音乐），或者不播放任何音乐。结果发现，播放快节奏音乐时，顾客的平均行走速度比在慢节奏音乐下快 17%，没有音乐播放时的行走速度介于两者之间。更让商场经理感兴趣的是播放慢音乐的时间内营业额比播放快节奏音乐时的营业额高出 38%；同样，不播放音乐的营业额介于二者之间。可见，轻松优美的背景音乐的确让人流连忘返，即便大多数的消费者在被问及他们是否意识到购物时播放的背景音乐时，回答都是否定的。这就是环境在潜移默化中对人的心境的作用。

（3）色彩。一般而言，暖色调的颜色能够使人情绪兴奋，消费者的行为在兴奋的情绪支配下比较容易进行；而冷色调的颜色则能够抑制情绪兴奋，不利于消费行为的进行。

（4）空间。购物场所的空间大小与人员的拥挤状况，也容易影响人们的情绪，这与人们心理上存在的空间知觉是相联系的。空间知觉是人们对于上下、左右、前后方向的知觉，除了物理上的空间知觉外，每个人都会有一个心理上的空间知觉，即知觉到别人离自己的远或近。有些人的心理空间要大一些，有些人的心理空间相对要小一些。每一个人都要求有适合于自己的严格的个人心理空间，并且不同国家、不同民族的人对于自己的心理空间有完全不同的标准。心理空间与消费者的购物环境、休息娱乐环境、居住环境等有着很密切的关系。

我国的营业场所一般比较拥挤，所以设计营业场所一般是尽量地把营业空间扩大，增加消费者的空间知觉，不至于因为人多而产生拥挤感，影响购物的兴趣。在实际工作中也有相反的做法，为了取得经营效果而缩小营业场所的空间知觉。

阅读资料 2-7

法国"丽思"饭店的大厅构思

法国有一家"丽思"饭店，在设计饭店大厅时有过巧妙的构思。"丽思"饭店的老板认为厅堂太大，客人们就会不自觉地到大厅里来聊天，大厅里面的人当然觉得气氛很活泼；但对于外面要来住店的人来说，一看到大厅里面那么多的人，并且乱哄哄的样子，可能会打消在这里住宿的念头。为了真正地达到"宾至如家"的感觉，老板把"丽思"的大厅设计得比较小，客人一到饭店就可以直接去客房，不用在大厅里面停留，大厅里面就总是保持清净与雅致。这种想法给饭店大厅的设计提供了一种新的风格。

5）促销的影响

企业在进行促销宣传时，要注意树立良好的形象，把企业、品牌的良好形象印在顾客的心目中，使之能够长久地对企业抱有良好的情感。

2.4.2　消费者的意志过程

1. 意志及其特征

意志是指个体自觉地确定目标，根据目标调节和支配行动，努力克服困难，实现预定目标的心理过程。在消费活动中，消费者对商品不仅要进行认识和情绪体验，还要经历意志过程。只有经过有目的、自觉地支配和调节行动，努力排除各种干扰因素的影响，才能使预定的购买目标得以实现。如果说消费者对商品的认识活动是由外部刺激向内在意识的转化，那么，意志活动则是内在意识向外部行动的转化。实现这一转化，消费者的心理活动才能现实地支配其购买行为。

消费者购买商品的意志过程有三个基本特征。

（1）有明确的购买目的。消费者在购买过程中的意志活动是以明确的购买目的为基础的。因此，在有目的的购买行为中，消费者的意志活动体现得最为明显。通常，为满足自身的特定需要，消费者经过思考预先确定了购买目标，然后自觉、有计划地按照购买目标支配和调节购买行动。

（2）与排除干扰和克服困难相联系。现实生活中，消费者为达到既定目的而需排除的干扰和克服的困难是多方面的。例如，时尚与个人情趣的差异，有限的支付能力与昂贵的商品价格的矛盾，售货方式落后和服务质量低劣所造成的障碍，等等。这就需要消费者在购买活动中，既要排除思想方面的矛盾、冲突和干扰，又要克服外部社会条件方面的困难。所以，在购买目的确定后，为达到既定目标，消费者还要做出一定的意志努力。

（3）调节购买行为的全过程。意志对行动的调节，包括发动行为和制止行为两个方面。前者表现为以积极的情绪推动消费者为达到既定目标而采取的一系列行动；后者则抑制消极的情绪，制止与达到既定目标相矛盾的行动。这两方面的统一作用，使消费者得以控制购买行为发生、发展和结束的全过程。

2. 消费者购买中的意志过程

消费者的意志过程具有明确的购买目的和调节购买行为全程的特点，而且这些特点都是在意志行动的具体过程中表现出来的。在购买活动中，消费者的意志表现为一个复杂的作用过程，其中包括作出购买决定、执行购买决定、体验执行效果三个相互联系的阶段。

（1）作出购买决定阶段。这是消费者购买活动的初始阶段。这一阶段包括购买目的的确定、购买动机的取舍、购买方式的选择和购买计划的制订，实际上是购买前的准备阶段。消费者从自身需求出发，根据自己的支付能力和商品的供应情况，分清主次、轻重、缓急，作出各项决定，即是否购买和购买的顺序等。

（2）执行购买决定阶段。在这一阶段，购买决定转化为实际的购买行动，消费者通过一定的方式和渠道购买到自己所需的商品。当然，这一转化过程在现实生活中不会是很顺利的，往往会遇到一些障碍需要加以排除。所以，执行购买决定是消费者意志活动的中心环节。

（3）体验执行效果阶段。完成购买行为后，消费者的意志过程并未结束。通过对商品的使用，消费者还要体验执行购买决定的效果，如商品的性能是否良好，使用是否方便，外观与使用环境是否协调，实际效果与预期是否接近等。在上述体验的基础上，消费者将评价购买这一商品的行为是否明智。这种对购买决策的检验和反省，对今后的购买行为有重要意义，它将决定消费者今后是重复购买还是拒绝购买，是扩大购买还是缩小购买该商品。

在上述阶段的基础上，消费者完成了从认识、情绪到意志的整个心理活动过程。如前所述，认识、情绪、意志等心理活动过程以及感觉、知觉、注意、记忆等心理机能存在于消费者的各种消费活动中，是一切消费行为活动共有的心理基础，因而体现了消费者心理的共性。

练习与实训

一、练习题

1. 什么是知觉？知觉和感觉有什么区别？
2. 注意有哪些功能？举例说明注意理论在营销活动中的应用。
3. 记忆过程包括哪些环节？记忆理论在营销活动中有哪些应用？
4. 什么是消费者学习？
5. 联系实际，谈谈情绪对消费者行为的影响。

二、实训题

1. 选择一个成功的电视广告，具体分析注意理论在广告设计中的应用。
2. 选择你身边较熟悉的同学，在其购物时观察其情绪，并进行情绪分类。

案 例 分 析

追求销量提升的超市

某连锁超市，出于提升销量的考虑，为了最大限度地利用空间，把货柜之间间距调得较小，仅容一辆推车与一位顾客同时通过；冬天为了防止顾客感冒，把空调温度调得较高，通常连大冷天刚进入此超市的许多顾客都会感到有点热；各柜台之间为了吸引顾客，售货员拿着扩音器大声叫卖；超市里放着时下流行的 Rap 音乐，节奏强劲，音量很大。

案例思考题

1. 请用所学知识分析此超市的做法是否合适。
2. 如果你是此超市的管理者，你会从哪几个方面进行改善？

第 3 章
消费者个性与态度

【学习目标】

1. 理解消费者个性心理特征及消费者个性心理对消费行为影响的意义和作用；
2. 了解气质和性格的概念；
3. 理解消费者气质和性格与消费行为的内在联系；
4. 了解态度和能力与消费行为的内在联系。

消费者的购买行为千差万别、各具特色，即使面对同一消费刺激，处于同一社会环境的消费者，也会由于民族、年龄、职业和社会阶层的不同，经常出现各种相异的反应方式和行为表现。这种差异正是消费者的个性和态度的反映。

一定的心理过程和状态总是在消费个体上表现出来。消费者在购买活动中，产生感觉、知觉、记忆、思维、情感、意志等心理活动。这种心理活动既能体现消费者的一般活动规律和心理活动的共有特点，又能反映消费者的个体特点和购买行为特征。消费者个体对外部环境具有选择性。

3.1　消费者个性特征

3.1.1　消费者个性的含义

"个性"一词来源于拉丁语 personal，最初是指演员所戴的面具，后来衍生为演员，是指具有特殊性格的人。通常，个性就是个性心理的简称，在西方又称人格。

对于个性的定义，有很多种。美国著名的个性心理学家阿尔波特（G. W. Allport）认为，个性是决定人的独特的行为和思想的个人内部的身心系统的动力组织。他把个性作为身心倾向、特性和反应的统一；提出了个性不是固定不变的，而是不断变化和发展的；强调个性不仅仅是行为和理想，还是制约各种活动倾向的动力系统。

苏联心理学家认为个性是具有一定倾向性的各种心理品质的总和。人的能力、气质和性格等个性特征并不孤立存在，是在需要、动机、兴趣、信念和世界观等个性倾向的制约下构成了一个整体。

我国第一部《心理学大词典》中对个性如此定义：个性，也可称人格。指一个人的整个精神面貌，即具有一定倾向性的心理特征的总和。个性结构是多层次、多侧面的，由复杂的心理特征的独特结合构成的整体。这些层次有：第一，完成某种活动的潜在可能性的特征，即能力；第二，心理活动的动力特征，即气质；第三，完成活动任务的态度和行为方式的特征，即性格；第四，活动倾向方面的特征，如动机、兴趣、理想、信念等。这些特征不是孤立地存在的，是错综复杂、相互联系、有机结合的一个整体，对人的行为进行调节和控制的。

综上所述，消费者心理中的个性是指在不同环境中显现出来的、区别于他人的、相对稳定的、影响人的外显和内隐性购买行为模式的消费心理特征的总和。从这个概念中可以看出，消费者的个性包括两个方面的基本内容：一是个性心理特征，是个人经常的、稳定的、本质的心理活动特点；二是个性倾向性，主要是指个人需要、动机、兴趣、爱好、理想、信仰、世界观等，是决定个人行为态度表现的因素。

消费者个体对外部因素的作用是有选择性的。这种选择性来自个体心理的差异性因素，即个性心理因素。研究个性心理的构成与特点，可以对不同类型消费者加以区分，有利于深入研究消费者的需求差异，根据心理因素细分市场。对于制定营销策略、引导消费行为具有重要意义。

3.1.2 消费者个性心理特征

所谓个性心理特征，是指一个人所具有的持久、稳定和本质的心理特点，包括气质、性格、能力等，是典型的个人生理活动及行为差异的基本水平的反映和保证。消费者的个性心理特征主要是指在消费过程中体现的个性心理特点。这些个性心理特点使消费者个人行为表现出独特的色彩，构成了丰富多彩的消费市场。

人的个性心理特征的形成和发展是先天因素和后天因素共同影响的结果。先天因素是个性心理特征的生理属性，是人的个性特征产生的物质基础，也是个性差异的重要原因之一；后天因素则属于个性心理特征的社会属性，对个性心理的形成、发展和转变具有决定性作用。

人的个性心理特征总是通过人的行为方式表现出来；反过来，人的各种行为也总是其个性特征的反映。在购买过程中，不同的消费者有不同的购买行为，这是个性心理特征差异的反映。因此，通过消费者的个性特征分析，可以解释消费者的不同购买行为，并在一定程度上预测消费趋向，分析消费者的潜在需求。

1. 消费者的气质

1）气质的概念和含义

气质是指一个人与生俱来的、典型的、稳定的心理特征和动力特征。它包含三层含义。第一，气质体现一个人心理活动的动力特征，即心理活动状态的强度、速度、灵活性和稳定性。第二，不同个体具有不同的气质表现，即气质的基础是先天生理机能决定的，具有稳定特征和天赋特性；在不同情境、不同活动中又有与天赋特性不同的表现，在教育环境和生活条件的影响下气质能够发生缓慢变化。大多数人在不同的年龄阶段都有不同的气质表现。例如，在青少年时期，往往表现为好动，情绪容易冲动；中年以后，人的行为活动则趋向沉着、深刻和安静。这是外部因素影响的结果。第三，气质会影响情绪和情感发生的速度和强度。此外，人的气质特征不以活动的动机、目的和内容为转移，往往具有同样的方式。也就是说，具有某种气质特征的人，常常在内容完全不同的活动中表露出同样的动力特点。

对于消费者而言，气质通过各种各样的消费活动，表现出一定指向的人的心理活动的全部动力特征。这种动力特征主要表现在心理过程的强度、速度稳定性、灵活性和指向性等。情绪的强弱、意志努力的强度、耐受力的大小等属于心理过程的强度；知觉的快慢、思维的敏捷性等属于心理过程的速度；情绪的稳定性、注意集中时间的长短等属于心理过程的稳定性；兴奋与抑制转换的快慢、注意转换的难易等属于心理过程的灵活性；心理活动是倾向于外部事物，还是倾向于内心活动，是心理活动过程的指向性特点。例如，外倾性明显的人，在各种场合都容易表现出情绪激动、兴奋，在消费者购买活动中，也会以同样的行为特点表现。气质类型相同或相近的消费者常常有近似的行为特点。

2) 气质的类型及特点

气质类型是依据气质在人身上共有或相似的特征的综合表现划分。由于角度不同，气质类型存在多种学说，如阴阳五行说、体形说、血型说、体液说、倾向说、激素说、高级神经说等，其中心理学家公认的气质类型是以古希腊学者兼医生希波克拉底的体液说，还有俄国生理学家巴甫洛夫利用条件反射学说所揭示的高级神经活动类型学说。

(1) 体液说及特点。以希波克拉底为代表的体液说认为，人体内含有黄胆汁、血液、黏液、黑胆汁四种体液，四种体液的有机配合就表现了机体的状态。因此，将气质分为四种类型，即胆汁质、多血质、黏液质、抑郁质。表 3-1 列出了四种气质类型的特点及典型行为表现。

表 3-1　四种气质类型的特点及典型行为表现

气质类型	体内占优势的体液	特点	典型行为表现
胆汁质	黄胆汁	情绪兴奋性高，带有爆发性，外倾性明显；抑制力差，反应速度快，但不灵活，反应的不随意性占优势；感受性低，耐受性较高	直率、热情、精力旺盛、生机勃勃、顽强有力；脾气暴躁往往难以自制，易于冲动，心境变化剧烈等
多血质	血液	情绪兴奋性高，外部表露明显，敏捷好动，机智乐观，不随意的反应性强，具有可塑性和外倾性，感受性低，耐受性较高	活泼、好动，善于交际，兴趣广泛不持久，反应灵活，环境适应性强，注意力容易转移
黏液质	黏液	情绪兴奋性低，外部表现少，内倾性明显；坚定顽强，克制力强，生活有规律，反应速度慢，具有稳定性，易固执己见，感受性低，耐受性高	少言寡语，反应缓慢，善于克制忍耐，做事慎重，细致不够灵活，注意力稳定难以转移，交际适度等
抑郁质	黑胆汁	情绪兴奋性高，外部表现很少，严重内倾；反应速度慢而不灵活，具有刻板性，对事物的反应较强，情感体验深刻，感受性高，耐受性低	孤僻多疑，行动迟缓，感情体验深刻，敏感易动，细腻多疑，遇事优柔寡断，乐于独处，不善交际等

(2) 高级神经说及特点。俄国生理学家巴甫洛夫利用条件反射学说揭示了高级神经活动的规律性和神经过程的基本特征。巴甫洛夫依据神经活动过程的强度、神经活动的平衡性和

神经活动的灵活性，对高级神经活动进行了划分，划分结果如表 3-2 所示。神经活动的强度主要是指大脑皮层的兴奋与抑制过程的强弱；神经活动的平衡性主要是指兴奋与抑制之间力量对比的平衡与否，即适应能力有均衡与不均衡之分；神经活动的灵活性主要指兴奋与抑制相互转换速度的快慢。依据这三个特征的不同，巴甫洛夫把高级神经活动的类型分为兴奋型、活泼型、安静型和抑制型四种。气质主要表现为人的心理活动的动力。

表 3-2　高级神经活动特点、高级神经说分类气质类型与体液说气质类型的对应关系

高级神经活动特点			高级神经说分类	对应体液说气质类型
神经活动的强度	神经活动的平衡性	神经活动的灵活性		
强	不平衡		兴奋型	胆汁质
	平　衡	灵活性高	活泼型	多血质
		灵活性低	安静型	黏液质
弱			抑制型	抑郁质

心理活动的动力具有以下三个方面的活动特点。

① 心理活动过程的速度和稳定性，表现为知觉的速度、思维的灵活程度、注意集中时间的长短等。

② 心理活动过程的强度，表现为情绪的强弱、意志努力的程度等。

③ 心理活动的指向特点，即倾向于外部事物，从外界获得新印象，还是倾向于内部事物，经常体验自己的情绪。表 3-3 列出了高级神经说气质类型的表现特征。

表 3-3　高级神经说气质类型的表现特征

气质类型	表　现　特　征
兴 奋 型	兴奋和抑制过程都很强，且兴奋过程相对占优势，一旦兴奋难以抑制。在很强的刺激下，易产生神经分裂
活 泼 型	容易随条件改变而变化，行动迅速，如缺乏刺激就很快无精打采
安 静 型	行动迟缓有惰性，容易形成条件反射，但难以改善
抑 制 型	行动迟缓而有惰性，兴奋速度较慢，容易形成条件反射，但难以改善

气质的特征是与生俱有的，并成为后天性格形成的重要的生物学条件。气质使一个人的全部心理活动都打上了个人独特的烙印。气质对人的心理活动和个性品质的形成有一定的积极作用，也有一定的消极作用。在现实生活中，大多数人是以某一种气质类型为主，兼有其他气质特征的混合型。属于某种单一气质类型的人不多。每种气质都有积极的方面，也都有消极的方面。具有不同气质的人，在消费行为上有不同特点。例如，具有不同气质类型的消费者，对商品的品牌忠诚度表现不同。

3）不同气质类型在营销中的对策

从表 3-1 和表 3-3 中列出的不同气质类型的特征可以看出，不同气质类型表现出来的行为特征不同。在营销过程中，针对不同气质类型的消费者采取有针对性的营销。

（1）胆汁质（兴奋型）：胆汁质的人情绪兴奋性高，外倾性明显，热情直率，办事果断，抑制力差，反应速度快，但不灵活。其消费行为特点是自我、固执。营销重点应加强营销刺激，满足个性化需求。

（2）多血质（活泼型）：多血质的人情绪兴奋性高，外部表露明显，反应灵活，容易接受与适应一些新的事物。但因其情感体验不深刻，注意不稳定，兴趣容易转移，缺乏刺激就很快无精打采等。营销的重点应放在对商品新、奇、特的渲染上，并时时注意更新，加强营销刺激。

（3）黏液质（安静型）：黏液质的人情绪兴奋性低，外部表现少，内倾性明显，克制力强，行动迟缓且有惰性，容易形成条件反射，但难以改善等。所以，其消费特点是保守，比较信赖于自己长期的经验来决策消费。营销的重点应放在商品的质量和性能上。

（4）抑郁质（抑制型）：抑郁质的人情绪兴奋性高，严重内倾，行动迟缓而有惰性，具有刻板性，兴奋速度较慢，容易形成条件反射；但其情感深刻、稳定，观察敏锐。营销重点应放在忠诚度的培养上，采取暗示性的营销。

2. 消费者的性格

1）性格的概念

性格是指一个人在个体生活中形成的，对现实的稳固态度以及与之相适应的习惯了的行为方式，是个性的重要方面。人存在着个性差异，人的个性中最鲜明的、最主要的心理特征就是性格。个性差异是通过人的性格反映的。因此，不同性格表现着每个人的特殊性。个性是气质和性格的混合表现。

性格具有稳定性和可塑性。一个人的性格是稳定的，同时也是可塑的。稳定性体现在对现实的稳固态度以及与之相适应的习惯了的行为方式。性格一旦形成，就会在人的行为中留下痕迹，打上烙印。可塑性则体现在社会环境和新的生活环境、教育影响导致的性格改变。在外界环境和自身实践中，一个人的性格可以逐渐改变。

例如，人在做事时表现出来的豪爽果断、讲原则、谦虚、自信、乐于助人等各种特征的有机统一体就是其性格，这些特征必须是经常出现的、习惯化的。由于一个人在对待事物的态度和行为方式中总是表现出某种稳定倾向，性格影响着个人的行为和结果。因此，利用性格可以预见其在某种情况下将如何行动。

2）性格的特征

性格具有多方面特征，一个人的性格就是通过其性格特征反映的。性格的特征通常有以下四个方面。

第一，态度特征。对待客观事物和现实的态度体现在一个人对社会、集体、个人三个方面。比如，一个人对社会、集体和他人的态度上的差异；对事业、工作、学习、劳动和生活的态度上的差异；对自己的态度上的差异等。

第二，意志特征。意志特征是指在意志的作用下自觉控制自己的行为及行为努力程度所表现出来的性格特征。它包括对行为目的明确程度的特征，自觉调试和控制自身行为的特征，在困难或紧急条件下表现的独立性或依赖性特征，对待长期工作的韧性特征等。做事的计划性、积极性、对冲动情绪的控制性、果断性等都是性格的意志特征的表现。

第三，情绪特征。个人对情绪的控制或情绪对个人活动影响的性格特征就是情绪特征。情绪特征包括情绪活动的强度、稳定性、持久性和主导心境。对待同一件事情，不同人反应的强烈程度、情绪变化和情绪的持久性都不相同。

第四，理智特征。性格的理智特征是指人在认知过程中表现出来的个体差异方面的性格特征，即人的认识活动特点与风格。它包括感知、记忆、想象、思维等方面的差异；感知有主动观察与被动知觉的差异；记忆有形象记忆与抽象记忆差异；想象有富于创造性想象和固有性想象的差异；思维有敏捷性、独创性、逻辑性、深刻性、综合性等差异。

性格的以上四个方面的特征在每个人的身上都是相互联系的，构成了统一的整体。但每个人的性格特征和特征结构不同，从而使性格的同一特征在不同的人身上表现出差异。反映到消费者购买行为上，就构成了千差万别的购买特点。

3）性格与气质的关系

性格与气质同属于人的个性心理特征，二者既相互渗透，又彼此制约。气质与性格既有区别又有联系，并相互影响。

气质主要是先天的，多受个体高级神经活动类型的制约；性格主要是后天的，多受社会生活环境的制约。气质是通过人的情绪和行为活动中的强度和速度表现的，无好坏之分；性格表现为个体与社会环境的关系行为的内容，有好坏之分。气质可塑性极小；性格可塑性较大。

性格与气质的联系密切而又复杂。气质与性格具有继承关系，但性格特征相似的人其气质类型可能不同，相同气质类型的人也可能表现出不同的性格特征。气质与性格的相互联系和影响体现在以下四个方面。

（1）气质的不同类型的动力特征，会使性格表现出独特性。例如，对人友善的性格在四种气质类型中的表现具有不同的性格特征。胆汁质的人表现为热情豪爽，多血质的人表现为亲切关怀，黏液质的人表现为诚恳，抑郁质的人表现为温柔。

（2）气质影响性格的形成和发展的速度。黏液质和抑郁质的人比多血质和胆汁质的人更容易形成自制力的性格特征。例如，胆汁质的人和抑郁质的人相比，在勇敢性格的形成中有截然相反的过程。胆汁质的人形成勇敢性格比较自然、容易，抑郁质的人在勇敢性格形成中往往需要经过长时间的努力和锻炼。

（3）性格制约和影响气质的改变。顽强坚定的性格可以使性格中积极的方面得到发展，某些消极方面得到克制。例如，胆汁质的人，经常要求和告诫自己切不可急躁冲动，保持热情和耐心，积极应对各种事情。

（4）性格是个性心理特征的核心。性格引导着活动的方向，气质则反映活动的进行方式；性格调节、气质改变可使活动达到预定的目标。

3. 消费者的能力

1）消费者能力的理解

能力是指人们顺利地完成某种活动所必须具备的、直接影响活动效率的本领，是直接影响活动效率的个性心理特征。能力包括完成活动的具体方式和顺利完成活动的心理特征。消费者的能力是指消费者在消费过程中对商品的辨别力、挑选力、评价力、鉴赏力、决策力等。每一方面的能力都有着因人而异的差别。在消费者行为中，消费者的能力首先是顺利完成消费活动的主观条件。消费者只有具备良好的观察能力、记忆能力、思维能力和决策能力等，才能保证购买活动的顺利进行。其次，消费者的能力总是与消费活动相联系，并直接影响消费活动的效率。例如，消费者的购买能力通过消费者购买商品的全部过程和购买结果体现出来。

2）影响能力的因素

任何单一的能力都难以完全胜任某种活动；要成功地完成一项活动，往往需要综合具备多种能力。不同的活动及活动内容，对人的能力的要求不同。影响人的能力及发展的因素很多，但不外乎遗传因素、环境因素两大方面。遗传因素是能力形成和发展的自然基础，只提供了能力发展的可能性，现实中真正体现出来的能力是环境因素影响的必然结果。影响能力发展的环境因素包括自身素质、社会文化环境、教育实践活动等。

人的心理活动是在遗传素质与环境教育相结合中发展起来的。环境和实践是人的能力发展的关键因素。素质是能力形成和发展的自然前提；遗传素质只提供能力发展的可能性，不完全决定一个人的能力。一个人的能力是以素质的先天禀赋为基质，在后天环境和教育影响下形成并发展起来的内在的、相对稳定的身心组织结构及其质量水平。能力总是与具体活动联系起来的，能力水平直接关系到活动的水平，活动又体现能力水平的大小。能力是多种能力的综合，如注意力、观察力、理解力、创造力、协调力、执行力等。在能力发挥时，动机、情绪、意志、性格等因素也起作用。例如，经验丰富的吊车司机，能用吊车吊起鸡蛋一样小的东西，这种能力就是长期经验积累的结果；而那些音乐家在音乐方面的能力大多是遗传因素在起作用。

3）消费者能力的构成

消费活动是一项范围广泛、内容复杂的社会实践活动。消费者的购买能力就是消费者在购买过程中的能力反映，主要表现在对商品的感知能力、想象能力、分析能力、评价能力和选购商品时的决策能力等方面。消费者购买能力的差异，影响着消费者自身的购买行为。

（1）记忆力、想象能力。记忆力和想象力是消费者必须具备和经常运用的基本能力。良好的记忆能力能把过去感知过的商品、体验过的情感、积累的经验等在头脑中回忆和再现出来。丰富的想象力能使消费者从商品本身想象到该商品在一定环境和条件下的使用效果，从而激发美好的情感和购买欲望。

（2）对商品的感知辨别能力。消费者识别、了解和认识商品的能力就是感知辨别能力。它是消费者对商品的外部特征、外部联系的直接反应能力。消费者对商品外观、造型、色泽、分量、气味、整体风格等，都是消费者通过感知认识的。感知辨别能力是消费者购买行为的先导。消费者对商品的感知辨别能力存在较大的差别，主要体现在感知的速度、准确度、敏锐度方面。例如，消费者购买洗衣机，一般借助于对商品知识的介绍和购买经验，从洗衣机的外观造型、颜色、容量等认识该洗衣机是否理想；而感知辨别能力强的消费者，不仅要观察洗衣机的外部特征，而且要观察洗衣机的内部结构及其运行情况来认识其品质的好坏。

（3）对商品的分析评价能力。分析评价能力是指消费者对接收到的各种商品信息依据一定的标准，进行整理、加工、分析综合、比较评价，进而对商品的优劣、好坏作出准确判断的能力。经过分析评价才能形成理性的购买行为。消费者的分析评价能力的强弱，主要取决于消费者的思维能力和思维方式，同时也受个人知识、经验、审美观的影响。分析评价能力强的消费者购买商品时，一般是积极主动地收集有关信息，具有全面的商品知识，清楚了解商品的优缺点，对于商品的各种促销手段有相当的判断力。分析评价能力弱的消费者，则收集信息不主动，一般通过大多数人的购后评价才决定购买。

（4）购买决策能力。购买决策能力是指消费者在充分选择、比较的基础上，及时、果断、正确地作出购买决定，购买到满意商品的能力。有的消费者能根据自己对商品的判断，及时作出决定，采取购买行动；而有的消费者在购买行动中常常表现出优柔寡断、犹豫不决，甚至受别人看法的左右，不能根据实际情况果断采取行动，这些都体现了消费者购买决策能力的差异。消费者的购买决策能力直接受到个人性格和气质的影响，自信心、情境不同，购买决策能力就会出现很大的差异。

消费者在购买过程中除了需具备上述一般的购买能力之外，从事特殊消费活动时还需要具有一些特殊的能力，主要表现为以专业知识为基础的专业技能，如色彩辨别能力、视听能力、商品检验能力、言语沟通能力、手感能力等。如果不具备特殊能力，购买专业性的商品就很难取得满意的消费效果。此外，创造能力、审美能力等是由一般能力发展的优势能力；消费者对自身权益的保护能力也属于特殊能力。

阅读资料 3-1

中国 95 后的消费能力有多强

2017 年埃森哲发布《95 后消费者调研》，从购买渠道、决策能力、对商品的评价能力等进行了调查。

1. 社交媒体是受青睐的购买渠道

研究显示，中国 95 后在社交平台上花费大量时间，已成为一种颠覆性力量，社交平台已成为 95 后青睐的消费渠道。调查中，七成的受访者表示有兴趣直接通过社交媒体购物交易。近六成（58%）的受访者表示在过去一年中，他们在作出购买决定的过程中更多地使用了社交媒体。另外，31% 的 95 后消费者表示他们会因为浏览社交媒体而产生购买愿望。

2. 决策力强受体验影响

调研显示，中国 95 后消费者前往门店购物的比例（31%）远高于其使用手机（24%）和平板电脑（4%）购物的比例。他们在门店购物时非常看重数字化体验，例如他们会使用移动设备比较价格，或通过社交媒体和移动设备远程征求朋友或家人的意见。

中国 95 后消费者热衷于新的购物方式。考虑通过"精选订购"服务来购买服装类和食品杂货类商品的 95 后消费者分别达 88% 和 70%。而在对"自动补货"服务感兴趣的人群中，绝大部分（78%）的受访者愿意将超过一半的订单交给能够提供此类服务的零售商。另外，过半的 95 后有意愿尝试"语音订购"服务，迫不及待地想使用该模式购买服装、电子消费品、食品杂货、健康和美容产品等产品。

此外，购物冲动随心。相较于 80 后（23%）和 90 后（19%），95 后中国消费者更容易冲动购物（29%），常常为买而买。同时，他们更看重配送速度，会因为配送时间模糊不清而取消网购订单，却也愿为快速收到商品而支付额外费用。

3. 乐于尝试新的购物方式

选货能力强。只有不到一成的 95 后中国消费者会认准一家商店购买其所需的全部商品。三分之一的 95 后在购买服装时会浏览至少四家线上或线下销售点；而当购买健康和美容产品时，这一比例会增加到 48%。95 后购物者在选择服装、食品杂货时快速作出决定，而在选购日用品和健康美容产品时则会费时更多。

4. 发表主张更直接

乐于"听"，敢于说。95 后消费者不仅非常看重评价和反馈，在购物过程中他们也更倾向于向家人、朋友或信任的网友寻求意见，其他顾客的产品评价和社交媒体上的点赞数量都会对他们的购买决策起到显著影响。95 后还热衷于反馈和分享他们的想法，72％的受访者表示他们经常或频繁提供反馈，远高于全球 40％的比例。和 80 后及 90 后喜欢在零售商网站上留言不同，95 后中有接近半数的消费者会到品牌生产商的网站上直接留言。

资料修改自：2.5 亿 95 后消费者，他们的消费能力到底有多强？http://www.adquan.com/post - 2 - 42460.html.

3.1.3　消费者个性特征与消费行为

不同的个性特征，在消费者购买过程中会表现出不同的购买行为。

1. 消费者的气质与消费行为

消费者的气质类型特点，必然会影响其购买行为。依据体液说，可以对四种典型的消费者的购买行为进行分析。

1）胆汁质类型消费者

胆汁质类型消费者，在购买过程中具有快、新、急的特点。

快，是指这类消费者的需要和动机形成快，在购买过程中反应迅速，决策过程短；购买目标一经决定，就会立即导致购买行动，不愿花太多时间进行比较和思考，事后又往往后悔不迭。另外，在购买过程中，如果遇到礼貌热情的接待，成交速度更快。

新，是指消费者喜欢购买新颖奇特、标新立异的商品。

急，是指这类消费者在消费过程中心急口快，选购商品时言谈举止显得匆忙，同时情绪反应强烈、易于冲动，满意与否表现明显。因此，挑选商品时以直观感觉为主，不慎重考虑，对所接触到的第一件合意的商品就想买下，不愿意反复选择、比较。

针对这类消费者，销售人员动作要快捷、态度要耐心、要及时应答，并辅以温和的语言与柔和的目光，使消费者的购物情绪达到最佳状况。在此过程中，销售人员可适当介绍商品的有关性能，以引起消费者的注意和兴趣。

2）多血质类型消费者

多血质类型消费者，在购买过程中具有善谈、善交往、善变的特点。

善谈，是指这类消费者在购买过程中善于表达自己的愿望，乐于向营业员咨询、攀谈所要购买的商品，甚至言及他事；也愿意、喜欢与其他消费者攀谈自己的使用感受和经验，对自己不清楚的事情，也希望从别人那里了解到。

善交往，是指这类消费者乐于交际，这也是这类消费者的特点。

善变是这类消费者的又一个特点，商品的外表、造型、颜色、命名对这类消费者影响较大。在购买活动中，决策过程迅速，缺乏深思熟虑而作出轻率选择，兴趣忽高忽低，行为易受感情的影响，容易见异思迁。

这类消费者在选购过程中，易受周围环境的感染、购买现场的刺激和社会时髦的影响。因此，销售人员要主动介绍、与之交谈，注意与其联络感情，给以指点，当好参谋，使他们专注于商品，尽量帮助他们缩短购买商品的过程。

3）黏液质类型的消费者

黏液质类型消费者在购买过程中具有冷静、稳定、自信的特点。

冷静，是指消费者善于控制自己的感情，对商品刺激反应缓慢，喜欢与否不露声色；决策过程中沉着冷静，时间较长；挑选商品也表现出认真、冷静、慎重的态度。

稳定，是指消费者喜欢通过自己的观察、比较作出购买决定，对自己喜爱和熟悉的商品会产生连续购买行为。

自信，是指消费者的自信心较强，愿意自己作出购买决定，过多的语言和过分的热情，可能会引起反感。

对待这类消费者要有耐心，允许其有认真思考和挑选商品的时间，避免过多的提示和热情。

4）抑郁质类型消费者

抑郁质类型消费者在购买过程中具有细致、敏感和拘谨的特点。

细致表现在观察商品认真仔细而且体验深刻，往往能发现商品的细微之处；对外界刺激情绪变化缓慢，不善于表达个人的购买欲望和要求；在选购商品时，从不仓促地作出决定，表现得优柔寡断，千思万虑。

敏感表现在对他人介绍将信将疑，态度敏感，挑选商品小心谨慎，过于一丝不苟，还经常因犹豫不决而放弃购买，有时购买后还会疑心是否上当受骗。

拘谨表现在购买行为拘谨，神态唯诺，不愿与他人沟通。

对待这类消费者，营销人员要小心谨慎，细心观察，态度和蔼、耐心，适当疏导，打消不必要的顾虑，使购物气氛活跃，购买愉快。

2. 不同性格的消费者购买行为

消费者千差万别的个性心理特征，表现在消费活动中就出现了不同态度和不同习惯的购买行为，从而构成了千姿百态的消费行为。消费者的性格，是在其购买行为中起核心作用的个性心理特征。

不同的消费者在购买活动中的动作姿态、眼神、面部表情和言谈举止等会有不同的表现，可以通过其动作姿态、行为举止、面部表情及其变化、眼神、言谈方式和表达速度等了解和判断消费者的性格。例如，走路昂首挺胸、旁若无人、说话摇头晃脑的消费者性格高傲；急步行进，购买过程中急于成交、容易激动的消费者性格急躁；见到满意的商品脸上常呈现着微笑的消费者性格温和；愁容满面、紧锁双眉、表情凝重的消费者性格抑郁；目光中常表现出不信任和怀疑的消费者性格多疑；表达清楚、语速较快、说话直率的消费者性格直爽；语速比较缓慢、说话吞吞吐吐、犹豫不决的消费者性格懦弱等。消费者在购买中的典型表现主要有以下几个方面。

（1）快速购买和缓慢购买。由于性格的差异，消费者在选购过程中有的购买目的明确，选购速度快；有的则慢悠悠，似乎难以决断，常常无缘无故地扭头就走，而且非常敏感，莫名其妙地放弃购买。

对待快速购买的消费者，营销人员把好商品的质量关，慎重对待那些明显是仓促之中作出决定的消费者，及时提醒以减少消费者后悔。对待购买速度慢的消费者，要有耐心，尽可能提供条件让其仔细比较，创造轻松的环境，让消费者放松地选择。

（2）轻信购买和多疑购买。有的消费者，由于对所购买商品的性能和特点了解不多，在选购商品时常表现出主意不定；有的消费者性格多疑，购买时对商品常常存有疑虑，对销售人员的热心也存有疑心。

对待这两类消费者，商家要诚实可信，力求树立良好形象。对具有轻信购买表现的消费者，要以诚相待，切忌弄虚作假，欺骗消费者；对具有多疑购买表现的消费者，尽量让他们自己观察和选定商品，态度不能冷淡，更不能过分热情使其疑心。当消费者对商品存在疑虑时，拿出说明书、质量保证书等客观有力的证据，以帮助消费者打消疑虑。

（3）积极购买和消极购买。行为积极的消费者一般目标明确，计划清楚，在购买活动中，行为举止和语言表达清晰、准确、流畅。行为消极的消费者常常意图不明确，甚至缺乏购买目标，其购买行为是否实现，很大程度上取决于销售人员的行为态度，销售人员积极、热情、主动地接待，能激发消极购买者的购买热情，也能引发其购买行为。

（4）善谈型和寡言型购买。善谈型消费者喜欢和销售人员交谈，乐于发表自己的见解和意见；寡言型消费者在购买过程中沉默寡言，不谈论，不评价。

（5）情绪型和温和型购买。情绪型的消费者，由于环境的不同，会表现出不同的情绪。情绪型消费者情绪波动大、易激动，不能随便开玩笑，需要销售人员的冷静、耐心；温和型消费者具有自己的购买计划，购买过程中按计划执行。

（6）内向型和外向型购买。内向型消费者在购买活动中沉默寡言，面部表情变化不大，内心活动丰富而不露声色，有的自己不爱说话，但喜欢听别人讲；也有的消费者自己不爱讲话，也不喜欢别人多说，更讨厌被询问。内向型消费者动作反应缓慢，对商品广告冷淡，常常凭经验购买。外向型消费者在购买过程中，言语、动作、表情外露，热情活泼，喜欢与营业人员交换意见，对有关商品的质量、品种、使用方法等方面的问题主动询问，购买决定果断、爽快。外向型消费者易受广告感染。

除了上述分类外，有的学者从社会文化生活方式出发划分消费者行为，分成理论型、经济型、社会型、权力型、宗教型和审美型消费者。

无论采取哪种划分方法，在购买活动中，由于周围环境的影响，消费者千差万别的性格特点，消费者表露出来的性格与原来的面貌有所不同。在现实购买活动中，对商品购买活动中各种事物的态度和习惯化的购买方式上，有的性格表露得非常充分，有的只是表露出一部分。

3. 不同兴趣爱好的消费者购买行为

人的兴趣、动机与人的行为是密切相关的，积极探究某种事物的认识倾向是人对某种事物给予优先注意，并有向往的倾向性。根据兴趣的倾向性，将兴趣分为由情感作用于事物体现出来的情趣（直接兴趣）和提高了自己的认识之后体现在热衷于某种创造性活动倾向的志趣（间接兴趣）。例如，有的消费者对购买活动感兴趣；有的消费者追求购买的结果，对购买活动本身并不喜欢。前者是直接兴趣，后者则是间接兴趣。

消费者的兴趣存在很大差异，这种差异体现在消费者兴趣的指向性、广泛性、持久性、效能型上。"人心不同，各有所好"，不同商品对不同消费者具有不同的吸引力，消费者兴趣点可以是不同范围的客观事物，同时对事物的兴趣有一定的持续时间，兴趣在不同人身上产生的效果是不同的，这些都不同程度地影响消费者的购买行为。

1）兴趣与行为

不同兴趣爱好的消费者购买行为的表现如下。

（1）偏好型。消费者的兴趣非常集中，有的甚至可能带有极端化的倾向。消费者的偏好直接影响着购买商品的种类和消费者之间的区别。偏好的不同构成了多样化的市场，执著偏好者会带来消费的执著。例如，偏爱兰花的消费者，千方百计寻觅各种新品兰花，不惜压缩其他开支，甚至会倾其所有。

（2）广泛型。消费者具有多种兴趣，自信、自立意识强，对广告、宣传及商品的外观、包装、质量、色彩、他人评价等外界刺激反应灵敏，购买不拘一格。

（3）固定型。此类消费者的购买具有经常性和稳定性的特点，兴趣持久，往往是某些商品的长期顾客，但尚未成癖。

（4）随意型。此类消费者无明显兴趣指向，一般没有对某种商品的特殊偏爱或固定习惯，也不会成为某种商品的忠实购买者。这类消费者的购买行为受到周围环境和主体状态的影响，因时而宜地购买商品。

2）兴趣在消费者购买行为中的作用

兴趣的前提是注意，但注意不一定意味着感兴趣，缺乏兴趣更不会付诸行动。

（1）兴趣是消费者未来购买活动的准备。消费者对感兴趣的商品等主动认识，通过收集有关信息，积累相关知识，为日后的购买活动做好准备。

（2）兴趣能促使消费者作出购买决策。消费者选购感兴趣的商品时，一般会有一种积极、愉悦的心态行动，有利于购买活动的顺利完成。

（3）兴趣是培育消费者忠诚度的保障。持久的兴趣可以发展成为个人偏好，有利于形成固定、长期、重复的购买行为。

3）兴趣影响消费者购买行为

消费者购买行为中，有的注重商品的商标、色彩、装潢、价格、质量等商品本身的表现，即商品型；有的注重售后服务的质量、范围等，即服务型；有的注重与商品购买有关的环境格局和情调，即情调型；有的注重特殊日子的安排，即节日型；有的注重趋时消费和特殊消费，这种消费还随社会风气和消费流行而变化，即时尚型；有的注重购买和购后的体验，即体验型；有的在基本满足物质生活后，注重精神生活的品位和质量，即娱乐型。

消费者兴趣受到消费者个体条件和客观条件的制约。在购买行为中，消费者兴趣不是单一的，而是互相综合交错的。因此，企业应当为消费者的购买行为做好心理准备，使消费者尽快作出购买决定。

4. 不同能力的消费者的购买行为

消费者的能力差异必然影响到消费者购买和使用中表现出的行为特征，能力决定了消费者的购买类型，购买行为的多样性又会在购买活动中表现出来。根据不同能力的消费者对商品的认识程度和购买目标的明确程度的差异，将消费者的购买行为划分出不同类型。

1）从对商品的认识程度分

（1）成熟型，也称为特殊型。能力特点主要是内行程度高，对商品的质量及各种特征了解得非常清楚，甚至超过销售人员。在购买过程中，表现出自信、坚定，自主性高，很少受外界环境的干扰，能够按照自己的意志独立作出购买决策，完成购买。

（2）一般型，也称为普通型。能力结构和水平处于中等状态，具备通常的商品知识，通过广告宣传、他人介绍等掌握商品的部分信息，缺乏相应的消费经验。在购买过程中，更乐于听取销售人员的介绍和厂商的现场宣传。

（3）缺乏型，也称为幼稚型。能力结构和水平处在缺乏状态，不了解有关的商品知识、消费信息，也不具备任何购买经验。在购买前目标不明确，导致决策时犹豫不决，受环境和他人意见的影响大。

2）从购买目标的确定程度分

（1）确定型。能力特点主要是购买目标比较明确，能够自信、清晰、准确地用语言表达，对要购买的商品事先有相当的了解，购买决策过程一般较为迅速，主动对需购买商品提出要求，如规格、式样、色彩、价格等。

（2）半确定型。能力特点表现为购买目标大致明确，对商品的细节尚不明确，相关经验、知识不足，购买的商品类型清楚，但对商品的具体要求随机，决策过程依据购买现场情景而定，甚至需要销售人员的介绍、参谋。

（3）盲目型。能力特点主要是购买目标不明确或不确定。由于目标不明确，对所需商品的各种要求表达不清、意识蒙眬，有时仅仅是为了"逛店"，购买行为是随机的，决策过程受到购买现场情景和销售人员的仪态影响，如销售人员的态度、其他消费者的购买情况等。

阅读资料 3-2

百事打造线上与线下多维体验空间

百事从时尚、音乐到运动、美食，在跨界合作上的频繁动作，源自其对品牌营销的深刻洞察——品牌有界，消费者无界。百事的跨界，目的是让品牌的边界在更广的层面上延伸，更具生命力和创造力。"百事盖念店"是百事可乐首个线上和线下结合的潮流文化体验空间，在进行线上活动时，百事打破常规的单一奖品兑换机制，消费者可以在线上平台通过兑换、抽奖、竞拍、众筹等方式赢取限定潮品。新颖的玩法让百事获得了非常不错的参与量与互动量，品牌合作实物类奖品兑换尤为火爆，众多奖品在几分钟内一抢而空，活动在数字平台上曝光极高。

"百事盖念店"的线下活动注重体验设计，精准解读消费者的心智信号，汇聚跨界时尚单品，与消费者在产品、平台、空间、环境的互动中完成情感连接，营造全开放的沉浸式体验。百事在全国所有渠道都推出相应的主题活动，包括路演和快闪店。在快闪店，投入一枚百事可乐最新款的可乐瓶盖，即可进入店内体验；店内不仅集中陈列了大量百事可乐合作主题的限量罐，还展出了多款跨界合作的单品，进一步给消费者更为直观、可触摸的体验，以更好地满足年轻人乐于尝鲜的心理。

百事致力于在商业生态圈里不断发掘合作伙伴与拓展合作内容。2017年夏天，百事在长期战略合作伙伴上海迪士尼度假区引入"趣泡"体验创新活动，以旗下百事可乐和七喜饮料为基底混搭多种配料，为消费者提供全新饮用体验的同时，将口感、调制体验和音乐派对结合，加深百事可乐与音乐场景的强关联。短短50天内，趣泡站共售出4.5万份趣泡调饮，独特的调配创意与趣味十足的造型还赋予趣泡极大的社交属性，激发了消费者在社交平台自主分享的意愿，打造又一体验空间。

日新月异的新零售时代，消费品品牌传播已经成为挑战不断的全新课题。如今的消费市场已经进入大品牌时代，品牌调性不明晰，就会失去号召力。面对信息碎片化的传播环境，跨界合作能够有效丰富品牌的消费触点，抓住年轻人的注意力。在营销策略上，品牌需要兼顾媒体覆盖的广度和深度，不仅要通过一些大媒体投放和大型内容的植入来扩大影响面，还要让现有用户对品牌有更深的接触愿望。百事所开展的一系列体验化、定制化、差异化的品牌沟通活动，都颇有成效地扩展了品牌的广度和深度，通过在音乐、运动、时尚等领域的跨界行为，深入了解年轻人不断变化的消费需求和消费心理，以巩固品牌和他们的情感连接，持续引领年轻人生活方式，将百事的产品基因、品牌理念渗透到他们的生活中。

资料修改自：王晓红 . 百事新营销：多元体验连接年轻客群 . 销售与市场 [J] . 2018（2）.

3.2　消费者态度

消费者的态度体现在语言上就是意见，体现在行动上就是行为。

3.2.1　消费者态度的含义和功能

1. 消费者态度的含义

1）态度的概念

研究角度不同，对于"态度"一词的理解也不完全统一。《现代汉语词典》（第 7 版）对"态度"的解释为：人的举止神情；对于事情的看法和采取的行动。消费者态度主要强调态度的改变。态度是个体对特定对象所持有的一种评价与行为，是一种较稳定的内部心理倾向。态度是由情感、认知和行为构成的综合体。这种内部心理倾向使得个人对一（一群）事物或观念，作出的良好反应或者是不良反应。比如，良好反应有欣赏、支持、赞同、喜欢等；不良反应有厌恶、拒绝、反对、反感等。

态度概念包含三层含义。其一，态度是对特定对象的一种评价。评价是指人对特定对象认识的肯定或否定的看法。其二，态度是一种心理倾向。态度可以通过言行进行测度和分析。倾向指的是情感上的感受和行动上的倾向，是后天习得的，不是本能的。比如，人对某种商品的喜好，可能是由于商品适合，也可能是商品的新奇、价格、功能、款式、色彩、文化的吸引，还可能是由于宣传的影响。不管出自何种缘由，这种好感都是通过对商品的认识、购买、使用、评价逐步形成的，而不是天生固有的。其三，态度是一种持久状态。态度一经形成就具有相对的稳定性和持久性，并逐步成为个性的一部分，并依照一定的规则性和习惯性表现在个体反应模式上。

2）态度的构成

从图 3 - 1 中可以看出，态度是一种复杂的、内在的和相对稳定的心理活动体系，是由认知性、情感性和行为倾向性三个层面构成，又称为态度 ABC 要素模型。认知性是指个人对事物的理解、评价和看法，其中最重要的是评价性认知，如赞成或反对、积极或消极。情感性是指个人对事物的情感和好恶，是在认知的基础上表现出来的，是态度的核心，如喜欢或厌恶、重视或轻视等；行为倾向性是指个人对态度对象的客观行动的反应倾向。这种倾向不是行为本身，而是思想倾向。它在态度中是行为的直接准备状态，指导和决定人的行为，如消费者是买或不买某商品。认知→情感→行为倾向性这三个层面在同一个连续体上，是对事物了解、判断的依据。对态度对象如果是肯定的评价，则会产生友善的情感反应，并随之有亲近性的行为倾向；相反，如果是否定的评价，则会产生抵触反应，会有躲避的行为倾向。倾向一旦形成，这种态度将在一段时间持续且不会轻易改变，当人的行为没有达到态度要求时，态度将以动力的形式推动人的行为，并表现出规则性的行为反应模式而适应社会。

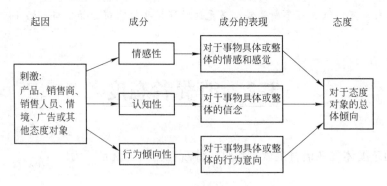

图 3-1　态度的组成成分及表现

例如，消费者认为某品牌商品质量好、服务周到、价格合理——认知，因此消费者喜欢该品牌的商品——情感，消费者愿意购买该品牌产品，也愿意将其介绍给其他人——行为。

2. 消费者态度的功能

1）消费者态度的形成和测量

（1）消费者态度的形成。

消费者态度的形成是在社会实践中逐渐与世界观联系起来的，是从简单到复杂、从不稳定到巩固和稳定的过程。态度的形成主要有四个条件。一是经验的积累与整合。把零散的经验归类、理顺，形成同类型的特殊反应的整合。二是经验的分化。将已有的笼统经验，逐步分化成特殊的、个别的经验。三是环境检测。将形成的经验在变化的环境中进行检验，形成态度。四是模仿和学习。主要是社会已有态度的模仿和语言的学习。态度受个人需要满足程度、知识和信息量、群体或参照群体、个体的人格特点影响。

按照凯尔曼的态度理论，态度形成包括服从、同化、内化三个阶段。

服从是态度的开始。消费者的意愿会不自觉地产生模仿，或者是由于群体压力而产生态度的服从，表现为自身态度与他人态度的一致性。这种一致性受外因控制，是短暂的表面现象。

同化是在情感的作用下，自愿接受新的信息以及他人的观点、信念、行为，与他人行为保持一致，具有非强迫性，不受外部因素控制，而是依赖于对象的吸引。

内化是态度真正形成的阶段。在服从和同化的基础上，内心发生了质的变化，产生了新的观点，也具有了新的情感和意愿，形成了较为稳固的自己的态度。

（2）消费者态度的测量。

以消费者对"健怡"可乐的态度为例，说明对消费者态度测量的方法。对消费者的认知—信念的测量一般可采用语意差异量表，测量出消费者对"健怡"可乐的具体属性。情感的测量一般可以采用利克特量表，测量消费者对"健怡"可乐具体属性的感觉；行为倾向的测量一般可采用间接问题或直接问题，测量消费者的行动或行动意向。表 3-4 为对"健怡"

可乐认知的语意差异量表。

表 3－4　对"健怡"可乐认知的语意差异量表

在你认为合适的"□"中画"√"

口味浓烈	□ □ □ □ □ □ □	口味温和
价格低	□ □ □ □ □ □ □	价格高
无咖啡因	□ □ □ □ □ □ □	咖啡因含量高
口味独特	□ □ □ □ □ □ □	无独特口味

① 语意差异量表的基本思想是态度可以从多个角度获得，直接询问人们对某一事物或主题的态度往往出现差异而进行主题概念分析，确定一些关联词，测试消费者对这些关联词的反应，获得较为正确的态度。语意差异量表中列出的属性可以通过选择5～12名消费者的深度访谈获得，每种属性用其可能有的相互对应的两极端表示，在属性的两极端之间划分出5～7个态度层次，按正向态度至负向态度分别给定7或5分，依次递减直至1分，被调查者在认为最能恰当地表现自己态度的位置标注，计算每种属性的总分。分数越高，表明态度积极；反之，分数越低，越偏向消极态度。还可以计算每种属性得分的平均值，做成语意差异量表图，表现人们对事物或主题的态度。

② 利克特量表的制作，是通过小组访谈或深度访谈的方法，找出目标市场关于"健怡"可乐的特点可能涉及的一系列属性和特征，这些属性和特征通过一系列的肯定或否定陈述语句表现，属性和特征陈述句为20条左右。利克特量表中的语句还要表现出消费者对"健怡"可乐整体或某一方面的情感。每个陈述句对应的都有同意到不同意的5级、6级或7级态度。规定量表中对陈述意见赞同的程度越低，分值越低；反之，赞同程度越高，分值越高。如表3-5中的"很同意"是5分，依次减少，至"很不同意"对应为1分。当然，也可以规定对陈述意见赞同的程度越高，分值越低；赞同程度越低，分值越高。被调查者在每个陈述语句后选择表现自己态度的级别下面标记；再对被调查者的意见汇总，得到综合得分，以此来反映总体态度。

表 3－5　对"健怡"可乐情感成分的利克特量表（部分）

问　题　态　度	很同意	同意	无所谓	不同意	很不同意
1. 我喜欢"健怡"可乐的口味 2. "健怡"可乐太贵了 3. 咖啡因对健康不利 4. 我喜欢"健怡"可乐					
分　数	5	4	3	2	1

③ 行为倾向测量主要测量被调查者对于有关事物的实际行为反应（表3-6）。行为倾向测量时，要注意一般问题可以直接询问；对于敏感性的、难以正面作答的问题，还有强烈地与某些社会规范相联系的产品，如香烟等，则采用间接询问效果更好。

表 3-6　对"健怡"可乐行为成分的部分问题表

1. 最近一次我买的软饮料是＿＿＿＿＿＿＿＿＿＿。

2. 我通常喝＿＿＿＿＿＿＿＿＿＿软饮料。

3. 下一次你买软饮料时，你买"健怡"可乐的可能性有多大？

　A. 肯定会买　B. 可能会买　C. 或许会买　D. 可能不会买　E. 肯定不会买

2）消费者态度的功能

消费者形成的某种态度，储存在记忆中，需要时就会从记忆中提取出来，因此态度对消费者的行为有很重要的影响，同时，态度有助于满足某些消费需要，帮助消费者有效应对动态的购买环境。态度具有的功能主要有四个方面。

（1）导向功能。导向功能又称适应功能，是指态度能使人更好地适应环境且能做到趋利避害。消费者在购买活动中，将其意念直接导向能满足自身需要的商品，使购买行为很好地适应消费者需要。比如，某个消费者也许认为可乐"都是一个味道"，在实际购买时，该消费者很可能选择最便宜的或最方便获取的品牌。即使他能够辨别出可乐口味的不同，并喜欢某种口味，仍有可能作出随便购买的选择。

（2）识别功能。识别功能又称认知功能，是指态度帮助人们对事物的认识和理解。消费者购买活动中在态度倾向性的支配下，广泛收集信息，了解和鉴别商品或服务的质量、性能、功用，并进行价值评价，有助于购买决策。如学生在上学期间，关心买车的很少，对汽车方面的知识关注也不多；当工作后，一旦有了经济实力和需要，就会积极地寻求与车有关的知识，了解购车环节，直到实现购买。

（3）表现功能。表现功能是指形成的态度能够表现、表达消费者的核心价值观念、价值体系和自我形象的功能。消费者在购买活动中，表现出的文化、价值观念、性格、志趣、生活背景等，决定消费者即将采取的购买行动和可能的决策方案，体现着消费者心目中通过购买行为表现自我形象和社会地位的心理倾向。比如，崇尚自然、重视环境、倡导环保的消费者，为了表达环保理念，愿意购买和使用"绿色"产品，以此来体现价值观和对环保活动的态度。

（4）自我防御功能。自我防御功能是指形成的态度能够保护个体的现有人格和保持心理健康。人对某一事物一旦形成态度，面对那些严峻环境或难以正视的现实能回避或忘却，增强对挫折的容忍力与抗争力。消费者购买的目的是满足某种需要，能够满足的需要会产生肯定的、满意的态度，并导致重复购买行为；对于不满足的需要则会形成否定的、不满意的消极态度，并中止购买。如一个消费者出于个人喜好，购买了一件很奇特的衣服，想提升自己的形象，结果穿上后得到的是朋友、同事和家人的取笑，受大家态度的影响，这个消费者会对这件衣服产生不喜欢的态度，并不再购买该类商品。这种消极态度也会使该消费者消除因衣服给自己带来的议论而带来的不悦。

3.2.2　消费者的信念、态度与价值观

1. 消费者的信念与态度

消费者的信念是指消费者坚定某种观点的正确性，持有关于事物的属性及其利益的知

识，并支配自己行动的个性倾向性。消费者对事物的不同信念影响消费者的态度，建立在科学基础上的信念，能够指导消费者积极的态度；偏见也是一种信念，可能阻碍消费者购买行为。如消费者相信某品牌轿车比其他品牌具有高的安全性能，在购车时会受这种信念的影响，对坚信的高安全性能品牌的轿车多关注，甚至实施购买。消费者不同的信念会导致对名牌产品的不同态度。

消费者在购买活动中，涉及三个方面的联结关系，因此形成客体-属性信念、属性-利益信念、客体-利益信念三种类型。

客体-属性信念是消费者将某一属性与某人、某事或某物联系起来。消费者所具有的关于某一产品、公司、其他事物或人，并拥有其具备或不具备的特征称为客体-属性信念。产品、公司、其他事物或人就是客体，其具备或不具备的特征就是属性。

属性-利益信念是指消费者对某种属性能够带来何种后果，提供何种特定利益的认识或认知。消费者为了解决某类问题或满足某种需要才购买商品或服务，以追求商品提供的利益。

客体-利益信念是指消费者建立一种商品、服务将导致某种特定利益的联系。

例如，雨伞既可用来防雨，也可以遮挡紫外线，就是关于客体雨伞具有的属性的客体-属性信念；防雨、遮阳是雨伞的基本属性，防止下雨时淋湿身体，也防止强的紫外线将人的皮肤灼伤，在人的头脑里建立起了下雨、防晒与雨伞联系的属性-利益信念；建立起了雨伞在雨天能够减少雨水淋湿身体，在夏季晴天可以防紫外线的联系的客体-利益信念。通过分析消费者的信念与利益，了解消费者的态度，有助于进行产品决策和促销决策。

2. 消费者的价值观对态度的影响

价值观通常是指个体有目的地对事物或特殊活动所具有的重要性、实用性或价值的评估。价值观是对个体需要和欲望更根本的反映，被看作是人格的中心成分。知识、理论和科学告诉人们"知道什么""懂得会做什么"，价值观与知识、理论不同，表明人们"相信什么""想要什么""追求什么""实现什么"，"知道"不等于"想要"，知识和科学不能取代价值观。价值观是人们用来区分好坏标准并指导行为的心理倾向系统。价值观具有主观性、选择性、稳定性和社会历史性特点。主观性指的是人们区分善恶、好坏、美丑、祸福等的个人内心尺度。选择性表现在人的价值观得以形成、自我意识成熟后的青年时期，是有意识地选择的评价标准，该评价标准是个人特有的。价值观一旦形成，往往不易改变，并体现在人的兴趣、愿望、理想、目标、信念、行为上，具有稳定性，不易改变。此外，不同时期、不同环境人们有不同的价值观体现的是价值观的社会历史性。

一方面，价值观一旦形成，影响着消费者的消费态度和行为。例如，中国文化的核心价值观体现在以人为本的天人关系、以和为贵的人际交往，自私自利、知足自得、诚实信用、守旧等都在很大程度上影响着消费者的态度和现在的消费行为。

另一方面，态度能够明确表现人的主要价值观和自我概念。自我概念即自我形象。如追星族喜欢与明星们一致的衣着，甚至模仿他们的言行举止，这表明追星族拥有认同的自我概念。

心理学家米尔顿·罗克奇（Milton Rokeach）将价值观分解为终极性价值观（终点状态价值观，terminal value）和工具性价值观（行为方式价值观，instrument value）。①终级性价值观是指一个人希望通过一生而实现的目标，表示存在的理想化终极状态和结果，是个人价值和社会价值。终极性价值观又被分解为两种：包含心灵的平静和赎罪等终极状态的、以个人为中心的个人价值观（personal value）；以社会为中心的平等、和平的终极状态的社会价值观（social value）。②工具性价值观是达到理想化终极状态所采用的行为方式或手段，指的是道德或能力。工具性价值观又被分解为两种：涉及人与人的行为方式，违反时会产生负罪感的道德价值观（moral value）；涉及内心的、自我实现的行为方式，违反时会产生不满足感的能力价值观（competence value）。无论是终极性价值观还是工具性价值观对消费者的态度都有重要影响。

阅读资料 3-3

罗克奇 18 价值观调查表

20 世纪 70 年代，心理学家米尔顿·罗克奇（Milton Rokeach）根据自己的理论，设计了价值观调查表（见表 3-7），表中包含 18 项终极性价值观和 18 项工具性价值观，每种价值观后都有一段简短的描述，用以评估这些价值观对人们的相对重要性。测试时，让被试按其对自身的重要性对两类价值观系统分别排列顺序，将最重要的排在第 1 位，次重要的排在第 2 位，依此类推，最不重要的排在第 18 位。该量表可测得不同价值在不同的人心目中所处的相对位置或相对重要性程度。

调查表明，不同国家和职业的人在罗克奇价值观调查表中对项目的排序是不同的。比如澳大利亚学生对终极性价值观的前几位排序是：刺激的生活、和平的世界、家庭安全、幸福、内在和谐、快乐。

表 3-7　罗克奇的价值观调查表

终极性价值观	工具性价值观
1. 舒适的生活（富足的生活）	1. 雄心勃勃（辛勤工作，奋发向上）
2. 振奋的生活（刺激的生活，积极的生活）	2. 心胸开阔（开放）
3. 成就感（持续的贡献）	3. 能干（有能力，有效率）
4. 和平的世界（没有冲突和战争）	4. 欢乐（轻松愉快）
5. 美丽的世界（艺术和自然的美）	5. 清洁（卫生、整洁）
6. 平等（兄弟情谊、机会均等）	6. 勇敢（坚持自己的信仰）
7. 家庭安全（照顾自己所爱的人）	7. 宽容（谅解他人）
8. 自由（独立、自主的选择）	8. 助人为乐（为他人的福利工作）
9. 幸福（满足）	9. 正直（真挚、诚实）
10. 内在和谐（没有内心冲突）	10. 富于想象（大胆，有创造性）
11. 成熟的爱（性和精神上的亲密）	11. 独立（自力更生，自给自足）
12. 国家的安全（免遭攻击）	12. 智慧（有知识，善思考）
13. 快乐（快乐的、休闲的生活）	13. 符合逻辑（理性的）
14. 救世（救世的、永恒的生活）	14. 博爱（温情的、温柔的）
15. 自尊（自重）	15. 顺从（有责任感、尊重的）
16. 社会承认（尊重、赞赏）	16. 礼貌（有理的、性情好）
17. 真挚的友谊（亲密关系）	17. 负责（可靠的）
18. 睿智（对生活有成熟的理解）	18. 自我控制（自律的、约束的）

3.2.3　消费者的态度与购买行为

对消费者研究通常要解答 7 个问题，表 3 - 8 列出了消费者购买行为模式 "6W1H" 对应的 "7O"。从表中可以看出，态度对人的动机和行为具有指导作用，态度支配人的认知、情感和行为。例如，汽车销售市场的客户是由家庭中最有权威的人构成（who），购买群体是家中的其他成员（occupants）；现要购买家用轿车（what），购买的产品要适用、环保、具有相对高的性价比（objects）；为迎接五一小假期（why），购买的目的是提高生活品质，在紧张的工作之余尽情享受生活、享受自然（objectives）；买车需要家庭主要成员的参与（with whom），主要成员商量、考察，并决定购买的品牌、车型（organizations）；怎样购买（how），参考网上介绍、朋友意见、实地考察，还要进行电话咨询等（operations）；选择在五一前的周末（when），因商家促销活动，优惠 5％（occasions）；购买地点（where）是北京城南的某家 4S 店（outlets）。

表 3 - 8　消费者购买行为模式与 "7O"

1. 市场是由谁构成（who）	购买群体（occupants）
2. 购买什么（what）	购买的目标产品（objects）
3. 购买原因（why）	购买的目的（objectives）
4. 购买的参与者（with whom）	购买参与的角色（organizations）
5. 怎样购买（how）	采购时的程序（operations）
6. 何时购买（when）	购买时机（occasions）
7. 何处购买（where）	购买地点（outlets）

1. 消费者态度的改变

消费者的态度从以下几方面体现对购买行为的影响。

首先，影响对产品、商标的判断与评价。其次，影响学习兴趣与学习效果。任何消费态度的形成，都是在各种客观因素的不断作用下，后天环境中不断学习的结果。积极的态度促成消费者的学习，消极态度则影响消费者学习。最后，态度通过影响消费者购买意向影响购买行为。

影响消费者态度的因素包括生活环境、群体态度、知识经验、个性特征、需求欲望等动态因素。消费者的购买行为有时与态度不一致，态度在环境的影响和教育下也会改变。

1）购买行为与态度不一致的影响因素

态度与行为之间在很多情况下并不一致。其主要原因有购买动机、购买能力、购买情境、态度测量等多种。

（1）购买动机。具有积极的态度但缺乏购买动机，会影响消费者采取购买行动。如消费者认为宝马是非常不错的汽车品牌，能给消费者带来多种价值；但如果消费者现在不需要车，就不会有购买行为，致使态度与购买行为之间不一致。

（2）购买能力。购买能力会限制消费者的购买。同样是宝马轿车，消费者对之有很高的评价，高品质对应高的价格；但由于经济实力弱，只能选择适合自身消费的品牌的轿车。

（3）购买情境。情境发生变化，购买态度和购买行为会出现不一致。情境因素有阶层、民族、家庭、文化、环境、消费经验等，如在火车上就餐，消费者难以按照自己的态度选择食物，购买行为与自己的偏好不一致。

（4）态度测量。态度测量的偏误或测量与行动之间的延滞，有时可能出现行为与态度的不一致。如在火车上就餐的乘客，只通过观察了解就餐乘客众多，但没有调查其他原因，而认为乘客喜欢列车提供的餐饮，这是一种错误的结论。

2）消费者态度的改变

态度的认知、情感和行为三种成分处于平衡状态时，态度稳定难以改变；当消费者接触到新信息或经历了不愉快的购物体验时，消费者的态度中认知或行为成分可能会受到影响，而引起态度三种成分之间的不协调。如果认知、情感和行为之间的不协调超过消费者自身特定的承受水平时，为了重新达到稳定，就会被迫采取某种精神调节，由此产生了态度的改变。图3-2为消费者态度的改变示意图。从图3-2可以看出，态度改变是外部刺激因素和内部因素交互作用产生的。任何态度的改变都是一个人原有的态度和外部存在差异，导致个体内心冲突和心理上的不协调，为了恢复心理上的平衡，消费者调整自己的态度，调整的结果一是改变原有态度，接受外来影响；二是维持原有态度，采取各种办法抵制外来影响。如企业要改变消费者对其产品的态度，促进消费者购买，由企业发出信息，选择有效的信息传播途径和传播方式，通过宣传、说服和劝导，态度拥有者——消费者在接收信息过程中受情境因素影响，在外部刺激和内部因素交互作用下，消费者的信息接收、情感迁移、反驳等发生改变，进而带来态度的变化，表现出对产品的肯定或否定的态度，进而影响其购买行为。

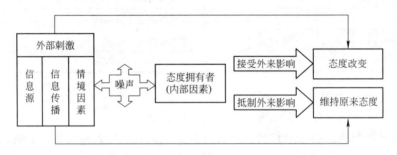

图3-2　消费者态度的改变示意图

消费者态度的改变可以是态度强度的改变，也可以是态度方向的改变。态度强度改变是在态度方向不变的情况下，改变其强度；态度方向的改变是以一种新的态度取代原来态度，态度的性质和方向都发生了变化。如消费者对某品牌的运动鞋本来有好的印象，听了朋友的介绍和商家的宣传，对该品牌运动鞋印象更好了，并决定自己也去购买，这是态度强度的改变；相反，本来对某品牌运动鞋有好感，但朋友说穿着不舒服，或有其他缺点，则消费者可能改变原本好的印象，而重新选择关注或购买其他品牌的运动鞋。

3）影响态度改变的因素

消费者态度的改变受多种因素影响，可从以下几个方面分析。

（1）家庭的影响。由家庭成员共同体验的事情，在消费者的购买活动中对其态度的改变有着紧密的联系。例如，家庭中长辈们的职业、习惯、爱好选择，甚至日常谈论的事情都会影响家庭成员的态度改变。

（2）相关群体的影响。在相关群体中，个人的态度很容易受到团体公认态度和权威态度的影响而改变。团体信念的强化作用和共同价值观也起着非常重要的作用，如时常出现的抵制日货就是相关群体的影响。

（3）媒体的影响。消费者广泛接触的媒体一般是大众媒体，从传统的电视、广播、报纸、杂志到今天的网络、手机、路牌、大型投影等新型大众媒体，都在传播着各种信息。企业充分利用这些媒体资源，以多种形式向消费者传递大量关于企业、产品的信息，这对消费者态度的强化发挥着重要作用，甚至引导消费需求。

（4）个性的影响。心理学家米尔顿·罗克奇（Milton Rokeach）按个性将人分成实际的开放型和教条的封闭型两类。占大多数的实际的开放型的人能够接受与自己不同的信念，态度随着信息的流动而调整；占少数的教条的封闭型的人思想"顽固""封闭"，排斥心理强，回避和自己态度不一致的信息，不接受与自己信念不同的态度，甚至能固执地反对一切可以让态度改变的理由。例如，吸烟成瘾者很少会阅读关于吸烟有害健康的文章。

（5）其他因素的影响。如预先警告、重复、分心、营销环境因素等因素也可以改变态度。分心是指信息传递过程中的"噪声"造成的分散注意力或使注意力不能集中的现象。

2. 改变消费者态度的策略

1924 年一种极为温和的过滤嘴香烟——万宝路推向市场时，促销口号是"像五月一样温和"，万宝路的促销宣传选用非阳刚气质的历史人物，20 世纪 50 年代，万宝路是女士香烟的形象已被牢固树立起来。随之，过滤嘴香烟在整个香烟市场普及的趋势日益明显，但是万宝路的销路却平平，知道万宝路的人有限，吸烟者中购买万宝路的人很少。怎样才会让更多的女士消费万宝路香烟呢？这是当时非常著名的营销策划人李奥·贝纳的一个课题。1954年李奥·贝纳对香烟市场进行深入的调查分析之后，大胆地向莫里斯公司建议：万宝路香烟重新定位，由女性香烟定位为男子汉香烟，让男性接受，香烟市场的主要消费者是男性。变化最大的是广告上的重大改变：由以女性为诉求对象的万宝路香烟广告，变成以浑身散发粗犷、豪迈、英雄气概的美国西部牛仔为诉求对象，重点强调万宝路香烟的男子汉气概。1952年，万宝路实现了从"淑女"到"牛仔"的改变，奇迹发生了，其销量在美国一跃排名第10 位，之后销售便扶摇直上，成为今天世界上销量最大的香烟品牌。

上述案例说明，消费者关于产品或品牌的态度在条件改变的情况下，可以改变或形成新的态度。

1）改变情感成分

改变情感成分就是增强消费者对产品的好感，从而增加对产品的正面信念，促使消费者实现购买行为。可采用的方法通常有经典性条件反射、激发对广告本身的情感和更多接触。

（1）经典性条件反射。人类具有强大的语言能力，条件反射能形成无数级。要形成条件反射除需要多次强化外，还需要神经系统的正常活动。营销企业可以利用经典条件反射，改变消费者的情感成分，吸引消费者。

（2）激发对广告本身的情感。通过广告对消费者产生刺激，激发消费者的情感反应。只有激发消费者的积极情感，才能更好地促进态度向正面情感的培养。广告和产品符合经典条件反射，消费者对广告的正面情感可能提高其购买介入程度，也能够激发有意识的决策过程。例如，名人做广告可以增加受众对该广告的喜爱。

（3）更多接触。人的大脑有多重记忆系统，其中具有自主或反射性质的非陈述性记忆，记忆的内容通过反复操作和反复练习就能够获得和巩固，记忆的形成不依赖于意识或认识过程。简单的经典条件反射的建立、非联想型学习等都属于非陈述性记忆。因此，更多的接触也能导致情感的产生。例如，反复播放的广告就是在不断地、大量地展示产品，使消费者对该产品产生更积极的态度，但不一定改变消费者的认知结构。

2）改变认知成分

改变认知成分也是改变态度的一个常用和有效的方法。认知程度的改变可以通过改变消费者对产品信念、改变消费者对产品属性认知的权重、增加对产品的新信念和改变理想点来实现。

消费者对产品属性信念的改变，通过提供关于产品表现的"事实"或描述来实现。如许多消费者认为国产电视机不如日本原装的好，国产电视机生产者可以通过大量广告宣传，改变消费者的这种信念。

消费者对产品属性认知权重的改变，可通过以下途径实现。将消费者认为的产品某些属性比其他一些属性更重要的认识加以调整，通过宣传产品相对较强的属性说服消费者，认识该属性的重要性。如克莱斯勒在其广告中大为强调安全气囊的重要性，让消费者感到安全气囊是汽车的重要部分，实现了将安全气囊作为标准配备的认识。

在消费者的认知结构中增加对产品的新信念和改变理想点也是改变认知成分的方法。如雀巢速溶咖啡口味和煮的一样，在"速"的基础上，增加了和"煮"有同样口味的重要性；同时，改变了消费者饮用速溶咖啡时心目中家庭主妇"懒"的形象，增强了对速溶咖啡品牌认识。

阅读资料 3-4

"超能的崛起"

中国洗涤用品行业的龙头企业纳爱斯集团有限公司，其洗衣液、洗衣粉、肥皂三大产品全国销量领先。天然椰子油生产的超能天然皂粉打入高端市场，是纳爱斯的科技创新明星产品，具有超低泡、强去污、易漂清、安全不刺激、节水节能的特点，符合低碳环保要求。常常看到的由明星代言的电视广告有：洗衣明星篇，宣传超能天然皂粉不伤手，泡沫少，"用一次就知道是我想要的"；用了就离不开它篇，诉求超能天然皂粉"高档面料、好衣服离不开超能天然皂粉，用了就离不开它"；健康洗衣篇，诉求超能天然皂粉"只为健康"，健康洗衣更上新台阶。纳爱斯的超能产品，从原料的天然、低碳环保、不伤手和衣物等，能真正让衣物保鲜美丽，传递给消费者超越"干净"的新价值。消费者通过其广告宣传，更加强化了不污染环境并能节约用水的环保意识，改变了购买态度和行为方式。

3）改变行为成分

消费者购买行为可以先于认知和情感的发展，也能直接导致情感或认知的形成。在确保消费者认识自己的购买和消费是值得的基础上，促使消费者试用或购买产品；可以通过免费试用、发放优惠券、购物现场展示、搭售以及降价等引导消费者对该产品形成积极的态度。如光明奶酪，在一些大型超市或人流密集的街区，发放给消费者免费品尝；在超市优惠销售该产品，实现了消费者的行为塑造，促进消费者购买。美国曾在一家糖果店做过一项分组实验调查，一组免费试用巧克力，另一组没有免费试用品。研究显示，在糖果店接受免费试用巧克力的一组中有84%的人会购买巧克力；没有给予免费试用的另一组人中有59%购买巧克力。这一研究也证明了行为塑造的有效性。图 3-3 和图 3-4 分别是为消费者的学习过程、消费者购买行为的塑造过程。

图 3-3　消费者的学习过程

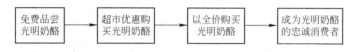

图 3-4　消费者购买行为的塑造过程

3. 后行为态度

后行为态度是指消费者在购买以后出现的态度的一系列变化。

1) 由失调产生的态度

在美国社会心理学家 L.费斯廷格曾做过一个著名实验：选 3 组被测试者从事 1 小时枯燥乏味的绕线工作，1 小时以后离开工作室时，被测试者对工作室外面的人描述 1 小时的工作。等在工作室外的人其实是由实验助手扮演的，其中第一组可以对工作评价，然后填写一张表明真实态度的问卷；第二组和第三组则要对等待工作的人说"绕线工作很有趣"以吸引他们。被测试者每人可以得到 1 美元或 20 美元的酬金，他们每人再填写一张问卷，同样表明真实态度。调查结果显示，第一组对绕线工作表现出消极的评价，第二组和第三组因说"绕线工作很有趣"与自己的态度不一致，出现失调，为了消除心理上的这种不协调，通过把自己的行为合理化来减小心理压力。得到 20 美元的被测试者，会用这笔不少的酬金为自己的行为辩解，认为对别人说"绕线工作很有趣"是值得的，以减小心口不一的失调；对绕线工作的消极评价，甚至比第一组还要消极。而拿到 1 美元的被测试者，感觉因为 1 美元就说谎不值，这种失调带来的心理压力较大，则会重新审视心理感受和行为认知的矛盾，做出的事情不容易收回，但心理感受可以改变，于是出现了新的认知，进而提高了对绕线工作的积极态度。

通过大量实验，L.费斯廷格提出，当人的认知与行为失调时，会出现心理上的不舒适，人致力于用和谐的因素代替失调的因素来缓解这种失调。例如，大家都知道吸烟有害健康，不吸烟就应该是适宜的行为，吸烟者会有不合时宜的失调感受。为了缓解这种失调，正确的做法应该是戒烟，但很多吸烟者并不接受这种道理，他们会说如果戒烟，体重会增加，易发心脏病等，合理化自己的吸烟行为，建立自己的和谐认知以淡化失调体验。

根据 L.费斯廷格的失调理论，消费者作出购买决定后，如果发现相反的证据，则会产生心理失调，可能对自己的购买决策产生怀疑，此时认知和行为之间出现了冲突，导致认知失调，消费者若发现支持自己认知的信息，这种认知失调会降低，如果形成"竞争者的产品不好"的态度，认知失调就会消除。

为了减小消费者的认知失调，营销人员应该在购买后向消费者提供有关该品牌的有利信息，以尽量减少消费者行为和认知不一致的程度。例如，可以通过提供额外产品信息及护理和维持的建议、提供允诺和保证、确保优质服务并对投诉迅速作出反应、宣传产品质量及运行的可靠性等，消除消费者购后失调的体验。

2）由归因得出的态度

奥地利社会心理学家 F.海德提出了归因理论。海德认为人的行为的原因在于环境或者在于个人。如果是在于环境，行动者对其行为不负什么责任；如果是在于个人，行动者就要对其行为结果负责。

消费者购买商品后总试图为其购买决定寻找理由。一种理由是将行为的产生归结为特定因素影响；另一种理由是将行为的产生归结为外在因素的影响。用一种或两种理由支持自己的态度和行为选择。假设某消费者在 Barneys 购买服装，并将自己的行为总结成购买时一贯注重环境，只有在这里购买才能体现其价值，该消费者的态度会发展为在其他百货商店购物都不好，将购买行为归因于特定因素或产品本身。如果某一消费者，购买任何商品都要去大型超市，哪怕是一点点东西，也不选择小商店，其行为归因为社区小商店环境差、商品不全，形成了一种态度就是社区小商店适合于小孩和老人购物，将自己的购买行为归因为外在因素影响所致。

因此，在消费者购买商品时，营销人员应该为消费者的购买行为提供积极的理由；生产者更要努力使消费者在购买时相信该产品的各种宣传，对那些购买参与度低的产品、潜在的重要产品向消费者展示其差异，为消费者购买后的积极态度提供理由。

3）功能理论得出的态度

功能理论主要是从态度的功能角度探讨态度的形成。该理论认为行为的选择是由特殊心理需要引发的态度决定的，如何选择态度和个体的功利关系直接联系在一起。对于营销者来说，为消除消费者的后行为态度向消极方向改变，根据产品定位为消费者提供信息，站在消费者的立场提供他们先前没有考虑的功利性目标，促使消费者接受而不是改变根深蒂固的价值观，避免站在商家角度提供信息以求改变消费者的态度。

4）社会评判得出的态度

社会评判也会影响消费者后行为态度。社会评判是积极的，消费者的后行为态度是增强购买行为的信心；社会评判是消极的，则又会导致消费者心理失调。营销者在对产品进行广告宣传时，要新奇而不过分极端，立足长期、缓慢改变。

练习与实训

一、练习题

1. 什么是消费者的个性、态度？现实生活中有哪些事情对你的个性和态度影响最大？

2. 在万维网上访问几个公司网站，找到并描述某个试图通过改变情感成分、认知成分、行为成分而促成态度形成或改变的广告。

3. 观察某个具有某种嗜好的群体一个星期。他们的活动或产品蕴涵了什么类型的动机和情绪？这对于市场营销有什么意义？

4. 如何理解能力？

二、实训题

1. 为了提升大学生对麦当劳快餐、Plymouth Breeze 汽车、绿色和平组织、中式快餐、参加国庆 70 周年庆祝活动、绿色食品的积极态度，你将从哪些方面的特征传播信息？

2. 为了把握消费者的某一未来行为，需要对他们的消费态度进行调查。请设计一个调查表，来了解消费者对购买轿车、住房、健身器材、出国旅游、背投电视等产品的购买态度、购买意向（选择其中一个产品）。要求能使预测尽可能准确。

案 例 分 析

希尔顿瞄准时间匮乏的消费者

希尔顿旅业集团专门做了一次关于时间价值观的调查。调查采用电话访问方式进行，总共调查了 1 010 位年龄在 18 周岁以上的成年人。该调查集中了解美国人对时间的态度、时间价值观以及他们行为背后的原因。

调查发现，接近 2/3 的美国人愿意为获得更多的时间而在报酬上做出牺牲。工作女性尤其是有小孩的工作女性，面临的时间压力远比男性大。大多数被访者认为，在 20 世纪 90 年代，花时间与家人和朋友在一起比赚钱更重要。选择"花时间与家人和朋友在一起"的被访者占被访者总人数的 77%；强调"拥有自由时间"的人数占被访者总人数的 66%；选择"挣更多钱"的人数比 61%，排在第六位；而选择"花钱拥有物质产品"的人数比是 29%，排在最后一位。同时，生活在东部各州的被访者较处于"松弛"生活状态的西部各州的被访者更注重挣钱。其他显示美国人为时间伤脑筋的数据如下：①33%的人认为无法找到时间来过"理想的周末"；②31%的人说没时间玩；③33%的人说没有完成当天要做的事；④38%的人说为腾出时间，减少了睡眠；⑤29%的人说长期处于一种时间压力之下；⑥31%的人为没有时间和家人、朋友在一起而忧心忡忡；⑦20%的人说在过去的 12 个月内，至少有一次是在休息的时间内被叫去工作的。作为对上述调查结果的反应，希尔顿针对那些时间压力特别大的家庭推出了一个叫"快乐周末"的项目。该项目使客人在周末远离做饭、洗衣和日常事务的烦恼，真正轻松愉快地与家人在一起。该项目收费较低，每一房间每晚 65 美元，而且早餐还是免费的。如果带小孩，小孩也可以免费住在父母的房间里。据希尔顿负责营销的副总透露，此项目推出后，极受欢迎，以致周六成了希尔顿入住率最高的一天。

资料来源：http：//www. njliaohua. com/lhd_1gzxh8lxn168ub00wplq_5. html.

案例思考题

1. 希尔顿怎样知道美国人对时间的态度？美国人对时间的态度是什么？

2. 希尔顿用什么方法瞄准消费者的？

3. 了解"00 后"的时间观念，以零售为例分析如何利用消费者的态度进行营销。

第4章
消费者需要与购买动机

【学习目标】

1. 掌握消费者需要的概念、特征及基本形态；
2. 掌握消费者需要类型及基本内容；
3. 掌握消费者购买动机的概念及作用；
4. 掌握消费者购买动机的特征及类型；
5. 掌握购买动机理论及调查方法。

对消费者而言，需要产生消费动机，消费动机支配消费行为。在现实生活中，消费者各种各样的购物行为都是由于需要而产生的购买动机引起的。需要是消费者产生购买动机的基础，也是消费者行为的最初原动力；消费动机则是消费者行为的直接驱动力。因此，消费者需要及消费动机在消费者行为研究中占有重要的地位。

4.1 消费者需要的概念、特征及基本形态

4.1.1 需要的概念

需要是个体由于缺乏某种生理或心理因素而产生的内心紧张状态。消费者需要是指消费者生理和心理上的匮乏状态。个体在其生存和发展过程中会有各种各样的需要，如饿的时候有进食的需要；渴的时候有喝水的需要；感到寒冷时会产生对御寒衣物的需要；感到孤独寂寞时会产生对交往、娱乐活动的需要；感到被人轻视时就要获得被人尊重的需要。这些需要成为人们从事消费活动的内在原因和根本动力。

需要是人类生存与发展的必要条件。在一定的生存环境下，人们为了维持生存、繁衍后代及提高生活质量，产生了各种各样的需要，具体表现为生理需要和心理需要。人们形成需要往往必须具备两个前提条件：一是感到不满足，缺少什么东西；二是期望得到某种东西，有追求满足之感。需要就是由这两种状态形成的一种心理现象，属于人的个性心理中的个性心理倾向。

需要的产生都必然指向一定的目标或对象。例如，人对情感的需要、对休息的需要、对

商品的需要等，这些需要都指向于一定的实物或者时间、空间等目标或对象。已有的需要决定着人的行动与新需要的内容，如习惯了母乳喂养的婴儿会拒食配方奶，虽然配方奶也能维持生命。某种需要获得满足后虽然会暂时中止或弱化，但一段时间后会重新出现，需要呈现一定的周期性，如人的食、睡等的需要。需要的变化取决于需要对象的范围变化和满足方式的变化，如因禁中的人对常人在平时就会产生的休闲娱乐的需要，因为满足条件的缺乏而弱化需要，甚至不产生这种需要。

当一种需要未得到满足时，人们的内心就会处于紧张状态，这种紧张状态进一步激发人们去争取实现有关的目标，成为实现目标的动力，即形成动机；在动机的驱使下，人们采取行动以实现目标；目标达到后，需要得以满足，内心的紧张状态消除，行为过程结束。一种需要被满足后，又会产生新的需要，新的需要又推动新的消费行为发生，如此循环往复，形成延续无尽的消费行为序列。正是需要的无限性和发展性，决定了人类社会发展和社会进步。

需要的产生和发展是有其内在规律的，在一定的条件下必然出现。不仅不同的人的需要不同，而且同一个人在不同的时间、地点也会产生不同的需要。一个人往往会同时产生很多需要，其中居于主导地位的需要称为优势需要。优势需要也根据具体情况和条件而不断变化。虽然如此，但从人类整体上看，需要的产生与发展还表现出一些共同的特征，体现出其产生和发展的规律性。

值得指出，有时消费者并未感到生理或心理体验的缺乏，也会产生对某种商品或服务的需要。大多数情况下，消费需要也可由外部刺激引发，如广告宣传、销售奖励、现场示范等，都可能诱发消费者产生对某种消费品的需要。

4.1.2 需要的特征

1. 对象性

人们的需要的产生都必然指向一定的目标或对象，离开了具体事物、具体目标、具体内容，就无所谓需要。人们的一切需要总是针对某个或一系列的具体事物或内容，即需要具有对象性。因此，需要总是指向某种具体的事物，与满足需要的目标联系在一起。

2. 多样性

由于各个消费者的收入水平、文化程度、职业、性格、年龄、民族和生活习惯等方面的主客观条件不同，消费者的需要也各不相同，由此形成了多种多样的消费需要。如中国人以吃米饭、馒头为主；意大利人主要吃馅饼、面条；美国人则以吃汉堡包、三明治为主。每个消费者都按照自身的需要选择、购买和评价商品。同时，消费者的需要具有多元性，不同的消费者具有不同的生理的物质需要和心理的精神需要，不仅要满足衣、食、住、行方面的基本要求，而且希望得到娱乐、审美、运动健身、文化修养、社会交往等高层次需要的满足。同一消费者对某一特定消费对象常常同时兼有多方面的要求，如要求商品质量好、经济实惠、外观新颖等。消费者需要的多样性决定了市场的差异性，成为企业进行市场细分和选择目标市场的基础。

3. 发展性

随着社会经济发展和人民生活水平的不断提高，人们对商品和服务的需要不论是从数量上还是从质量上或品种方面都在不断发展。在社会发展过程中，每一消费方式、消费观念的更新，消费结构的变迁，都标志着社会经济、科学技术和人文环境的进步。社会进步是需要产生与发展的前提，人们的需要总的趋势是由低级向高级发展，由简单向复杂发展，由追求数量上的满足向追求质量上的充实发展。随着物质产品的极大丰富和新的消费领域、消费方式的不断涌现，人们的消费需要在内容和层次上不断更新和发展。现代消费者不仅把吃得营养、穿得漂亮、住得舒适、用得高档作为必须满足的基本需要，而且要求通过商品和劳务消费满足社交、尊重、情感、审美、求知、实现自我价值等多方面的高层次需要。当一种需要获得某种程度满足后，另一种新的需要又产生了，如此循环往复，不可能有绝对的满足，直至人的生命终止。在这个意义上说，需要的发展性是永无止境的。

4. 层次性

消费者的需要是有层次的。一般来说，总是由低层次向高层次逐渐延伸和发展的。当低层次的、最基本的生活需要即满足生存的需要被满足以后，就会产生高层次的社会需要和精神需要，这就是消费需要的层次性。如充饥、御寒属于低层次的需要，而受人尊重、实现自我属于较高层次的需要。在通常情况下，消费者必须首先满足低层次的需要，在低层次需要得到满足的基础上才能追求高层次的需要。

5. 伸缩性

伸缩性是指消费者对某种商品的需要因某些因素的影响而发生一定程度的变化。影响需要伸缩性的因素有三个。一是消费者需要的需求程度，需求程度越高、需求层次越低，需要的伸缩性越小。基本的日常生活必需品消费需求的弹性比较小，而许多非生活必需品或中高档消费品的消费需求的伸缩性较大。二是购买商品的货币支付能力。当支付能力有限时，消费者的需要只能有限地得到满足，并表现出一定的伸缩性。一般来讲，价格与消费需求弹性的关系成反比例，即：价格上升、需求减少；价格下降、需求增加。可见，当客观条件限制需要的满足时，需要可能抑制、转化，降级，可能停留在某一水平上，也可能在较低数量上同时满足几种需要，还可能放弃其他需要而获得某一种需要的满足。三是外因影响主要是商品的供应、价格、广告宣传、销售服务和他人的实践经验等。

6. 周期性

人的消费是一个无止境的活动过程，人的一生是一个不间断的消费过程。某些消费需要在获得满足后，便逐渐减弱、消退，在一定时间内不再产生。但随着时间的推移，已消退的需要又会重新出现，显示出周期性特征。消费者需要的周期性主要是由消费者的生理运行机制及某些心理特性引起的，并受自然环境变化周期、商品生命周期和社会时尚变化周期的影响。大多数情况下，重新出现的需要不是对原有需要的简单重复，在内容和形式上有所变化和更新。同是一种需要在不同的时期其要求是不同的，如清朝时期的雨伞与现在用的雨伞都具有防雨的作用，但现在的雨伞既耐用又轻便。可见，需要的周期性循环推动了社会的发展和进步。

7. 可诱导性

消费需要的产生和发展，除了人的生理、心理因素外，与客观现实刺激有着很大关系。社会的发展、体制的改革、道德风尚的变迁、生活和工作环境的改善、人际交流的频繁、文化教育的普及、大众媒介的传播、广告宣传的诱导、艺术形象的激励等，都可以促使消费者产生新的消费需要，使某一种需要转变为另一种需要，潜在的需要转变为显现的需要，微弱的需要转变为强烈的需要。这些需要都会因环境的变化而发生改变。消费者的需要是可以加以诱导、引导和调节的，即可以通过环境的改变或外部诱因的刺激、引导，诱发消费者需要发生变化和转移。消费者需要的可诱导性，为企业提供了巨大的市场潜力和市场机会。企业可以通过卓有成效的市场营销活动，使无需要转变为有需要，潜在需要转变为现实需要，未来需要转变为近期的购买行动，从而使企业由被动地适应、迎合消费者的需要，转化为积极的引导、激发和创造需要。

在实践中，许多企业正是利用消费者需要的可变性和可诱导性这一特点开展广告宣传的，倡导消费时尚，创造示范效应，施予优惠刺激，从而有效地影响与诱导消费者需要的形成、改变或发展。

4.1.3　消费者需要的基本形态

从消费者需要与市场购买行为的关系角度分析，消费者的需要具有以下几种基本存在形态。

1. 现实需要

现实需要是指消费者已经具备对某种商品的实际需要，并且具有足够的货币支付能力，而市场上也具备充足的商品，因而消费者的需要随时可以转化为现实的购买行为。

2. 潜在需要

潜在需要是指目前尚未显现或明确提出，但在未来可能形成的需要。潜在需要通常是由于某种消费条件不具备所致，如市场上缺乏能满足需要的商品，消费者的货币支付能力不足，缺乏充分的商品信息，消费意识不明确，需求强度较弱，等等。然而，上述条件一旦具备，潜在需要就可以立即转化为现实需要。

3. 退却需要

退却需要是指消费者对某种商品的需要逐步减少，并趋向进一步衰退之中。导致需要衰退的原因通常是由于时尚变化，消费者兴趣转移；或新产品上市，对老产品形成替代；或消费者对经济形势、价格变动、投资收益的心理预期等引起。

4. 不规则需要

不规则需要又称为不均衡或波动性需要，是指消费者对某类商品的需要在数量和时间上呈现出不均衡波动状态，如许多季节性商品、节日礼品以及旅游和交通运输的需求，就具有明显的不规则性。

5. 充分需要

充分需要又称饱和需要，是指消费者对某种商品的需求总量以及时间与市场商品供应量及时间基本保持一致，使供求之间大体趋向平衡，这是一种理想状态。但是，由于消费者需要受多种因素的影响，任一因素发生变化，如新产品问世、消费时尚改变等，均会引起需求的相应变动。因此，供求平衡的理想状态只能是暂时的、相对的，任何充分需要都不可能永远存在下去。

6. 过度需要

过度需要又称超饱和需要，是指消费者的需要超过了市场商品供应量，呈现出供不应求的状况。这类需要通常由外部刺激和社会心理因素引起，如多数人的抢购行为、对未来经济形势不乐观的心理预期等。

7. 否定需要

否定需要是指消费者对某类商品持否定、拒绝的态度，因而抑制其需要。之所以如此，可能是因为商品本身不能适应其需要，也可能是由于消费者缺乏对商品性能的正确认识，或者因旧的消费观念束缚、错误信息误导所致。

8. 无益需要

无益需要是指消费者对某些危害社会利益或有损于自身利益的商品或劳务的需要。例如，对香烟、烈酒以及毒品、赌具、色情书刊或服务的需要，无论是对消费者个人还是对社会，都是有害无益的。

9. 无需要

无需要又称零需要，是指消费者对某类商品缺乏兴趣或漠不关心，无所需求。无需要通常是由于商品不具备消费者所需要的效用，或消费者对商品效用缺乏认识，没有与自身利益联系起来。

从上述关于需要形态的分析中，我们可以得到重要的启示：并不是任何需要都能够直接激发动机，进而形成消费行为的。在现实中，有的需要如潜在需要、零需要、否定需要、退却需要等，必须给予明确的诱因和强烈的刺激，加以诱导、引发，才能达到驱动行为的目的。此外，并不是任何需要都能够导致正确、有益的消费行为。有些需要如过度需要、无益需要等，就不宜进一步诱发和满足，而必须加以抑制或削弱。因此，不加区分地倡导满足消费者的一切需要，显然是不适当的。正确的方法是应当区分消费者需要的不同形态，根据具体形态的特点，从可能性、必要性两个方面确定满足需要的方式和程度。

阅读资料 4 - 1

小众品牌让消费者社群化

罗伯特·西奥尼迪著作《影响力》中提到的六大影响力元素中重要的一点是社会认同，意为某句话、某件事或某一产品只要获得了人们的认同，那么它将会产生巨大影响力。而认同来源于相同的兴趣爱好，小众品牌就是迎合了一部分人的兴趣爱好，进而赢得了这部分人的认同，获得了品牌影响力，拥有了市场。

在互联网社会，人们的社交方式正越来越互联网化。一个网络社交工具，如微博、微信、易信、QQ等，只要人们会使用它们，就能通过网络认识更多有相同爱好的人。社交工具是一个大磁场，吸引了无数人的使用，这些人因对社交工具相同的爱好而聚集在了一起，成为了一个大社群。而在这个大社群里，每个人又是一个小磁场，围绕个人又会有相同兴趣的人聚集，形成小社群。

小众品牌将有共同的兴趣爱好、共同价值观、共同生活情怀的不同维度的人聚集在一起，聚集的这些人围绕小众品牌形成了一个社群。有句话说得好，每个人心目中都有一个部落情结，而小众品牌就是激发人们心中的部落情结，寄予小众品牌一份独特的情感诉求，将小众品牌当成了自己一个爱好的归属。

小众品牌追求的是一种社群经济，是品牌在市场高效配置的一种方式。如果说小众品牌出现以前市场份额由于被一些大众品牌占据，呈集中化发展，那么小众品牌出现后，市场被众多小众品牌占据，呈碎片化发展，小众品牌以社群化重新定义了市场。

4.2　消费者需要的类型及内容

4.2.1　需要的一般分类

消费者的需要是十分丰富的。人类的消费需要可以从不同角度进行分类。

1. 按照需要的起源可以分为生理需要和心理需要

生理需要是指消费者为维持和延续生命，对于衣、食、住、行等基本生存条件的需要。这种需要是人作为生物有机体与生俱来的，是由消费者的生理特性决定的。心理需要是指消费者在社会环境的影响下所形成的、带有人类社会特点的某些需要，如社会交往的需要、对荣誉的需要、自我尊重的需要、表现自我的需要等。这种需要是人作为社会成员在每天的社会生活中形成的，是由消费者的心理特性决定的。

2. 按照需要的对象可以分为物质需要和精神需要

物质需要是指消费者对以物质形态存在的、具体有形的商品的需要，这种需要反映了消费者在生物属性上的欲求。精神需要是指消费者对于观念的对象或精神产品的需要，具体表现为对艺术、知识、认识和追求真理、满足兴趣爱好，以及友情、亲情等方面的需要，这种需要反映了消费者在社会属性上的欲求。

3. 按照需要的形式可以分为生存需要、享受需要和发展需要

生存需要包括对基本的物质生活资料、休息、健康、安全的需要。满足这类需要的目的，是使消费者的生命存在得以维持和延续。享受需要表现为要求吃好、穿美、住得舒适、用得奢华，有丰富的娱乐生活。这类需要的满足，可以使消费者在生理和心理上获得最大限度的享受。发展需要体现为要求学习文化知识，增进智力和体力，提高个人修养，掌握专门技能，在某一领域取得突出成就等。这类需要的满足，可以使消费者的潜能得到充分释放，人格得到极大发展。

4. 马斯洛需要层次理论

美国人本主义心理学家马斯洛（A. B. Maslow）于 1943 年提出了著名的需要层次理论。马斯洛认为，人的需要可分为 5 个层次，即生存需要、安全需要、情感需要、自尊需要、自我实现的需要。这 5 种需要是按从低级到高级的层次组织起来的。只有当较低级的需要得到满足后，较高层次的需要才会出现并要求得到满足。一个人生存方面的迫切需要得到满足后，才能去寻求保障安全，也只有在基本的安全需要得到满足之后，情感需要才会出现，并要求得到满足，依次类推。这种需要会强烈地驱使人们进行各种行为去满足这种需要，在此需要未被满足之前，这种驱使力会迫使该需要保持为优势需要状态；一旦该需要得到满足，则此需要退出优势需要状态，也不具有促使人去满足该需要的驱使作用，下一个更高层次的需要将替代为优势需要。

生存需要是指维持人体内生存和繁衍而产生的需要。如对水和无机盐的需要、对于温暖的需要、对食物的需要等。

安全需要是指生理和心理方面免受伤害，获得保护、照顾和安全感的需要。如要求人身健康、安全和谐的环境、稳定的职业、有保障的生活等。

情感需要是指给予或接受他人的友谊、关怀与爱护，得到某些群体的承认、接纳和重视的需要。如结识朋友、交流感情、表达和接受爱情等。

自尊需要是指希望获得荣誉，受到尊重和尊敬，博得好评，得到一定社会地位的需要。它涉及独立、自信、自由、地位、名誉、被人尊重等多方面的内容。

自我实现的需要是指实现自我价值、发挥自我潜能、实现自己的理想和抱负的需要。自我实现是人类最高级的需要。在这种需要的驱使下，人们会尽最大努力去发挥自己的潜力，实现自我的目标，追求自身价值的最佳体现。它涉及求知、审美、创造、成就等内容。

马斯洛后来又对他的 5 个需要层次理论作了补充，认为除了上述 5 个层次的需要以外，人们还有认识和理解的需要，以及欲望和审美的需要，即共有七大类需要。认识和理解的需要是人人都具备的一种基本需要，即人们对于各种事物的好奇、学习、探究事物的哲理、对事物进行实验和尝试的欲望。欲望和审美的需要也是人的一种基本需要，如希望行动的完美，对于事物的对称性、秩序性、闭合性等美的形式的欣赏，对于美的结构和规律性的需要等，都是审美需要的表现方式。

在马斯洛划分的 5 个需要层次中，生存需要和安全需要属于物质需要，情感需要、自尊需要、自我实现的需要属于精神需要。从物质需要到精神需要，这样的层次呈现出由低到高的特点。需要的层次越低，越具有原始自发性，人们的需要则具有较多的共性；需要层次越高，受后天的教育、培养、引导等因素的影响越大，人们的需要呈现出明显的差异性。这一理论为研究消费者的购买动机和购买行为提供了重要的理论依据。

马斯洛需要层次理论在零售营销中的应用中主要表现为以下方面。一是准确判断目前顾客需要层次。顾客需要层次的判断是抓住顾客的最基本的也是最重要的一个前提条件。按照不同的商品划分不同的需要层次，从而分析出主要需要层次，抓住主要顾客。二是考虑大多数人的实际收入水平。收入决定支出是一个普遍规律，所以要准确判断消费需要层次，必须分析大多数人的收入水平，以及最主要的消费倾向。三是及时抓住不同商品消费需要的下一个动向。由马斯洛需要层次理论可知，消费需要是不断向更高层次发展的。所以，企业要想长久地吸引顾客，必须时时把握住消费者需要的下一个趋势。每一类商品都不可能是一成不变的，随着科技的发展和消费水平的提高，同样的商品，其质量、样式、功能都会发生变化，以适应消费需要的变化。

4.2.2　消费者需要的基本内容

1. 对商品基本功能的需要

基本功能指商品的有用性，即商品能满足人们某种需要的物质属性。商品的基本功能或有用性是商品被生产和销售的基本条件，也是消费者需要的最基本内容。任何消费都不是抽象的，而是有具体的对象。能够成为消费对象的首要条件就是要具备可以满足人们特定需要的功能。例如，小汽车要能高速灵活驾驶，冰箱要能冷冻、冷藏食品，护肤用品要能保护皮肤，这些都是消费者对商品功能的最基本要求。在正常情况下，基本功能是消费者对商品诸多需要中的第一需要。如果不具备基本功能，即使商品外形美观，价格低廉，消费者也难以产生购买欲望。

消费者对商品基本功能的需要具有如下特点。

（1）要求商品的基本功能与特定的使用用途相一致，即功为所用。例如，健身器材应有助于强身健体，倘若附带办公、学习功能则属多余。因此，商品功能不是越多越好，而是应与消费者的使用要求相一致。

（2）要求商品的基本功能与消费者自身消费条件相一致。就消费需要而言，商品功能的一物多用或多物一用的优劣不是绝对的，评判的标准只能是与消费者自身消费条件的适应程度。

（3）消费者对商品功能要求的基本标准呈不断提高趋势。基本标准是指商品应具备的最低限度的功能。随着社会经济的发展和消费水平的提高，消费者对商品应具备功能的要求标准也在不断提高。以轿车为例，20 世纪六七十年代的功能标准是安全、高速、灵活、省油；八九十年代以来，人们不仅对原有功能要求更严格，而且要求同时具备娱乐、舒适、移动通信及适应流动性生活、显示身份地位、环境保护等多种功能。

2. 对商品质量性能的需要

质量性能是消费者对商品基本功能达到满意或完善程度的要求，通常以一定的技术性能指标来反映。但就消费需要而言，商品质量不是一个绝对的概念，而是具有相对性。构成质量相对性的因素，一是商品的价格，二是商品的实用性，即商品的质量优劣高低是在一定价格水平下，相对于其实用程度所达到的技术性能标准。与此相适应，消费者对商品质量的需要也是相对的。一方面，消费者要求商品的质量与其价格水平相符，即不同的质量有不同的价格，一定的价格水平必须有与其相称的质量；另一方面，消费者往往根据其实用性来确定对质量性能的要求和评价。一些质量中等甚至低档的商品，因已达到消费者的质量要求，也会为消费者所接受。如处于成长时期的儿童，家长在购买儿童服装时大多会选择款式新颖而面料无须结实耐用，因为儿童服装大多只能穿着一年，所以选择结实耐用的服装没有实际意义。掌握消费者对商品质量要求的相对性，对于企业正确进行产品设计和市场定位具有重要意义。

3. 对商品安全性的需要

现代消费者对商品的安全、无害要求是商品卫生洁净，安全可靠，不危害身体健康。这种需要通常发生在对食品、药品、卫生用品、家用电器、化妆品、洗涤用品等商品的购买和使用中，人们追求安全的基本需要在消费需要中具体表现为如下几点。

（1）卫生安全。食品应有益和无损身体健康，《中华人民共和国食品卫生法》《中华人民共和国进出口商品检验法》等法规和检验标准中，均有商品在保质期内出售和食用，不含任何不利于人体健康的成分和添加剂等的规定与标准。

（2）使用安全。商品要达到规定标准，不隐含任何不安全因素，使用时不发生危及身体与生命安全的事故。这种需要在家用电器、厨具、交通工具、儿童玩具、化妆品等生活用品中尤为突出。

（3）保健功能。商品要有益于防病祛病，调节生理机能，增进身体健康。近年来，消费品市场上对健身器材、营养食品、滋补品、保健生活用品的需求强劲，形成新的消费热点。这表明现代消费者对商品安全的需要已不仅仅局限于卫生、无害，而是进一步上升为有益于促进健康。

（4）环境安全。随着社会的进步、人们环保意识的增强，对商品安全又提出了更高的要求,即生产商品使用的原材料、生产过程及使用后废弃物的处理等,对环境、对社会未来都不能造成有害的影响或将有害影响降至最低。

4. 对消费便利性的需要

这一需要表现为消费者对购买和使用商品过程中便利程度的要求。在购买过程中,消费者要求以最少的时间、最近的距离、最快的方式购买到所需商品。同类商品,质量、价格几近相同,其中购买条件便利,往往会成为消费者首先选择的对象。近年来,随着网络技术和电子商务的发展,网上购物以传统购物方式无法比拟的便利、快捷、零距离等优势,正在受到越来越多消费者的青睐。

在使用商品的过程中,消费者要求商品使用方法简单、易学好懂、操作容易、携带方便、便于维修。实际上,许多商品虽然具有良好的性能、质量,但由于操作复杂、不易掌握,或不便携带、维修困难,而不受消费者的欢迎。

5. 对商品审美功能的需要

这一需要表现为消费者对商品在工艺设计、造型、色彩、装潢、包装及整体风格等方面审美价值上的要求。对美的向往和追求是人类的天性,它体现在生活的各个方面。在消费活动中,消费者对商品审美功能的要求,同样是一种持久性、普遍存在的心理需要。在审美需要的驱动下,消费者不仅要求商品具有实用性,同时还要求具备较高的审美价值;不仅重视商品的内在质量,而且希望商品拥有完美的外观设计,即实现实用性与审美价值的和谐统一。在消费中,通过商品消费,一方面美化生活,为自己创造怡人的生活空间;另一方面美化自身,塑造富有魅力、令人鼓舞的个人形象。

当然,由于社会地位、生活背景、文化水准、职业特点、个性特征等方面的差异,不同的消费者往往具有不同的审美观和审美标准。每个消费者都是按照自己的审美观来认识和评价商品的,因而对同一商品,不同消费者会得出完全不同的审美结论。

6. 对商品情感功能的需要

这是指消费者要求商品蕴含浓厚的情感色彩,能够体现个人的情绪状态,成为人际交往中情感沟通的媒介,并通过购买和使用商品获得情感上的补偿、追求和寄托。情感需要是人类所共有的爱与归属感、人际交往等基本需要在消费活动中的表现。消费者作为有着丰富情感体验的个体,在从事消费活动的同时,会将喜怒哀乐等各种情感映射到消费对象上,即要求所购商品与自身的情感体验相吻合、相呼应,以求得情感的平衡。例如,在欢乐愉悦的心境下,往往喜爱明快热烈的商品色彩;在压抑沉痛的情绪状态中,经常倾向于黯淡冷僻的商品色调。

此外,消费者作为社会成员,有着对亲情、友情、爱情、归属等情感的强烈需要。这种需要主要通过人与人之间的交往沟通得到满足。许多商品如鲜花、礼品等,能够外现某种情感,因而成为人际交往的媒介和载体,起到传递和沟通感情、促进情感交流的作用。有些商品如毛绒玩具、宠物等,因具有独特的情感色彩,可以帮助消费者排遣孤独和寂寞,获得情感的慰藉和补偿,从而也具有满足消费者情感需要的功能。

7. 对商品社会象征性的需要

所谓商品的社会象征性,是消费者要求商品体现和象征一定的社会意义,使购买、拥有该商品的消费者能够显示出自身的某些社会特性,如身份、地位、财富、尊严等,从而获得心理上的满足。在人的基本需要中,多数人都有扩大自身影响、提高声望和社会地位的需要,有得到社会承认、受人尊敬、增强自尊心与自信心的要求。对商品社会象征性的需要,就是这种高层次的社会性需要在消费活动中的体现。

应当指出的是，社会象征性并不是商品本身所具有的内在属性，而是由社会化了的人赋予商品特定的社会含义。某些商品由于价格昂贵、数量稀少、制作难度大、不易购买、适用范围狭窄等，使消费受到极大限制，只有少数特定身份、地位或阶层的消费者才有条件拥有和购买，由此，这些商品便成为一定社会地位、身份的象征物。

通常，出于社会象征性需要的消费者，对商品的实用性、价格等往往要求不高，而特别看重商品所具有的社会象征意义。这类需要在珠宝首饰、高级轿车、豪华住宅、名牌服装、名贵手表等商品的购买中，表现得尤为明显。例如，加利福尼亚州是美国汽车文化的发源地。人们通常把汽车看成是个人身份、地位和个性特征的一部分。"奔驰"和"宝马"的车主，通常具有较强的经济实力和保守的政治倾向；如果经济实力相当，而选择了美国的"凯迪拉克"或"林肯"，那么车主不仅持有保守的政治观点，而且有强烈的爱国或民族情结；驾驶"波尔舍"的加州人多半有享乐主义的人生观，并喜欢冒险；驾驶瑞典"富豪"的加州人则多体现为生活态度严肃，政治倾向开放。

8. 对享受良好服务的需要

在对商品实体形成多方面需要的同时，消费者还要求在购买和使用商品的全过程中享受到良好、完善的服务。良好的服务可以使消费者获得尊重、情感交流、个人价值认定等多方面的心理满足。对服务的需要程度与社会经济的发达程度和消费者的消费水平密切相关。在市场经济不发达时期，由于商品供不应求，消费者首先关注的是商品的性能、质量、价格，以及能否及时买到所需商品，因而对服务的要求降到次要地位，甚至被忽略。随着市场经济的迅速发展，现代生产能够充分满足人们在商品质量、数量、品种方面的需要和选择，消费者可以随时随地购买到自己所需的各种商品，因此，服务在消费需要中的地位迅速上升，消费者对购买和使用商品过程中享受良好服务的需要也日益强烈。现代消费中，商品与服务已经成为不可分割的整体（即反映在市场营销学中的产品整体概念）。消费者支付货币所购买的已不仅仅是商品实体，同时还购买了与商品相关的服务，其中包括各种售前、售中、售后服务。一定意义上，服务质量的优劣已成为消费者选择购买商品的主要依据。

9. 对特定兴趣的需要

任何人的任何兴趣都不是与生俱来的，而是以一定的素质为前提，在生活实践过程中逐渐发生和发展起来的。兴趣的特定指向表现如下。

（1）兴趣的发生是以一定的需要为基础的。当一个人发生某种需要的时候，就必然会对有关的商品或事物持某种积极的态度，从而他就必然会对有关的商品发生一定程度的兴趣。如时值春去夏来，某消费者意识到自己需要添置夏装及购买防暑降温的商品，于是便开始注意有关的市场信息，对夏令商品的广告、促销活动会发生兴趣；若数九寒天举办电扇、蚊帐等展销，很多消费者便无意前往。

（2）兴趣是随着社会物质生活条件的发展而发展的。社会的发展水平愈高，人们的需要就愈加复杂且愈加多样化，因而人们的兴趣也就愈为复杂且多样化。当消费者在吃饱穿暖后，消费需要开始转向个人享受和发展方面，兴趣的范围便大大拓宽了。"可任意处置的经济收入"逐步增多，人们就产生了多种多样的兴趣，如游山玩水、服饰穿着、品尝美食、热衷收藏、喂养宠物、欣赏艺术等。

（3）人们自身先天素质和后天环境的不同，必然产生不同的需要和不同的兴趣。因此，人与人之间在兴趣方面总会表现出很大的个体差异。如一个具有音乐天赋、出生在音乐世家且得到音乐教育、培养机会的人，从小就很容易对音乐有强烈的兴趣。

（4）一个人的多种不同需要具有不同的强度，使得其对各种事物的兴趣程度亦有所不同。

（5）人已经形成的深刻而稳定的兴趣，不但反映着已有的需要，又可滋生出新的需要。如对集邮有浓厚兴趣的消费者，所集邮票种类不断丰富，并相应产生对有关集邮工具、书籍、知识、信息等方面的需要。

总之，一个人的兴趣是随着其对有关事物所感到的需要而形成和发展起来的。

阅读资料 4-2

广告的情，消费者的心

在产品同质化愈来愈高的今天，产品的性能、质量和服务的差异化程度也不明显，难以形成比较优势。在产品广告中，若能融入适当的情感，定能一把抓住消费者的注意力，贴近消费者的心。将亲情、爱情、友情等情感成分融入产品诉求中去，赋予产品生命力，让消费者从中找到自己过去或现在的生活影子，激起消费者与产品的共鸣。在品牌中赋予人的情感和个性，是品牌传播的一个有力武器。能用情感深深打动消费者的品牌，定能拨动消费者的心弦，成为购买产品的理由。

在20世纪90年代，由于经济、政治等多方面的原因，美国受到其他各国的挑战，经济、军事大国的地位受到威胁，使得美国人越来越关注本国事物。雪佛兰汽车抓住机会，突出了一个与汽车性能完全无关却与这种思潮一致的情感广告系列，主题是爱国主义。雪佛兰除了提供功能性的产品外，还提供了独特的象征性附加价值——雪佛兰代表美国。在一系列的电视、电台广告中，雪佛兰反复强调雪佛兰就是美国，美国就是雪佛兰。在它的一个获奖电视广告中，整整一分钟的时间不停地向观众展示美国的国旗，并以近镜头描绘美国人民工作、生活的各种感人的场面，不时地插进雪佛兰汽车的图像，从加利福尼亚到纽约，全美各处景致在广告中清晰可辨。雪佛兰汽车的广告与爱国主义挂钩的手法迎合了消费者的心理。雪佛兰汽车广告没有提及任何汽车性能，而是用一句简单醒目的标语："美国，美国——雪佛兰"，反复强调伟大的美国、强大的美国，勤劳、智慧和勇敢的美国人民。情感上的呼吁使很大一批雪佛兰汽车的购买者既买到了一辆汽车，又满足了爱国主义的心愿，为美国而骄傲，为自己是美国人而自豪。

情感广告虽说不是万能的，但广告中融入和产品相和谐、真实的情感，的确能够为产品被广大的消费者认同并接受创造更多的可能性，诱导消费者产生购买的冲动。利用产品诉求的情感改变消费者对产品的态度，或是改变行为中的成分而不必改变其信念。

资料来源：平建恒，王惠琴. 消费者行为分析. 北京：中国经济出版社，2008：69.

4.3　消费者购买动机概念、作用特征与类型

4.3.1　消费者购买动机的概念与作用

1. 消费者购买动机的概念

动机是指引起和维持个体的活动，并使活动朝向某一目标和方向的心理过程或内部动力，是引起行为发生、造成行为结果的原因。人类的各种活动都是在动机的作用下，向着某一目标进行的。

购买动机是直接驱使顾客实行某项购买活动的内在推动力，也是消费者被驱动或被激励到行动的过程。它反映了顾客生理上和心理上的需要。购买动机的产生是顾客购买行为心理活动的重要阶段。购买动机是在需要的基础上产生的，当需要有了明确的目标时，才转化为动机。动机作为一种内在的心理状态，不能被直接观察到和被测量出来，一般要根据人们的行为方式或自我陈述来了解其动机。

同样的动机可产生不同的行为，如同样是出于解渴的动机，有的人可能选择矿泉水，有的人可能选择果汁或其他饮料等。又如，同样是买一辆汽车，这种消费行为可能出于多种动机——节省交通时间，显示身份、地位，满足虚荣心等。引起某一行为的动机往往并不是单一的而是混合的，甚至可能是相互矛盾的。在这种情况下，可能发生动机冲突。现实生活中，每个人都同时具有多种动机。有些动机强烈、持久，是主导动机；有些动机微弱而不稳定，是非主导动机。一般来说，人的行为都是由其主导动机决定的。

动机本身与动机的目的有差别。在简单的活动中，行动的目的是行动所要达到的结果，而动机是人为什么要达到这种结果的主观原因。动机是由需要引起的紧张状态，由此成为一种内驱力，推动个体行为以满足需要。需要对象得到满足后，动机过程随即结束，同时新的需要又产生，如此循环往复。动机过程为：

需要→心理紧张→动机→行为→需要满足→紧张消除→新的需要

需要主要与人们的主观愿望相联系，动机是在需要的基础上产生的，主要与人们的行为相联系。需要不能直接产生行为，必须先产生动机才能引起人们的行动。有需要而没有动机，购买行为就不会发生。因此，在需要与购买行为之间，动机发挥着重要的桥梁作用。并不是所有的需要都能产生动机，需要必须达到一定的强度并且有相应的诱因条件才能转换为动机。

2. 消费者购买动机的作用

1）始发作用

动机具有唤起和引发行为的作用，它驱使消费者产生购买行为，是人们购买行为的根本动力和直接动因。

2）导向（或选择）作用

动机引导人们的行动沿着某种特定方向，向预期的目标进行。消费者可以同时有多种动

机，但这些动机中，有些目标一致，有些相互冲突。动机还可以促使消费者在多种需求的冲突中进行选择，使购买行为朝需求最强烈、最迫切的方向进行，即首先满足人们最强烈、最迫切的需要。当强度高的动机满足后，其他与其竞争的动机便由弱变强，成为购买行为的决定因素。

3）维持作用

人们消费购买活动过程中，购买动机将贯穿于行为的始终，因此购买动机的实现往往经历一定的时间过程。在这个时间过程中，动机不断激励人们发出购买欲望，直至动机实现。这就是购买动机的维持作用。如消费者为购买到一件称心如意的服装，可连续多次光顾数家商店选购，直至买到为止。

4）强化作用

由某种动机引发的行动结果对该行为的再生具有加强或减弱的作用。使人满意的动机结果能够保持和巩固行为，也称正强化；反之，导致不满结果的动机会减弱和消退行为，又称负强化。在商品经营中，良好的商业信誉和优秀的产品质量，往往会使消费者产生惠顾动机，强化光顾和购买行为；反之，则会导致消费者的不满，从而拒绝光顾和购买。

5）中止作用

当某种动机得到满意的结果，如消费者在某方面的需要获得满足之后，该动机会自动消失，相应的行为活动也告终止。但在通常情况下，一个动机获得了满足，另一个动机又继之而起，发动新的行为过程。

4.3.2　消费者购买动机的特征与类型

1. 消费者行为购买动机的特征

1）主导性

在实际生活过程中，每个消费者都可能同时具有多种动机，形成完整的购买动机体系。在这一体系内，由于消费者需要的强度不同和支付能力的限制，各种动机所处的地位及所起的作用互不相同，表现强度和持久性也不同。在动机体系中处于支配性地位，属于主导性动机；有些动机表现得微弱而不稳定，在动机体系中处于依从性地位，属于非主导性动机。一般情况下，人们的行为是由主导性动机决定的。尤其当多种动机之间发生矛盾、冲突时，主导性动机往往对行为起支配作用。

2）可转移性

动机的可转移性是指消费者在购买或决策过程中，由于新的消费刺激出现而发生动机转移，原来的非主导性动机由潜在状态转入显现状态，上升为主导性动机的过程。现实中，许多消费者改变预订计划，临时决定购买某种商品的行为现象，就是动机发生转移的结果。例如，某消费者本欲购买羽绒服，但在购买现场得知皮衣降价销售，降价刺激诱发了潜在的求奢动机，遂转而决定购买皮衣。

3）内隐性

消费者的真实购买动机经常处于内隐状态，很难用直接的方法观察到动机本身。只能通过对某些外显行为加以分析作出推断。消费者隐瞒真正购买动机的原因一般是由自尊心理、习惯心理和社会心理需求的影响所致。有些人在购买高档商品时，都有一种既想显示自己的经济实力和优越地位，但又怕人知道其真正的经济实力，并对其经济来源产生怀疑的矛盾心理，所以常用一些大家都能接受的表面动机去掩盖其不可告人的购买动机。一些人购买名牌产品可能是出于显示身份、地位这一动机，企业如果据此设计高品质产品，并通过其他营销手段维持其产品的名牌形象，很可能迎合这部分消费者的需要，从而获得成功。

4）冲突性

购买动机的冲突是消费者在采取购买行为前发生的同时产生两个或两个以上的动机时所引起的心理上的矛盾。此时，动机之间就会发生矛盾和冲突。当个体同时存在两种以上消费需求，且两种需求互相抵触、不可并存时，内心就会出现矛盾和冲突。冲突的本质是消费者在各种动机实现所带来的利害结果中进行权衡比较和选择。从消费者动机冲突的表现形式角度分析，动机冲突主要有利-利冲突、利-害冲突、害-害冲突。

利-利冲突又称为正-正冲突。如果消费者并存两个以上需求的目标，且两个目标具有同样的吸引力或引起两个程度相同的动机，由于受到消费条件的限制，就会在心理上造成左右为难、难以取舍的冲突情境，消费者只能在有吸引力的各种可行性方案中进行选择。吸引力越均衡，冲突越厉害。如一位消费者同时看中两件商品，但由于经济条件的限制而只能购买一件时所作出的抉择。这类冲突的解决有赖于外界的刺激，如销售人员的诱导、参照群体的示范等各种促销措施常会使消费者发生心理倾斜，作出实现其中一种利益的动机选择。

利-害冲突指消费者面对两个目标或情境同时既有利又有弊、既有益又有害的情况时作出抉择在心理上所体验到的冲突。这种状况经常使消费者处于利弊之间的动机冲突和矛盾之中。例如，许多消费者既喜好各种美食，又害怕身体发胖，品尝美味佳肴的动机与避免体重增加的动机之间就经常发生冲突；又如消费者享受微波炉带来的方便快捷时，又担心食物的营养会受到损失或担心微波炉发出的电磁波对人的健康产生影响。解决这类冲突的有效措施是尽可能减少不利后果的严重程度，或采用替代品抵消有害结果的影响。

害-害冲突又称为负-负冲突。消费者同时面临着两种或两种以上均会带来不利结果的动机。消费者都想躲避，但是迫于形势，若要躲开一件，则无法躲开另一件。因情境所迫又必须对其中一种作出选择。面对这类冲突，消费者总是趋向选择不利和不愉快程度较低的动机作为实现目标，以便使利益损失减少到最低限度。例如，对于部分低收入消费者来说，物价上涨将使他们的购买力降低，而提前购置新一代家用电器，又面临着占压资金、挤占其他消费开支等问题，由此避免涨价损失的动机与减少购买风险的动机之间便产生冲突。分期付款、承诺售出产品以旧换新，可以使消费者的购买风险大大降低，从而使动机冲突得到明显缓和。

消费者动机冲突的解决有赖于企业多种营销措施手段的运用。正是由于动机冲突的存在，才为企业经营者提供了运用营销手段引导消费者购买动机、推动购买行为实现的机会和可能性。

2. 购买动机的类型

消费者的需要和欲望是多方面的，其消费动机也是多种多样的。从不同角度可以对动机的类型作多种划分。消费者主要有以下具体的购买动机。

1）求实购买动机

求实购买动机指消费者以追求商品或服务的使用价值为主导倾向的购买动机。消费者在选购商品时，特别重视商品的质量、功效。要求商品具有明确的使用价值，讲求经济实惠，经久耐用，而不过多强调商品的品牌、包装、装潢和新颖性，不重视外观和象征意义，不赶潮流。具有这种动机的消费者，多属中、低档商品和大众化商品的购买者。

2）求廉购买动机

求廉购买动机指寻求商品价格低廉而产生的购买动机。它的核心是商品"价廉"和"实用"，希望支付较少的货币量而获得较多的实际收益。具有这种动机的消费者较为注重商品价格的变动，多对廉价品、特价品、折价品、奖售品等感兴趣，对其质量、花色、款式、包装等不十分重视。这类购买动机在低收入者和传统型消费者中居多。对于大多数消费者来说，以较少的支出获取较大的收益是一种带有普遍性甚至是永恒的购买动机。

3）求安购买动机

求安购买动机指寻求商品保健作用或使用安全而产生的购买动机。消费者通常把商品的安全性能和是否有益于身心健康作为购买与否的首要标准，把保障安全和健康作为消费支出的重要内容。如房屋装修材料不能含有毒物质，食品和食品包装要绝对可靠，汽车的安全性能要有保障，家用电器不出现意外事故等。与此同时，追求健康的动机日益成为消费者的主导性动机。在这一动机的驱动下，选购医药品、保健品、健身用品已经成为现代消费者经常性的购买行为。

4）求同购买动机

求同购买动机指寻求商品消费与他人同步而产生的购买动机。它的核心是"仿效"和"同步"，以追求同众人一致为主要目标。在消费中不超前也不落后，跟随潮流。其形成的原因多种多样，有出于仰慕、钦羡和希望获得认同而产生的模仿，有由于惧怕风险、保守而产生的模仿，有缺乏主见、随大流或随波逐流而产生的模仿。从众心理在东方人的消费行为中更为明显。

5）求便购买动机

随着现代社会生活节奏的加快，消费者追求便利的动机也日趋强烈。消费者以追求商品使用方便、购买方便、携带方便或维修方便为主要目标，注重省时、省力、减少家务劳动强度，如洗衣机、冰箱、洗碗机、方便食品、家庭服务、家庭运输等。为了方便购买，节约购买时间，越来越多的企业或经销商采用上门送货、直销购买、电话订货、邮购、电视购物、网上购物等现代购物方式。

6）求新购买动机

求新购买动机指因商品新颖、奇特、时尚而产生的购买动机。它的核心是"时髦"和"奇特"。具有这种动机的消费者在购买商品时，特别重视商品的外观、造型、式样、色彩、装潢等，追求新奇、时髦和与众不同，把商品的实用性和价格的合理性放在次要地位。一般而言，在收入水平比较高的人群及青年群体中，求新购买动机比较常见。

7）求美购买动机

求美购买动机指消费者以追求商品欣赏价值和艺术价值为主要倾向的购买动机。它的核心是"装饰"和"美化"。消费者把商品对人体的美化、对环境的装饰、对其身份的表现等作用放在突出位置上，特别重视商品的外观造型、色彩和艺术品位，希望通过购买格调高雅、设计精美的商品获得美的体验和享受。消费者在选购商品时特别精细，有的甚至达到挑剔的程度，强调构成商品美的形式与个性。"美"是消费者最重要的要求，而对商品的实用性、价格不太重视。在青年人和文艺界人士中，具有这种动机的人比较多。

　　8）求名购买动机

　　求名购买动机指消费者以追求名牌、高档商品，借以显示或提高自己的身份、地位而形成的购买动机。要求产品质量精良、知名度高、声誉卓著、市场竞争力强。在同类产品中以名贵为选择依据，在购买前即预先将名牌产品确定为购买目标，对价格不重视。购买名牌商品，除了有显示身份、地位、富有和表现自我等作用以外，还隐含着减少购买风险、简化决策程序和节省购买时间等多方面考虑因素。在一些经济条件较好、高收入阶层、大学生中，求名购买动机比较明显。

　　9）惠顾性购买动机

　　惠顾性购买动机也称习惯性动机。它是指消费者对特定商店或特定商品品牌产生特殊信任偏好，从而在近似条件反射的基础上习惯性地重复光顾某一商店，或反复、习惯性地购买同一品牌的商品。这类消费者往往是凭借以往的购买和使用经验，对某种商品或企业留有极为深刻的良好印象。如有些外地来北京的消费者，总要到王府井百货大楼选购商品；一些老字号商店的"金字招牌"下都有自己多年的忠实顾客。

　　10）习俗性购买动机

　　习俗性购买动机指消费者以追求信仰、遵守规范、继承传统等为主要目标的购买动机。这种购买动机与文化和亚文化因素有关，形成了习俗性消费。出生和成长在特定的文化环境的消费者有强烈的热爱、敬仰和遵从心理，他们购买商品非常注重合乎文化的规范、惯例，如在我国的中秋节，月饼的销售量明显增加。

　　11）偏好性购买动机

　　偏好性购买动机指以满足个人特殊偏好为目的的购买动机。它的核心是"偏好"和"嗜好"。这些嗜好往往与消费者的职业特点、知识领域、生活情趣有关，因而其购买动机非常明确，购买指向也比较稳定和集中，具有持续性和重复性的特点。如有些人喜爱养花、养鸟、摄影、集邮，有些人爱好收集古玩、古董、古书、古画，还有人好喝酒、饮茶。在偏好性购买动机支配下，消费者选择商品往往比较理智，比较挑剔，不轻易盲从。

　　12）好胜购买动机

　　这是一种以争强斗胜或为了与他人攀比并胜过他人为目的的购买动机。有这种动机的消费者购买某种商品往往不是出于实际需要，而是为了赶上他人、超过他人，以求得心理上的平衡和满足。这类购买动机大多与人的个性心理特征有关。

　　消费者具体的购买动机是复杂多样的，其表现形式因人而异、因时而异、因地而异。消费者购买动机对企业的市场营销活动有重要影响，加强对消费者动机的研究，有助于企业或经销商生产和经营适销对路的产品。

4.4　消费者购买动机理论及调查方法

　　消费者行为是在消费动机的作用下产生的，消费动机是消费者行为的直接动力。研究消费动机的主要目的是了解和掌握消费者行为的成因及规律，为企业的产品开发和营销活动提供依据。因此，在市场营销过程中，运用相关消费动机理论激发和调动消费者的消费动机对企业和营销部门具有重要的现实意义。

4.4.1 购买动机理论

消费者动机理论要研究的中心问题，是消费者行为中"为什么"的问题。例如，消费者为什么需要某种商品或劳务？为什么从多种商品中选购了某种牌子的商品？为什么消费者对商品广告有截然不同的态度？为什么消费者经常惠顾某些零售商店？等等。要回答这些消费者行为研究的核心问题就要对消费者的动机进行分析和研究，阐明产生消费动机的根源，为消费者行为提供理论依据。

消费者购买动机理论的研究起步很早，我国研究起步较晚。早期动机理论有美国心理学家麦道格尔（W. McDougall）的本能理论、奥地利精神病学家弗洛伊德（S. Freud）精神分析学说、美国心理学家赫尔（C. L. Hull）内驱力理论和托尔曼（E. C. Tolman）认知论。现代动机作用理论主要包括美国心理学家马斯洛（Maslow）的需要层次理论、美国学者麦克利兰（McCleland）的成就需要理论、美国心理学家弗鲁姆（V. H. Vroom）的期望理论、美国心理学家赫茨伯格（F. Herzberg）的双因素理论、美国心理学家亚当斯（Adams）的公平理论、美国心理学家麦克高尔（McGuire）需要动机理论等。

1. 内驱力理论

20 世纪 20 年代出现的动因理论表明，人与动物一样由于受外部刺激而产生行为，根据过去所获得的经验方法来反应，激励行为的能源在于有机体内部。人和动物的行为均是受内部能量源的驱动，是由学习而不是由遗传所引起的。

这种理论认为，动机作用是过去的满足感的函数。人们对现在行为的决策以过去的行为结果为依据。过去的行为如果导致好的结果，人们就有反复进行这种行为的倾向。如果过去的行为没有导致好的结果，人们就有回避进行这种行为的倾向。实质上这种观点是经验论，或者可以称为学习论。例如，消费者在某个商店购物，营业员服务热情、周到，买到的商品称心如意，消费者就会产生继续光顾这个商店的动机。反之，以往的行为导致了不愉快的经历，或者从中蒙受了损失，消费者再次光顾这个商店的可能性就会很小。

美国心理学家赫尔（C. L. Hull）在内驱力理论方面进行综合实验研究，他认为内驱力规定行为的强度，而动机作用力的大小主要是由人体内驱力和习惯（过去经历的刺激与反应之间已建立起来的关系）两项变量决定的。即：

$$E = D \cdot H \cdot I$$

式中：E 代表动机作用力；D 代表内驱力；H 代表习惯；I 代表诱因。

在赫尔研究的基础上，希尔加德和鲍威尔进一步提出了内驱力理论公式：

$$SE_R = SH_R \cdot D \cdot V \cdot K$$

式中：SE_R 代表反应潜力或行为；SH_R 代表习惯强度；D 代表内驱力；V 代表刺激强度的精神动力；K 代表诱因。

该公式说明，人们的行为是关于其习惯强度、内驱力、精神动力、诱因动机乘积的函数关系。一个消费者面对某种品牌的商品，如果其习惯强度、内驱力、精神动力、诱因动机等各因素越强烈，那么购买这种商品的可能性就越大。当其中某个因素为零时，则购买行为不会发生。

内驱力理论着重强调的是消费者个体的内驱力是决定行为最重要的因素。因为在市场经营实践中，经营者必然要采用各种各样的竞争战略，加强刺激和引导，提高产品的"V"和"K"的影响力，以便使消费者对其产品产生购买动机。

2. 期望理论

期望理论是美国心理学家弗鲁姆（V. H. Vroom）于1964年在其著作《工作与激发》中提出来的。

期望理论是研究需要与目标之间规律的一种理论。该理论认为，在现实生活中，当人们出现了某种需要，就会引起人们用行动去实现其目标来满足这种需要。如果目标尚未实现，这种需要就成为一种期望。期望本身就会变为一种力量，它能调动一个人的积极性去实现其目标。

目标能够激发一个人的行为动机，激发力量的大小取决于目标价值（效价）和期望概率两个因素。其理论模式是：

$$激发力量＝目标价值×期望概率$$

其中，"目标价值"是某个目标对于满足个人需要的价值，也就是对于一个人的重要程度，它直接影响着人实现目标的情绪和努力程度。"期望概率"是指凭借个人经验来判定实现目标的可能性。一个人对目标的价值看得越大，实现的概率就越高，则期望值越高，所形成的激发力量也就越大；如果期望概率很低，说明目标难以实现或实现的可能性极小，对人的激发力量相应就小。

上述理论表明，要想激发消费者形成购买某种商品的动机，必须满足两个基本条件：一是商品的目标价值，即购买该商品本身所能获得的利益较高；二是购买商品的期望概率，即使消费者实现购买商品的可能性要大。这就要求企业开发出适销对路的价廉物美的商品，刺激消费者的兴趣，增加消费者的购买期望，激发消费者购买动机，提高人们的消费积极性。

3. 双因素理论

双因素理论是由美国心理学家赫茨伯格（F. Herzberg）于1959年提出来的。赫茨伯格和他的同事们对匹兹堡附近一些工商业机构约200位专业人士做了一次调查。调查主要是想了解影响人们对工作满意和不满意的因素。结果发现人们对工作的动机与两类相互独立、互不关联的因素有关，这两类因素就是保健因素和激励因素。

保健因素包括规章制度、工资水平、福利待遇、工作条件等，对人的行为不起激励作用，但这些因素如果得不到保证，就会引起人们的不满，从而降低工作效率。

激励因素包括提升、提职、工作上的成就感、个人潜力的发挥等，则能唤起人们的进取心，对人的行为起激励作用。

日本学者小岛外弘根据这个理论，在消费者心理研究中提出了MH理论。M指动机作用因素，是魅力条件；H指保健因素，是必要条件。动机作用因素是指商品的情调、设计等，是满足消费者需求的魅力条件。保健因素是指商品的质量、性能、价格等，是满足消费者需求的必要条件。MH理论认为：当商品的保健因素得不到满足时，消费者会感到不满，如商品的质量差、价格高、性能不稳定等，消费者不会满意；仅仅满足保健因素这个必要条件，消费者还不算满意，消费者真正对某种商品感到满意是该商品魅力条件也得到满足的时刻。

魅力条件和必要条件随着时代、消费潮流及商品生命周期等因素的不同而有所变化。例如，黑白电视机刚刚问世时，出现图像就很有魅力了；在电视广泛普及和更新换代产品不断涌现的年代，高清晰、大屏幕、低电磁辐射、音响、外观、色彩等就成了购买时衡量判断的标准。

4. 公平理论

公平理论是美国心理学家亚当斯（Adams）在 1976 年提出来的。在消费行为中，要使消费者在消费过程中能感到公平合理、物有所值、价格合理，才能调动消费者的积极性。

公平理论认为，人的行为动机是否受到激励，不仅仅在于他达到了什么目标，获得了什么，还受到他看到别人得到了什么的巨大影响。在消费者消费行为中，只有使消费者在消费过程中感到消费合理、物有所值、价格公平，才能从根本上调动消费者的积极性。在消费行为中，人们也会自觉或不自觉地把自己的付出与回报，与自己过去的付出与回报进行比较，比较结果一致，产生公平感，激励和强化消费行为；比较结果相差大，产生不公平感，情绪方面会表现为紧张、焦虑、苦恼等，就会拒绝和抵制消费行为。

5. 需要动机理论

20 世纪 70 年代，美国心理学家麦克高尔（McGuire）提出了一系列比马斯洛需求层次理论更为详细的动机分类理论，克服马斯洛学说中的一些不足，被广泛运用于市场营销活动中。他把需要与动机分为 12 类，其基本含义如下。

（1）和谐的需要。人们希望自己的各个方面相互和谐一致，包括态度、行为、观点、自我形象、对他人的看法等之间，需要相互和谐一致。

（2）归因的需要。人们总是想对发生的事情找出原因，是什么人导致了这些事情的发生。在市场营销中，销售人员向消费者传播各种信息，按照归因理论，消费者并不会将消费商品得到的利益全部归到商品身上，还可能归因于其他。

（3）归类的需要。人们总是按照一定的方式将事物归类，以便储存和处理大量的信息。如把高于 20 万元的汽车与低于 20 万元的汽车分为两种不同类型的汽车。

（4）线索的需要。人们总是根据一些线索、符号来推断其感觉与知识。根据观察的行为推断其想法和感觉。一般来说，衣着暗示了一个人的形象和生活方式，是人们建立自我形象的线索，也显示了消费者的需要。

（5）独立的需要。对独立和自主的追求是任何人都存在的一种需要，这是自我价值的体现。营销者经常利用这种需要设计营销标语，比如"做你自己想做的"（NIKE 广告语）。

（6）好奇的需要。人们经常因为好奇的需要而寻找生活中的变化，这是消费者冲动性购买或更换消费品牌主要的原因。好奇的需要会促使人们寻求生活中的变化并获得新的满意。人们长期使用某一商品就会觉得乏味，就需要变化或更新。这就给企业产品创新提出了新的要求。

（7）自我表现的需要。人们常常向别人展示自己的存在价值，通过自己的行为表达自己的身份与地位。例如服装和轿车等产品能代表身份或地位。

（8）自我防卫的需要。人们有保护、防卫自我或自我形象的需要，当人们的身份和自我形象受到威胁时，人们就会采取保护措施和防御态度。在消费方面，人们为了避免购买伪劣商品，通常购买名牌产品。

（9）自我标榜的需要。人们总是想通过自己的行为获得他人尊重，这种需要就是自我标榜的需要。这种人对所购物品不满时，就会有更多的抱怨。

（10）自我强化的需要。以往的行为获得了奖赏或回报，这种行为就会得到强化，这是自我强化的需要。如一个人购买名牌服装得到了大家的赞赏和好评，下次购买时还想购买这种品牌，通过朋友们的赞美来强化了购买这种品牌的消费行为。

（11）人际关系的需要。人们有与别人交往、形成良好人际关系的愿望，这就是人际关系的需要。

（12）模仿的需要。人们有按照别人的方式行动的倾向，在消费者行为中就是向别人学习，模仿他人的行为是消费者的一种需要，儿童正是依靠这种需要，成长为真正的消费者。

4.4.2　购买动机调查方法

了解消费者的购买动机可以把握消费者购买行为的内在规律，对开发适销对路的产品、扩大产品销售量具有重要的现实意义。消费者的购买动机具有内隐性，给推断消费者购买动机带来一定困难。因此，很有必要了解和掌握针对消费者购买动机的调查方法，为判断消费者购买动机提供依据。

由消费者购买动机探索消费者购买商品的原因，涉及临床心理学、精神分析学、社会心理学等多学科相关理论与技术。常用的方法主要有观察法、问询法和投射法。

1. 观察法

观察法是在营销过程中对消费者的行为、言谈、表情、着装、气质等进行直接观察，然后对所观察的现象进行分析，推断消费者的动机，这个过程称为消费者动机直接观察法。例如，一位气质高雅、着装非凡的女性准备购买一台洗衣机，她的行为有两个特点：一是总是询问高档洗衣机的性能；二是对洗衣机工作时的噪声询问得特别认真。通过消费者的气质、着装和询问的内容分析，可以推断出这位消费者想购买一台高档低噪声的洗衣机，其购买动机是出于安全（低噪声）的需要。

随着营销经验的丰富和营销技巧的提高，营销人员对消费者购买动机的观察就会越来越细致，推断的结论也会更加准确。

2. 问询法

营销人员通过一定的调查方式，直接询问消费者选择、购买、使用某种商品的原因，了解其购买动机。问询法可以采用以下调查形式：访谈法、问卷法、电话调查法和调查会等。

访谈法是营销人员与消费者进行面对面的谈话和询问，了解消费者购买动机。这种方法可以根据具体情况决定提问的内容和方式，灵活性强，能够迅速地得到消费者的反馈信息。

问卷法就是使用统一设计的问卷向消费者了解情况和意见的方法。这种方法现在采用较多，消费者已不以为新鲜，很多人也懒得去填了，所以回收率很低，对此，问卷发放者一则更加精心地设计问卷，以引起消费者的兴趣和合作；二则将填答问卷同中彩得奖联系起来。问卷法的优点之一是标准化，既能较大规模地了解消费者的平均意向，又能方便地进行定量分析；优点之二是匿名性，可以提出一些敏感性和威胁性的问题让消费者毫无顾虑地回答。

3. 投射法

投射法又称投影法，是利用无意识的刺激反应来探寻消费者内心深层心理活动的一种研究方法。这种方法是给消费者一些意义并不确定的刺激，通过消费者的想象或解释，使其内心的愿望、动机、态度或情感等深层次的东西在不知不觉之中投射出来。人们常常不愿承认自己的某些愿望，可是却很愿意分析别人的心理活动。消费者在探索或推断别人的想法、动机或态度时，往往会不知不觉地暴露或表明自己的动机和态度。常用的投射法主要有以下几种。

1）词联想法

词联想法是通过提供给消费者一张列有意义不相关联的单词的词汇表，要求消费者看到表上的单词后说出最先联想到的词汇，通过对消费者的反应词汇和反应时间的分析，推断消费者对刺激单词的印象、态度、需要和动机。如看到"空调"一词，消费者可能会联想到"海尔""格力"等品牌。

2）造句测试法

造句测试法是给消费者一些不完整的句子，要求消费者迅速完成完整的句子。例如，要求消费者完成"买洗发液时，最想购买_____牌的洗发液""口渴时最想喝的是_____饮料"等句子。这种方法对于所调查的商品与商标比词联想法能获得更多的信息。通过对有关信息进行分析，营销人员可以了解消费者喜欢的商品和商标，进而推断消费者对某种产品或品牌的评价和态度。

3）主题感知测试法

主题感知测试法又称绘画解释法，是让消费者观看一些内容模糊不清、意义模棱两可的图画，然后要求消费者根据每张图画编一个故事，并加以解释。研究人员根据消费者有关的解释，分析其消费心理活动，掌握消费者需要的动机。

4）角色扮演法

即不让消费者直接说出自己对某种商品的动机和态度，通过其对别人对这种商品的动机和态度的描述，间接暴露自己的真实动机和态度。

练习与实训

一、练习题

1. 什么是消费者需要？消费者需要有哪些特征？
2. 简述马斯洛需要层次理论的主要内容。谈谈自己对该理论的理解。
3. 什么是购买动机？购买动机有哪些作用？
4. 简述购买动机的特征及类型。
5. 简述购买动机理论。

二、实训题

1. 以你最近进行的一次比较大的消费活动为例，分析购买过程中的心理需要、消费动机与消费行为的关系，并写出分析报告。
2. 以小组为单位设计私人轿车购买动机调查问卷。
3. 假如你要推销某品牌的洗发液，采用何种方法激发消费对象的购买动机？

案 例 分 析

百 事 可 乐

百事可乐公司创始于1898年，是世界上最成功的消费品公司之一。1981年，百事公司进入中国市场。"新一代的选择"是百事独特、创新、积极的品牌个性，鼓励新一代人对自己、对生命有更多的追求；1998年，全新口号"渴望无限"是人生态度，是百事与全球新一代的共同目标。由形象化到实践的升华，是一种更高层次的品牌核心价值，为百事与目标消费者之间建立起了良好的沟通桥梁，在年轻人心中建立起了广受欢迎的品牌形象。

百事可乐的品牌标志以蓝色为标识色，标志是红、白、蓝相间的球体，富有动感。标志的设计紧扣目标消费者的心理特点，并根据时代的变化不断地修正。采用生动的、瞬息万变的立体图像，表现百事的核心价值理念。全新百事圆球标识象征着一种与时俱进的精神，与全世界的消费者紧密联系在一起。

1. 独特的音乐营销

1998年1月，百事与青春偶像郭富城合作，推出了"唱这歌"的MTV。身着蓝色礼服的郭富城以其活力无边的外形和矫健的舞姿，把百事"渴望无限"的主题发挥得淋漓尽致，在亚洲地区受到年轻一代的普遍欢迎。

1998年9月，百事可乐在全球范围内推出最新的蓝色包装。为配合新包装的亮相，郭富城拍摄了广告片"一变倾城"，也是新专辑的同名主打歌曲。蓝色"新酷装"百事可乐借助郭富城"一变倾城"的广告和大量的宣传活动，以"ask for more"为主题，随着珍妮·杰克逊、瑞奇·马丁、王菲和郭富城的联袂出击，掀起了"渴望无限"的蓝色风暴。

由郭富城和珍妮·杰克逊拍摄的"渴望无限"广告片，投资巨大、场面恢弘。"渴望无限"的歌曲由珍妮·杰克逊作曲，音乐从慢节奏过渡到蓝色节奏，最后变成20世纪60年代的House音乐，曲风华丽。郭富城美轮美奂的表演、性感的造型，加上珍妮·杰克逊大气的唱功，使整个广告片充满了浪漫色彩，尤其由来自不同地区、不同肤色的两位巨星共同演绎，更加引人注目。

王菲的歌曲在亚洲乐坛是独树一帜，她自创的音乐《存在》在"渴望无限"为主题的广告片中，不仅表现了她对音乐的执著追求与坚定信念，而且很好地诠释和体现了"渴望无限"的理念。

利用"渴望无限"的感性诉求表达出年轻一代的人生观、价值观：虽不能改变世界，但能从生活中获取精彩人生；追求独立自主的生活，对未来充满无限憧憬；深信世界充满机会，相信生命将会无比精彩。百事将和年轻一代共同实践人生。

2002年，新一代郑秀文和F4相继成为百事广告代言人。

音乐的传播与流行得益于听众的传唱，百事的音乐营销成功在于它感悟到了音乐的沟通魅力，一种互动式的沟通。好听的歌曲旋律，打动人心的歌词，都是与消费者沟通的最好语言，品牌的理念自然而然深入了人心。

2. 网络营销

百事网络广告活泼，无论是画面构图，还是动画人物，都传达着一种"酷"的感觉。2000 年，拉丁王子瑞奇·马丁、"小甜甜"布莱妮和乐队 Weezer 先后出现在百事可乐的广告中。从 NBA 到棒球，从奥斯卡到古墓丽影游戏、电影，百事可乐的网络广告总能捕捉到青少年的兴趣点和关注点，将"渴望无限"的品牌理念与年轻一代的兴趣点、关注点结合起来。

2001 年中国申奥成功，百事可乐在网络广告中独具匠心，实现了品牌的激情无限与气势非凡的内涵画面精彩结合，用动感的水滴传达出了百事可乐充沛的活力。百事可乐把申办前的"渴望无限"和申办成功后的"终于解渴了"整合在一起，双关语意把中国人民对奥运会的期盼与百事可乐巧妙地联系在一起，产生了极佳的沟通效果。做成的全屏广告造成了很大的冲击力，与当时的气氛同频共振，在短短的 4 小时里，点击数高达 67 877 人次。百事可乐与目标消费者共同支持申奥，心灵相映，情感相通，收到了良好的社会效果，品牌的社会形象得以大大提高。

同时，在百事可乐中英文网站中，还设有"百事足球世界""精彩音乐"、游戏等相关内容，不仅增加了网站的娱乐性与趣味性，而且是创造吸引注意力的较好办法。线上与线下的互动保持了百事可乐广告的连续性、一致性，实现了媒介的有效结合。

消费者对品牌认识的心理定律流程为：品牌信息—注意—感知—记忆—联想—购买动机—试用—评价—态度—口碑—信任—强化—情感共鸣（忠诚）。而品牌标志引起注意，激发联想，产生情感认同。百事可乐充分利用音乐和品牌标志来营销，让消费者在得到百事相关信息时，能够在其中唤起记忆和联想，以及感觉、情绪。

资料来源：平建恒，王惠琴. 消费者行为分析. 北京：中国经济出版社，2008：69.

案例思考题

1. 百事可乐为什么用明星来宣传"渴望无限"的品牌理念？这对年轻一代的态度有影响吗？说出你的理由。

2. 百事可乐用音乐和网络等广告形式吸引目标消费者参与其中，请从改变态度的策略来分析原因。

第 5 章
消费者购买决策与购买行为

【学习目标】

1. 掌握消费者购买决策的概念、参与者的角色内容及原则；
2. 掌握消费者购买决策内容及原则；
3. 掌握消费者购买决策过程及消费者行为的类型；
4. 掌握消费者购买行为理论；
5. 掌握消费者购买行为模式。

购买决策过程是消费者购买活动中最关键的过程，在消费者的购买行为中居核心地位，正确的购买决策是合理消费的保证。消费者购买行为是由一系列环节和要素构成的完整过程。购买决策在这一过程中处于最重要的地位，决策的正确与否直接决定着购买行为的发生。因此，购买决策的研究有助于掌握消费者消费行为特征和规律。

5.1 消费者购买决策概述

5.1.1 消费者购买决策的含义及参与者

消费者的购买决策是指消费者在可供选择的若干购买方案中选择一个满意的购买方案的过程，也是消费者的购买目的的确立和购买动机取舍的过程。正确的购买决策能使消费者买到价廉物美、称心如意的商品，最大限度地满足消费者的需求。同时，在购买过程中，费用低、时间短、购买环节简单。假如购买决策失误，就会造成时间和金钱的损失，同时会给消费者心理上带来伤害，影响以后的消费行为。

一般来说，购买决策过程中会涉及以下 5 种参与角色：

倡议者——首先提议购买某种产品或服务的人；

影响者——其观点或建议对决策产生影响的人；

决策者——有权决定购买决策的人；

购买者——实际进行购买的人；

使用者——实际消费或使用所购产品或服务的人。

在购买决策过程中，倡议者提出购物的购买理由和购买建议，影响者对购买决策人提出购物看法和购物意见，实际购买者承担购物信息调研和购买。在一般情况下，倡议者与使用者会是同一个人。

决策者在作出购买决策时主要考虑以下因素。①物品的急需程度和经济的可行性。如果对物品的急需程度高，就容易作出购买决策。同时物品的价格越高，作出购买决策难度就越大。购物时的经济条件也是影响购买决策的因素之一。经济条件好，作出购买决策就迅速。②信息全面、准确和及时性。决策时决策者应全面掌握商品信息，包括商品质量、商品价格、商品的售后服务、生产和经销商品企业信誉等方面的信息。只有决策者掌握了准确、全面、及时的信息，才有可能作出科学购买决策。③购买方案择优性。决策者经过对多个方案或商品进行分析评估、充分比较后，从中选择一个相对最满意的方案。即用最少的时间、花最少的钱得到最满意的商品和服务。④环境因素。消费者所处的环境因素，包括社会文化环境、政治环境、人际环境、经济环境和自然环境等，是影响消费者决策行为的重要因素之一。消费者在其社会生活过程中必然受到社会公认的价值观、经济收入、社会阶层及人际关系和自然条件的影响，这些影响是长期和深远的，日积月累，就会形成消费者的较为稳定的态度，而这些态度最终会对其购买决策产生无形的影响。例如，消费档次和水平要与消费者的地位相符合。

5.1.2　消费者购买决策的内容及原则

1. 消费者购买决策的内容

消费者行为是消费者决策和行动的综合。不同的消费者对商品的急需程度、经济条件、所处的环境不同，但消费者购买决策内容几乎相同，其决策内容主要包括以下几个方面。

1）购买原因

购买原因又称为原因决策，是解决为什么（why）要买的问题，即购买的动机。购买动机是多种多样的，对同一种商品，不同的人有不同的购买动机。例如，同样是购买一辆汽车，有的人购买只是作为一种交通工具；有的人购买则作为身份和地位的象征。

2）购买对象

购买对象又称为目标决策，是解决买什么（what）的问题，即购买的目标。当明确了购买原因之后，消费者的购买对象就成了购买决策的核心问题。满足消费者需要的产品可能存在几种，例如，一个消费者由于天气寒冷想买件冬装，可以买羽绒服，也可以买呢子大衣，还可以买保暖内衣等，消费者可依天气情况与自己的喜好作出决策。同时，消费者要对所购商品的品牌、性能、质量、款式、规格、颜色、价格等作出选择和决策。

3）购买数量

购买数量又称为数量决策，主要解决购买多少（how many）的问题。消费者一般根据自己的需要、经济能力、市场供应能力、商品的价格性能比等情况作出购买数量的决策。如果商品供应充足、价格稳定，消费者购买数量就少；如果商品供应紧张、价格有上涨的趋势，即使目前支付能力不足，消费者也会负债购买。

4）购买地点

购买地点又称为地点决策，主要解决在哪里（where）购买的问题。决定消费者购买地点的因素有多种，如路途的远近、商家的信誉、购物环境的品位、服务质量等。一般情况下，常用的或急用的商品选择近距离购买。高档的贵重商品对购买地点要求较高，一般到有档次的商家去买，主要考虑商品的质量、价格性能比、售后服务的质量等。

5）购买时间

购买时间又称为时间决策，主要解决什么时间（when）购买的问题。购买时间决策与消费者需要的强度有关。同时与购物的时间因素有关，主要包括季节性购物、节假日购物、工资与奖金发放时购物等。有些消费者讲究实惠而进行换季节购买或反季节打折购买。

6）购买方式

购买方式又称为方式决策，主要解决怎样（how）购买的问题。目前消费者的购物方式趋于多样化，主要有直接购买、网络购买、电话与电视购买，同时还有函购、邮购。有时可以预购、让人代购。购买时的支付方式也多种多样，有现金付款、支票结算、银行信用卡结算等。

7）购买者

主要解决谁（who）去购买的问题。不同的购买者对商品的要求不同，其鉴别能力也有差别。女性消费者对家庭的日常生活用品有较强的挑选能力，男性对家电等较为高档的商品具有鉴赏能力。

2. 消费者购买决策的原则

1）最大满意原则

消费者在购买决策过程中，总是希望自己的购买决策正确，所购买的商品能够获得最大效用，使某方面的需要得到最大限度的满足。特别是对购买贵重商品的决策是慎而又慎，主要是追求购买决策的最大满意原则。如消费者在作出购买一辆轿车的决策时，希望车的性能、耗油量、颜色、款式、价格等各方面都能满足自己的要求。

2）相对满意原则

消费者在购买商品过程中，对所选择的品牌并不十分满意，总觉得所要购买的商品还有些不满意的地方，消费者在所接触的几种商品品牌中选择一种商品。这种购买决策符合相对满意的原则。消费者在大多数情况下所购买的商品是在相对满意的决策中购买的，其主要原因有三个方面。一是不同的消费者有不同的个性，对商品的要求也有差别。商品生产商不能完全满足所有消费者的愿望。二是消费者在购买决策中很难收集全部的相关信息，处理这些信息也需要大量时间，给购买决策增加很大的难度。三是消费者在购买过程中，需要投入大量精力。所购买的几种品牌商品不一定就在同一商店销售，甚至不在同一地区，给商品的挑选带来困难。因此，消费者只能是利用有限的信息，在购买精力允许的条件下，选择相对满意的商品。

3）最小遗憾原则

消费者任何决策方案都不可能达到绝对满意，不同程度地存在着遗憾。消费者希望所作出的购买决策遗憾最小。消费者不仅考虑哪个品牌的商品能给自己带来较大的满足，同时也希望那种商品所带来的遗憾最小。

4）风险最小原则

消费者在购买商品过程中，不但要付出金钱，而且要投入精力、体力、智慧等，消费者在作出购买决策之前，就要权衡商品的使用价值、价格、付出的精力等因素，以风险最小的原则来选购商品。

5.1.3 消费者购买决策类型

在购买活动过程中，消费者决策类型多样，不同的消费者有着不同的消费决策类型。由于主客观因素的不同，消费者的购买决策类型差别较大。

1. 根据决策主体不同进行划分

1）个人决策

个人决策是指消费者个人根据自己的知识、经验和掌握的信息作出的购买决策。购买一般的日常生活用品，如油、盐、酱、醋、茶、蛋、奶、蔬菜等商品常采用这种购买决策类型。这类商品一般为重复性购买商品，消费者具有较为丰富的购买经验。因此，消费者可凭购买经验，直接作出购买决策。同时，一些特殊情况也要求个人立即作出购买决策。如消费者遇到了供不应求的紧缺商品，来不及与他人商量，为了不错过这次购买机会，要求消费者个人立即作出购买决策。

2）家庭决策

家庭决策是指要购买重要商品或发生重大购买行为，为了避免购买决策的失误，由家庭主要成员进行共同商议，凭借大家的经验作出购买决策。购买重要商品如房屋、家用汽车需要家庭购买决策，再如家中孩子结婚等较为重要的购买活动一般也需要家庭主要成员进行商议，共同作出购买决策。购物支出占家庭消费支出的比重越大，个人决策能力越小，越需要家庭协商共同作出决策。

3）社会协商决策

社会协商决策是指消费者与同事、亲朋好友、营销人员等进行协商，利用更多人的经验和智慧作出购买决策。这类消费者作出购买决策更为慎重，对信息收集和利用更为重视。他们会利用网络收集信息，主动听取销售人员的介绍与建议，在广泛收集信息和征求意见的基础上作出购买决策。

2. 根据决策问题性质不同进行划分

1）战略性购买决策

战略性购买决策又称为家庭的宏观决策，是指对家庭长远规划进行的购买决策。如未成年子女的教育所需费用的规划、养老所需的支出费用规划、购房规划等。

2）战术性购买决策

战术性购买决策又称为家庭的微观决策，是指实现战略性决策目标所采取的方法、手段和具体步骤。主要是考虑购买的时间、方式等问题。

阅读资料 5-1

选　择

李先生是一位比较传统的消费者。一天，他到某品牌店去买牛仔裤。走进店里，一位年轻的销售员热情地问有什么需要。李先生说："想买一条牛仔裤，M号的。"销售员说："您想要修身款、简约款、休闲款还是宽松款呢？""您想要石洗的、酸洗的还是砂洗的？拉链的还是纽扣的？是褪色的还是一般的？"李先生惊呆了，片刻，李先生对销售员说："我只是想买一条普通的牛仔裤，就是以前市面上看到的那种款式。"这难倒了销售员，她请教过资历更深的同事后，终于知道了"普通牛仔裤"长什么样，然后指向了一个货架。李先生听销售员问过那么多的选择，此时也不再确定自己想要的是一条"普通的牛仔裤"了，或许简约款和休闲款穿起来更舒服？既然已经暴露了自己在潮流方面有多么的落伍，就索性问一下销售员，宽松款、休闲款和简约款有什么区别。销售员拿出图样向李先生展示。李先生还是无法缩小选择范围，于是，他决定都试试看。

几种款式的牛仔裤都试了一遍，对着镜子打量着自己，又再次询问几款的区别，最后选择了简约款。休闲款显得腰粗，还得搭配上衣遮掩。

买一条裤子浪费了大半天的时间，还可能时间更长。商家为消费者提供了林林总总的选择，的确为不同品位、不同需求的顾客提供了选择。但是，选择过剩也成了麻烦，很容易决定的事，却变成了很难决定的事，不得不花费更多的时间和精力，还让自己充满怀疑、焦虑、担惊受怕。

选择牛仔裤是件小事，但贯穿着当今消费者选择不断增加，自主权、控制权和自由度也随之增大，这是消费的积极方面。但是，当选择数量持续增加时，海量选择的消极作用就会显现，选择数量继续疯长，选择可能会变得不再是自由，而是自虐。

资料来源：李海岚，蔡国良，冯宗智，等. 简营销：大数据时代市场营销的逆向思维. 北京：机械工业出版社，2014.

5.2 消费者购买决策过程及类型

5.2.1 消费者购买决策过程

消费者购买决策过程实际上是消费者需要、购买动机、购买活动和购后感受的统一，是消费者在特定的心理驱动下，根据一定程序发生的心理过程和行为过程。一般来说，可以分为 5 个阶段：需要的认知、信息的收集、方案的评价、购买的决策和购后评价。

1. 需要的认知

购买行为始于消费者对某一问题或需要的察觉，意识到自己的某些欲望和需要亟待满足。当人们缺乏某种东西时，心理上就会产生某种紧张或不安的感觉，消费者感觉到自己的实际状态与渴望状态之间存在差距，便会产生解除这种紧张和不安的心理的愿望和要求，这便形成了一定的需要，或者说需要被唤醒了，就产生了对商品或服务的需求，完成了由"缺乏感"到"需求感"的转变。"缺乏感"到"需求感"的转变构成了消费者产生购买动机的原始基础。

消费者对需要的认知取决于以下因素。一是消费物品的缺乏，此时消费者就会作出惯例性购买决策，消费者选择较为信任而又熟悉的品牌进行购买。二是消费者对正在使用的商品或服务不太满意。例如，使用的计算机已过时，运行速度很慢，有些软件根本无法运行，消费者就会因对计算机不满意而进行计算机更新。三是产生了新的需要。消费者生活方式或工作状态的变化就会出现新的需要。如某人的职务提升，就可能会购买较高档的服装以适应工作的变化。同时，收入水平的提高，会使消费者认识到一些新的问题，产生更多的新的需求。随着经济状况的改善，原本受经济限制买不起的商品进入消费者购买选择的范围，成为主导购买动机。四是相关配套产品的购买。电力驱动的汽车必须有配套充电桩，汽车才能正常使用。五是新产品的上市。市场上出现新产品就会引起消费者的注意，诱发消费者产生购买动机。六是营销因素。如商家通过改变服装的款式、质地等，使消费者感觉自己的服装落伍了，从而产生购买动机。

消费者在内外因素的共同作用下产生了各种需要。企业在经营活动中要加强对消费者需要的研究，诱发和唤起消费者对产品的强烈需求和欲望，形成购买动机和购买决策，并立即采取购买行动。同时企业要开发能满足消费者潜在需要的产品，在产品价格和质量等方面满足不同层次消费者的需要，以便吸引更多的消费者。

2. 信息的收集

如果消费者需要的目标明确、动机强烈，了解商品的性能、质量、价格及售后服务等信息，对其需要的商品就会形成购买决策，采取购买行动。在多数情况下，消费者对所需求的商品并不十分了解，需要进一步广泛收集可靠、有效的产品及相关信息，了解市场上的产品及其特性，才能更好地对各种备选产品作广泛而深入的性价比较。

一般来说，消费者信息来源主要有四个方面：个人来源、商业来源、公共来源和经验来源。

（1）个人来源。包括家人、朋友、邻居、熟人、同事等。

（2）商业来源。包括广告、店内信息、产品说明书、宣传招贴、推销员、经销商、包装、展览等。

（3）公共来源。指大众传播媒体（电视、电台、报纸、杂志等）、政府机构、消费者评审组织。

（4）经验来源。消费者自身通过参观、试用、实际使用、联想、推论等方式所获得的信息。

这些信息来源对消费者的相对影响程度，取决于消费者所要购买的商品类型、消费者自身特点、搜集资料的方式等的区别。一般来说，购物支出占家庭消费支出的比重越大，消费者信息搜集的范围也就越大。例如，消费者购买商品房，这是一项在家庭支出中占有较大比重的消费，消费者广泛搜集有关商品房的信息，包括价格、质量、户型、房屋结构、地理位置、交通状况、周边环境、物业管理水平及费用等。消费者在广泛搜集信息的基础上，对所获得的信息进行适当的筛选、整理、加工，然后探索满足需求的多种方案。消费者搜集的信息量越大，所了解的实际情况就会更准确、更真实，所作出的购买决策就会更加合理。市场营销者应对消费者使用的信息来源加以认真识别，并评价其各自的重要程度。企业可利用这些信息作为目标市场优化的重要依据。

3. 方案的评价

由于价值观、所处的工作环境、地位、经济状况、个性等因素的差别，不同的消费者对购买商品有不同的决策方案。如经济条件较差的消费者讲究实惠，对商品价格敏感，喜欢购买优惠价、处理价、降价的商品。经济条件好、有地位的消费者追求名牌，一般到高档商场购物，对价格较高的商品感兴趣，认为价格高，质量一定会好。购买同一种商品可能有不同的购买方案，每一种方案各有其优点和不足。根据自己的价值观、经济状况、地位等因素，消费者对每一种方案进行比较和评价，最后优化出可行的购买方案。消费者进行评价时，一般分 3 个步骤进行：首先，全面分析搜集有关信息，获得商品的性能、质量、价格、款式、售后服务等方面的认识；其次，综合比较相近价格同类商品的优缺点；最后，根据自己的情况和爱好，确定购买对象，选择购买方案。

在消费者进行商品比较分析的过程中，营销人员尽量向消费者提供或建议评选标准。突出本企业品牌在评选标准上的优点。针对不同消费者的决定性评审标准，设计出投其所好的语言，并对消费者所重视的属性予以强调，以影响其评审决策。通过"比较性广告"，设法改变消费者对竞争产品的信念，或设法改变其"理想产品"的标准，说服消费者接受推荐的产品。

4. 购买的决策

消费者对各种产品的性能、价格，品牌、售后服务等各项产品特征进行分析评价之后，对某种品牌形成偏爱，从而形成购买意图。对价格较低的急需商品而言，消费者就会迅速作出购买决策和实现购买行为。对购买贵重商品（如商品房、高档轿车等物品）而言，消费者有了购买意图并不一定马上采取购买行动，而想进一步进行探索并征求其他人的意见和试探其他人对自己购买行为的态度。如果其他人的态度和意见与自己的购买意图相同时，就会使消费者的购买意图加强，有利于消费者尽快作出购买决定并采取购买行动；如果其他人的态度和意见与自己的购买意图相反时，就会使消费者的购买意图削弱，不利于消费者作出购买决策，甚至取消购买意图。在消费者即将购买时，可能突然出现某些未预料到的情况，从而改变他们的购买意图。例如，商品涨价、新型号上市、听到有关该产品的不好信息、有其他更急需支出的项目等。

5. 购后评价

购后评价是指消费者购买产品后，在使用或消费商品过程中，对所购商品或服务的感受和满意程度，也是对购买决策正确与否的评价。消费者的购后评价影响着以后对产品的信赖或者排斥态度，对今后的购买行为产生重要影响，同时也影响着他人的消费行为。因此，企业认真研究消费者购后评价，对企业提高竞争力具有重要的现实意义和深远意义。

消费者对商品的评价包括商品的性能与质量评价、商品的形象评价、购买送货和使用过程中的服务评价。商品的性能与质量评价是在使用商品的过程中，消费者对商品的性能、质量、使用效果的评价。消费者购买使用商品后，根据自己的期望对商品作出评价，或者通过与家庭成员、亲友的交流来验证自己的购买决策是否正确，从而得到购后感受，这种感受将影响到以后的购买行为。如果商品在实际使用或消费中达到或超过某个预期效果，消费者就会感到满意或很满意，认为自己作出的购买决策是正确的。如果商品在实际使用或消费中没有达到预期效果，消费者就会感到不满意或很不满意，觉得价格与商品的性能、质量并不相符，有吃亏上当或受骗的感觉，认为自己的购买决策是错误的，使消费者对商品的品牌和经销商产生不信任感，损害商品品牌和购物场所的形象，甚至采取退货、投诉等措施。同时也要求亲朋好友抵制这种品牌的商品，起到反向广告的作用。例如，消费者网上购物的评价影响同一网站购买者的购买决策，好评可能推进购买，差评可能让消费者放弃在该店铺的购买。由于消费者在购物后的体验会出现这样两种截然相反的效果，企业应该重视消费者购物后的消费体验，以消费者满意作为一切工作的中心，加强与消费者的沟通，生产消费者满意的产品，搞好售后服务，设法使消费者得到最大程度的满意。

由于消费者的生活个性不同、价值观念不同、经济条件不同等，消费者对商品评价也有差别。即使同一商品，不同的消费者也会有不同的感受和评价。消费者购买重要商品或占家庭支出较大的购买活动（如购买商品房、轿车等）一般要经过以上5个阶段。如果消费者购买习惯性的重复商品，早已掌握所购商品的品牌、性能等，不需要收集有关信息和作出有关对比方案，一般可以省略第二和第三阶段，而进行直接购买，也不需要作出购后评价。

阅读资料5-2

益普索的"iBaby Love"社区调查

全球领先的市场研究集团益普索的"iBaby Love"社区空间，是专门针对年轻妈妈建立的社区空间，主要是婴幼儿奶粉目标用户。该在线社区长期有效，社区覆盖北京、上海、广州、沈阳、济南、武汉、西安、厦门、成都等城市，长期有300多名稳定的年轻妈妈用户。年轻妈妈用户在生活中担任了多个不同的"角色"，用户有三类群体：一是从事与婴幼儿有关的职业的群体；二是从事时尚、化妆品、美容、保健、媒体等有消费能力的群体；三是热衷于家庭理财，担任房地产、汽车、家庭日用品等家庭购买决策者。

1. 态度和行为的变化

益普索通过对iBaby Love数月的跟踪调查，发现社区空间中的部分消费者在品牌态度、购买意向和使用习惯上发生了转变。通过论坛与之互动，可以挖掘出其变化的原因：有共同兴趣的群体结成圈子，提升了信息传播的精准性，同时也大大提升了信息传播的效率和深度；通过论坛能与消费者互动，拉近了品牌与消费者之间的距离，同时，用户之间，特别是对"意见领袖"的信任，明显地提高了消费者对品牌的信任度和品牌的美誉度。

2. 产品体验交流

传统研究中的产品体验仅仅是被访者的口头描述。而在社区空间中，除了文字形式，社区用户还可以通过图片、音频以及视频等方式来分享他的产品体验，更直观、全面的产品体验信息无疑对品牌更具参考价值。例如，在益普索iBaby Love社区空间中，针对纸尿裤的产品体验，年轻妈妈们纷纷将用得好的和用得不好的宝宝体验照片上传与大家分享，使品牌对于用户体验有了更为生动、直观的了解；同时由于采用图片形式，乐于分享自己宝宝可爱图片的妈妈们上传图片的积极性也比较高。

3. 具有独特的创意征集

除了用户洞察，益普索社区空间在产品与广告创意征集方面同其他研究方法相比有独特优势。从网络社区用户动机来看，同传统座谈会以物质奖励的手段不同，物质并不是社区用户UGC（用户贡献内容）的主要动机，而被人关注与尊重、社会归属与自我成就等这些精神动机是用户贡献内容并为此乐此不疲的主要动机。另外，传统的小组座谈会中，未经深思熟虑的被访者往往不能给出有价值的反馈，而在社区空间内显然不存在这个问题。

益普索iBaby Love社区空间通过论坛征集广告创意，同时结合线上广告创意大赛的形式鼓励用户积极参与。在精神满足与物质奖励的双重作用下，社区用户认真思考、积极分享自己的创意。不管是创意的数量与质量均超出预期。

资料来源：李海岚，蔡国良，冯宗智，等. 简营销：大数据时代市场营销的逆向思维.

北京：机械工业出版社．2014．

5.2.2　消费者购买行为类型

1. 根据消费者购买目标的确定程度划分

（1）确定型。消费者在购买之前，已有明确的购买目标，对所要购买商品的种类、品牌、价格、性能、质量、型号、样式、颜色等都有明确而具体的要求。消费者进入商店后，一般都能有目的地选择商品，并主动提出对需购商品的各项要求，一旦商品合意，就会毫不犹豫地买下商品。整个购买过程都是在非常明确的购买目标指导下进行的。

（2）半确定型。在消费者购买之前已有大致的购买意向和目标。但是，这一目标不很具体、明确。在实际购买时仍需要了解、判别，需要经过对同类商品的反复比较、选择之后才能确定购买的具体对象。这类消费者易受他人观点的影响，成交时间较长，一般需要提示或介绍，营销人员可见机行事，巧妙诱导以坚定其购买决心。这类消费者为数众多，应是营销服务的重点对象。

（3）不确定型。这种类型的消费者没有明确的购买目的，他们只是由于顺路、散步等进入商店，观看、浏览商品。若能唤起其需要，或在浏览中有了购买目标，这时会发生购买行为。但也可能在浏览一番之后不予购买。这类消费者对商品需求处于"潜意识"中，见到满意的商品便会购买。对这类消费者，营销人员应主动热情地服务，尽量激发其购买欲望。

2. 根据消费者购买态度划分

（1）习惯型。消费者因以往的购买经验和使用习惯，长期惠顾某个商店，或长期购买使用某品牌的商品，对某些商店或商品十分信任、熟悉，形成了习惯性的购买行为。这种行为不会因年龄的增长或环境的变化而变化。这类消费者在购买商品时，目的性很强，不受时尚的影响，决策果断，成交迅速。

（2）理智型。这类消费者购买商品时态度较为理智，感情色彩较少。他们在购买前已经广泛收集所需商品的信息，了解市场行情，深思熟虑后才作出购买决定。在购买时仔细、认真挑选商品，不易受他人或广告宣传的影响，在整个购买过程中表现出很强的自主性，始终由理智来支配行动。

（3）经济型。这种类型的消费者有经济头脑，对收支统筹安排，计划性强，选择商品的能力也比较强。这类消费者选购商品多从经济观点出发，对商品的价格非常敏感，以价格高低作为选购标准。他们往往对同类商品中价格低廉者尤感兴趣，削价、优惠价、折扣价等对他们有着很强的吸引力。

（4）冲动型。这类消费者没有明确的购买计划，对外界刺激敏感，凭直观感觉从速购买。他们在购买商品时往往容易受感情支配，富于联想，依感情需要进行购买决策。选择商品考虑不周到，买后常常感到非常懊悔。

（5）疑虑型。这类消费者性格内向，在购买前，优柔寡断，购物谨慎、细致，犹豫不决、挑来挑去拿不定主意。

（6）从众型。消费者受众多人购买趋向的影响，只要众多人购买，自己也去购买。这类消费者缺乏主见，对所购商品不去分析、比较，这种消费者比较常见，在服装、服饰等方面表现突出。

(7) 想象型。消费者在购买时容易受感情支配，易受购物环境和营销人员的感染诱导，往往因此而心血来潮，发生购买行为。这类消费者感情丰富，想象力强，常常因商品的款式、颜色、包装等外形引起联想。

(8) 随意型。这类消费者缺乏消费经验，购物过程中没有主见。对商品的性能、质量缺乏了解，对购买的商品不做认真比较和分析，没有固定购买品牌。在购买商品过程中，希望得到营销人员的提示和帮助，对商品不挑剔，随意购买。

3. 根据消费者购买现场的情感反应划分

(1) 温顺型。这类消费者心理过程较弱，对外界刺激不敏感，很少受外界环境的影响，内心体验较为深刻。在购买过程中，对销售人员的意见和建议较为信任，购买决策迅速，很少亲自检查所购商品。因此，要求营销人员对这类消费者具有良好的服务态度，认真、如实地介绍商品，到达较好的营销效果。

(2) 反抗型。这类消费者与温顺型消费者相反，个性心理具有较强的敏感性，易受外界环境影响。在购买过程中，不相信营业人员的介绍和建议，也不听取其他人意见，自己具有很强的主观意志。

(3) 沉着型。这类消费者心理过程较为平静，反应缓慢而沉着，灵活性较低。在购买过程中，受外界环境的影响较小，性格内向，不善于交谈，沉默寡言，感情不外露，抑制性强。购买决策一经作出，就不容易改变。

(4) 激动型。又称傲慢型或冲动型，这类消费者情绪容易激动，情绪变化迅速而强烈，自控能力差，言行举止狂热，脾气暴躁。在购买过程中，很容易受外界环境的影响，对商品和营销人员要求苛刻，经常与营业人员发生矛盾，傲气十足，购买草率。发现购买的商品不合适或不需要时，经常要求退货。

(5) 活泼型。又称健谈型，这类消费者神经过程平静，热情开朗，兴趣爱好广泛，灵活性高，能适应各种环境。在购买过程中，活泼、健谈，主动征求营销人员的意见，有时也主动征求其他购物者的意见。

阅读资料 5-3

消费者的购车决策是漫长而复杂的过程

随着国家经济发展，汽车逐渐走进普通老百姓的家庭。但对于绝大多数老百姓来说，购买汽车仍然是家庭巨大的支出，需要进行较长时间的思考和决策。为了了解消费者购车决策的一些基本看法，网上车市进行了一项调查，通过网上发布问卷，以消费者在线回答并提交的方式进行，最终得到有效问卷 1 641 份。

调查显示，79.0%的消费者购车时的最主要决策人是他们自己；14.2%的消费者购车时的最主要决策人是他的妻子/丈夫/男女朋友；5.2%的消费者购车时的最主要决策人是父母或长辈；0.8%的消费者购车时的最主要决策人是子女或其他晚辈。从中可以看出，绝大部分消费者在购车时还是自己做主，亲人的意见主要起参考作用。

消费者从决定购车到最终购车成功需要多长的时间呢？调查表明，家庭年收入5万元以下和8万~10万元的消费者在时间分段上分布较平均；而家庭年收入20万元以上的消费者中有超过 40％的消费者从决定购车到最终购车成功只需不到 1 个月的时间。这是与不同家庭的年收入状况分不开的。汽车对绝大多数家庭来说是大宗购买，家庭年收入相对不高的家庭往往需要仔细斟酌，多方比较打听，希望能够购得物美价廉的产品；而家庭年收入相对较高的家庭在这方面考虑得可能少些。

从调查中可以看出，无论消费者的家庭年收入状况如何，绝大多数消费者获取车市信息的渠道是互联网、报纸、杂志和亲朋好友，汽车销售人员也是消费者获取车市信息的重要渠道；电视和广播作为消费者获取车市信息的渠道正变得越来越窄，相当少的消费者对其表示认同。

总的来说，消费者购车决策是个长时间的复杂过程，需要获得各方信息，征求各方意见，但对绝大多数消费者来说，都由自己掌握最后的决策权。

资料来源：臧良运. 消费心理学. 北京：电子工业出版社，2007：91.

5.3　消费者购买行为理论

消费者的购买行为对企业来说至关重要，它决定着企业产品在市场上的命运，关系到企业的生存和发展。消费者在购买行为过程中的心理是各种各样的，但有规律可循，下面对常见的几种消费行为理论作一简要介绍。

5.3.1　习惯建立论

消费者在内外因素的刺激下，购买了某一商品并在使用过程中感觉不错，那么他可能会再次购买和使用，如果多次的购买和使用给消费者带来的是愉快的经历，购买、使用和愉快的经历的多次结合，最终在消费者身上形成了固定化反应模式，即建立了消费习惯。消费者对购买商品和消费方式的喜好和兴趣是在重复的使用过程中逐步建立起来的，形成了固有的购买习惯，每当产生消费需要时，消费者就会想到这种商品，并发生购买行为。

消费者经常购物的商场，随着对其商品使用满意度的增加，对商场就产生了信任感和忠诚感。因此，消费者经常到信任的商场购物，形成了习惯性的购物地点。同时，消费者在日常生活中使用习惯了的商品如洗发液、食用醋等都有固定的品牌，而不会轻易更换其他品牌。

形成购物地点和商品习惯性的主要原因有两点：一是消费者会感觉购买风险减少；二是由于对商品和购买地点的信任，购买决策程序会简化，既减少了精力投入又节省了时间。

5.3.2　风险减少论

消费者在购买商品或服务时，由于无法预测和控制产品性能、质量和售后服务的结果，而感觉存在潜在的购买风险。购买时可能存在和发生的风险就会影响到购买决策和购买行为。消费者的消费行为就是想方设法寻求减少风险的途径。消费者可能遇到的风险主要有以下几种。

第一种风险是商品的质量和售后服务风险。消费者购买商品时首先要考虑商品的质量，假如购买空调，要考虑空调的制冷效果、噪声大小、耗电量的多少等；购买洗衣机时，要考虑洗衣效果、用水量、噪声大小、衣物的缠绕程度等；同时要考虑商品质量出现了问题能否及时得到上门维修等。

第二种风险是消费付出的风险。对具体消费者而言，通常，其付出的成本越大，相应感受到的风险就可能越大，在采取购买行为时就会越谨慎。由于购买力的原因，当购买了一种商品时，另一种商品的消费就受到影响。也就是说，消费者购买这种商品时，必须考虑减少或不能消费另一种商品的机会损失（成本），或者是总体满足程度的下降。

第三种风险与产品生产方有关。大多数消费者倾向于实力雄厚的企业生产的产品，觉得大企业生产的商品更值得信赖；而购买小企业生产的商品会感知到更多的风险。

第四种是心理风险。消费者消费了某种商品之后，给消费者本人的形象带来损害的风险。这类风险较为复杂，比如在食品消费方面，营养成分高而味道又鲜美的食品会增加体重，发胖会失去体形的优美线条。所以在购买这类食品之前，消费者就会产生对于这类食品的回避心理，以避免其风险。

产生购买风险有以下主要原因。一是消费者购买的商品是新产品或首次使用这种产品，没有使用的体会，对能否达到预期的效果持怀疑态度，购买后心里不踏实，感觉可能会有一定风险。二是掌握产品的信息量少或信息不可靠，对产品仍存疑虑。产品信息量的多少及可靠程度是作出购买决策的前提和基础。购买前掌握的信息量少或信息不可靠，消费者就会感觉购买这种产品存在着很大的风险。三是以前购买同类产品过程中有过不愉快的经历，心存余悸。四是所购买的产品高科技含量高、价格高，对产品的性能等方面不了解。如家长给孩子购买笔记本计算机，家长对这种产品就不了解，购买时就觉得有风险，就不敢亲自去购买，只能请内行人（对笔记本电脑很了解的人）帮着去买。

常见避免购买风险的方法有：多渠道收集和掌握可靠的产品信息，尽量了解产品性能、质量等方面的特征；尽量购买名牌商品或到形象较好的商店购物；购买高价格的产品；从众购买；购买自己熟悉的或使用效果好的产品；通过有信誉的销售渠道购买产品；购买商家有保证的商品，如包换、包退、包赔等安全保证等。

5.3.3 边际效用论

效用是商品或服务满足人们需要或欲望的能力。消费者在使用商品或服务过程中，体验了商品和服务所具有的使用价值，所获得的是需要或欲望的满足，这就是商品和服务的效用。商品和服务效用的大小取决于人们消费商品和服务时的感受，这种感受（即效用）因人、因时、因地不同而不同。如一瓶矿泉水在一般情况下对人们是具有解渴的效用，而对于沙漠中的人来说，可能就起到了挽救生命的效用，沙漠中水的效用更大。

在实际生活中，人们的需求是不断被满足又不断产生新需要的过程。这种需要不断更新，由维持生存到生活舒适，再到荣华富贵的享乐，逐步向着更高的境界发展，从而推动了整个人类社会的文明与进步。

人们的消费需要受多种因素的控制，如经济收入、商品价格、家庭支出等。只有消费者具有可支付货币能力时，消费者的欲望才有可能转化为消费需求。因此，消费者在使用有限的资金购买商品或享受服务时，对所支出的货币数量与能够获得的效用之间进行比较，权衡价格性能比，根据各种消费需要的轻重缓急，统筹安排，作出最佳的购买决策，以最少的开支购买到最满意的商品，最大限度地满足消费需要，获取最大的效用。也就是说，消费者购买商品的目的就是要用最少的钱买到最值得的商品，最大限度地满足消费者的需要，即最大满意原则，力求货币支出带来的总效用最大，使购买结果获得最大满足，追求决策效果最佳。

总效用是指消费者消费一定数量的某种商品所得到的总满足程度。不同的消费者对不同商品的满足程度是不同的，所以效用也有一定差别。一般情况下，随着人们消费的商品和服务数量的增加，消费者从商品和服务中得到的总的心理满足程度也会逐渐增加（见图 5-1）。

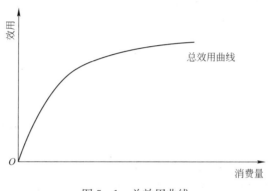

图 5-1　总效用曲线

边际效用又称为效用理论，是指消费者每增加一个单位的商品消费量所能增加的需要满足程度。人们购买和使用商品的目的和愿望是追求商品带来的最大满意度。随着消费商品和服务数量的增加，消费者获得的总效用和满意程度也在增加，而边际效用在逐渐降低，即商品的边际效用随其数量的增加而减少。具体表现为：刚开始时，消费者对商品需求的强度大，单位商品的边际效用很高；随着消费商品和服务数量的增加，消费者需求商品和服务的强度在减弱，边际效用在递减，一直减少到零。这种规律适用于一切商品，消费商品数量与消费者满意度关系表见表 5-1。

表 5-1　消费商品数量与消费者满意度关系表

消费商品数量	满意度/%	消费单位商品的平均满意度/%	消费单位商品满意度增加率/%
30	75	2.50	2.50
40	80	2.00	0.50
55	85	1.55	0.33
75	90	1.20	0.25
100	95	0.95	0.20

笨人王大吃饼的故事证明了这一规律：王大在饥饿的时候看见了大饼，饼具有充饥效

用，能给他带来很大的满足，因此他狼吞虎咽地依次吃下了五个大饼，王大的感受是吃第一个大饼特香，第二个很香，第三个还可以，第四个饱了，第五个勉强撑下肚，第六个怎么也不愿吃下去。这里的第六个大饼不仅不能产生效用，反而产生负效用了。这就是边际效用的递减规律。

消费者在购买活动中，如果商品的边际效用大，消费者愿意购买该商品；如果边际效用小，消费者就会将货币转向其他的可替代的商品，就会对该商品减少购买或不购买。在收入有限的情况下，消费者谋求最合理的支配、使用既定的货币，以便最大限度地满足消费需要，实现效用最大化。

边际效用在消费过程中具有重要的现实意义。消费者在购买决策中根据边际原理进行购买决策，在货币支出和商品价格一定的条件下，使购买各种商品的边际效用与其所付的价格比例相同，求得效用总和最大化。也就是说，消费者一定要使其所购买的各种商品的边际效用与他所支付的价格成比例，使每一单位货币所获得的边际效用都相等。公式如下：

$$P_a \cdot Q_a + P_b \cdot Q_b = M$$
$$MU_a/P_a = MU_b/P_b$$

式中：a、b 分别表示所消费的不同商品；P_a、P_b 分别表示 a、b 商品的价格；Q_a、Q_b 分别表示 a、b 商品的消费量；M 表示货币总收入；MU_a、MU_b 分别表示购买 a、b 商品的边际效用。

在货币支出一定的条件下，假如多买了 a 种商品，就会少买 b 种商品。此时随着 a 种商品购买数量的增加，就会引起 a 种商品边际效用递减；而随着 b 种商品消费量的减少，它的边际效用递增。这就必然使各种商品的边际效用总和不能达到最大，为了使所购买的商品 a 与 b 的总效用达到最大，消费者就必须调整其所购买的商品 a 与 b 的数量，从而实现效用最大化。

边际效用理论为企业的生存与发展提供了有益的启示，消费者对任何一种产品迟早都会发生边际效用递减现象，即消费者总有一天会开始厌烦该产品而选择购买新产品。在市场上，没有任何一种产品可以永远占领市场。因此，要求企业在开发新产品和占领市场方面具有长远的发展规划，不断开发新产品和开拓新市场，满足人们消费心理的变化。

5.3.4　认知理论

认知理论又称为信息加工论，是近年来较为流行的一种消费行为理论。该理论认为消费者购买行为过程实质上就是信息加工、处理的过程。消费者在购买过程的需要的认知、信息的收集、方案的评价、购买的决策和购后的评价 5 个阶段始终伴随着商品信息的加工和处理。整个购买过程就是消费者收集、接收、存储、加工、处理、使用商品信息的过程，也是注意、知觉、表象，记忆、思维等一系列认知过程。在购买动机和商品信息刺激等因素的共同作用下，消费者通过有选择性的注意、有选择性的分析理解和有选择性的信息加工处理，作出购买决策并决定是否发生购买行为。

认知理论的核心是信息加工，商品信息引起消费者注意是从消费者接受商品信息开始的，然后把注意到的商品信息转入短时记忆。此时，消费者根据自己的知识与经验对有关信息加工和判断，假如商品信息与自己的知识、经验相一致，则予以接受，转入长时记忆，以备以后使用，否则就予以反驳。当消费者打算购买某种商品时，消费者就会把储存在头脑中的长时记忆信息与新接受的信息整合起来，并对有关的信息进行加工和处理，形成对该商品的态度，作出购买决策。

企业应以消费者认知理论为依据，设法使产品信息引起消费者的注意，使信息存入消费者长时记忆，影响其消费态度，促成消费者作出购买决策。

阅读资料 5-4

娱 乐 产 品

娱乐业的产品是什么？近日，北京某康乐园的决策者们找到了答案。他们向北京娱乐界提出了"我们生产好心情"的倡议。占地 3 500 m^2 的北京某康乐园，是国内首家以沐浴为主的综合性娱乐场所，开业 7 年来在北京已是小有名气。为了使康乐园健康发展，提高服务水平，员工们深入探究消费者的心理后发现："花钱买罪受"，打 0 分；"花钱买温饱"，打 60 分；"花钱买健康"，打 80 分；只有"花钱买高兴"，才会打 100 分。他们仔细分析了娱乐业的定位，认识到："稻香村"生产好糕点，"同仁堂"生产好药品，"万家乐"生产好电器，而像康乐园这样的娱乐业就应该生产好心情。

为人们提供好心情不是一件简单的事，该康乐园为此开发了一些与众不同的项目。例如，专家设诊、免费幽默鸡尾酒、有奖小吉尼斯记录等，都是让人开心、益心益智的项目。他们还实行透明收费，每项服务都明码标价，多年来不收服务费、小费，让顾客花钱花得明白、舒心。另外，一般娱乐场所最让人不放心的就是色情服务。这家康乐园的按摩室都是大房间，7 年来几乎成为有关管理部门的免检单位。健康经营换来的是顾客的信任、开心、舒心、放心，康乐园就自然能为顾客提供好心情了。

资料来源：http://www. njliaohua. com/lhd_ 1gzxh8lxn168ub00wplq_ 5. html.

案例思考题

1. 此康乐园注意到的是顾客一般心理过程的哪些方面？
2. 此康乐园是如何引导顾客的情感向积极方面转化的？

5.4 消费者购买行为模式

消费者购买行为模式是指用于表述消费者消费行为过程中的全部或局部变量之间的因果关系图式的理论描述。研究消费者购买行为模式，对于满足消费者需要、搞好市场营销工作具有重要的现实意义。现主要介绍几种具有代表性的、影响较大的消费行为模式。

5.4.1 刺激-反应模式

刺激-反应模式是对消费者的行为进行分析的最为普遍的模式，很多学者都从这个角度建立过自己的模式。

刺激-反应模式认为所有消费者的购买行为都是由外界因素和内部因素刺激引起的，人们的消费行为是一种内在的心理过程，看不见摸不着，是消费者对有关信息进行加工与处理自我完成的，像一只"黑匣子"，是不可捉摸的，外部的刺激经过黑匣子（心理活动过程）产生反应引起行为，只有通过行为的研究才能了解其心理活动过程。

刺激-反应模式认为，外在因素就是购买行为的刺激信息，它能唤起需要的认知，产生购买动机，然后消费者根据自己的知识与经验对有关信息加工和处理，形成购买方案的心理活动状态，作出购买决策，采取购买行动，并进行购后评估。这一过程是外部的刺激经过"黑匣子"（心理活动过程）产生反应引起行为，是在消费者内部（心理活动过程）自我完成的。

5.4.2　霍华德-谢恩模式

20世纪60年代初先由霍华德提出，后经修改与谢恩合作出版了《购买行为理论》，提出了霍华德-谢恩模式（见图5-2）。该模式包括四个变量：刺激因素（投入因素）、内在因素、外在因素和反应因素（产出因素），这四个因素的综合作用引起了消费者购买行为的发生。

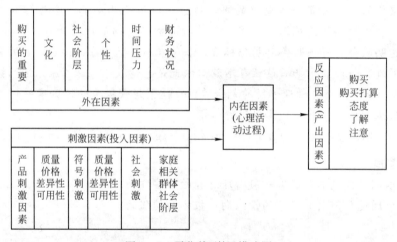

图5-2　霍华德-谢恩模式图

1. 刺激因素(投入因素)

刺激因素也称输入变量，是引起消费者来产生购买行为的刺激因素，该因素由销售部门控制，主要由产品刺激因子、符号刺激因子和社会刺激因子三大刺激因子组成。产品刺激因子是产品本身要素的刺激，包括产品质量、价格、品种、性能、特征、可用性及服务等；符号刺激因子是各种媒体传播的商业信息的刺激，包括推销员的推销信息、广告媒体等各种宣传信息；社会刺激因子来自社会环境的影响产生的刺激，包括家庭、相关群体、社会阶层等因素的影响。

2. 内在因素

内在因素也称内在过程，是介于刺激（投入）因素和反应（产出）因素之间的因素，是该模式最基本、最重要的因素。它主要说明投入因素和外在因素如何通过消费者的心理活动形成内在的购买动力，从而引发购买行为的发生。

3. 外在因素

外在因素也称外在变量，是指购买决策过程中的外部影响因素，包括相关群体、社会阶层、文化、亚文化、个性、财力、时间压力、产品的选择性等。

4. 反应因素（产出因素）

反应因素也称结果变量，指购买决策过程所导致的购买行为，它包括认识反应、情感反应和行为反应三个阶段。第一个阶段是认识反应，包括注意和了解；第二阶段是情感反应，指购买态度，即购买者对满足其动机的相对能力的估计；第三阶段是行为反应，包括购买者是否购买或购买何种品牌的认识程度预测和公开购买行动。

该模式认为，投入因素和外在因素就是购买行为的刺激因子，由刺激因子产生能唤起需要的认知，产生购买动机，有关的信息影响消费者的心理活动状态，作出对可选择产品的一系列反应，形成购买决策的内在动力，或者制定出一系列备选的购买方案。动机、选择方案和内在动力相互作用，就形成某种倾向或态度。这种倾向或态度与其他因素（如购买行为的限制因素）相互作用就产生了消费者购买意向和实际的购买行为。

5.4.3　恩格尔-科拉特-布莱克威尔（EKB）模式

该模式是 20 世纪 70 年代由美国俄亥俄州立大学三位教授（J. F. Engel，D. T. Kollat，R. D. Blackwell）在《消费者行为》一书中提出来的，简称 EKB 模式（见图 5-3）。EKB 模式强调消费者购买决策过程，可以说是一个购买决策模式。

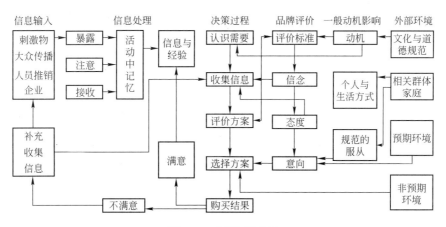

图 5-3　EKB 模式图

在 EKB 模式中，由于产品的物理特征和社会压力等方面的无形因素形成的外部刺激信息的作用，消费者心理接受了有关的刺激信息。此时，消费者心理成为"中央控制器"，对输入的信息进行加工与处理，根据自己的经验、态度和生活个性，作出是否购买的决策，然后由"中央控制器"输出结果，即购买决定。

具体来说，EKB 模式详细地表述了消费者的购买决策过程。在外界刺激物、大众媒体、社会环境等有形及无形因素的共同作用下，显示在消费者面前的某种商品，引起消费者心理上的知觉、注意、记忆，形成有关商品的信息，并与经验一起储存起来，构成了消费者对商品的初步认知。在动机、个性及生活方式的驱动下，消费者对问题的认识进一步明朗化，开始寻找符合自己意愿的购买对象，如果寻找的对象符合自己的评价标准、信念、态度及购买意向，就会向购买结果前进一步。经过产品品牌评价，进入备选方案评价阶段，消费者经过方案的筛选与评价，作出决策，实施购买，得到输出结果。对购买结果进行体验，得出满意与否的结论，并影响和开始下一次购买过程。

阅读资料 5-5

卖鞋的亚马逊

Zappos 是一家美国的 B2C 网站，1999 年开站，创始人谢家华，最早因出售鞋子而被人们熟知，因无与伦比的服务而出名。后来网站还销售服装、手提包、眼镜、手表、电子设备等。在垂直品类上一直是亚马逊的竞争对手。2009 年，亚马逊以 8.7 亿美元收购美国最大的鞋子在线零售商 Zappos。

知道 Zappos 的人多数是通过口耳相传，完美的客户体验是他们成功的秘诀。互联网时代，你的品牌掌握在人们的口中。不管是员工还是客户，假如他们不满意，就立即在博客和 Twitter 上说出来，让全世界的人知道。

Zappos 为顾客提供的是正面体验。为达到顾客的良好体验效果，Zappos 从制造商那里拿货，降低渠道成本。另外，Zappos 采用全库存模式，仓库中有上百万双鞋，仓储直接建立在物流公司 UPS 的机场旁，免费送货，不满意 365 天随时退货，全面的购物保障让顾客感到 100% 的放心，公司承诺所有订单免费在 4 天内到货，而实际上经常是隔夜即送达，这让顾客十分惊喜。

为了方便顾客挑选，Zappos 为库存的每一款鞋从 8 个角度拍摄了照片。当然，这一过程只能用手工的方式来完成。Zappos 鼓励顾客订三双鞋，当货送到时，从中选择最合适的一双，退回另外两双。Zappos 的客服人员有时候在电话中和一个客人谈两个半小时，非常看重客人的需求，如果客人需要的鞋 Zappos 没有，他们的服务代表会帮他们在别的公司找。在同客户交流中，如果客户感觉自己受到了尊重，他们会很自然地将这种感觉告诉其他人。虽然 Zappos 不能因此赚到钱，但获得了非常正面的体验，获得了忠诚的顾客，为新业务的拓展打下了基础。具有传奇色彩的 Zappos 在 2008 年网上卖鞋收入达 10 亿美元，占据了美国鞋类在线零售市场的 1/4，被称为"卖鞋的亚马逊"。

练习与实训

一、练习题

1. 消费者购买决策的原则什么？

2. 简要分析消费者购买决策在消费者行为中的作用和地位。

3. 消费者是怎样进行购买决策的？企业针对决策过程的各个阶段采取什么措施影响消费者的购买决策？

4. 为了减轻消费者购买后的不协调，市场营销人员应采取什么措施？

5. 消费者购买决策的类型有哪些？每种决策类型有哪些特点？

6. 简述各种购买行为理论在市场营销中的作用。

7. 简要分析各种消费者购买行为模式主要内容及优缺点。

二、实训题

1. 以你家的电视购买活动为例，分析当时的购买决策过程和购后评价，并写出分析报告。

2. 根据所学知识，总结自己手机的购买决策过程及购后感受。

3. 结合私人购车的当前实际，总结国家的相关政策对消费者购车决策和行为产生了哪些影响？它是如何影响消费者购买决策和行为的？

案 例 分 析

阿雯选车的故事

阿雯是上海购车潮中的一位普通的上班族，35 岁，月收入万元。以下真实地记录了在 2004 年 4 月至 7 月间，她在购车决策过程中是如何受到各种信息影响的。

阿雯周边的朋友与同事纷纷加入了购车者的队伍，看他们在私家车里享受音乐而不必用力抗拒公车的拥挤与嘈杂，阿雯不觉开始心动。另外，她工作地点离家较远，加上交通拥挤，来回花在路上的时间要近 3 个小时，她的购车动机越来越强烈。只是这时候的阿雯对车一无所知，除了坐车的体验，除了直觉上喜欢漂亮的白色、流畅的车型和几盏大而亮的灯。

初识爱车

阿雯是在上司的鼓动下上驾校学车的。在驾校学车时，未来将购什么样的车不知不觉成为几位学车者的共同话题。

"我拿到驾照，就去买一部 1.4 自排的波罗。"一位 MBA 同学对波罗情有独钟。虽然阿雯也蛮喜欢这一款小车的外形，但她怎么也接受不了自己会同样购一款波罗，因为阿雯有坐波罗 1.4 的体验，那一次是 4 个女生（在读 MBA 同学）上完课，一起坐辆小波罗出去吃中午饭，回校时车从徐家汇汇金广场的地下车库开出，上坡时不得不关闭了空调才爬上高高的坡，想起爬个坡便要关上空调实实在在地阻碍了阿雯对波罗的热情，虽然有不少人认为波罗是女性的首选车型。

问问驾校的师傅吧。师傅总归是驾车方面的专家，"宝来，是不错的车"，问周边人的用车体会，包括朋友的朋友，都反馈过来这样的信息：在差不多的价位上，开一段时间，还是德国车不错，宝来好。阿雯的上司恰恰是宝来车主，阿雯尚无体验驾驶宝来的乐趣，但后排的拥挤却已先入为主了。想到自己的先生人高马大，宝来的后座不觉成了胸口的痛。如果有别的合适的车，宝来仅会成为候选吧。

不久，一位与阿雯差不多年龄的女邻居，在小区门口新开的一家海南马自达专卖店里买了一辆福美来，便自然地向阿雯做了"详细介绍"。阿雯很快去了家门口的专卖店，她被展厅里的车所吸引，销售员热情有加，特别是有这么一句话深深地打动了她："福美来各个方面都很周全，反正在这个价位里别的车有的配置福美来都会有，只会更多。"此时的阿雯还不会在意动力、排量、油箱容量等抽象的数据，直觉上清清爽爽的配置，配合销售人员正对阿雯心怀的介绍，令阿雯在这一刻已锁定海南马自达了，乐颠颠地拿着一堆资料回去，福美来成了阿雯心中的首选。银色而端正的车体在阿雯的心中晃啊晃。

亲密接触

阿雯回家征求先生的意见。先生说，为什么放着那么多上海大众和通用公司的品牌不买，偏偏要买"海南货"？它在上海的维修和服务网点是否完善？两个问题马上动摇了阿雯当初的方案。

阿雯不死心，便想问问周边驾车的同事对福美来的看法。"福美来还可以，但是日本车的车壳太薄"，宝来车主因其自身多年的驾车经验，他的一番话还是对阿雯有说服力的。阿雯有无所适从的感觉。好在一介书生的直觉让阿雯关心起了精致的汽车杂志，随着阅读的试车报告越来越多，阿雯开始明确自己的目标了，8 万～15 万元的价位，众多品牌的车都开始进入阿雯的视野。此时的阿雯已开始对各个车的生产厂家，每个生产厂家生产哪几种品牌，同一品牌的不同的发动机的排量与车的配置，基本的价格都已如数家珍。上海通用的别克凯越与别克赛欧，上海大众的超越者，一汽大众的宝来，北京现代的伊兰特，广州本田的飞度1.5，神龙汽车的爱丽舍，东风日产的尼桑阳光，海南马自达的福美来，天津丰田的威驰，各款车携着各自的风情，在马路上或飞驰或被拥堵的时时刻刻，向阿雯亮着自己的神采，阿雯常用的文件夹开始附上了各款车的排量、最大功率、最大扭矩、极速、市场参考价等一行行数据，甚于至 4S 店的配件价格。经过反复比较，阿雯开始锁定别克凯越和本田飞度。

特别是别克凯越，简直是一款无懈可击的靓车啊！同事 A 此阶段也正准备买车，别克凯越也是首选。阿雯开始频频地进入别克凯越的车友论坛，并与在上海通用汽车集团工作的同学 B 联系。从同学的口里，阿雯增强了对别克凯越的信心，也知道了近期已另有两位同学拿到了牌照。但不幸的是，随着对别克凯越论坛的熟悉，阿雯很快发现，费油是别克凯越的最大缺陷，想着别克的高油耗，在将来拥有车的时时刻刻要为这油耗花钱，阿雯的心思便又活了。还有飞度呢，精巧，独特，省油，新推出 1.5 VTEC 发动机的强劲动力，活灵活现的试车报告，令人忍不住想说就是它了。何况在论坛里发现飞度除了因是日本车系而受到抨击外没有明显的缺陷。正巧这一阶段广州本田推出了广本飞度的广告，阿雯精心地收集着有关广本飞度的每一个文字，甚至于致电广本飞度的上海 4S 店，追问其配件价格。维修人员极耐心的回答令飞度的印象分又一次得到了增加。

到此时，阿雯对电视里各种煽情的汽车广告却没有多少印象。由于工作、读书和家务的关系，她实在没有多少时间坐在电视机前。而地铁里的各式广告，按道理是天天看得到，但受上下班拥挤的人群的影响，阿雯实在是没有心情去欣赏。

只是纸上得来终觉浅，周边各款车的直接用车体验对阿雯有着一言九鼎的说服力，阿雯开始致电各款车的车主了。

朋友 C 已购了别克凯越，问及行车感受，说很好，凯越是款好车，值得购买。

同学 D 已购了别克赛欧，是阿雯曾经心仪的 SRV，质朴而舒适的感觉，阿雯常常觉得宛如一件居家舒适的棉质恤衫，同学说空调很好的呀，但空调开后感觉动力不足。

朋友 E 已购了飞度（1.3），她说飞度轻巧，省油，但好像车身太薄，不小心用钥匙一划便是一道印痕，有一次去装点东西感觉像"小人搬大东西"。

周边桑塔纳的车主，波罗的车主等，都成为阿雯的"采访"对象。

花落谁家？

阿雯的梦中有一辆车，漂亮的白色，流畅的车型，大而亮的灯，安静地立在阿雯的面前，等着阿雯坐进去。但究竟花落谁家呢？阿雯自己的心里知道，她已有了一个缩小了的备选品牌范围。至于究竟要买哪一辆车，这个"谜底"不再遥远……

案例思考题

1. 根据消费者购买决策类型分析，阿雯选车属于哪一类购买决策？为什么？

2. 试运用消费者决策过程的五阶段模型分析阿雯选车所经历的相关阶段。

第 6 章
消费习俗与消费流行

【学习目标】

1. 理解消费习俗的概念、特点及其分类；

2. 掌握消费习俗对消费心理的影响；

3. 理解消费流行的概念、类型、方式和阶段；

4. 掌握消费流行对消费心理的影响；

5. 掌握暗示、模仿和从众行为对消费心理的影响。

在消费活动过程中，人们的消费行为受到社会潮流、社会传统的影响，这些影响引起消费者心理活动的变化，导致消费者行为的改变。消费流行和消费习俗是一种常见的社会消费现象，对消费者心理和行为都有深刻的影响。认识消费流行和消费习俗与消费心理和行为的关系，成为消费者行为学的重要研究内容。因此，消费流行和消费习俗的研究对掌握消费者消费行为特征和规律具有重要的理论意义和现实意义。

6.1　消　费　习　俗

人们的消费心理和行为会受到社会、自然等因素的影响，从而形成了不同地区的各具特色的消费习惯和消费习俗。因此，研究消费者的消费习俗的特征与规律对企业营销活动具有重要的现实意义。

6.1.1　消费习俗的概念和特点

1. 消费习俗的概念

习俗是由于人们多次重复而固定下来的形成常规的行为方式。消费习俗是世代相传而形成的消费习惯，主要包括人们对信仰、饮食、节日、婚丧、服饰等物质和精神产品消费所形成的习惯。消费习俗是社会风俗的重要组成部分，是人们在日常生活中受社会和自然等各方面原因而逐渐形成的消费方式。可以说，消费习俗在一个地区一个民族的群体中形成了固定的消费理念，一旦形成就很难更改，将世代继承和传续。它直接影响和约束着人们的消费心理和消费行为。不同国家、不同地区、不同民族有不同的消费习惯，形成了多种多样、各具特色的消费习俗。

不同的消费习俗具有不同的消费习惯，对商品的需求也有差别。因此，在企业的营销活动中，要认真研究消费者的消费习俗，确定不同地区、不同民族的目标市场，尊重消费习俗，提倡和引导健康的消费方式，组织好消费品的开发、生产与销售。

2. 消费习俗的特点

1）社会性

消费习俗是人们在共同的社会生活中互相影响、共同参与作用下形成的，带有浓厚的社会色彩，是社会生活的重要组成部分。消费习俗的形成与发展有着深刻的社会原因，社会环境、社会形态、社会意识的变化也使某些消费习俗产生着某种程度的变化。比如"圣诞节""情人节"等西方的消费习俗在中国也开始流行，而中国的"春节"在国外也逐渐流行。因此，消费习俗具有社会性特征。

2）地域性

消费习俗的形成都有其特定的自然、社会基础，带有独特的地域色彩。由于各个地区的自然地理条件不同，消费习惯也有很大区别。在四川等阴冷潮湿地区，当地人素有吃辣椒的嗜好；内蒙古的少数民族在游牧生活中，一些烈性酒成了御寒的饮料；西藏人由于食物主要是青稞、酥油，对砖茶有一种特殊的喜爱。消费习惯的地域性使我国各地区形成了各不相同的地方民俗风情。

3）长期性

消费习俗是在漫长的生活实践中逐渐形成和发展起来的行为方式，具有明显的稳定性，一旦形成，就不易改变，就会不知不觉地影响着人们的生活和消费行为。

4）非强制性

消费习俗是一种无形的社会约束力量。这种习惯的力量非常强大，尽管无人强制，但人们在生活中自觉不自觉地遵守这些习俗，并以此规范自己的消费行为。

6.1.2　消费习俗的类型

由于政治、经济、文化、社会环境的不同，宗教信仰、民族与地理位置等不同，消费习俗也有很大差别，在长期的经济活动与社会活动中形成了多种多样的消费习惯。

1. 物质消费习俗

物质消费习俗主要涉及物质生活范畴，是由自然、地理、气候等因素影响而形成的消费习俗。随着经济发展水平的提高，物质消费习俗的影响力逐渐减弱。

1）饮食消费习俗

在我国的不同地区有着不同的饮食消费习惯，如"南甜北咸，东辣西酸"；广东人爱喝早茶，山西人爱吃醋等。其中有些饮食习俗主要是受供应条件限制而形成的，北方人以面食为主、南方人以大米为主；北方人喜欢吃饺子，南方人喜欢吃汤圆；沿海城市的人爱吃海鲜。随着经济的发展，物资的流通，饮食习惯已经发生了一定的变化。

2）服饰消费习惯

在我国的大多数少数民族地区，由于民族传统的差异，形成了各具特色的服饰消费习惯。不同的少数民族在服饰上各有不同，表现出强烈的民族特色。东南地区与西北地区的服饰就有很大不同，如西北地区人们有包头、束腰的习惯，其他地区就没有；各少数民族的盛装打扮也是汉族所没有的。

3）住宿消费习俗

在我国不同地区，由于气候环境及经济条件的不同，人们在住房建造方式上有很大的区别。例如，有些地区修建瓦房，陕北人住窑洞，蒙古人住蒙古包等。

4）日常消费习俗

除饮食、服饰和住宿方面的差异外，各地区、各民族在日常生活消费方面也有很大的差别。

2. 社会文化消费习俗

社会文化消费习俗是指受社会的、经济的、文化的传统影响而形成的非必需的物质消费方面的习俗。它是一种非物质的消费习俗，具有更强的稳定性。

1）喜庆性的消费习俗

喜庆性的消费习俗是人们为表达各种美好愿望而形成的具有特定意义的消费活动习惯。这种消费习俗具有影响深远、延续时间长、覆盖范围广的特点。例如，我国的春节、元宵节、国庆节、中秋节，西方国家的圣诞节、情人节、狂欢节等。

2）纪念性的消费习俗

纪念性的消费习俗是指为了纪念某个事件或某位人物而形成的消费习俗。这类消费习惯大多与重大事件有关，具有民族性较强、地域性较强的特点。如我国的清明节、端午节等节日。这种消费习俗影响是比较广泛的，是全国各地普遍流行的消费习俗。

3）信仰性的消费习俗

信仰性的消费习俗是指由于宗教信仰而引起的消费性的风俗习惯。这类习俗受宗教教义、教规、教法的影响，有浓厚的宗教色彩，并且具有很强的约束力。例如，伊斯兰教的开斋节、基督教的复活节、犹太教的成年礼等都属于传统的宗教节日。这些节日有其特定的消费习惯。

4）社会文化性的消费习俗

社会文化性的消费习俗是社会文化发展到一定水平而形成的具有深刻的文化内涵的消费习俗。这种消费习俗一般与现代文化具有较强的相容性。如山东潍坊的风筝节，南北地区风格各异的舞龙、舞狮子活动，我国各地的地方戏剧等。

阅读资料 6-1

广东人的饮食消费习俗

1. 博采众长，讲究实际

广东饮食习俗在博采众长的同时，能逐渐摒弃外地饮食中的某些陋习，形成不尚奢华、讲究实际的风格。广东人的饮食，讲究少而精，即使宴请宾客，也绝不铺张浪费，以吃饱、吃好为原则，这与北方的某些地方的大吃大喝形成了鲜明的对照。北方人的铺张，正是由于礼仪上的拘泥，这固然有其豪爽可爱的一面，但更应看到饮食上的繁文缛节，是无法为现代社会的行为方式所接纳的。当然，这并不意味着广东人不重视礼仪，恰恰相反，广东人请客非常注重礼貌，使客人乘兴而来，尽兴而归，而那种脱离实际的铺张，则是务实的广东人所不愿为之的。

2. 制作精细，追求享受

一道鲜美佳肴的制作，有赖于各个环节之间有条不紊的协作，粤菜在配料、刀工、火候、烹饪时间、起锅、包尾、器皿、上菜方式等诸多环节都有着非常严格的要求。如做鱼讲究即杀即烹，这样才能保持鱼的鲜味；再如拼盘的制作，必须注意配料的选择，以达到造型美观、口味丰富的效果。一道好的拼盘，不仅是一盘佳肴，更是一件艺术品，让人赏心悦目，胃口大开。

在粤菜中，最见于师傅制作功夫的莫过于鸡馔了，几百种之多，能让客人遍尝几十种鸡肴而绝无重复之感，几乎每个有名的酒家都有自己创制的招牌鸡，如广州酒家的文昌鸡、北园酒家的花雕鸡、佛山的柱侯鸡、清远的白切鸡等，不胜枚举，各具特色。如白切鸡，必须选用小母鸡或阉鸡，以清远三黄鸡为最佳，制作中最重要的是火候，以刚熟、切开后两腿骨还微带血丝者为宜，倘若过火，肉质变老，便失去了白切鸡爽滑鲜美的特点。

6.1.3　消费习俗对消费者心理与行为的影响

消费习俗是社会风俗的重要组成部分，它影响着人们日常生活中的消费方式，也约束着人们的消费心理和消费行为。因此，尊重消费习俗，开发和生产适销对路的消费品是企业和销售商的重要研究课题。

1. 消费习俗使消费者形成稳定性的消费心理和普遍性的消费行为

由于消费者长期受习俗的影响，在购买商品时，消费者容易产生习惯性购买心理，自然会对符合消费习俗的商品产生偏爱，形成稳定的消费心理。同时这种稳定的消费心理又强化了消费者消费行为，因此消费者购买行为具有普遍性。比如，临近端午节人们就会购买粽子，临近中秋节就会购买月饼。

2. 消费习俗使消费心理的变化减慢

消费习俗使消费者自觉或不自觉地形成了固定的消费理念，它约束着人们的消费心理，也有效地制约着人们的消费行为。当社会的生活方式发生变化时，消费习俗对消费者心理的变化起阻碍作用，改变消费习俗理念和消费行为比较困难。有时生活方式变化了，但是由于长期消费习俗引起的消费心理仍处于滞后状态，迟迟不能跟上生活的变化。因此，消费习俗使消费者适应新消费方式的消费心理变化速度减慢。

消费习俗对企业的市场营销活动既有正面的推动作用，也有负面的阻碍作用。消费习俗带有浓厚的社会色彩，人们在生活中自觉不自觉地遵守这些习俗。当销售的产品满足消费习俗时，就会吸引众多的消费者进行消费，具有消费数量大、花费多的特点。有些消费者甚至减少其他方面的支出，来满足消费习俗的要求。当新的商品或新的消费方式与消费习俗发生冲突时，由于消费习俗的制约，在消费者心里形成障碍。因此，企业要认真分析和研究消费习俗特征与规律，适应和正确引导消费习俗潮流，使其商品满足消费习俗的需要，力争在激烈的市场竞争中处于有利地位。

6.2　消费流行

6.2.1　消费流行的概念、特点与分类

1. 消费流行的概念

消费流行是指在一定时间范围内相当多的消费者广泛追求某种商品或时尚的消费趋势。消费流行是一种社会经济现象，是消费者对消费潮流的模仿与追逐。具体表现为多数消费者对某种商品或时尚同时产生兴趣，在短时间内成为众多消费者狂热追求的对象。由于人们之间的相互作用、相互模仿和学习，某种消费潮流到处可见。如像服装款式的流行、家居用品流行、电子产品的流行、电子游戏机的流行，甚至 App 的流行（如抖音短视频）。消费流行已成为较为常见的社会经济现象，它与消费习俗一样，也影响着消费者的消费心理与消费行为。

2. 消费流行的特点

消费流行作为一种社会经济现象，有其自身的特点，主要表现在以下几个方面。

（1）骤发性。骤发性是消费流行的主要标志。表现为消费者对某种商品或服务的需求迅速增长，众多消费者争相效仿，形成一种迅速扩散式的消费趋势。

（2）短暂性。消费流行呈现来势猛、持续时间短、多属一次性购买的特点。其流行期 3~5 个月，甚至时间更短。

（3）地域性。消费流行受地理位置和社会文化因素的制约，具有一定的地域性。其原因是相同的地域具有某种共同的信仰、消费习惯和行为规范。

（4）群体性。消费流行是在特定的地区、特定的时间范围内、特定的群体中发生的消费方式，众多的消费者争相效仿，某种消费迅速扩散，从而形成了群众性消费群体。

（5）相关性。消费流行具有消费组合的特征，主要表现为相互关联商品同时形成消费流行。如西服流行时，与西服有关的衬衫、领带、皮鞋、袜子等消费品的需求量也都同时上升。

3. 消费流行的分类

以消费流行的内容为分类依据，将消费流行分为物质的流行、行为的流行和精神的流行；以消费流行的速度为分类依据，将消费流行分为迅速消费流行、缓慢消费流行；以消费流行的地理范围为分类依据，将消费流行分为世界性消费流行、全国性消费流行和地区性消费流行；以消费流行时间长短为分类依据，将消费流行分为长期消费流行、中短期消费流行和短期消费流行。

阅读资料 6 - 2

美容仪成了中国年轻消费者的新玩具

打湿面部，涂上洁面乳，打开洁面仪在脸上滑动 2~5 分钟。洗完脸之后再用蒸脸仪把脸上毛孔打开。现在还不能涂护肤品，涂上凝胶，用射频美容仪在脸上打圈——据说这能提拉紧

致。化妆水、精华液，搭配导入仪，然后才是面霜；最后再用微电流按摩仪在脸部按摩。

如果你跟着小红书、微博上的美妆红人护肤，这是一个基本流程。

根据厂商的说法，"美容，你需要科技。"用上超声波、LED 光照、射频、微电流等技术，才能瘦脸，抗衰老，吸收护肤品，最终变美。在消费者中传达了这样一种信息：不管是洗脸、擦润肤霜还是化妆，用手是不够的了。

美容仪借助社交媒体和电商的发展，瞄准 20～35 岁一二线城市的消费者，她们越来越多地在线上购买彩妆，针对她们做精准营销。这群年轻消费者可以说是"数码原住民"，生长在财富快速增长的时代，他们的消费观和前几代人完全不同，"对自己好一点"不再停留在吃好，买更多衣服，或者奢侈品包这样的炫耀性消费上，而是延伸到了家庭护理和个人护理中。

洁面仪、蒸脸仪、脱毛器、面膜仪、瘦脸仪……如果你在女性化妆台上看到好几个这样的产品，不要惊讶，这是许多女性消费者的新玩具。

6.2.2　消费流行的内容、方式及动因

1. 消费流行的内容

（1）物质消费流行。物质消费流行主要指有形商品的消费流行，包括生活中的衣、食、住、行等各个方面，例如，日常生活用品、服装、鞋帽、汽车、家具、住宅等。

（2）行为消费流行。行为消费流行是指人们行动方面的消费流行。如美容、美发、足疗、旅游等消费均为行为消费。

（3）精神消费流行。精神消费流行是指由某种共同心理取向所反映出的思想和观念而形成的消费流行。如吉利的手机号码和固定电话号码、吉祥的车牌数字、购房时吉利的楼层数，吉利的门牌号等。由吉利数字组成的轿车牌照高达几万元。

2. 消费流行方式

根据消费流行的起源，消费流行的方式主要有以下三种。

（1）滴流。滴流是指消费流行自上而下形成与发展的消费流行方式。通常以权威人物、名人明星首先提倡和使用某种商品或消费方式，然后向下传播，使之流行起来。如中山装的流行等。

（2）横流。横流是指社会各阶层之间相互诱发而产生的横向流行的消费方式。主要表现为某种商品或服务在社会的某一阶层率先使用，随后向其他阶层扩散、渗透、普及，形成消费流行。

（3）逆流。逆流是指消费流行自下而上形成与发展的消费流行方式。社会下层消费者的消费行为逐渐影响到社会的上层，从而形成消费流行。如"牛仔服"原是美国西部牧牛人的工装，现在已成为下至平民百姓上至美国总统的风行服装；领带源于北欧渔民系在脖子上的防寒布，现在则成为与西装配套的高雅饰品。

3. 消费流行的动因

某种具有新奇性的消费行为方式引起了众多消费者的竞相模仿和学习，这是消费流行的关键。究其消费流行的原因主要有以下几点。

1）展现自我、突出个性

渴望变化，追求新、奇、特，愿意表现自我等都是人对个性意识追求的具体表现，消费

流行正是这种追求的结果。通常情况下，每当一种新产品或新的消费方式出现时，就会以其独特的风格引起消费者的注意，产生兴趣，形成消费流行。随着社会和经济的发展及生活水平的提高，消费者的消费理念、审美意识与个性意识逐渐增强，大多数消费者具有求新、求奇、求变的心理特征，渴望生活有变化，渴望商品不断更新换代，渴望出现新的消费方式。原有的新消费方式被众多的消费者采纳之后，消费方式中的"新"就变"旧"了。消费者对原有的消费方式就会产生厌倦情绪，渴望追求更新的消费方式，喜欢标新立异、与众不同、风格独特的消费方式，以独特的自我形象展示于人们面前，给别人一个深刻而独特的印象，表现自己的身份、地位、爱好、兴趣和个性特点。在这种心理作用下的消费行为常成为某种新消费方式的开端。

2）模仿从众、不甘落后

当某一新商品或新的消费方式与众不同时，就会引起众多消费者的好奇和追求，众多的消费者成为模仿者，纷纷仿效，不甘落后，消费流行开始形成，并逐步扩大。在生活中，寻求社会认同感和心理安全感是绝大多数消费者跟上时代潮流的一个共同心理。正是这种心态的驱使，新的消费方式才会迅速扩散，形成新的消费潮流。

3）崇拜名人、追求名牌

对美好事物的向往和追求是人类的天性，消费者模仿名人的衣着装扮，满足其仰慕名人的心理需要。名牌产品由于精美的设计、良好的性能和质量得到广大消费者的公认。消费者追求高品质、高品位也是导致名牌产品流行的一个重要原因。消费者购买名牌产品，觉得放心、可靠，同时得到周围人的欣赏和尊重，从而获得极大的心理满足。

4）广告传播、助推流行

广告宣传对消费者心理产生重要影响，具有声势大、传播广的特点，对沟通信息、诱导消费、传递流行起着重要作用，成为消费流行强有力的助推器。

6.2.3　消费流行规律

消费流行有其发生、发展以至衰亡的自身规律和过程。根据消费流行的特征，将消费流行划分为酝酿期、发展期、普及期、衰退期四个阶段。

1. 消费流行酝酿期

市场上新出现的消费时尚具有优越的性能和鲜明特色，引起了有名望、有社会地位及创新意识消费者的注意，这些人求新、求异动机强烈，经济状况优越，个性特征明显，有独立自主的行为方式，愿意率先成为新商品的尝试者。少数人的消费行为对社会起到了示范作用。这就是消费流行的酝酿阶段。在该阶段中，大多数人因不愿首先承担购买风险，采取观望态度。因此，该阶段具有时间长、消费量小、销售上升缓慢的特点。

在消费流行酝酿期，企业应尽量缩短投入期的时间，细心观察市场风云变化，分析影响消费时尚流行的各种因素，利用广告宣传和馈赠样品等方式帮助顾客了解商品；重视对极少数率先消费的顾客的培植，让他们成为消费流行的义务宣传员。

2. 消费流行发展期

消费流行发展期表现为多数消费者对某种消费流行有所认识，相当多的人对消费时尚产生了兴趣，形成消费意愿，消费明显上升，消费量急剧增加。部分观望者相信先行消费者的使用感受和社会评价，在较好评价的作用下加入了消费行列，争相仿效示范者的消费行为，从而掀起一种消费流行的浪潮。

在这一阶段，企业在完善商品性能、提高商品质量的同时，应尽快扩大生产能力，尽快占领市场，争取更大的市场占有率。采取少流通环节、多中间商的策略，为消费者消费提供便利条件，增大消费量；同时适当降低消费价格，以吸引更多的消费者。

3. 消费流行普及期

消费流行普及期是指消费时尚在市场上已被广泛认识和接受，成为社会成员的共同行为和普遍的消费现象。在从众心理的驱使下，潜在消费者纷纷加入到消费行列，消费达到高峰。预期价格回落，市场暂时出现供求平衡的态势。顾客对消费商品和服务要求更高，挑剔行为开始出现。

这一时期，企业应在增加广告投放的同时，改变竞争手段，改善产品质量，改进产品性能，并适时地进行新产品的开发，以保持领先地位，增强竞争能力。该阶段企业可继续降低价格，加速资金周转。同时，加强市场预测，全力进行新产品开发，做好转产的准备工作，以便在竞争中处在主动地位。

4. 消费流行衰退期

当消费流行进入普及期，原来的消费者追求的新、奇、特消费就会消失，这时消费者的消费兴趣发生转移，开始注意收集新的消费时尚的信息，期待新的消费时尚出现。此时消费流行进入了衰退期。

企业在这一阶段应采取降价销售等策略，抓紧时机处理剩余产品；调整生产，做好产品的更新换代，试销新产品，适应新的市场需求，迎接新一轮消费潮流。

6.2.4 消费流行对消费心理的影响

1. 消费流行引起消费者认知态度的变化

当一种新商品或新的消费时尚出现时，大多数消费者因不了解消费时尚的性能和特点，对新的消费方式怀有疑虑，不愿首先承担消费风险，采取观望态度，但有进一步了解商品信息和认识商品特性的心理要求。一般情况下，消费者需要进一步广泛收集可靠、有效的产品及相关信息，了解商品的性能、质量、价格及售后服务等，消除各种疑虑，决定购买与否。由于消费流行的出现，大部分消费者的认知态度会发生变化，怀疑态度取消，肯定倾向增强，学习时间缩短，接受时间提前。一旦条件成熟，行动迅速，积极消费，争取加入消费潮流之中。

2. 消费流行引起消费者心理的反向变化

在正常的生活消费中，消费者首先对所购买的商品收集信息，了解商品的性能、质量、价格及售后服务等方面的情况，其次是对商品进行比较和评价，最后决定是否购买。但是，在消费流行浪潮的冲击下，这种传统的消费心理就会发生变化，明明知道流行商品价格很高，却常常不予计较，踊跃购买。相反，原有的商品，尽管价格低廉，却很少有人购买。

3. 消费流行引起消费者驱动力的变化

消费者购买商品的主要目的是满足生活和社会交往等方面需要，从而形成了消费动机和驱动力。在一般情况下，这种消费动机是相对稳定的。但是，在消费流行的冲击下，购买商品的驱动力会发生新的变化，对流行产品产生了一种盲目的购买驱动力。如有时明明没有消费需要，但看到时尚商品，就会迅速作出购买决策，加入购买商品的行列。

4. 消费流行引起消费者消费习惯与偏好的变化

有些消费者由于对某种商品的长期使用，对该商品有了特殊的感情和信任感，反复地购买该商品，形成了购买习惯。或者经常惠顾印象好的购物场所，形成惠顾动机。但在消费流行的冲击下，消费者由于生活习惯、个人爱好所形成的偏好心理也会发生微妙的变化，惠顾动机也会动摇，转为购买流行商品。此时，虽然消费者对老产品、老牌子仍有信任感，但如果老产品、老牌子不能改变商品结构、品种、形象，不能适应消费流行的需求，就会有相当一部分消费者转向流行商品。可见，消费流行的无形压力会使消费者自觉或不自觉地改变原有的消费习惯和消费偏好。

阅读资料 6－3

休闲农庄需要"情景消费"

对于现在大多数乡村旅游游客来说，消费行为已经不再是单纯的吃饭、住宿、购物，而是出现了多元化、个性化的消费需求和网络化的消费行为，休闲农业钓鱼、打牌、吃土菜的"老三样"已经过时，休闲农庄亟待转型升级。

早几年，购物中心常被业内人士戏称为"盒子"。在盒子里画格子，再往里面放品牌。购物中心操作形同流水线，就连洗手间、前台的位置也是如出一辙。这种千篇一律的风格，其实，早已让消费者视觉疲劳。中国购物中心开始走"非大盒子化"的情景式商业路子，以迎合消费者更个性化的精神和文化需求。

上海新天地购物中心是国内"情景消费"的卓越代表。购物中心以6万平方米的街区式商业营造了一种集历史、文化、购物、休闲为一体的情景式商业群落，成为上海建筑的代表之一。

将上海特有的传统石库门旧里弄与充满现代感的新建筑群融为一体，创建为既具传统风貌，又具现代化功能设施的大都会商业旅游景点。招租的对象均是来自世界各地的知名品牌，85%左右的租户来自中国以外的国家。上海新天地以餐饮为主，餐饮占到近50%的比例。

"情景消费"是指消费者通过视、听与自己想象中的情景相吻合，满足其感受整个情景氛围的心理需求的消费方式。很多休闲农庄成功的原因，很重要的一条就是"情景消费"，农庄不仅注重主题定位与特色打造，还创造出大量的奇观、场景和体验活动项目。现在，城市消费者对"情景消费"似乎比对休闲农庄的物品和服务产品的消费更感兴趣。休闲农庄如果在提供商品与服务的同时不能提供能够作为游客场景生产与制作线索的情景启示，农庄的商品与服务产品就会越来越难以推销。

农庄"情景消费"的类型如下。

（1）沟通情景。主要是通过农庄介绍、导游、亲子活动、休闲体验构建与消费者的沟通情景。

（2）购买情景。主要通过对农庄主题产品如实物性农产品，服务性无形产品的场景景观创意设计，让游客身临其境，由此而产生购物与消费欲望。

（3）使用情景。主要是通过对农庄产品生产、制作场景的展示，让消费者参与体验与游乐，使其精神与物质上都能满足与开心。

　　资料来源：https：//baijiahao.baidu.com/s？id＝1577052923786460528&wfr＝spider&for＝pc.

6.3　暗示、模仿与从众行为

6.3.1　暗示

　　暗示是指在无对抗条件下，用含蓄、间接的方式对消费者的心理和行为产生影响，从而使消费者产生顺从性反应的过程。暗示又称提示，是一种客观存在的心理现象。有时消费者通过暗示而接受暗示者的观点，或按暗示者要求的方式行事。

　　暗示的表现形式多种多样，表情和眼神、词语和语调、手势和姿势及各种动作等。商品出售时挂出"出口转内销"、"一次性处理"或"清仓甩卖"等招牌，这就是词语暗示。有些商贩雇用托儿拥挤抢购，造成一种"生意兴隆"的假象，吸引更多的消费者购买，这就是行为暗示。有些企业不惜重金聘请名人和权威人士做广告，这就是信誉暗示。

　　暗示起作用的原因是从众心理。在购买行为中，暗示影响人们的决策行为。例如，某商店柜台前排着长队，马上就有人去跟着排队，如果问这些人为什么去排队，很可能连他们自己也说不清楚。这就是人们不自觉地受到了他人暗示的影响。可见，暗示的结果一般会导致受暗示者对暗示源在某种程度上的顺从，暗示作用的极端性结果表现为盲从。正是由于这个原因，在通货膨胀、物价轮番上涨的时期，暗示往往会造成抢购风潮的爆发。

　　在日常生活中，经常可以看到暗示的作用。处于群体中的个体几乎都会受到一种精神感染式的暗示或提示，在这种感染下，人们自觉不自觉地产生了这样一个信念：多数人的看法比一个人的看法更可靠、更值得信赖。可见，暗示者的数目是影响暗示作用的主要因素。如果暗示方式合理，人们就会在暗示的作用感染下服从群体的行为。

　　在现实的营销过程中，有时直接的提示形式容易使消费者产生疑虑和戒备心理，而间接的暗示则容易得到消费者的认同和接受。可见，含蓄的暗示也会引起更好的效果。德国福斯汽车公司生产的"奔驰"牌轿车的广告是："如果有人发现我们的奔驰牌车发生故障，被修理车拖走，我们将赠送你美金一万元。"从而以婉转的方式暗示消费者，奔驰牌轿车的质量绝对可靠。

　　在消费活动中，儿童、妇女和顺从型的消费者容易受到暗示的影响。因此，营销人员应根据暗示作用的心理效应做好两方面的工作：一是要利用暗示的作用和原理设计营销广告，加强宣传效果；二是营销人员在接待消费者过程中采用合理的方式使用暗示，以达到最佳的营销效果。

阅读资料 6-4

暗示对人心理及行为的影响

淀 粉 实 验

将淀粉分别装在红色或白色两种胶囊中，以两组健康人为被试者。实验时告知红色胶囊中装的是兴奋性药物，白色胶囊中装的是抑制性药物，让两组被试者分别服用红色与白色胶囊，然后观察测量两组被试者的情绪状态、脉搏、血压、反应速度等。结果服用红色胶囊者情绪活跃、脉搏加快、血压升高、动作反应加快，而服用白色胶囊者情绪抑郁、嗜睡、脉搏减慢、血压降低、反应变慢。

结论：医护人员给药时的言语暗示会对药物的疗效产生明显的影响。

母女滑雪遇雪崩

一对母女去雪山滑雪，租滑板时，工作人员曾劝这对母女将她们的一身白衣服换下，但母女俩并未听从，不幸降临了，她们遇到了雪崩，母女俩艰难地走着，飞机几次从她们头顶飞过，但母女俩无论怎么挥手都无济于事，这时她们才后悔没听工作人员的劝阻，最后，母女俩累得倒下了，看着女儿昏昏欲睡，母亲知道是该作出决定的时候了，女儿醒后发现自己睡在医院，她着急地找着母亲，医护人员含泪告诉她，母亲为了救她，割破了手腕，在雪地上写下了 SOS。

结论：对比强烈的刺激容易引起人的无意注意。

出 奇 制 胜

电视上的许多广告，常以年轻貌美的时髦女郎做主角，以迎合人们的爱美心理。法国一家工厂的代理商，则反其道而行之，为了给该厂生产的洗衣机做广告，就特意选择了一位又胖又矮、满脸皱纹的八十岁的老妇人，在电视观众面前进行操纵这种洗衣机的表演。广告的标题是："八十岁老妇也能使用的洗衣机。"广告播出后不久，这种洗衣机的销售量就从同行业中的第四位跃居第二位。

说明：此广告不仅因它的创造性，吸引人们的注意，更因它激发了人们的思维，启发了人们的联想：老年人会想，既然八十岁老妇能操纵自如，我当然也不成问题，想买它；年轻人会想，连老妇都能使用，我用会更轻便，也容易产生购买欲。

结论：思维的独特性是一种良好的品质。

资料来源：平建恒，王惠琴. 消费者行为分析. 北京：中国经济出版社，2008：44.

6.3.2 模仿

1. 模仿的概念

模仿是指仿照一定榜样做出类似行为和动作的过程。模仿是一种普遍的社会心理和行为现象，人类在社会行为上有模仿的本能。当被模仿的行为具有榜样作用时，模仿者的模仿是自觉的。可见，模仿是学习的一种形式。孩子都是从小在家庭和社会的熏陶下逐渐模仿而成长起来的，这种模仿是无意识的或不自觉的行为。人们的消费活动中，同样存在着消费的行为模仿。当消费者对他人的消费行为认可并羡慕、向往时，便会产生仿效和重复他人的消费行为，从而形成消费模仿。

在日常的消费活动中，可供模仿的内容具有覆盖面广、类型多样的特点。从服装、发型到房屋装修，从饮食到家具等，都可成为消费者模仿的对象。

2. 模仿的形成

在消费活动中，有些消费者消费兴趣广泛，个性独立，消费行为有独创性，这些人可能是普通消费者，也可能是一些名人及社会名流。他们经常做出示范性的消费行为，引起其他消费者的模仿，模仿者也以能仿效这些特殊消费者的行为而感到愉快。社会的某些时尚常会引起注意和模仿，众多人的模仿造成某时尚的流行。因此，在短期内，某些时尚成为社会上相当多的人共同追求某种新奇的行为方式，形成某时尚的消费流行。

3. 模仿行为的特点

（1）消费行为的模仿者，热衷于消费行为的模仿，对新事物反应敏感，接受能力强。喜欢追随消费时尚和潮流，对别人新奇的生活方式有着广泛的兴趣，力求按他人的方式改变自己的消费行为和消费习惯。

（2）模仿是一种自愿的消费行为，这种模仿行为是消费者自愿将他人的行为视为榜样，并不是受到社会或群体的命令强制发生的。消费模仿的结果使模仿者在心理上得到满足和愉快。

（3）模仿的消费者可以分为两类：一类是成熟理智的模仿者，这类消费者经过深思熟虑，认真选择，是理性思考的行为表现；另一类是缺乏理智的盲目模仿者，这类消费者是观念模糊、缺乏明确目标的消费者，其模仿行为往往带有较大的盲目性，是感性驱使的行为结果。

（4）模仿行为的内容广泛、形式多样。只要是消费者羡慕、向往、感兴趣的消费行为，都可以加以模仿。因此，消费领域的一切活动都可以成为模仿的内容。同时，所有的消费者都可以模仿他人的消费行为，也都可以成为他人模仿的对象。可见，消费者的消费行为互相影响，可形成连锁反应的模仿。

（5）模仿行为的规模可大可小。模仿行为一般规模较小，通常以个体或少数人的形式出现。当模仿规模扩大，成为多数人的共同行为时，就会发展成为消费流行。

6.3.3　从众行为

1. 从众行为的概念

从众行为是指个人的观念与行为由于受群体的引导或压力，而与大多数人采取一致认识和行为的现象。从众行为是在社会生活中普遍存在的一种社会心理和行为。比如，在品牌选择时，偏向市场占有率高的品牌；人们购物时喜欢到人多的商店；在选择旅游景点时，偏向热点城市和热点线路。这种个人因群体影响而遵照多数人消费行为的方式，就是从众消费行为。这种行为以保持自身行为与多数人行为的一致性，从而避免个人心理上的矛盾和冲突。

2. 从众行为产生的心理依据与原因

求同心理构成了从众行为的心理基础。之所以产生从众行为，是由于人们寻求社会认同感和安全感。在社会生活中，希望自己归属于某一较大的群体，被大多数人所接受，以便得到群体的保护、帮助和支持。

　　一些人对自己判断力缺乏信心，认为多数人的意见值得信赖，这是造成从众行为产生的原因之一。同时，有些消费者由于缺乏自主性和判断力，在复杂的消费活动中犹疑不定、无所适从，从众便成为他们最为便捷、安全的选择。因此，个体在受到群体精神感染式的暗示或提示时，就会产生与他人行为相类似的模仿行为，从而使个体行为与大多数人的行为趋向一致。

　　3. 影响消费者从众行为的因素

　　从众消费行为的发生和发展受到群体及个体多方面因素的影响，主要有以下几个因素。

　　1）群体因素

　　一般来说，个人消费行为的从众性随群体规模的气势扩大而增加。群体的规模越大，群体内聚力越强，持相同意见的人越多，所产生的群体压力也越大，从众行为就越容易发生。同时，群体领袖人物的权威性越高、影响力越大，从众行为越容易发生。

　　2）个人因素

　　从众行为与消费者素质的高低有关，消费者的素质越高，消费就会越成熟理智，一般情况下，这些人知识较为丰富，能充分利用有关信息，购买决策经过深思熟虑，而不容易发生从众行为；消费者的素质低，消费缺乏理智，购买具有盲目性，容易产生消费冲动，容易产生消费从众行为。同时，性别差异也对从众行为有所影响，从总的情况来看，女性比男性更容易出现从众行为。

　　3）商品因素

　　消费从众行为与商品有很大关系。有些商品很容易引起广大消费者的消费兴趣，形成大多数人的从众消费。同时某些贵重商品也容易引起从众消费，其原因是有些消费者对贵重商品的质量、功能和使用效果了解不够深入，难以形成购买决策，觉得从众购买安全、可靠，从而发生从众消费行为。

阅读资料6-5

打一折——从众心理的运用

　　日本东京有个银座绅士西装店。这里就是首创"打一折"销售的商店，曾经轰动了东京。当时销售的商品是"日本GOOD"。具体的操作是这样的：先定出打折销售的时间，第一天打九折，第二天打八折，第三四天打七折，第五六天打六折，第七八天打五折，第九十天打四折，第十一十二天打三折，第十三十四天打两折，最后两天打一折。商家的预测是：由于是让人吃惊的销售策略，所以前期的舆论宣传效果会很好。抱着猎奇的心态，顾客们将蜂拥而至。顾客可以在这折销售期间随意选定购物的的日子，如果你想要以最便宜的价钱购买，就在最后的两天去买，但想买的东西不一定会留到最后两天。在活动的第一天，前来的顾客并不多，大多数人只是看看，一会儿就走了。从第三天开始，顾客是一群一群地前来购买，第五天打六折时客人就像洪水般抢购，以后出现连日顾客爆满的情形，当然等不到打一折，商品就全部卖完了。

　　由于顾客纷纷急于购买到自己喜爱的商品，就会引起抢购的连锁反应。商家运用独特的创意，把自己的商品在打五六折时就已经全部推销出去。"打一折"只是一种心理战术。

练习与实训

一、练习题

1. 什么是消费习俗、消费流行？消费流行的类型有哪些？
2. 举例说明消费习俗和消费流行对消费心理的影响。
3. 消费流行有哪些特点和内容？
4. 简述消费流行的方式和动因。
5. 简述消费流行的规律。
6. 暗示、模仿和从众行为的概念分别是什么？它们对消费心理有何影响？

二、实训题

1. 联系实际说明消费习俗对消费心理的影响。
2. 以小组为单位讨论我国有哪些消费习俗？针对这些消费习俗，企业应采取哪些营销策略？
3. 调查你所见到的某一消费流行现象，运用所学理论进行分析，写出有关的分析报告。

案 例 分 析

江小白的成功

一、江小白的宣传：把走心进行到底

说到江小白，相信很多人首先想到的是他的文案，甚至有标题党提出"江小白靠文案一年卖几个亿"。

正如无数营销号的标题，江小白的文案最大的特点就是扎心，把关于爱情、青春、亲情、理想等的各种情绪娓娓道来，一遍又一遍地戳到受众的情感点。

江小白从创立之初就把自己定位成一个年轻人消费的品牌，找准了年轻化的定位也就把握住了"青春流量池"的高地，这片"流量池"受众很广，而且在白酒市场的开发前景很大，江小白走了这一个先例，并尝到了甜头。在几年的品牌深耕中也一直面向年轻人市场，在文案上更是以年轻人的情绪为主要的宣泄点。

不仅如此，江小白在营销上大玩花样，开辟出了一条条新的道路。

二、当一个酒企玩起了新青年文化

很多人认为白酒是老一辈喝的东西，跟年轻人无缘。但处于青春期的江小白，对传统酒文化来了一次叛逆，让白酒也能成为时尚化、年轻化的标签。

在江小白这里，白酒不再代表一种繁冗的酒桌文化，而是一种真实情感的宣泄。年轻人喜欢喝江小白，喝完了就发语录照片，这个时候可以顺势表白，也可以吐露心声，真实、不

装，这才是属于年轻人的酒文化。

1. 和年轻人站在一起

有带入感，能交流，让年轻一代找到归属感无疑是江小白成功的一宝。在竞争残酷的白酒行业，另辟蹊径，帮助年轻人构建起新的酒文化，划出属于自己的一块细分领域。

酒文化有了，还缺点艺术做下酒菜。于是不安分的江小白，化身时尚潮流的弄潮儿，大玩跨界，一脚跨到说唱、涂鸦、街舞文化上，和重庆本土文化一锅乱炖，为年轻人创造了一种新生的艺术文化。

江小白与一众音乐人合作《重庆的味道》《你好，重庆》等音乐，创作带有重庆特色的动漫《我是江小白》，在"天生自由之夜"中，将中国传统民乐与电音融合，实现传统文化老味新生，江小白定期举办移动小酒馆，把混饮这种时尚又新奇的喝法介绍给年轻人，给他们的生活带来调剂。此刻，酒不是酒，而是一颗颗文化的因子。

2. 打造IP化营销

第一层是自我IP的塑造，进行资源整合。音乐节、街舞比赛、动漫……这些不仅仅是文化因子，更是一个产品对自身"人设"的树立。江小白一步步巩固好自身的定位，不仅要把产品面向年轻人，在IP塑造上也是以年轻人的喜好为中心。把自己开展的各种活动梳理成文、成图，借助公众号、新媒体等做区域性和全国性的推广。

第二层是IP植入。江小白的IP植入是从2014年开始的。2014年、2015年江小白做了《匆匆那年》《同桌的你》这种青春剧在西南地区的地推合作。就是电影出来了，江小白提前半个月帮它们做海报推广，江小白可以利用几十万家终端店做造势活动。2016年江小白算是霸屏了整整一年，从《火锅英雄》《好先生》到《小别离》，再到《从你的全世界路过》《北上广依然相信爱情》，从2017年的《深夜食堂》到今年的《柒个我》《美好生活》，江小白每次植入都又准又稳，大大提升了品牌的知名度。

三、充分利用社会化营销实现大范围曝光

社交媒体可以和消费者近距离互动，传播速度快、运营成本低，目标用户还精准。这比起传统广告可好太多了，在传统酒业中，电视、报纸广告费用占了一瓶白酒价格的20%～30%。

江小白在社交媒体上精耕细作，越来越多的消费者开始关注它，并参与进来，构成品牌传播的一个环节，打通了产品、品牌、传播、内容的营销铁环。

江小白借势电影《后来的我们》大火，推出了表达瓶，再一次戳中年轻人的软肋，实现了最大范围社会化营销。

四、营销做得再好，品质才是硬道理

随着消费升级，白酒行业也进入了品质消费阶段，消费者更倾向于为品质买单，情怀和故事已经失去了原本的优势，一款产品要长久走下去，巩固好自身品质才是硬道理。

江小白属于小曲清香型高粱酒，口感相对绵柔一点，年轻人喝起来也不会有太大的负担。江小白提出要实现传统中国酒的老味新生，而老味新生对应的是产品，因为年轻化必须是由内向外的，不然就难以持久。对于企业来讲，"内"即产品，产品要跟上时代，跟上时代里的年轻人，走低度酒的路子。

在基于年轻化的大战略下，江小白在酒庄研发上加大了投入，培养了自己的酿酒团队，在传承了江津白沙古法酿酒的基础上创新酿酒工艺，始终坚持酒体轻口味。

这不仅是为了迎合年轻消费者，也是为了中国酒与世界接轨，毕竟国际上的烈酒如白兰地、伏特加等，一般酒精度数就是40度左右，洋酒那些令人愉悦的各式各样"花香、果香"在多数中国酒中并不显著。可见，江小白研发之初就以世界烈酒的优秀产品为参照标准，致力于把中国低度白酒推广到世界各地。

果然，这种低度清香白酒更容易与国际白酒口味接轨，江小白不仅在"国际葡萄酒暨烈酒大赛（IWSC）""布鲁塞尔国际烈酒大赛"等赛事中荣获了大奖，还将产品出口到德国、法国、意大利、荷兰、韩国、澳大利亚、新西兰等十余个国家，让世界品尝到了中国白酒的美味。

"外行看热闹，内行看门道"，广告人看到的是江小白在营销上的"煞费苦心"，而它的酿造过程却似乎被掩埋在白沙古镇里被世人忽视、遗忘。但是无论如何，一款产品最大的诚意就是生产之初对品质的把控和落实，在读江小白的文案、看江小白的动漫时，也可以了解一下它从高粱地一步一步走到我们桌前的"良苦用心"。

案例思考题

1. 用消费习俗和消费流行理论分析江小白成功的原因。

2. 江小白的营销暗示消费者什么样的生活态度？

第7章
消费群体的消费行为

【学习目标】

1. 掌握消费群体的概念、类型及其形成原因；
2. 掌握消费群体对消费者心理的影响；
3. 掌握不同年龄消费者的消费心理和消费行为特征；
4. 掌握不同性别消费者的消费心理和消费行为特征；
5. 理解不同社会阶层的消费行为特征。

只有消费者以群体的形式出现，市场营销才有可能规模化，企业的经营效益才可能达到最大化。社会群体的消费行为研究有利于实现企业的规模化经营，更好地开发新产品和提高服务质量，增大产品市场的销售量。通过社会消费群体的研究和分析，揭示社会群体的消费理念、消费方式及对消费者心理的影响，掌握社会消费群体消费行为特征和规律，以利于企业充分利用社会消费群体的影响力，开展规模经营，提高经济效益。因此，社会消费群体的消费行为研究对企业的经营与发展具有重要的现实意义和深远意义。

7.1 消费群体概述

7.1.1 社会群体的概念及基本特征

1. 社会群体的概念

社会群体是指由两个或两个以上的人为达到某种目标而组成的相互影响、相互作用的人群集合体。在社会群体中，各成员具有共同的特征、从事共同的活动、具有共同的需要。社会群体是社会生活的基础，没有群体，正常的社会生活就难以进行。离开了家庭、邻里、朋友和其他各种类型的群体，人的很多需要就无法得到满足。因此，社会群体为人的社会化提供了场所和手段，又为满足人的各种社会需要提供了条件和保障。

2. 社会群体的基本特征

（1）群体由一定数量的成员组成。

（2）群体成员由一定纽带使其联系起来。

（3）成员在其活动中持续地相互交往、相互作用，彼此协作配合。

（4）具有共同的目标和利益。

（5）群体成员有共同的群体意识和规范。

群体中的成员持续交往、相互作用，他们通过心理和行为相互影响和学习，具有一些共同的信念和态度。同时，群体中的成员自觉不自觉地与群体保持一致。

7.1.2　消费群体的概念及其形成

1. 消费群体的概念

消费群体是指具有某些共同消费特征、消费心理或习惯的消费者所组成的群体，也可以说是具有共同消费特征的消费者所构成的群体。消费群体是特定的社会群体，具有消费方面的共同特征及规律性。同一群体成员之间一般经常接触和互动，从而能够相互影响。因此，同一消费者群体内部的消费者在消费心理、消费需求、消费行为、消费习惯等方面都具有许多共同之处，而不同消费者群体之间则存在诸多差异。

2. 消费群体的形成

消费群体是在内在因素与外在因素共同作用下形成的。

第一，由于消费者生理、心理方面的不同特点，形成不同的消费者群体。这是消费者自身的内在因素而形成的消费群体，主要的内在因素包括性别、年龄、个性特征、生活方式、兴趣爱好等。例如，由于所处年龄段的不同，形成少年儿童消费者群体、青年消费者群体、老年消费者群体；由于性别的差异，形成男性消费者群体和女性消费者群体。

第二，不同的外部因素形成不同的消费群体。这些外部因素包括生活环境、所属国家、民族、宗教信仰、文化传统、政治背景、生产力发展水平、地理气候条件等。这些因素天然地划分出多种消费者群体。如不同的职业导致人们劳动环境、工作性质、内容及能力素质的不同，心理特点也存在差异，形成了以职业标准划分的工人消费者群体、农民消费者群体、知识分子消费者群体等。

7.1.3　消费群体的类型

不同的划分标准，可以划分出不同的消费群体。由于消费群体类型的划分有多种划分标准，因此，可以划分多种类型的消费群体。

1. 按照人口统计因素划分

人口统计因素是指人们的性别、年龄、职业、民族、经济收入、受教育程度等人口变量。这些变量一般很容易确认和测量。根据此标准可以划分出不同的消费群体，各类群体的消费心理和消费行为也有较大差别。

（1）根据年龄划分，可分为少年儿童消费者群体、青年消费者群体、中年消费者群体和老年消费者群体。

（2）根据性别划分，可分为男性消费者群体、女性消费者群体。

（3）根据职业划分，可分为工人、农民、知识分子、经理人员、政府公务员等消费者群体。

(4) 根据收入水平划分，可划分为高收入、中等收入、低收入等消费者群体。

(5) 根据民族划分，可分为汉族、回族、满族、藏族、苗族、壮族等多个消费者群体。

(6) 根据宗教划分，可分为信仰佛教的消费者群体、信仰基督教的消费者群体、信仰天主教的消费者群体、信仰伊斯兰教的消费者群体等。

2. 按照自然地理因素划分

根据自然地理因素划分消费者群体，是企业经常使用的一个划分标准，具体又可以分为以下两种情况。

(1) 根据国家、地区划分。如国内消费者群体、国外消费者群体；欧洲地区、亚洲地区消费者群体；华北地区、华东地区消费者群体等。

(2) 按照自然条件、环境及经济发展水平划分。如山区、平原、丘陵地区消费者群体；沿海、内地、边远地区消费者群体；东部、西部消费者群体；城市、乡村消费者群体等。

3. 按照群体自身的特征划分

(1) 正式群体和非正式群体。正式群体是指具有明确的组织目标、正式的组织机构、完备的组织章程、共同的规章制度和准确的活动时间、成员有具体的角色规定的消费者群体。

非正式群体是指结构比较松散，为完成某种临时的任务而组成的团体，如旅游团、参观团等都属于非正式群体的范围。这种团体对成员的作用也是临时性的，随着群体任务的完成，群体对成员的约束力随之消失。

(2) 所属群体与参照群体。所属群体是指一个人实际参加和实际归属的群体。这种群体既可以是一个实际存在的正式组织，也可以是一种非正式的组织。所属群体的构成有两种情况：一种是个体的自愿结合而形成的由具有共同或相似的信念、价值观、审美观的个体所构成的群体；另一种是由于各种社会和自然因素的制约所形成的群体，是不以个人的意志为转移的。在现实生活中，家庭是最基本的所属群体。

参照群体是指消费者心理向往的群体，也是消费者作出购买决策时的比较群体。该群体的标准和规范会成为消费者行为的指南，成为消费者希望通过努力能够达到的标准。消费者会自觉或不自觉地把自己的消费行为与这种标准进行对照，力图改变与之不相适应的地方。因此，参照群体对消费者的价值观和消费行为具有明显的影响。参照群体既可以是一个实际存在的组织群体，也可以是虚拟或想象中理想化的群体。一般情况下，参照群体是比自身更高层的社会阶层或具有消费者所向往的消费方式的各类群体。

4. 按照消费者心理因素划分

在现实生活中，人们会发现许多消费者尽管在年龄、性别、职业、收入等方面具有相似的条件，但表现出来的购买行为却并不相同。这种差异往往是由于心理因素的差异造成的。可以作为群体划分依据的心理因素有生活方式、性格、心理倾向等。

(1) 根据生活方式划分，可分为不同民俗民情的消费者群体、不同生活习惯的消费者群体、紧追潮流的消费者群体、趋于保守的消费者群体等。

(2) 根据性格划分，可分为勇敢或懦弱、支配或服从、积极或消极、独立或依赖等不同消费者群体类型。

(3) 根据心理倾向划分，可分为注重实际、相信权威、犹豫怀疑等不同消费者群体。

7.1.4 消费群体对消费者心理的影响

通过对消费者群体的分析，掌握消费群体消费行为特征和规律，揭示消费群体对消费成员心理的影响因素。

1. 规范消费

规范通常是指人们行为模式的一系列规则、标准，有正式规范和非正式规范两种表现形式。

正式规范明确地规定了群体成员的行为方式，强制性地限制和提倡群体成员的行为。如一些中小学校规定学生在校内必须穿着统一的服装，不许穿奇装异服和佩戴首饰等，对群体成员进行有效约束。

非正式规范是群体成员在长期的实践过程中自然形成的一些约定俗成的行为准则。通常成员会自觉遵守有关的规范，适应和顺从群体的行为准则。例如，在我国的中秋节，大多数人购买月饼；在清明节去扫墓等。

2. 群体压力

消费群体有共同的信念、价值观和行为规范。这种信念和价值观对消费者个体不带有强制性，但当群体成员不遵守有关行为准则时，就会感到群体规范有一种无形的压力或某种强制性倾向，迫使其加以适应和顺从，否则就可能受到嘲讽、讥笑、议论等。

3. 服从心理

一般情况下，消费者对群体的行为有信任感，觉得大多数人的意见不会有错。认为服从大多数人的消费有安全感。因此，消费者在消费时就会产生服从大多数人、"跟着感觉走"的消费心理。可见，多数消费者都希望自己能与大多数消费者保持一致，有个体服从群体的消费心理。例如，某消费者原计划购买甲牌电视机，后来他发现群体中的人大多数认为乙牌电视机更好，那么他会在服从心理的支配下，转而购买乙牌电视机。出于对群体的信任，他也不会再去考察乙牌电视机为什么比甲牌电视机好。

4. 从众心理

所谓从众，就是人们常说的"随大流"，是个人放弃自己异于别人的消费信念、态度或行为，而在消费行为上与群体保持一致的现象。例如人们到一个不熟悉的地方就餐时，一般都喜欢到人多的地方吃饭，因为人们会觉得这里人多肯定是因为它的菜好。

在社会生活中，人们的消费行为往往希望得到群体的接受、认可和支持，寻求社会认同感，这样觉得自己的消费才安全、可靠。因此，大多数人具有从众的消费心理。特别是消费者在购买过程中，消费者对购买决策犹豫不决，此时从众的消费行为时常发生。同时，从众行为可以引导时尚消费，促进消费流行的发生。

7.2 消费者年龄与消费行为

同一年龄段消费群体在接触交流和互动过程中，通过心理和行为的相互影响和相互学习，形成了一些共同的认知和消费态度，有着相似的消费理念和消费行为。不同年龄段的消费者，由于生理、心理和社会差异的存在，导致了各自特有的不同的消费特点与消费行为。因此，研究不同年龄的消费群体的消费特点和规律对于企业产品开发和营销活动具有十分重要的现实意义。

7.2.1 少年儿童消费群体的消费心理与行为

少年儿童消费群体是指由小于 18 周岁的消费者组成的群体。这部分消费者在人口总数中占有较大比例。从世界范围看，少年儿童在发展中国家占 30％～40％；老年人口型国家中，儿童占 30％左右。1999 年我国儿童占人口比重为 25.4％。按第五次人口普查数据看，0～14 周岁少年儿童总数达 3.19 亿。可见，这一年龄段的消费者构成了一支庞大的消费大军，形成了具有特定心理的消费群体。同时，我国独生子女家庭越来越多，家庭为了使下一代健康成长，在子女身上的投资也越来越多，独生子女已成为大多数家庭的主要开支负担。在现今中国的很多家庭中，儿童的消费已成为家庭消费的中心。因此，少年儿童群体的消费心理和行为受到了有关部门特别是企业的高度重视。

0～14 周岁的少年儿童，又可根据年龄特征分为儿童消费群体（0～11 岁）和少年消费群体（12～17 岁）。下面分别就这两个年龄段的消费群体的心理与行为特征进行分析。

1. 儿童消费群体的心理与行为特征

从新生婴儿到 11 岁的儿童，由于正处于快速的心理和生理发育阶段，缺乏稳定的消费倾向和认识，易受一系列外部环境因素的影响，消费心理和消费行为变化幅度很大。这种变化在不同的年龄阶段（乳婴期（0～3 岁）、学前期（3～6 岁，又称幼儿期）、学初期（6～11 岁，又称童年期））表现得最为明显，在这个阶段，他们开始了人类的学习过程，逐渐有了认识能力、意识倾向、兴趣爱好、意志品格及情绪等心理品质。学会了思维，有了一定的理性认识，能够在感知和思维的基础上解决简单的问题。行为上逐渐从被动接受达到主动行动。他们的心理及行为特征在消费活动中主要表现出以下特征。

1）从纯生理性消费需要逐渐发展为带有社会内容的消费需要

处于婴幼儿期的儿童的消费需要主要表现为生理性的，且纯粹由他人帮助完成。随着年龄的增长，儿童对外界环境刺激的反应日益敏感，消费需要从本能发展为有自我意识加入的社会性需要。到了幼儿期和学前期的儿童，其购买意识增强，已能影响父母的购买决策，并且自己也可直接去购买一些简单商品，如铅笔、作业本等，即购买行为由完全依赖型向半依赖型转化。随着年龄的增大，在购买行为上表现为他们对商品的质量、外观、颜色和功能逐步产生了更高的要求。

2）从模仿型消费发展为带有个性特点的消费

儿童最初的消费需求具有明显的模仿特征，模仿父母，也模仿其他同龄人。在学前期，对于其他同龄儿童的消费行为往往有强烈的模仿欲望。别的小朋友有的玩具、零食，自己也想拥有，一定要让父母设法买到。随着年龄的增长和知识的积累，模仿性消费逐渐被有个性特点的消费所取代，购买行为也开始有了一定的目标和意向。如自己的玩具用品一定要好于其他同龄儿童。

3）消费情绪从不稳定发展到比较稳定

婴幼儿时期儿童的消费情绪是极不稳定的，易受他人感染，易变化，这种心理特性在学前期表现得尤其突出。随着年龄的增长，儿童接触社会环境的时间增多，他们受到集体以及社会的影响越来越大，控制情感的能力不断得到提高，消费心理和消费情绪逐渐趋于稳定。对某些商品产生了相对较稳定的认识，初步形成了自己的消费意向。

总之，儿童的消费心理主要处于感情支配阶段，购买行为以依赖型为主，但在很大程度上会影响其父母的购买意向。

2. 少年消费群体的心理与行为特征

少年消费者群体是指 12～17 岁年龄阶段的消费者。这个时期是儿童向青年过渡的时期，生理、心理发展变化大。这个时期的少年是依赖与独立、成熟与幼稚、自觉性和被动性交织在一起的时期。同时，有了自尊与被尊重的要求，逻辑思维能力增强。在行为上努力表现出独立性，但又脱离不了对父母的依赖性，希望像成年人那样自立但又显得很幼稚。少年消费群体有以下几点心理与行为特征。

1）有成人感，独立性增强

有成人感是少年消费者群体自我意识发展的显著心理特征。他们认为自己已经长大成人，需要自尊和被尊重，独立处理自己的生活，不希望家长过多地干涉。愿意按自己的意愿去处理事情。在消费心理及行为上，表现出不愿意过多地被束缚，希望能独立地购买所喜爱的商品。他们的消费需求倾向和购买行为还不成熟，时常与家长发生矛盾。

2）独立消费意识逐渐成熟，购买行为取向稳定

少年时期的消费者，知识不断丰富，对社会环境的认识不断加深，幻想相对减少，有意识的思维与行为增多，兴趣趋于稳定。随着购买活动次数的增加，他们的感知性经验越来越丰富，对商品的分析、判断、鉴赏能力逐渐提高，购买行为趋于稳定，购买的倾向性也开始确立，消费行为更加成熟。

3）消费从受家庭的影响转向受社会的影响

儿童时期受自身条件的限制，因而其活动范围受到限制，消费心理与行为受家庭影响较大。而少年时期的消费者，自理能力逐步增加，有了一定的独立性。由于参加集体学习、集体活动，与社会的接触机会增多，范围扩大，受社会影响程度远远大于受家庭的影响。与家庭相比，他们更乐于接受社会的影响。在消费行为上，表现出带有明显的模仿性，他们的消费行为很大程度上是在参考别人的消费行为或模仿他人的消费方式的基础上产生的，参考对象一般是自己的同学或比自己年龄稍大的朋友、邻居等。如某种款式的衣物、食品或偶像照片在学校已经流行，而家长却一无所知。因此，处于这一阶段的少年在心理需求与消费行为上常因与父母意见不一致而发生矛盾。

4）购买目标明确，购买迅速

少年消费群体往往缺乏商品知识和购买经验，识别挑选商品的能力较差，但有很强的购买欲望。一般见到所需的或明确的购买目标，就急于购买，而不论商品质地与价格，更不会对其产生异议。

3. 面向少年儿童消费群体的市场营销心理策略

少年儿童消费者构成了一个庞大的消费市场，市场的开发潜力很大。企业要根据时代的发展潮流，把握少年儿童的心理特征，开发出具有时代特征的新产品，满足、激发和引导少

年儿童消费者的消费欲望。

1）根据不同年龄对象，采取不同的组合策略

少年儿童没有经济来源，他们的消费行为受到成人参与的影响。年龄段不同，成人的参与程度也不同。乳婴期的儿童，一般由父母为其购买商品。因此，企业对商品的设计、价格制定要从父母的消费心理出发，满足父母对商品质量、审美情趣、价格等多方面的要求。学龄前期的儿童不同程度地参与了父母为其购买商品的活动，因此企业既要考虑父母的要求，也要考虑儿童的兴趣。商品的外观要尽量符合儿童的心理特点，价格要符合父母的要求，用途要迎合父母提高儿童智力及追求安全等方面的心理要求。

2）改善外观设计，增强商品的吸引力

儿童以直观的、具体的形象思维为主，对商品优劣的判断较多地依赖商品的外观形象。为此，企业在儿童用品的造型、色彩等外观设计上，要考虑儿童的心理特点，力求生动活泼、色彩鲜明、形状多样等，以增强商品的吸引力。

3）树立品牌形象

儿童的识记往往具有随意性，到了少年时期，这种识记的持久性逐渐增强。一些别具特色并为少年儿童喜爱的品牌、商标或商品造型，一旦被其认识，就很难忘记。相反，若某种商品使他们产生不良印象，甚至厌恶，要想使他们改变其观点，也是很困难的。因此，企业在给商品命名、设计商标图案和进行广告宣传时，要针对少年儿童的心理偏好，使他们能够对商品产生深刻印象。

7.2.2　青年消费群体的消费心理与行为

青年是少年向中年过渡时期的人群，一般年龄在 18～35 岁。青年是一个特殊的消费群体，人数众多，年龄段集中，需求旺盛，市场潜力巨大。青年人思想活跃，对新事物有强烈的求知欲。在消费行为上，喜欢追求新潮，并敢于创新，追求品牌和时尚，是时尚市场的代言及前沿。青年人的消费有强烈的独立意识。消费行为处于未成熟与成熟的过渡时期，消费观念也处于形成阶段，消费具有一定的意识性、目的性和计划性，但也时常发生冲动消费。

1. 青年消费群体的心理与行为特征

1）追求时尚与新颖

青年消费者思想活跃、内心丰富、感觉敏锐、热情奔放、善于幻想、勇于创新，对未来充满希望和幻想，具有冒险精神，任何新事物、新知识都使他们好奇、渴望，并大胆追求。反映在消费心理与购买行为上，就是追求时尚、新颖和美，力图表现时代，领导消费新潮流。他们购买商品时求新、求美动机较为强烈。在市场的新产品销售中，青年人感觉敏锐，最易接受，并相互传播，是各种新产品、革新产品和流行商品的消费带头人。因此，青年往往是新商品、新消费时尚的追求者、尝试者和推广者。

2）追求个性与自我表现

青年人处于成长时期，未成熟心理与成熟心理并存，自我意识迅速增强，充满自信，思想解放，不相信传统，追求个性独立。希望确立自我价值，希望形成完善的个性形象。他们更多地喜爱能够体现个性的商品，往往把所购商品与个人性格、理想、身份、职业、兴趣等联系在一起。希望确立自我价值，希望形成完善的个性形象。在消费过程中，求标新立异，

强调个性色彩，而不愿意落入"大众化"，"与众不同"的消费心理较之"追求流行"更为强烈。因此，要求消费能突出个性化特征。十分注意追求属于自己风格的商品，力求在消费活动中充分展示自我。

3）注重情感，冲动性强

青年人在购买商品的过程中，情感和直觉因素起着相当重要的作用。当情感和理智相撞击时，一般偏重于情感，容易感情用事。在消费活动中，计划性购物相对较少，冲动性购物较多，他们容易受客观环境的影响，情感变化剧烈，经常发生冲动性购买行为，只要认为商品合意，就能迅速作出购买决定，有时甚至超出个人购买能力，也要想方设法去购买。青年人购买商品多出于直觉的选择，特别注意商品的形状、款式、颜色、重量、厚薄、品牌等外在因素。某种商品只要符合个人需要和兴趣，引起肯定的情感，便会形成对商品的偏爱和追求之心；反之，就会产生一种否定和抵触的情感，对商品厌恶、拒绝。

4）观念新颖，超前消费

青年人的消费观念新颖别致，时代感强，但刻意追求、图享受、爱虚荣，有钱就花，看见自己中意的商品就买。他们一般不喜欢储蓄，也较少制订长期消费计划。消费水平与收入水平不成比例，便形成了消极的消费心理及消费行为。这种消费早熟和超前消费的意识在高中生、大学生中较为突出。北京一市场调查公司对京、沪等大城市的青年消费者心态的一项调查结果显示，青年人喜好进口货，追求名牌服装、名牌鞋、名牌手机的比例很大。

2. 新婚青年消费心理与行为特征

结婚组建新家庭是人生中的必经阶段，大多数青年都在这一阶段成家立业，完成了成家立业的重大转折。新婚是人生的一件大事，在消费中表现出其特殊性，形成了新婚青年消费者心理和消费行为特征。

1）消费需求的多样性

新婚青年在建立家庭过程中的需求是多方面的。大到房子的购置与装潢，小到锅、碗、瓢、盆等生活日用品的配备，需求是多方面的。几乎包括家庭生活所需要的全部用品，所购商品不仅数量多，讲究新颖、配套齐全，而且追求整体和谐。

2）消费时间相对集中

结婚用品的消费是建立新家庭的需要，购物时间与结婚时间有着密切关系，往往集中于婚前一段时间突击购买。新婚青年选购家庭日用品，包括高档耐用消费品，大多在婚前集中购买。由于传统风俗习惯的影响，许多青年婚礼时间的选择相对集中，如春节、国庆节、元旦等吉日，无形中形成了结婚用品的销售高峰。

3）追求新、美，富有情感色彩

结婚是人生的重大转折，新家庭的组合使青年人对未来生活充满希望和信心，有着美好的憧憬。在消费过程中，求新求美、注重档次、讲究品位，追求情趣，追求时尚与新颖成为新婚家庭商品选购的主要特点。居室设计、家用电器等诸多方面都要体现现代化；婚礼形式、服饰、装饰品的造型与色彩往往追求浪漫的生活气息。

目前，我国青年新婚家庭的消费档次在逐步提高，并呈继续上升的趋势，这一现象必然影响整个社会的消费市场。

2017 中国人婚礼状况调研报告

百合网权威发布了《2017 中国人婚礼状况调研报告》，该报告由百合网婚礼事业部历时 2 个月完成。报告针对国人婚礼相关的消费现状和成本展开专项调研，覆盖北京、上海、广东、江苏、陕西、四川六大重点省市。从内容上看，报告全面扫描婚礼总预算、独立婚房、聘礼/嫁妆、婚品筹备、婚礼风格、婚宴、蜜月等关键指标，最终大胆做出诸如"2017 年将现中式婚礼回归热潮""男性渴望独立婚房，女性更具包容性"等"颠覆"人们传统观念的全新观点。在发布会现场，百合网婚礼事业部总裁刘晓端女士透露了报告中一项数据，就是每一对新人平均用在婚礼上的开销是 7.6 万元。

图 7-1～图 7-4 分别是北京地区男性和女性的婚礼地点选择、对独立婚房的态度、嫁妆价值认知、聘礼价格认知。

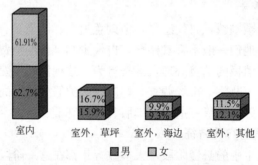

图 7-1　北京地区男性和女性的婚礼地点选择

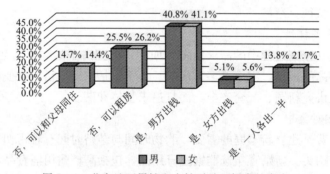

图 7-2　北京地区男性和女性对独立婚房的态度

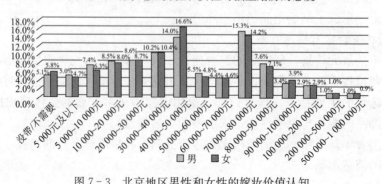

图 7-3　北京地区男性和女性的嫁妆价值认知

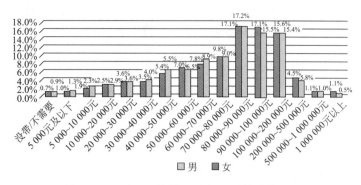

图 7 - 4　北京地区男性和女性的聘礼价值认知

报告显示，婚礼具有相当强的地域特征，就房价问题较为典型的北京而言，高房价也难抑制北京人买婚房的刚需。研究报告显示，目前主力购房人群为 25～49 岁，1990 年的出生人口也已经进入到主力购房人群中。在北京，越来越多的 85 后、90 后步入结婚置业期，结婚置业成为商品房刚性需求的主要构成之一。从报告数据中可以看出，超 85% 的人期待独立婚房。当然，也可能是迫于房价高，选择租房的筹婚者也比全国数据高出近 10 个百分点。而对婚房的出资方问题，超 40% 的人认为婚房应由男方出钱。

与全国数据相比较，北京地区的男性对于嫁妆价值的期待高于女性。15.3% 的男性认为，女性应该带 7 万～8 万元的嫁妆，持同样想法的女性为 14.2%，而 16.6% 的女性则认为嫁妆应为 4 万～5 万元。而与之相对的，对于聘礼，男性和女性都认为 8 万～10 万元是合理的。

与全国数据进行比较，可以发现，北京地区男女的筹婚周期也倾向于 3 个月或 6 个月。女性倾向于 3 个月，而男性更倾向于 6 个月。除此以外，"闪婚"也是北京地区的一个特征，有超过 15% 的人选择在 1 个月内筹备婚礼，远远高于全国其他省市的数据。

在北京，中西混合式和中式婚礼都拥有很高的人气，几乎可以说是不相伯仲。伴随着近几年中国传统文化的复兴，中式婚礼再次获得国人的关注，作为婚礼仪式风格，中式婚礼既排场又热闹，礼节周全、吉祥喜庆，很符合国人的审美趣味。在传统文化深厚的北方，特别是北京地区受到追捧也就并不奇怪了。此外，北京办婚礼首选的地点还是室内。

北京筹备婚礼还是很注重物质条件的，除了婚房这样的客观条件，聘礼嫁妆也是他们关注的重点，此外，北京婚礼的风格也体现着中西合璧的融合精神和国际化倾向。这样也解释了为什么高档婚礼酒店和婚礼堂在北京受到欢迎。

百合网婚恋研究院院长周小鹏表示，"现今，中国正经历着筹婚高峰期。伴随着筹婚人群规模的增加，当婚礼消费成为一种新的经济现象，对于婚庆服务领域的企业来说，了解客户的真实需求，学会应对大环境带来的影响，认清婚庆行业未来的发展趋势尤为重要。因此，我们有必要去进行数据挖掘并获得有用信息。""报告从繁杂的数据中提炼出众多性别、区域等婚礼成本的独特特征，共同揭示多元文化冲击下的当代人的婚礼观，为百合网婚礼乃至整个行业的战略布局提供依据。"

3. 面向青年消费群体的市场营销心理策略

1）满足青年消费者多层次的心理需要

开发的产品要满足青年消费者不同的心理需要，产品要具备使用价值及良好的性能，以满足青年生理和安全的需要。同时，还要满足社会交往、自尊、成就感等多方面的精神需要。因此，针对青年开发的新产品要能满足青年消费者多层次的心理需要，以刺激他们产生购买动机。

2）开发时尚产品，引导消费潮流

青年人的消费观念新颖别致，时代感强，追求时尚、新颖和美，具有冒险精神，任何新事物、新知识都使他们好奇、渴望。企业要认真分析和研究青年群体消费流行规律，预测青年群体消费市场的变化趋势，适应青年消费者的心理，有针对性地开发各类时尚产品，引导青年消费者消费。

3）注重个性化产品的生产和营销

青年群体在消费过程中，追求标新立异，强调个性色彩，要求商品突出个性化，追求有特色风格的商品，在消费活动中充分展示自我。企业在产品的设计、生产中，要改变传统思维方式，要面向青年消费者开发有个性、有特性的新产品，以树立青年消费者的个性形象。在市场销售过程中也应注重个性化。例如，在商场设立形象设计顾问，帮助消费者挑选化妆品、设计发型；在时装销售现场，帮助青年消费者进行个性化的着装设计，推荐购买穿着类商品和饰物等。

4）做好售后服务工作

青年人有很强的自尊心，商品使用后，特别重视别人对自己使用商品的评价。如果其他人给予肯定的评价，就会感觉非常满意，进而大力向他人展示、炫耀，以显示自己的鉴别能力。相反，若发现产品达不到预期，就会感到失望和不满，会散布对此商品的否定评价，进而影响这种商品的市场销路。企业在出售商品后，要收集相关信息，不断改进和完善产品性能、质量、款式等。同时，要及时处理好消费者投诉，以积极的态度解决产品存在的问题，使青年消费者对企业的服务感到满意。

7.2.3　中年消费群体的消费心理与行为

中年消费者一般指 41～60 岁的消费者，处于中年阶段的消费者人数众多，负担较重，心理上已经成熟，有很强的自我意识和自我控制能力。他们不仅掌握着家庭消费品的购买决策权，同时也左右着未成年子女、老人的购买权。既是消费行为的决策者、执行者、影响者，又是商品的体验者与使用者，在消费群体中处于非常重要的位置。因此，中年消费者购买力强，购买活动多，购买的商品既有家庭日用品，也有个人、子女、父母的穿着类商品，还有大件耐用消费品。争取这部分消费者，对于企业巩固市场、扩大销售具有重要现实意义。

1. 中年消费群体的心理与行为特征

1）经验丰富，理智性强

中年消费者正处于人生的成熟阶段，购买经验丰富，能理智支配自己的行动，很少受外界环境的影响，很少感情用事。在选购商品时，注重产品的实际效用，也注重内在价格的合理性，然后才会考虑商品的外观、颜色和款式等因素。从购买欲望形成到实施购买往往要经过分析、比较和判断的过程，随意性很小。对流行商品的反应不像青少年消费者那么敏锐，对新产品缺乏足够的热情，一般不轻易改变已形成的消费习惯。

2）量入为出，计划性强

中年消费者大多是家庭经济的主要承担者，肩负着赡老抚幼的重任。他们既要把家庭生活安排好，又要考虑经济合理，养成了勤俭持家、精打细算的消费习惯，懂得理财当家、以量入为出作为消费原则，消费支出计划性强，很少计划外开支和即兴购买。在选择商品时，中年消费者更欢迎便利、耐用的产品，物美价廉的产品往往更能激发中年消费者的购买欲望。因此，中年消费群体的消费行为计划性强、盲目性少，具有较强的求实心理和节俭心理。

3）注重身份，突出个性

中年消费者正处于人生的成熟阶段，在生活和工作中，注意建立和维护与自己所扮演的社会角色相适应的消费标准与消费内容，注重个人气质和内涵的体现。随着经济的发展和生活水平的提高，消费个性化是中年人在消费活动中的普遍反映。他们把个人或家庭的消费与社会、环境、自然紧密联系，突出表现自己的个性特点、兴趣爱好、身份地位等。

可见，中年消费者具有求质量、求商品的使用价值、求方便、求价廉、求信誉、注重身份、求个性的消费特点。

2. 面向中年消费群体的市场营销心理策略

1）注重培育中年消费者成为忠诚顾客

中年消费者对日常生活用品的消费基本上形成了习惯性购买，习惯固定的购物场所，也习惯使用固定的品牌。因此，生产者、经营者要满足中年消费者的这种心理需要，要求商品性能、质量、款式、价格等方面要考虑到中年消费者的消费习惯，不要轻易变动。

2）在商品的设计上要突出实用性、便利性

中年消费者消费心理稳定，追求商品的实用性、便利性。华而不实的包装，热烈、刺激的造型，强烈对比、色彩动感的画面往往不被中年消费者喜爱。在商品销售现场，应根据中年人的消费习惯，为中年消费者着想，提供各种富有人情味的良好服务，这样会收到良好的促销效果。

3）切实解决购物后发生的商品退换、服务等方面的问题

中年消费者购买力强，购买活动多，非常重视产品的实际效用。一旦商品出现问题，在包退包换的条件下，多数中年消费者会提出退换商品的要求。此时，经营者要提供良好的服务，应切实给他们解决问题，否则就会失去忠诚顾客。

4）促销广告活动要理性化

中年消费者能理智支配自己的消费行动，购买经验丰富，很少受外界环境的刺激和影响。因此，面向中年消费者开展商品广告宣传或现场促销活动时，要理性化，要靠商品的功能、效用打动消费者，要靠实在的使用效果、使用人的现身说法来证明。过分的宣传会招致中年消费者反感。

7.2.4　老年消费群体的消费心理与行为

老年消费群体一般是指 60 岁以上的消费者。由于社会生活环境的不断改善，世界人口出现了老龄化的趋势。在我国，随着社会的发展和生活水平的提高，城乡居民的平均寿命呈上升趋势，老年人口数量不断增多，我国正在步入老龄化社会。老年人在生理上

和心理上同青年消费者、中年消费者相比发生了明显的变化，是一个特殊的消费群体。在衣、食、住、行、用等生活消费需求上都体现了年龄的特征。老年消费者的消费结构主要集中于饮食方面，对食物的要求很重要的一点是易于消化和有益健康，并且喜欢有疗效的保健食品和滋补品；在穿着方面，要求是方便，面料质地轻软，穿着便捷和保暖性、透气性好；对日用品的要求是注重安全、耐用和使用简便。随着物质、精神、文化生活的提高，老年人愿意在文化娱乐、知识、技术信息、旅游方面投资，尤其在旅游、文化娱乐等消费方面有所上升。

1. 老年消费群体的心理与行为特征

1）需求结构发生变化

老年消费者需求结构有变化，主要表现为：穿着及其他奢侈品方面的支出明显减少，对保健品和用品的需求量大大增加，对有兴趣和嗜好的商品购买支出明显增加，用的商品从生活日用品占较大比重开始转向旅游、休闲、娱乐、健身用品。老年人最关心的问题是如何能够保持健康、延年益寿。因此，只要某种食品或用品对健康有利，价格因素一般不会成为老年消费者的购买障碍。

2）怀旧心理强烈，品牌忠诚度高

老年消费者有丰富的生活阅历，在几十年的消费实践中，形成了比较稳定的消费态度和习惯性的消费行为方式，且不易改变，对商标品牌的偏好一旦形成就很难轻易改变，品牌忠诚度高。另外，老年消费者总是留恋过去的生活方式，对产品有一定的怀旧心理，对消费新潮的反应也显得较为迟钝。

3）注重实际和良好的服务

老年消费者心理稳定程度高，注重实际，重视情感，较少幻想。他们特别关心商品的质量、使用性能以及携带是否方便等。要求使用的商品易学易用、操作方便，以减少体力和脑力的负担。质量高、售后服务好的商品能够使老年人用得放心，不必为其保养和维修消耗太多的精力。他们特别关心商品的质量和实用功能，而把商品的颜色、款式、包装等放在次要位置。同时，老年消费者希望购物场所交通便捷，具有良好的环境条件和销售服务，商品标价和商品说明清晰明了，商品陈列位置和高度适当，便于挑选，购买手续简便。老年人有很强的自尊心，在购买商品时，对销售人员的服务态度十分敏感，希望服务热情、耐心、周到。

4）防范意识明显

老年消费者虽然消费经验十分丰富，但由于生理和心理机能衰退，对于假冒伪劣商品及欺骗性的经营手段的判断、识别能力下降，容易上当受骗，蒙受经济损失。因此，在购买商品时顾虑较多，防范意识较强，作决策时犹豫不决。如果时间不允许，他们宁愿放弃购买也决不仓促行事。

5）补偿性消费心理

子女成人独立、经济负担减轻之后，有些老年消费者产生了强烈的补偿心理，试图补偿过去因条件限制而未能实现的消费愿望。在美容美发、衣着打扮、营养食品、健身娱乐、特殊嗜好、旅游观光等商品与服务的消费方面，有着与青年消费者类似的强烈消费兴趣，以弥补那些过去未能实现的消费带来的遗憾。

2. 面向老年消费群体的市场营销心理策略

1) 开发的商品要注重实用性、方便性、安全性及舒适性

企业要认真分析和研究老年消费者的消费特点，有针对性地设计和开发适合于老年消费者需要的产品。开发的商品要重实用性、方便性、安全性及舒适性。例如，可专门为老年消费者生产各种食品、保健品，并直接向他们销售；挖掘传统产品并赋予时代特色，则更能适合老年消费者的心理。

2) 帮助老年消费者增强消费信心

老年消费者由于生理和心理机能衰退，判断、识别能力下降。在购买心理和行为上常常表现出反复权衡、仔细挑选、犹豫不决，以免上当受骗，蒙受经济损失。因此，营销人员要采取相应策略和措施，增强老年消费者的消费信心。如制定商品无理由退换制度、售前咨询、售后服务制度；给老年消费者现场实际操作演示、免费试用、送货上门、服务到家等措施。

3) 开发的产品要满足老年消费者的子女的消费心理

在老年消费者的消费过程中，有些商品由子女为其购买，很多情况下是子女为父母付款，有些营养保健品也是子女购买送去孝敬老人。因此，企业开发的商品及广告宣传能满足老年消费者的消费欲望，同时也激发子女孝敬老人的心理。因此，老年消费者用品的开发与广告面向青年人，也常能取得较好的销售效果。

阅读资料 7-2

老年消费市场分析

老年人随着年龄增长和生理条件的变化，基本退出社会经济活动圈，活动范围主要局限于家庭和城市休闲场所。由于老年人阅历丰富，理性思维特色浓厚，因而决定了他们的日常消费需求和精神消费需求与其他群体不同。下边具体分析老年市场存在的问题及相关建议。

一、老年人消费市场存在的问题

老年人消费品市场是整个社会消费品市场的重要组成部分，近年来老年人消费品市场在不断发展的同时，也存在着以下主要问题。

1. 老年人商品供应不丰富。从整体看，无论是消费品生产企业还是经营企业，生产经营儿童及青年用品的企业要多于生产经营老年人用品的企业。如绝大多数大超市、百货商店出售给儿童、青年的商品要多于出售给老年人的商品。

2. 老年人消费品购买场所不集中。现在城市商场、超市多，但很难找到老年人专门商场。目前绝大多数中、小城市没有专门的老年人用品商场，甚至有的大型超市也没有老年人用品专柜，即使有经营，也被商家当作附加品来出售，摆设在市场不起眼的位置，老年消费者要花很大的精力才找得到。

3. 老年人用品花样少。随着人们消费水平的提高，老年人的消费观念也在改变，不少老年人也追求爱美和时尚，消费的多样性正日益显现。大多数商家经营老年人用品，也是零星的、某一项用途的商品，而且商品的式样、种类单调，可供老年消费者挑选的余地小，许多商品只能勉强购买。

4. 老年人用品设计太复杂。由于生理和身体变化，接受新事物的能力较弱。现在许多商品功能多，操作复杂，使用不简便，许多老年消费者想消费，但由于使用麻烦或不会操

作，只好望而生畏。

二、扩大老年人消费市场的建议

我国整体上早已进入老龄社会，老年人是一个庞大的社会群体，作为消费者，衣食住行是基本要求。针对老年人消费特点和消费中存在的不方便、不放心的问题，建议如下。

1. 大力开展便利消费进社区、进街道活动。由于老年人受年龄、体力限制，活动区域较小，时间相对固定，我们建议以社区、街道为依托，开展便利消费、便民服务，特别是开展适合老年人的服务性消费进社区、进街道活动，如美发、保健、休闲，修建便民商店、娱乐室、茶室和休闲吧等，在满足老年人日常生活需求的同时，进一步满足其精神消费需求。

2. 加强商业网点规划，合理布局老年消费者购物场所。目前，绝大部分城市没有专门的老年人用品商店，个别仅有的老年人专用商店的商品品种单一、不齐全，激不起老年人的消费欲望。为缓解老年人消费不方便的困难，建议合理布局老年人专用商店，同时在大超市内开辟老年人用品专柜，满足老年消费者购买吃穿用等生活必需品的需要，缓解老年人消费不方便难题。

3. 加强供应，丰富商品种类。厂家和商家要研究老年消费者的消费习惯、消费心理和消费特点，针对老年人的需求，开发适合老年人的商品供应市场。如穿的方面，针对老年人的体型、体质和审美需求，开发不同花色、品种、款式和颜色的服装鞋帽，适合不同层次老年消费者的需要。吃的方面，针对老年人对保健的需要，开发多品种的低糖、低盐、低脂、低油的食品和保健品，满足老年人健康长寿的需要。用的方面，开发功能简单、操作方便、标识清晰的保健器材、手机、耐用小家电等，让老年人安享科技进步的成果。

4. 确保安全放心食品上市，营造放心消费环境。由于老年消费者每天与日常生活打交道较多，对食品安全和物价上涨较其他消费群体敏感。因此政府要大力加强对食品安全的监管力度，加强对肉、蛋、奶、菜等与日常生活息息相关的生活必需品的安全检测，确保放心、合格的商品上市。

5. 规范媒体广告，保障老年人消费权益。一些不法广告商、厂家抓住老年人期盼健康长寿的心理，夸大或虚假宣传保健用品和食品的功效，欺骗老年消费者。建议有关部门规范媒体广告，合理引导老年人消费，保障老年消费者的消费权益。

7.3　消费者性别与消费行为

7.3.1　女性消费群体的消费心理与行为

据统计，我国女性消费者占全国总人口的 48.7%，其中在消费过程中有较大影响的 20～54 岁女性，约占人口总数的 21%。女性消费者不仅数量众多，而且在购买活动中起着特殊重要的作用。"网易"网上调查显示，不管女性的社会地位如何，在家庭消费上，女性可谓绝对地当家做主。在家庭消费中，女性完全掌握支配权的占到了 51.6%，与家人协商做一半"主"的占到 44.5%，二者合计达 96.1%。女性不仅对自己所需的消费品进行购买决策，而且在家庭中她们承担了母亲、女儿、妻子、主妇等多种角色，因此，也是绝大多数儿童用品、老人用品、男性用品、家庭用品的购买者。

1. 女性消费群体的心理与行为特征

1）注重美感，追求时尚

女性消费者普遍具有较强的求美心理。在挑选商品时，格外重视商品的外观、形象，并往往以此作为是否购买的依据。爱美是女性消费者普遍存在的一种心理状态。这种心理反映在消费活动中，就是无论是青年女性还是中年妇女，都希望通过消费活动既能保持自己的青春美，又能增加修饰美。现代女性与社会交往的机会增多，加上她们情感细腻、善于联想，因此往往能及时地观察到市场的流行趋势，而且乐于走到时代潮流的前头。

2）注重情感，富于联想

女性消费者在个性心理的表现上具有较强的情感特征，即感情丰富、细腻，心境变化剧烈，富于幻想、联想。在情感的支配和作用下，临时产生购买欲望或形成对某种商品的偏爱。女性消费者在替家人购买物品时感情色彩更加强烈，尤其在为父母、丈夫、子女等亲人购买商品时这种心理特征更为突出。

3）购买挑剔，决策慎重

由于女性消费品品种繁多，选择余地较大。女性消费者观察事物比较细腻，在购物活动中，舍得花费大量时间选择商品，喜欢不厌其烦地反复询问，表现出较强的挑剔性。她们会对不同商品的性能、质量、用途、维修、保养等各方面的具体利益进行仔细比较后才作出取舍，挑选细致、决策时间长。

4）自尊心强，攀比炫耀

女性消费者通常都有较强的自我表现意识和自尊心，对外界事物反应敏感。她们希望通过明智的、有效的消费活动来体现自我价值。她们往往认为自己所购买的商品符合社会潮流，渴望得到他人的认可和赞扬，不愿意别人说自己不懂行、不会挑选。女性消费者希望自己比别人富有或有地位。除了要求时髦之外，还通过追求高档次、高质量、高价格的名牌商品或在外观上有奇异、超俗、典雅、洒脱等与众不同特点的商品，来显示自己的优越地位和某种超人之处。

5）注重实效，要求便利

女性消费者普遍形成了精打细算、勤俭持家的美德。这种美德反映在消费活动中，就是希望所购物品既能最大限度满足自己的某种需求，又具有物美价廉、经久耐用等特点。在选择商品时，她们更加注重商品在生活中的实际效用和具体利益。现代女性平时既要工作，又要操持家务，她们迫切希望减少家务劳动的时间和强度，因而非常喜欢那些能给生活带来方便的商品和服务，对具有便利性、实用性的商品有更为强烈的要求。

2. 面向女性消费群体的市场营销心理策略

1）销售环境要富于联想

针对女性消费者的心理特点布置销售环境时，要典雅温馨、热烈明快，具有个性特色，营造一个相对安静、休闲、舒适的环境，给女性消费者带来感情联想，从而产生购买动机。

2）商品设计要时尚

女性消费者内心丰富、感觉敏锐、善于幻想、注重细节。因此，在设计女性使用的商品时，要为使用者着想，要求商品时尚、色彩、款式新颖、形状要符合现代潮流。具有良好的性能、操作简单、使用方便，能为女性消费者节省时间，减轻劳动强度。

3）促销手段情感化

广告宣传要突出女性消费者心理特点，要靠特色打动女性消费者，开拓市场。注重传递商品性能、质量、档次、时尚的信息，突出商品的实用性。现场促销推广活动要关注女性消费者的情绪变化。营业员用语要规范，有礼貌，讲究语言表达的艺术性，尊重女性消费者的自尊心，赞美女性消费者的选择，以博得消费者的心理满足感。

阅读资料 7-3

女性消费者特征比较分析

以下是某公司经过广泛的市场调研，对北京、上海、广州三地女性消费特征进行比较分析所得出的结果。

1. 品牌观和购物观：上海最时髦

（1）北京的女性更喜欢国产品牌，品牌忠诚度更高，消费更理性。

（2）广州的女性更注重名牌，对促销活动更敏感。

（3）上海的女性更相信名人，崇尚时尚。

也许是生活在首都的女性更容易受政治氛围的影响，有超过一半的北京女性都表示更愿意购买国产品牌，这一比例远远超过上海和广州。而广州和上海的商业气氛比较浓厚，品牌观念比较强，相比之下广州的女性更看重名牌特别是国外的名牌。上海的女性更注重生活品质，为了美丽绝对舍得花钱，超过 1/4 的上海女性都愿意购买昂贵的化妆品。

总体来说，北京女性消费观念在 3 个城市中最为保守，购物决策相对谨慎，对品牌忠诚度也较高。上海女性和广州女性消费观念相对更新，广州女性喜欢名牌，而上海女性更喜欢流行。

2. 媒体观：广州女性更喜欢广告

（1）广州女性对广告兴趣最浓厚。

（2）北京女性最喜欢平面媒体，广州女性对广告的关注程度高于北京和上海的女性，北京文化氛围较浓，人们还是习惯从传统的平面媒体上获得信息，有近 50% 的北京女性都倾向于从报纸上获得信息。

3. 理财观：北京女性省着花

（1）北京女性花钱更谨慎。

（2）上海女性理财观念更新。

北京女性对价格最为敏感，理财观念较谨慎；上海人会"算计"已成为不争的事实。由于上海商业中心的地位，开放程度也较高，人们的思想较活跃，再加上上海服务业相对发达，人们的生活理念和理财观念也更先进一些，因此有超过 50% 的上海女性愿意从银行贷款，花明天的钱享受生活。

同为女性消费者，因所处城市文化背景、经济、社会发展状况不同，在消费观念上也会存在差异，只有针对不同的消费群体采取差异化营销策略，才能在广阔的市场上成功营销。

7.3.2 男性消费群体的消费心理与行为

男性消费者一般是家庭生活的主要负担者，也是家庭消费的主要决策者。我国男性就业率和经济收入相对较高。在城镇，男性平均消费水平低于女性，而在农村却明显高于女性。男性消费者交际面广，活动范围宽，接受商品的信息量大，往往是家庭中高档产品购买的主要决策者和购买者。一般来说，男性消费者求实心理较强，更注重商品的质量、性能，善于对商品的优缺点进行综合分析。针对男性消费者的消费特点进行有针对性的营销活动，对于企业的生存和发展具有重要的意义。

1. 男性消费群体的消费心理与行为特征

1）购买目标明确，决策果断

男性消费者一般是先选择好购买对象，犹豫不定的心理状态发生在购买之前。一旦确定购买目标，他们进商场后就直奔目标而去，他们不愿意在柜台前花太多的时间，决策干脆果断，将购买愿望立即转化为购买行动；在购买过程中，富有主见、个性和独立性，有时甚至武断。这些都是男性消费心理特征的表现。

2）购买频率低，购买金额大

男性接受商品的信息量大，更注重商品的质量、性能，善于对商品的优缺点进行综合分析。一般是家庭贵重商品和大件的耐用消费品的决策者和购买者，这些商品本身的购买频率较低，而每次购买的金额较大。

3）注重大体而忽略细节，情感不外露

男性消费者购物多数为理性购买，对高档商品信息收集较为全面，购物时很注重产品的整体质量，注重产品的使用效果。在购买现场对商品的个别属性一般不过于挑剔，即使拿到稍有毛病或价格稍高的商品，也认为大体过得去就算了，购买过程较快，并且很少有反悔现象。

4）购买产品时力求方便、快捷

一般男性消费者很少逛商场，即使去商场也很少像大多数女性消费者那样花很多时间"闲逛"。遇到自己所需要的产品，他们一般会迅速购买，尽快离店。他们对商家出售产品时的种种烦琐的手续、拖延时间的作风十分反感。男性消费者这种力求方便、快捷的心理，在购买日常生活用品时表现得尤为突出。

5）购买时表现大方，比较随便

由于男性的自信、豪放、独立性强和社会角色需要等因素影响，使其在购买行为中表现出大方、不在意等行为，在购买商品时随意，不太注重日用消费品的价格。男性消费者一般不大受市场环境气氛、广告宣传和他人议论的影响。但是，营业员热情的态度、周到的服务，对男性消费者的购买情绪容易产生积极影响。

2. 面向男性消费者群体的市场营销心理策略

（1）在家庭生活消费中，越来越多的男性主动分担家务，经常光顾超市采购家庭消费品。因此，产品的开发与设计要考虑男性消费者的特点，以便吸引更多男性消费者。

（2）由于男性购物者的增加，吸引男性消费者兴趣的促销方式以及专门针对男性的广告信息就值得营销者精心策划。

7.4 社会阶层与消费行为

在当今世界，社会阶层的差别是客观存在的。由于职业、收入、教育财产等多种因素的影响，处于不同社会阶层的人在需求特点和消费行为方面存在着较大差异。同一社会阶层的消费者在消费观念、价值观念、生活方式、消费内容和消费动机等方面具有相似性。企业在目标市场确定时，要充分运用社会阶层这一细分要素，认真分析和研究各社会阶层的消费心理和消费行为，把握好产品的服务方向和定位，占领目标市场。因此，掌握不同社会阶层消费群体的消费行为特征和规律，提高经济效益，对企业的经营与发展具有重要的积极意义。

7.4.1 社会阶层的概念及划分标准

1. 社会阶层的概念

社会阶层是指某一社会中根据社会地位或受尊重程度的不同而划分的社会等级。从最低的地位到最高的地位，社会形成一个地位连续体。社会阶层是一种社会现象，无论是发达国家还是发展中国家，不论是社会主义国家还是资本主义国家，都存在着社会阶层。不管愿意与否，社会中的每一成员，实际上都处于这一连续体的某个位置上，由此形成高低有序的社会层级结构。

我国是一个社会主义国家，也不可否认地存在着社会阶层。各个社会阶层在购买行为上存在各自的特点和明显的差异。每个社会阶层成员具有类似价值观念、兴趣爱好和行为方式。不同的社会阶层所购买和消费的产品和品牌有着明显的不同。

产生社会阶层最直接的原因是获取社会资源的能力和机会的差别。不同的人掌握的社会资源也不同，从而形成了有高有低的社会阶层序列。社会资源是指人们所能占有的经济利益、政治权力、职业声望、生活质量、知识技能以及各种获取社会利益的能力。导致社会阶层的根本原因是社会分工和财产的个人所有。社会分工形成了不同的行业和职业，并且在同一行业和职业内形成领导和被领导、管理和被管理等错综复杂的关系。当这类关系与个人的所得、声望及权力联系起来时，就会在社会水平分化的基础上形成垂直分化，从而造成社会阶层。

2. 社会阶层的划分标准

人们将决定社会阶层的因素分为三类，即经济变量、社会变量和政治变量。

1）经济变量

经济变量包括职业、收入和财富。

职业地位是人们在现代社会中的主要社会地位。在大多数消费者研究中，职业是社会阶层划分中普遍使用的一个变量。不同职业的消费者消费差异很大。比如，体力劳动者的食物支出占收入的比重相对较大，而医生、律师等专业人员的大部分收入则用于在外用餐、购置衣服等方面。由于职业在一定程度上反映出一个人的知识层次、专业特长、收入水平，因此可根据所从事职业大体确定人们的生活方式和消费倾向。一般来说，社会地位越高，收入也越多。

财富是一种社会标记，它向人们传递有关其所有者处于何种社会阶层的信息。拥有财富的多寡、财富的性质不仅决定而且反映了一个人的社会地位。这里的财富不仅指土地、股票、银行存款、名车、豪宅等物质资产，也包括能够表明个体受教育程度的名牌大学文凭等精神资产。

收入是划分社会阶层和地位最常用的指标。收入的高低直接影响人们的消费态度、消费能力和消费水平。而且，有关收入的数据容易获得，评价方法比较简便。

2）社会变量

社会变量包括个人声望、社会联系和社会化。

个人声望表明社会群体中的其他成员对某人是否尊重、尊重程度如何等。社会联系涉及个体与其他成员的日常交往，包括与哪些人在一起、与哪些人相处得好等。社会化则是个体获得技能、形成态度和习惯的过程。家庭、学校、朋友对个体的社会化具有决定性影响。虽然这类变量在实际研究中测量起来比较困难而且测量费用昂贵，但它对测定一个人处于哪个社会阶层非常有用。

3）政治变量

在政治变量中，阶层意识对消费者行为的影响最大。阶层意识是指某一社会阶层的人意识到自己属于一个具有共同政治和经济利益的独特群体的程度。从某种意义上说，一个人所处的社会阶层是由他在多大程度上认为自己属于此一阶层所决定的。

一般而言，处于较低阶层的消费者会意识到社会阶层的现实，但对于具体的阶层差别并不十分敏感。例如，低收入旅游者可能意识到星级宾馆是上层社会人员出入的地方，但如果因某些优惠措施而偶然住进这样的宾馆，他对自己与周围人在穿着打扮、行为举止等方面存在的差别可能并不在意。然而，经常出入高级宾馆的游客，由于其较强的阶层意识，对于星级宾馆的这种优惠措施可能会感到不满。

7.4.2　社会阶层的特征

1. 社会阶层展示社会地位

任何人都知道社会阶层存在着从高到低的等级差别，一个人的社会阶层与其特定的社会地位相联系。处于较高社会阶层的人，一般是拥有较多的社会资源，在社会生活中具有较高社会地位的人。每个人都知道自己属于哪个社会等级，通过对其社会阶层的认识来决定与其交往的方式。

2. 社会阶层的多维性

社会阶层并不是由某一变量单独决定的，而是由包括经济因素、政治因素和社会因素变量在内的多个因素共同决定的。在一定时期内，某个变量可能起主导作用。其中，职业和收入是决定社会阶层的重要参数。

3. 社会阶层的约束性

社会交往多发生在同一社会阶层之内，不同阶层之间的交往相对较少。同一社会阶层内成员相互接触、相互作用、相互影响，有共同的规范与价值观。因此，相同阶层的人相互交往就会觉得自然而没有不舒服的感觉，处于不同层次的人相互交往时就会感到拘谨甚至不安。

4. 社会阶层的同质性

社会阶层的同质性是指同一社会阶层的社会成员在价值观和行为模式上具有共同点和类似性。这种同质性很大程度上是由他们共同的社会经济地位决定的，同时也和他们彼此之间更频繁的互动有关。对于市场营销人员而言，社会阶层的同质性意味着相同社会阶层的成员具有相同的消费理念和消费方式，从而为企业市场细分提供了依据和基础。

5. 社会阶层的动态性

社会阶层不是一成不变的，随着时间的推移，同一个体可能从原来的社会阶层跃升到更高的阶层，也可能跌入较低的阶层。个人的努力和社会条件的变化是促使成员在社会阶层间流动的主要原因。随着社会的不断开放，社会阶层的动态性表现得越来越明显。

7.4.3　不同社会阶层消费者的行为差异

1. 信息利用的差异

不同的社会阶层对信息的利用和依赖程度存在着差异。一般来说，高阶层的消费者更善于比低阶层消费者利用多种渠道来获取商品信息。高阶层的消费者都受过良好教育，他们读书、看报、翻阅杂志、上网的时间和机会较多，因而可以充分利用不同媒体获取有价值的商品信息；而低阶层的消费者受教育较少，平时较少读书看报，却比较喜欢看电视，因而电视广告和亲戚朋友的信息往往成为他们获取信息的主要来源。

2. 支出模式上的差异

不同社会阶层的消费者在购买指向上存在差异。处于不同的社会阶层的人，在生活方式、欣赏品位、购买行为等方面存在着较大不同，所选择和使用的产品存在差异，尤其是在购买住宅、服装和家具等能显示地位与身份的商品时，不同阶层消费者的差别十分明显。

在美国，上层消费者的住宅区环境幽雅，室内装修豪华，他们购买高档的家具和服装；中层消费者一般存款较多，住宅区环境也相当不错，但他们对内部装修则不是特别讲究，高档服装、家具的拥有量也不多；下层消费者的住宅区环境较差，在衣服和家具上的投资较少。消费者在服务上的支出会随着社会地位的升高而增加，上层消费者的服务消费支出要高于中、下层消费者数倍。

3. 休闲活动上的差异

一个人所偏好的休闲活动通常是同一阶层或邻近阶层的其他个体多从事的某类活动，他对新的休闲方式的采用也往往受到同一阶层或较高阶层成员的影响。不同社会阶层用于休闲支出占家庭总支出的比重相差较大。上层社会成员从事的职业一般是脑力劳动，作为补偿，他们倾向周末度假、休闲旅游、欣赏歌剧等，同时也选择高尔夫球、慢跑、游泳等能够锻炼四肢且相对省时间的休闲活动；下层社会成员较多选择团体性活动；中层消费者是公共游泳池、公园、博物馆等公共设施的主要使用者，而上层消费者一般私人拥有此类设施，低层消费者则没有兴趣或者经济能力从事这些休闲活动。

4. 购物方式的差异

上层消费者比较自信，喜欢单独购物，重视购物环境和商品品质，对服务要求很高，乐于接受新的购物方式。中层消费者比较谨慎，对购物环境有较高的要求，但也经常在折扣店购物。下层消费者对价格特别敏感，多在中、低档商店购物，而且喜欢成群结队逛商店。

不同阶层的消费者对购物场所的选择上存在差异。不同阶层的消费者喜欢的商店类型明显不同。高阶层的消费者乐于到高档、豪华的商店去购物，因为在这种环境里购物会使他们产生优越感和自信，得到一种心理上的满足。低阶层的消费者在高档购物场所则容易产生自卑、不自信和不自在的感觉，因而他们通常选择去大众化、廉价商店购物。

5. 消费创新的差异

社会地位较高的人容易接受新产品和新的消费方式，而社会地位较低的人则较为保守，不愿意承担新产品带来的风险。不同社会阶层的消费者之间的差别还表现在对消费创新的态度上。美国学者格雷汉姆做了一次家庭调查，测试不同阶层的家庭对消费创新的态度，结果发现在接受新鲜事物上，不同阶层的人有很大不同。宗教用品、人造花卉（假花）和静物画一般较多地出现在社会地位相对较低的人的卧室里，而抽象画、雕塑和现代家具则多见于社会地位较高的人的家里。

值得指出，同属一个社会阶层的消费者，在价值观念、生活方式及消费习惯等方面都表现出基本的相似性。由于人们在经济收入、兴趣偏好和文化水准上存在着具体差别，因此在消费活动中也表现出不同程度的差异。

阅读资料 7-4

白领丽人的高级手袋情结

2003 年 6 月的一天，在广东某大学外语附中的高中入学考试场地外，我遇到了好友阿静，她 30 出头，却是一位地产界业绩非凡的企业家，她是带一位朋友的小孩来考试的。从外表上看，阿静是一位既漂亮又令人喜爱的女孩子，但从她的谈吐中又能感受到她作为企业家的智慧和品位。在考试开始后，我和阿静的目光也开始集中到身边来来往往的女性家长中，她们的服饰成为我们的观察重点。

阿静突然问我："杨老师，你猜我的手袋值多少钱？"

我知道阿静的财产很多，我自己也曾经购买过 300 元的手袋，从阿静的手袋外观上看，除了感觉质量很好外，我再也看不出有什么特别的地方，因此回声说："大约 1 000 元吧。"

阿静开始略带严肃地告诉我："这个手袋值 8 000 多元。我还有一只 8 000 多元的手袋，我只用过一次，后来感到颜色不太喜欢，就不用了，如果你不介意，改天我送给你。"我突然意识到像阿静这样的女性消费者一定会有自己独特的行为特征，因此我接着问："你观察一下，我们周围的女性中，还有什么人的手袋如此昂贵？"不到 5 分钟，阿静就指着不远处的一位女士说，她的手袋应该是上万元，因为她的手袋品牌是著名的 LV（路易·威登）。

"我亲眼看到广州一家著名房地产公司的销售经理的手袋，其价值应该在 6 万美元左右，这位经理说手袋是别人送的。我的手袋牌子是卡地亚（Cartier），也是法国著名的手袋品牌，它的标志正是著名的'双 C 标志'。"说到这里，阿静将其手袋上的标志指给我看。

看了看我手中价格约 200 多元的手袋，阿静有点内疚地说："杨老师，你是不是认为我太奢侈了？"

本来我对她的报价吃惊不小，而且正在心里计算着 8 000 元可能是许多下岗工人月收入或农民年收入的几十倍，可当她问起我时，我突然理解了为什么平时见到的许多名牌专卖店里通常是一个购买者都没有，而商店照样经营。于是，我安慰她说："如果没有你这样的消费者，很多名牌商品店就得关门了。你代表了一种生活方式。"

据了解，在广州，像她这样身为企业家的女性、高级写字楼中的白领丽人或非常有钱的家庭主妇都把购买世界名牌手袋作为一种象征，作为代表高贵身份、富有和成功的符号。每个女人都希望购买类似的名牌手袋，有时候，一些男士也会购买，赠送女朋友以显示诚意。

阿静曾告诉我，她购买服饰的首要影响因素就是品牌，而款式并不十分重要。

实际上，也只有如此贵重的品牌，才能使像阿静这样的真正追求时尚的富人有别于一般的时尚女性，因为，当今社会，拥有名牌并不难，但拥有只有少数人消费得起的名牌却不容易。

如果问女性有几只手袋，就像问一个女人有几双鞋一样，答案会令人想上半天。正式社交场合中，手袋会反映出一个人的地位与品位，于是便有了这样一句话，"男人看表，女人看包"。手袋已成为女人的时尚道具。

在广州，购买这些世界名牌手袋的地点一般是友谊商场或中国大酒店。在法国，为了购买卡地亚手袋，阿静足足排了两个小时的队。据说，专门订做手袋也是时尚女性拥有独一无二手袋的常见方式。

到过欧洲的人都知道，要买 LV 的产品，每个人凭护照只能买两件，这在位于法国香榭丽舍大道上的 LV 专卖店门口写得很清楚，并且东西贵得惊人，小钱包有可能在千欧元以下，手袋就没有少于 1 000 欧元的。因此，有人说，"卖东西的人比买东西的人牛"。

正是这些世界著名手袋品牌经营者（奢侈品产业巨头）塑造出的高贵品牌形象，使这些手袋甚至具有了收藏价值，在网上还可以看到转让二手名牌手袋的专门网站。

例如，爱马仕的 Kelly 手袋因为摩纳哥王妃格雷斯·凯莉的钟爱而得名，售价奇高，一只二手 Kelly 手袋也要 3 000 美元左右。此外，手袋搭扣上的小锁和摩纳哥王妃的芳名（Kelly）给拥有它的女性一份神秘感。这样的经典手袋永远不过时。

几百年来，时装配件的潮流犹如时装一般，日新月异，变个不停。手袋的兴起是与服装的演变有着密切联系的。自从 18 世纪末，附有衣带的波浪形裙子被修身的衣服取代后，女士们便纷纷去寻找可以装载个人物品的袋子。第一个鱼网状的小袋乘势而起，这种束上长绳的小袋便于拿在手上，成为名副其实的"手袋"。基于不同的潮流文化，不同的时代状况，不同的场合，女人的手袋已演变出各种各样的形式。

女性必不可少的服装配饰，一个选料上乘，设计、做工精细的名牌手袋，无论配衬什么服装，都能产生画龙点睛之效。服装设计师们说，手袋不只是有装日用品的实用性，它还反映了人类追求美的欲望。

从心理上说，女性的手袋还装着一份属于自己的秘密。一个手袋就是她的一个小世界，想了解她的人，看看她的手袋也许就会知道。时刻伴随主人的手袋也是女性化的、隐秘的，代表着女性心中浪漫、柔情的部分，也收藏着她的思考、追求和情趣。

一般来说，手袋里化妆镜、唇膏、面巾纸、手机、钱包是不会少的。因此，保持手袋里面的洁净、整齐成了衡量一个女人优雅指数的指标。装满杂乱无章小东西的手袋也许会引起别人的轻视，好像它的主人是懒惰的、随便的、消极的，也是没有女人味儿的。手袋就是这样会在无声无息中泄露主人的秘密，并且绝对真实。自傲与自恋的女人会尤其迷恋手袋，当内在的优雅气质与手中迷人的包包完美出镜时，女人的品位、修养与风韵才会像花朵一样盛绽。

在消费者行为中，对"手袋"的个性解读，有这样几种观念。

● 假如你喜欢用大袋子，又爱把它塞得满满的，那可能意味着你是一个缺乏安全感的人。职业女性，而且年龄日长的职业女性大多如此，那些 20 岁出头的女孩子，只背小小的短肩袋或背囊，一派青春无悔状。

● 手袋的颜色也是一种语言。如你常用的手袋是鲜红色，说明你活泼自信且具野心；暗红色会给人一种神秘感；偏爱绿色的性格可能有些古怪；喜欢白色手袋的，比较注重物质享受；黑色的手袋，给人大方稳重的感觉。

● 你常会发现，当你的手袋用旧了而想买只新的，选择的往往是一只跟旧款相同甚至颜色也相同的手袋。这是女人的恋旧。或许你已备有好几只手袋做替换及陪衬用，但总有一只是你经常携带的，而这只手袋最能代表你的个性。

7.4.4　面向不同社会阶层消费者的营销策略

1. 市场细分

不同的社会阶层会有不同的消费行为和不同的利益追求，当然他们也会表现出对于不同产品的需求。不同产品品种适合于不同的社会阶层细分市场。根据社会阶层的消费心理差异及购买行为，企业给自己的产品和服务定位，明确自己的目标市场属哪一阶层以后，找准目标顾客，积极主动占领属于自己的市场。

2. 产品开发

不同社会阶层的消费者对于同一类产品的偏好和所注重的商品属性是有差异的。不同产品品种适合于不同的社会阶层细分市场。根据不同社会阶层对产品的需求特点，有针对性地开发新产品，以满足不同社会阶层的消费需要。

3. 产品分销

不同社会阶层的消费者会显示出到不同商店购买的习惯。上层社会消费者更有可能在高档百货公司购买商品。下层的消费者更喜欢在打折商店和邻近的商店购物，因为他们觉得这样感觉更自在，并且能够与售货员建立起友情关系，获取更多的信息。因此，要根据不同社会阶层的消费特点采取不同的产品分销手段。

4. 广告设计

社会阶层的价值观念可以为广告指明方向。营销者明确自己的目标市场属哪一阶层以后，可以有的放矢地去设计广告、包装，使自己的产品真正被目标市场的消费者所接受。

5. 市场动态导向

随着时间的推移，社会阶层消费心理会产生高低不同的波动，将其不同的变动点连接起来构成一个流动波，波峰与波谷的间距称作心理波幅，测定其心理波动规律是制定消费品市场战略的重要依据之一。换句话说，社会阶层消费心理波动规律以其群体优势对消费品开发具有导向作用。市场细分只有参照消费心理波动规律，及时地调控市场细分结构，不断开发新产品、增设新服务才能不断适应阶层消费心理波动规律，才能对社会阶层消费产生导向作用。

练习与实训

一、练习题

1. 什么是消费者群体？消费群体是如何形成的？
2. 消费群体对消费者心理有何影响？
3. 简述青年消费群体的消费心理与行为特征及营销策略。
4. 简述中年消费群体的消费心理与行为特征及营销策略。
5. 简述老年消费群体的消费心理与行为特征及营销策略。
6. 简述女性消费群体的消费心理与行为特征及营销策略。
7. 简述社会阶层特征及其划分标准。
8. 对不同社会阶层消费者应采取哪些营销策略？

二、实训题

1. 女性消费者在购买化妆品的决策方面有何特点，以及受到哪些因素的影响？
2. 以小组为单位总结农民的消费心理和行为特征。
3. 运用所学知识，对大学生的消费决策过程进行分析，总结其心理特征。

案 例 分 析

一个独生子女的自白——我的消费观

李小姐，广州人，独生子女，广州某著名高校三年级研究生，即将进入某著名外资企业工作。本案例根据 2004 年 3 月 11 日对李小姐做的深度访谈整理。

我出生在一个普通家庭，父母都是工人，家庭环境中等。但因为我是独生女，从小受到父母的娇惯。他们很疼我，手里有 10 元就会给我 5 元，对我的要求基本上都会满足。加上在学校我的学习成绩又很好，老师、周围的同学们对我都很关照，所以我觉得自己很幸福，真的有点"集万千宠爱于一身"的感觉！

上大一的时候，我的学费（3 500 元）还是向家里要的。上了大二我就开始自己打工赚钱，经济上不再依赖家里了。我读大学期间做过很多兼职，比如卖电脑、卖手机、卖比萨，甚至做过酒楼里的啤酒小姐，读研究生后还到过一些大公司去做过 SALES，挣的钱还算可观，交够了学费，满足了日常生活的开支，还能攒些钱，花在别的地方。

我每天上网超过 4 个小时。在网上看看新闻，上上校友录啦，QQ、MSN 聊聊天啦，查查资料等；我还常常在网上购物，比如买书、订机票、订酒店住房，觉得挺方便。平时除了上网我还喜欢看电视。什么电视节目都看，比如时事新闻、娱乐八卦新闻、体育节目等都看。晚上有时听听广播，主要是一些深夜的情感热线节目。

　　我基本上不怎么存钱的，赚多少花多少。手中还有一张中国银行的长城信用卡，可以透支 1 000 元。

　　我很舍得在自己身上花钱。我觉得把钱存在银行里最愚蠢，因为钱放在那里不动会贬值，还不如投资在自己身上，将来一定会有更大的回报。比如，我去旅游就是一种投资。整个中国我只有西藏没有去过了，每次去旅游都是"双飞"，因为我实在忍受不了坐火车的煎熬。以前到了目的地可以住招待所，现在逐渐也要提高档次，开始住酒店了，我想很快就要住星级酒店啦！至于跟谁一起出游，我觉得无所谓。有时候是跟好朋友，有时候是跟男朋友，有时候跟完全不认识的，比如朋友的朋友，或者是网上征到的朋友等都可以的，关键是要玩得开心。

　　不算旅游等开支大项，我在学校每个月的花费在 1 000 元左右，其中电话费、网络费、服装费、伙食费各 200 元，化妆品 100 元，其他费用 100 元。买衣服是女孩子的天性，通常的情况是：看着满柜子的衣服，感觉还是没有衣服穿；刚刚买的衣服很快就不喜欢了。所以我每个月都要买上几件新的衣服，而且我比较注重牌子和流行款式，对价格不太在意。当然现在还没有正式工作，手里没什么钱，所以买的时候还要货比三家。以后有了钱就不必那样了，选最好的牌子买就是了。吃的方面我倒比较随便，平常在食堂吃。如果跟朋友去外面下馆子（因为我是女生，所以大多别人请），去的地方就五花八门，什么档次的都有了——小到街边的"粥粉面"，大到韩日料理，现在还有一个叫什么"跨国料理"的，我都试过，我就是喜欢尝试新鲜的东西！吃我不讲究太多，但是吃完之后就得讲究了。我很注意保持身材，有时间我会去参加健身俱乐部，那里什么都有，健美操啊、游泳啊、桑拿啊等，是保持健美的好地方。化妆品是另一项主要开支，我用的是 OLAY，不用别的。

　　我觉得到各地旅游可以长见识，还能让自己心情愉快、视野开阔，绝对比把钱放在银行里值。再说了，我现在的收入不算太高，存来存去也就那么些钱，等将来我进公司工作，一个月就赚回来了，现在存钱辛不辛苦啊？当然，我的存折里还是有些钱的，但不是很多，用来应急的。

　　等有钱了，就一次性付款买一套二手房，这样的房子和一次性的付款方式会比较便宜实惠，大约二十来万元就可以搞定，而且房子的位置一定要跟父母的房子比较近，这样平时有空就可以很方便地回家喝妈妈煲的汤，这叫"一碗汤"的距离。喝完了回自己家也很方便，同时也方便父母来我家帮我收拾东西。

案例思考题

　　1. 你认为李小姐的消费观是否具有普遍性，为什么？她反映的是什么样的消费观？

　　2. 与父辈相比，20 世纪 70 年代以后出生的独生子女，他们的消费生活方式有哪些新的变化？

　　3. 面对独生子女消费者，营销管理应该如何适应他们的消费需求？

　　4. 你怎样评价该案例？它的社会意义是什么？是时尚，还是颓废？

第8章
环境因素与消费行为

【学习目标】

1. 通过本章学习，掌握宏观环境、中观环境、微观环境的类别；
2. 理解环境对消费者行为的影响；
3. 能够分析各种消费环境；
4. 把握不同环境下消费者的行为特点。

消费者购买行为除了受个性因素影响，还受环境因素影响。心理学先驱 K. 勒温提出：人是一个场（field），人的心理活动是在一种心理场或生活空间（life space）里发生的。生活空间包括个人及其心理环境。一个人的行为取决于个人和其环境的相互作用，即行为是随着人与环境这两大因素的变化而变化的。

消费者的购买行为也不例外，不同的消费者在不同环境下，产生不同的购买行为；同一消费者在不同的环境下，也有不同的购买行为。另外，同一消费者在同一环境不同的心境下，也可有不同的购买行为。因此，环境因素对消费者行为的影响与心理因素具有同等的重要性。

8.1 环境因素与消费行为概述

影响消费行为的环境因素可从内外、层面及范围上来考虑。

从内外环境上看，外部环境因素主要是那些影响消费者购买行为的文化因素、经济因素、政治法律因素、社会因素、科学技术因素、自然因素等。外部环境因素可以分成四个层面，分别是：文化和亚文化，包括价值观、传统、宗教、民族等；社会消费基础结构，包括政策、消费基础设施、技术；家庭，包括结构、生命周期、决策模式；参照群体，包括资格、接触类型和吸引力。内部因素是与消费者购买行为直接相关的因素，主要是家庭、社会阶层、相关群体、个性特征、时代和生活形态，对消费者的知觉、记忆、动机、个性、情绪、态度等的影响。社会阶层包括年龄、地位、收入、职业、教育；个性特征包括个性和自我概念；时代和生活形态指的是生活的时代和生活形态的变化。市场营销因素主要是营销要素和营销传播两方面。营销要素主要包括品牌、品质、服务、情境等；营销传播主要包括广告、促销、公关、消费者教育。图 8-1 是内外环境影响下的消费者购买行为总体模型示意图。从模型图上可以看出，环境因素影响人的自我概念和生活方式，自我概念和生活方式决定人的需要和欲望，需要和欲望直接关系到购买行为，购买行为的结果是体验与商品的获取。

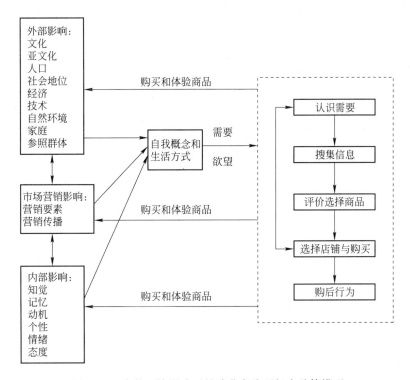

图 8-1　内外环境影响下的消费者购买行为总体模型

从层面上看，文化因素包括文化和亚文化；社会因素主要是相关群体、家庭、角色与地位；个人因素主要是指年龄和生命周期阶段、职业经济环境、生活方式；心理因素包括激励、知觉、学习、信念和态度、个性和自我概念。

从范围上看，宏观环境因素是不可控因素，主要包括文化因素、经济因素、政治法律因素、社会因素、科学技术因素、自然因素等；中观环境因素主要是情境，包括物质环境、社会环境、时间观、购买任务和先前状态；微观环境因素主要是指家庭、相关群体、角色与地位、个人因素等。下面，从范围上对消费者行为的影响因素进行分析。

8.2　宏　观　环　境

8.2.1　社会文化因素

影响消费者购买行为的文化因素主要有文化、亚文化。

1. 文化和亚文化的内涵

1）文化

文化有广义文化和狭义文化之分。广义的文化是人类社会发展过程中所创造的物质财富和精神财富的总和。"人类学家之父"爱德华·泰勒认为，文化是一个包含知识、信仰、艺术、道德、法规、风俗习惯，以及人类作为一个社会成员所必需的各种能力和习惯的综合的整体。泰勒的定义属于狭义的文化。由上述定义可以看出，文化是分层面的，可以用于一个民族、一个国家、一个年龄层次、一个职业阶层等。个人的文化行为受其所归属的文化群体的影响，不同层面文化表现有所差异。例如，服饰习惯可能因民族、职业而异；饮食习惯可能因国家、地区而异；性别角色可能因国家、社会阶层而异。消费者行为中的文化主要指的是在一定社会中，消费者经过学习获得的、用以指导其消费行为的信念、价值观和习惯的总和。消费者行为中的文化重点关注和研究的是文化对消费者行为和消费形态的影响（见图8-2和表8-1），属于狭义的文化范畴。

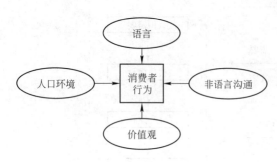

图 8-2　文化对消费者行为的影响

表 8-1　文化对消费形态的影响

文化	特征	消费形态
向上型	积极	新产品
自由型	喜爱大自然	自然产品，环保产品
个人型	寻找自我	消费个性化
团队型	与同伴相同	消费集体化
同情型	同情弱者	忠于弱小便宜品牌
敬老尊贤型	回忆旧时往日	老牌子，怀旧
重成功型	金钱至上	爱炫耀，贵就是好，品牌

以上文化的定义主要包含以下几方面。

（1）文化影响着个体思想和行为过程的众多事物，是一种思想程序。消费者的行为本身就是文化的体现。

（2）文化具有习得性。它不包括遗传和本能性的行为与反应，是后天学习、培养得到的。学习的两种方式是"文化继承"和"文化移入"。"文化继承"是传统文化的弘扬，在消费者行为中表现为从众、传统、重形式、讲规范的特点；"文化移入"是学习、融进外来文化的结果，在消费者行为中表现为体现价值、追求个性等。

（3）文化具有动态性。文化不是静止不变的，是随着社会环境的变化而缓慢变化的。在消费者行为中体现为价值观、生活习惯、兴趣、偏好等与环境的适应性变化，甚至冲击"文化继承"。例如，20世纪80年代，日本是追求"3C"时代，即追求汽车（car）、彩电（color TV）和冷气机（cooler）；90年代，日本的需求由"3C"转向了"3V"，即假期（vocation）、别墅（villa）和出国访问（visit）；进入21世纪，日本则流行这样一句话："健、高、游、情"。"健"是指有助于健康的产品，如运动用品、保健食品等；"高"是使用高级家具、名牌汽车、收藏艺术品等高消费；"游"是出国旅游、业余消费等；"情"是自我选择的生活情趣，如打打高尔夫球、游泳、划船等。这说明人的需要随着时间的推移而发生变化，这种变化会导致文化的调整与改进。另外，各国之间的开放、各种沟通工具的有效利用，增加了国与国之间、人与人之间的沟通，加快了文化借鉴和文化变迁的进程。

（4）文化是特定社会的群体习惯。不同国家、民族、城市、企业、家庭有不同的群体文化，通过语言、文字、风俗、习惯、传统、民族性格、价值观等体现。消费者行为在不同群体的表现是不同的。

（5）文化具有社会性。"文化传承"保持了群体文化，促进了群体内的交流交往，形成了群体特有的文化，是区别于其他文化的重要标志。

（6）文化是无形的。也可以说文化是一只"看不见的手"，引导和约束群体的行为。如消费者购买某产品，没有对错之分，只有喜欢不喜欢的区别，但反映的是文化的影响。

2）亚文化

亚文化是指某一文化群体所属次级群体的成员所共有的独特的价值观念、行为规范和生活方式。亚文化是主文化的一部分，每一文化都包含着能为文化群体成员提供更为具体的认同感和社会化的较小的亚文化，每一亚文化也包含着群体成员中大多数人的主要的文化信念、价值观和行为模式。同一亚文化群的成员具有共同的价值观、信仰、爱好、习惯。消费者行为中，亚文化是按民族、宗教、种族、地理划分的。

亚文化对了解消费需求、分析消费者行为、选择目标市场有重要意义。

（1）民族亚文化。不同民族都各有其独特的文化传统和风俗习惯，几乎每个国家都是由不同民族所构成的。

在我国，56 个民族的宗教信仰、民族传统、风俗习惯、生活方式和审美意识都有着明显的区别。如在服饰上，多数少数民族大多喜欢色彩变化强烈、颜色鲜艳，崇尚自然，而回族则喜欢白色；在饮食上，回族禁食狗肉、猪肉，蒙古人以吃羊肉、牛肉为主。由此可见，民族亚文化对消费者行为影响深远、巨大。

（2）宗教亚文化。不同的宗教群体，文化倾向、习俗和禁忌均不相同。宗教是一种群体社会行为，它包括宗教信仰、宗教组织、行为规范、文化内容等方面。教会、宗侣属于宗教组织，宗教组织内的祭祀、礼仪活动由行为规范规定，宗教建筑、绘画、音乐等则是宗教文化的内容。

五大宗教——天主教、基督教（指基督新教）、伊斯兰教、佛教和道教，这些宗教都有各自的信仰、生活方式和消费习惯，宗教影响人们行为，也能影响人们的价值观。

宗教亚文化对营销具有重要意义。分析宗教亚文化有助于企业产品进入市场，促进替代品的发展，抓住商机，满足不同宗教群体的个性需求。如欧美许多国家里人们欢度圣诞节，节期从 12 月 24 日至翌年 1 月 6 日，节日期间世界各国基督教徒都要举行隆重的纪念仪式。圣诞节期间，白须红袍、驾鹿橇从北方而来的"圣诞老人"给孩子们送礼物；有挂满各种花卉、灯饰、礼品等象征吉祥如意、生命永存的圣诞树；有各种圣诞聚会，送圣诞卡、圣诞礼物祝福，还有火鸡、火腿、甘薯、蔬菜、蜜饯等为主要菜肴的圣诞大餐。宗教节日是商家的商机。

（3）种族亚文化。种族是有着共同的起源，体质形态上具有某些共同遗传特征的人群。共同遗传特征主要表现为头部、肤色、五官、发色、身高及其比例等。

不同种族都各有其独特的文化风格、传统文化和习惯。他们即使生活在同一地区，也有着本种族特殊的需求、爱好和购买习惯。

种族亚文化有利于市场细分，针对性地进入目标市场。如不同种族的消费者对产品的品牌、支付的价格、了解产品选择的媒体、购买行为等方面有着显著区别。同在美国，白种人在食品、交通、医疗花费多，黑种人在服装、家具、个人服务上的花费占较高比例，消费高的是大米、速食土豆、软饮料，喜欢照相。从上述比较可以看出种族的不同需求和行为特征。

（4）地理亚文化。人们消费习俗和消费特点的差异在不同的地理环境上也有体现。自然地理环境决定一个地区的产业和贸易发展格局，也间接影响着该地区消费者的购买力、消费结构、生活水平和生活方式，形成不同地域的差异化的商业文化。

由于地域习惯是长期形成的，所以具有相对稳定性。如在我国，常说的南甜北咸、东酸西辣的饮食习惯与地理亚文化密切相关。南部是我国著名的鱼米之乡，河湖密布，稻米水产丰富，经济繁荣，饮食上注重文化，讲究色、香、味、形、环境，以偏甜为主。北部地区众多游牧民族，以草原为主，人口少，食物结构简单，冬季寒冷漫长，缺少新鲜蔬菜，人们以食生菜、炖菜、腌菜，摄取高热量的动物脂肪，以御寒冬，口味以咸为主。东部地区人口相对密集，生活节俭，各种牲畜、谷物、家蔬野果都有，五谷杂粮并食，品种繁多。西部地区以高山峡谷为主，地域封闭，交通不便，该地区空气潮湿，土地贫瘠，种植业不发达，自古以来人们就爱饮酒和吃辛香刺激之物以散寒祛湿、避辛解毒、调味通阳，口味以辣、麻为主。

又如，俄罗斯人喜欢喝高度的伏尔加酒，法国人喜欢喝葡萄酒。

综上所述，亚文化群消费者具有的基本特点：一是，亚文化群是以一个社会子群体出现，每一个子群体各自都有独特的文化准则和行为规范；二是，子群体与子群体之间在消费行为上表现出明显的差异性；三是，亚文化群内各个消费者的个体消费行为都会受到群体文化的影响和制约；四是，每个亚文化群还可以细分为若干个子亚文化群。

2. 文化差异

消费行为是文化的表现形式之一。不同文化背景，人们的消费行为各不相同，甚至相互对立。例如，大多数国家的人认为牛肉是具有高营养价值的食物，但印度人不吃牛肉。消费中有许多禁忌行为，都是不同文化的表现。

1) 文化价值观

文化差异主要是文化价值观的不同。文化价值观又分为文化核心价值观和次要价值观。文化核心价值观是指特定的社会或群体在一定时期内形成的被人们普遍认同和广泛持有的占主导地位的价值观念，具有极强的稳定性；次要的、居于从属地位的价值观就是次要价值观。每一社会或群体都有居于核心地位的文化核心价值观。文化核心价值观是一个社会或群体所共有的，不会随着群体成员的更新而变化，具有延续性。核心价值观在文化中起主导作用，制约着次要价值观的形成和变化；次要价值观服从核心价值观的发展，体现核心价值观的内涵，伴随环境的变化相对容易改变。表 8-2 列出了 20 世纪 80 年代美国文化价值观的变化。

表 8 - 2 20 世纪 80 年代美国文化价值观的变化

变化方向→	
数量	质量
集体	个人
丰富	充足
拘泥形式	灵活性
时尚	样式
复杂性	简单
挥霍	节俭
浪费	储备
虚假	真实
习惯	尝试
机械	人
高效率	愉快
给人印象深刻	有意义

因此，理解和识别核心价值观和次要价值观对人们消费行为的影响，有助于企业选择合理的营销策略。

2）与消费者行为有关的文化价值观

把文化价值观分为三大类极端的情况：他人导向价值观、环境导向价值观、自我导向价值观。极端的价值观之间还存在中间状态。

（1）他人导向价值观。他人导向价值观是反映社会或群体与个体间、个体之间、群体与群体之间应如何相处或建立何种关系的基本看法。

在社会或群体与个体之间，不同的社会文化有不同的价值取向：有强调团队协作和集体行动，并把成功的荣誉和奖励归于集体的集体主义；有强调个人成就和个人价值，荣誉和奖励常常被授予个人而不是集体的个人为主的人本主义。一项研究表明，中国、韩国、日本、印度和墨西哥的文化带有集体主义色彩，而美国、英国、加拿大、澳大利亚、新西兰、荷兰的文化特别强调个人主义。因此，运用个人物质奖赏和提升激励美国营销人员有效，激励日本、韩国的营销人员可能达不到预期效果。

个体与个体之间，会表现出不同的价值取向。有相对强调个人利益和自我满足的，有相对满足他人、强调社会利益的。

在群体与群体之间也有不同的价值取向，有重视合作强调协同效应的，有利用其他集体强调本集体利益的。

除了上述他人导向价值观，还有成人与孩子关系上的价值观，体现在成人与孩子关系上的价值取向。主要是家庭活动是围绕孩子需要还是围绕成人的需要，家庭的决策者是谁。青年人和老年人关系上的价值观存在差异。不同的社会文化在竞争与协作关系上，价值观也有所不同。有的崇尚竞争，信奉"优胜劣汰"的自然法则；有的倾向于通过协作而取得成功。这些他人导向价值观，在不同群体、不同民族、不同时代均有不同体现。

（2）环境导向价值观。环境导向价值观是指一个社会关于该社会与其经济、技术及自然等环境之间相互关系的看法。

不同文化背景下的人们在对待自然和人与自然的关系上会有不同的价值观念：有崇尚自然的和谐，与大自然和谐相处；有乐于征服和改造自然以体现自身强劲，又可能造成自然界的被破坏。中国文化重视与自然的和谐统一，也就是顺应自然规律，保持人与自然的和谐与平衡，为人类造福。在与自然和谐的价值观念下，消费者行为出现了"绿色""环保""可持续发展"的理念。

不同文化在勇于冒险精神上具有不同的价值观：有的把勇于冒险作为尊敬的对象；有的则把冒险看作是愚蠢的，而逃避风险。如果站在时代的前沿，创新作为企业的灵魂，崇尚冒险才可能推动社会进步和发展。消费者具有冒险精神，是新产品、新技术、新观念推动的基础。

个人成就和家庭出身不同，文化价值有一定差异。如果强调这种文化差异，就会导致个人或群体在政治、经济、机会等方面的不平等。个人和群体的机会、成就，取决于家庭、家庭地位、所属社会阶层。淡化这种文化差异，任何个人和群体都没有特权，则机会、荣誉、报酬、价值会更多地提供给那些能力强、有突出表现的人。分析个人成就与家庭、社会阶层的观念，为消费者抓住机会、表现能力、获得成就和价值做好服务。

（3）自我导向价值观。自我导向价值观是个人的一种长久信念，体现在个人为之而努力奋斗的行为上。自我导向价值观反映的是社会成员普遍认可的，成员应为之追求的生活目标和实现这些目标的途径、方式。自我导向价值观对消费者行为具有重要的影响。

不同的文化价值观，对待物质财富和精神财富的重视程度有很大差异。物质财富是一切社会存在与发展的基础和前提。但是，人们对待物质财富的态度却有区别：有的以物质为重，"金钱万能"，奉行极端享乐主义；有的强调精神财富，以非物质的利益作为重要内容。在经济快速发展的今天，文化价值观也在发生着变化，消费者的购买行为不但为了满足其基本需要，也是社会表现和社会交流的行为，借助于消费行为向社会表达和传递诸如身份、地位、个性认同等意义和价值。这样的消费行为，人们更注重的精神层面中产品的象征、意义、心情、美感、档次气氛和情调。

一个社会在文化方面对待现在与未来的关系也是价值观的集中体现。正确对待现在与未来的关系，有利于鼓励消费者消费或信贷，有利于企业制定促销和分销策略。例如，消费者的价值观就是人们为今天还是为明天而活，是更多地为今天着想还是更多地为明天打算。如贷款购房就是鼓励消费者提前消费的一种手段。

不同的社会文化对待工作和休闲的关系问题上，会有不同的价值观。有的为了获取更多的报酬而工作，工作报酬达到一定量时再选择精神生活质量的提高，如休闲旅游；有的则是为了在工作中获得自我满足，达到自我实现的需求。拉丁美洲的某些地方，工作被视为不可摆脱的累赘；在欧洲工作则是充实的人生不可或缺的部分。因此，节省劳动的某些产品以及快餐食品在像瑞士这样的国家，经常不容易获得成功。企业分析不同文化的人对待休闲和工作问题的价值观，找到文化差异，有的放矢，有助于开发市场，更好地满足消费者购买行为。

人们对待各种活动的态度是不同的，这种不同与文化差异有关。在活动中有的"喜静"，有的"善动"，体现了动静价值观的不同。如美国妇女和法国妇女有着不同的动静价值观。一项对消磨时间的调查发现，"同朋友一起在炉边闲聊消磨夜晚是我喜欢的方式"是法国妇女的选择，"喜欢有音乐和谈话的聚会"则是美国妇女的选择。这种活动上的差异为企业提出不同的产品或服务需求。

文化的差异在对幽默的理解以及幽默在多大程度上被接受和欣赏也有体现。不同的人、不同的群体、不同场合对幽默的理解不同，对幽默的接受程度也有所不同。如一些动画片，儿童觉得幽默、发笑；由于理解不同，成年人可能认为不幽默。西方人善于以幽默的语言表达，东方人善于陈述事实。幽默与严肃关系上的价值观影响消费者行为方式的选择。

文化差异导致生活态度的差异。在生活态度上，有的倾向于自我放纵、无节制；有的倾向于克制自己、节制欲望。

表8-3列出了与消费者行为密切相关的文化价值观。

表8-3　与消费者行为密切相关的文化价值观

他人导向价值观	环境导向价值观	自我导向价值观
1. 个人与集体。社会是重个人活动和个人意见，还是重集体活动与群体依从	1. 清洁。社会对清洁的追求在何种程度上超过健康所要求的限度	1. 主动与被动。更积极、主动的生活取向是否更为社会所看重
2. 扩展家庭与核心家庭。在多大程度上一个人应对各种各样的家庭成员承担义务和责任	2. 绩效与等级。社会激励系统是建立在绩效的基础之上还是建立在世袭因素如家庭出身等的基础上	2. 物质性与非物质性。获取物质财富的重要性到底有多强烈
3. 成人与小孩。家庭生活是更多地满足大人的还是小孩的需求与欲望	3. 传统与变化。现在的行为模式是否被认为优于新的行为模式	3. 勤奋工作与休闲。拼命工作是否更为社会所倡导
4. 男性与女性。在多大程度上社会权力的天平自动偏向男性一方	4. 承担风险与重视安定。那些勇于承担风险、克服种种困难去达成目标的人是否更受尊重和羡慕	4. 延迟享受与及时行乐。人们是被鼓励去即时享受，还是愿意为获得"长远利益"而牺牲"眼前享受"
5. 竞争与合作。一个人的成功是更多地依赖超越别人还是更多地依赖于与他人的合作	5. 能动解决问题与宿命论。人们是鼓励去解决问题还是采取一种听天由命的态度	5. 纵欲与节欲。感官愉悦的享受如吃、喝、玩、乐在多大程度上会被接受
6. 年轻与年长。荣誉和地位是授予年轻人还是年长的人	6. 自然界。人们视自然界为被征服的对象还是视其为令人景仰的圣地	6. 严肃与幽默。生活被视为是极为严肃的事情，抑或应轻松地面对

（资料改自：霍金斯，贝斯特. 消费者行为学. 符国群，译. 北京：机械工业出版社，2003：25.）

阅读资料8-1

瓶体广告与消费者对话

瓶装饮料推广方式正逐渐从自我说明转向消费者主动意义上的赋予创新，从唤醒个体认知到人际交流表达再到群体共鸣，共鸣范围从一个人到一群人，带来更多话题感与参与感。

一、从理由瓶到拼字瓶：让产品与消费者对话

味全每日C的瓶体广告自2015产品包装大规模革新以来，将原有产品标志换成"你要喝果汁"，在标语中体现关怀理念，以"因为爱自己，你要喝果汁"为主题，不同口味果汁对应不同工作生活场景，潜移默化地告诉消费者"爱自己的人都要喝果汁"。

如果说2015年6月味全每日C推出的"理由瓶"是给消费者关注果汁的一个理由，那

么 2016 年推出的"拼字瓶"就是让消费者自行创造关注理由。冬天往往是冷藏果汁的销售淡季，为提升冬季销售质量，2016 年推出"拼字瓶"：在瓶体上印有不同汉字，每个字下都配有一段话，共 42 款不同汉字包装，不同的字摆在一起能组成不同句子，表达不同含义，消费者常常将不同字摆在一起创造新含义，激发消费者想象与创造的能动性，唤醒消费者心中对健康生活的向往，也让"新鲜、健康、优质"的企业文化在广告中传播。

瓶体上的广告语还会根据热播电视剧等热门话题进行调整。据味全统计，2016 年每日 C 果汁每个月的销售额都有同比 40% 的成长，市场占有率从 7 月到 10 月都是国内 100% 纯果汁品类的第一名。

二、密语瓶：引领人际交互表达

相比味全让产品与消费者的单向对话，可口可乐用密语瓶架起消费者间交流的桥梁，将网民创造的网络热词登上瓶体，使瓶体广告由 PGC 变成 UGC，让用户生产内容，真正实现瓶体广告的人际传播。

可口可乐视频广告也助力可乐瓶人际交流的功能，用写有不同"密语"的可乐瓶表示情侣相处不同的状态：表白时羞涩地递上"在一起"，热恋出游时摇摆出"一起嗨"，争吵、和好、甜蜜时可乐瓶体的"521"无不表达深藏于心的爱意。广告视频中的这些场景为消费者提示了瓶体广告在人际传播中发挥的多种意义。

推出密语瓶时正值夏季，消费者常常借此时间出游、聊天，交流时间增多，正如其"可口可乐密语瓶，让夏天更有聊"的广告语，瓶体上的流行词总能为交流带来更多话题，网民也可在社交平台晒照，用瓶体标语直观表示当前的心情。可口可乐瓶体广告成功将产品与消费者的对话拓展为消费者之间的对话，为人际交流带来新的表达方式，并用微信小程序进行线上实时统计，更加量化不同词语的营销数量，其中排名前三位的标语分别是"LH7""今天星期五""比心"，全部是表达喜悦心情的词，"高兴"作为唤醒度较高的情绪之一，消费者更倾向于购买含有正能量密语的可乐，分享喜悦的情绪。

资料选自：朱红羽，张笑. 销售与市场（管理版），2018（7）

3. 语言差异

语言是文化的一部分，并对文化的发展、传承起着重要作用。语言包含着民族的历史和文化背景，蕴藏着该民族的生活方式和思维方式以及对人生的看法。语言是一种文化的实质和价值观的反映，是人们交流表达的工具，也是思想的载体。要了解一种文化，首先要了解该文化中的语言。文化形形色色，语言多种多样。语言是人类沟通交流不可缺少的工具，语言和文字的正确使用，有利于沟通的顺利进行。在企业进行经营活动时，语言交流与沟通是必不可少的，尤其是跨国经营，需要了解顾客需求，介绍企业及产品，与外国的政府、顾客、中间商、雇员等各方面进行沟通，了解当地文化，语言如果使用不当就可能犯致命错误。

语言差异包括语义差异、概念差异、表达差异、联想差异等。

（1）语义差异。是指语言或文字表达出来后含义的差异。如我国出口的"白象"干电池，英文翻译成"white elephant"，在英语中"a white elephant"是一条固定短语，意为"累赘无用之物"，干电池的销售便可想而知了。又如，在美国街头有时会发现小汽车身上喷着："I am yellow"，但车本身并非黄色。这句话印在车上有点莫名其妙。其实，"yellow"

除黄色以外还有出租车或胆小的含义。很明显，美国街头小汽车身上的"I am yellow"应为"我是出租车"，这是出租车自荐广告。

（2）概念差异。是指某些事物或概念在一种文化中有，在另一种文化中则没有。如美语中的 cowboy 和 hippie（或 hippy）这两个词是美国社会特有的产物。在汉语中没有对应的词表达 cowboy 和 hippie（或 hippy）。cowboy 只能译为"牧童"或"牛仔"，但又反映不出词本身的意义；hippie（或 hippy）音译成"嬉皮士"或"嬉皮派"，"嬉皮士"同样也没能反映 20 世纪 60 年代那些让中国人觉得行为古怪的美国青年的特点。这些行为古怪的青年人，蓄长发，身穿奇装异服，甚至行为颓废，但不少人对待社会问题很严肃。反过来，多数英美人对中国的"冰糖葫芦""秤"等从没接触过的东西也很费解，将"冰糖葫芦"译为 candied haws on a stick，"秤"译为 steelyard。

（3）表达差异。不同语言的国家对同一件事情的表达不同，表达出的效果出现差异。如在美国，当别人对一位穿着漂亮服装的中国青年妇女说："这件衣服真雅致，颜色美极了。"中国青年妇女会很高兴，但表现出不好意思。按中国习惯回答说："这件衣服很普通，我在中国国内买的。"这种回答可能会被误解，美国人或许以为中国青年妇女是说对方不识货，一件普通衣服却如此大惊小怪，怀疑其鉴赏能力。因此，称赞也反映文化方面的差异，表达不好，也造成误解。

（4）联想差异。在中国古代的神话中，龙作为开天辟地的创生神，与盘古齐名；进入阶级社会，人们把龙（dragon）和凤（phoenix）看作是皇权的象征。龙代表帝王，凤代表王妃。时至今日，龙逐渐由神物演变为吉祥物，有腾飞、振奋、开拓等寓意；龙的精神，就是奋发开拓的精神。龙是一种内涵丰富的文化符号，是中华民族的一个象征。在西方，人们却把 dragon（龙）作为邪恶的象征，认为龙是怪物，凶残肆虐，应予消灭。企业在营销过程中应注意不同文化的联想差异，减少不必要的麻烦。

4. 非语言沟通差异

不同国家、地区或不同群体之间在交流沟通过程中，语言上的差异比较容易察觉，非语言沟通的文化因素往往易于被人们所忽视。非语言沟通也是不可缺少的沟通形式，如副语言，是历史和文化长期积淀而成的共同习惯，其差异往往是难以察觉、理解和处理的。影响非语言沟通的文化因素包括时间、空间、礼仪、象征、契约和友谊等。

1）副语言差异

副语言是指语言之外的有声或有形现象，是伴随话语发生或对话语有影响声音，或与话语同时或单独使用的手势、身势、面部表情、对话时的位置和距离等，带有某种并非来自词汇、语法或一般语音规则的意义。如"无声语言""动作语言""行为语言""体态语言""非言语技巧"等，它可以补充或替代话语表达，交流思想意识和行为态度，传递情感倾向，增进信息传播，标志社会关系，调节沟通效果，是一个丰富而卓越的表意符号世界。如借助摆手告别，通常人们摆手动作手心向外，但那不勒斯人则是手心向内。利用"清嗓门"、转移目光传递信息也是副语言。不同国家、不同民族、不同群体副语言差异明显。

2）影响非语言文化沟通的因素

每一种文化都具有其独特的非语言沟通系统，是一种文化赋予某一行为、事件、事物具有某种主观色彩的独有含义。可以说，非语言沟通系统是与特定文化不可分割的非文字语言。

（1）时间与空间。不同的社会文化有不尽相同的时间观。时间观的不同主要是时间取向，特定情况下运用时间的解释不同。时间上安排的差异影响人们的需求和行为方式；空间观念的不同影响消费者对距离、大小的理解。

不同民族和文化有不同的时间取向和相应的行为方式。如对于美国人和加拿大人来说，时间是必然的、线性的和稳定流动的，在他们看来，一段时间内只能做一件事，具有强烈的当前和近期导向；而对于拉丁美洲人，他们更倾向于时间是连续的和难以计划的，人和关系比计划更重要，他们认为在一个时间里有许多活动同时发生，这种复杂情况是自然的，活动不是按照人们预先确定的时间表生成的，而是自身规律运行的结果。

时间观不同的人在思想和行为上存在很多差异，表8-4列出了不同时间观思想和行为的主要差异。

表8-4　不同时间观思想和行为的主要差异

线性时间观	连续时间观
特定时间内只做一件事情	同时做多件事情
对计划和截止日期十分认真	计划和截止时期居于次要地位
手头工作集中精力做	易分心，易受干扰
专心于工作和任务	专心于人和关系
强调准时	准时性取决于关系
遵循计划严格	计划经常改变
偏重短期关系	偏重长期关系
当前和近期导向	今后和远期导向

（2）象征。象征也是文化的重要内容。美国当代人类学家怀特认为，象征是"一件由使用它的人赋予它的价值和意义"，象征在于"产生于并取决于使用它们的人类，是人类加在物质的东西和事件之上的"的意义，象征能帮助人们用最小的努力迅速地进行复杂思想的沟通。许多产品通过命名或品牌设计，从而具有象征价值。如美洲豹、蓝鸟、野马，这些以动物命名的汽车品牌，通过名称和性能赋予了汽车快捷、灵活、勇敢、力量等特性，显示了汽车的个性特征。

具有象征意义的还有颜色、符号、数字、花、动物、自然现象等。表8-5列出了一些颜色、花、数字和动物的主要含义。

表8-5　一些颜色、花、数字和动物的主要含义

符号	主要含义
白色	在美国比喻幸福、纯洁，在远东国家表示奔丧或祭奠死人的标记
蓝色	在瑞典和美国有男性化和男子气概意义，在荷兰有女性化含义，在埃及、比利时不喜欢，在挪威、瑞士、叙利亚、伊拉克等是十分喜爱的颜色
紫色	在很多拉美国家与死亡相联系
红色	在尼日利亚、德国表示倒霉和不吉利，在丹麦、罗马尼亚、阿根廷则是吉利的色彩；在中国新娘多穿红色服装；美国和法国，红色是男性化的色彩
绿色	在日本视其为不吉祥，在欧亚普遍喜欢绿色；在法国、比利时忌用墨绿色
黄色	在叙利亚和巴基斯坦忌用，在巴西把棕黄色看成凶丧之色

续表

符号	主要含义
黑色	庄重
灰色	在日本同廉价联系在一起；在美国代表着昂贵、高质量，值得信赖
百合花	在英国喻示死亡
郁金香	在德国是无情之花
黄月季	在巴西象征亲友分离
菊花	在欧洲许多国家认为是墓地之化身
荷花	在日本认为是死亡和不幸的象征，在中国、泰国却受到喜欢
黄花	在中国只用于悲伤惨痛的场合，在墨西哥是死亡标记，在法国象征不忠诚
3	在摩洛哥比喻兴旺，香港谐音"升"，日本认为是不幸，欧洲各国则认为不吉利
4	大多数人认为是宇宙的灵魂，在日本和韩国是"死"的谐音，认为不吉利
5	在阿拉伯是吉祥的象征
7	在加纳、中国、新加坡是不吉利的数字；在俄罗斯、摩洛哥、印度、捷克、尼加拉瓜、美国是吉祥数字
8	在中国是"发"的谐音，在西方是爱的化身
9	在泰国是吉祥兴旺的象征，在日本由于其发音与"苦"相同而不受欢迎
13	天主教徒认为是凶险
猫头鹰	在美国是智慧的象征，在印度则是不祥之物
大象	在泰国和印度代表吉祥、智慧、力量和忠诚，在英国则代表蠢笨
孔雀	在中国代表喜庆，在英国视作淫鸟、祸鸟
仙鹤	在中国和日本是长寿的象征，在法国却作为蠢汉和淫妇的代称
熊猫	在信奉伊斯兰教的国家因其外形似猪而禁忌
鹿	在美国表示速度和优雅，在巴西则表示同性恋

服装、首饰及其他饰品也有一定的象征意义。如长袍代表性保守；制服代表同一群体或组织的成员；暴露装和紧身衣代表性开放；珠宝代表一定的社会阶层或财富。

（3）契约和友谊。契约是两个以上人或组织相互间在法律上具有约束力的协议，协议需要谈判协商。契约责任以自由同意为基础。契约行为是指双方合意签订具有法律效力之契约的法律行为。不同的国家或地区、组织对待契约是不完全相同的。

营销人员必须建立起一种长期的可信赖、可亲近的形象，发展与客户间的关系。友谊也是一个重要的非语言文化因素。同契约类似，友谊意味着双方之间一定的权利和义务。很多情况下，友谊常常能代替或补充法律和契约制度，确保商业和其他责任的履行。由于美国人具有高度的流动性，建立和终结友谊比较迅速、容易。中国人笃行"近朱者赤，近墨者黑"，建立友谊则缓慢、慎重、认真。在世界其他很多地方，建立友谊同中国相似，极为缓慢，也极为投入，一旦建立起友谊，则意味着深远而持续的义务。

（4）礼仪与礼节。礼仪是指人们在社交活动中共同遵守礼貌行为规范和法则，是社交场合沟通的行为方式；礼节是约定俗成、相沿成习的接人待物的规矩。礼仪和礼节既有区别又有联系，如表8-6所示。

表 8 - 6　礼仪和礼节的主要区别和联系

礼　仪	礼　节
是一种行为规范	是行为规范的具体表现形式
具有相对的稳定性	随着时代的变迁，人们思想道德观念的改变而有所变化
在比较正规的场合下运用	日常交际也要运用
集中体现外在形象与内在素质	礼貌在语言、行为、仪表等方面的具体表现
举例：开业典礼、接待外宾时鸣放礼炮	举例：日常的握手、问候，宴会服务先宾客后主人

适当的礼仪和礼节对于企业营销的重要性是显而易见的，尤其是在人员推销和广告中更是不可缺少的。本民族文化中可能是自然、适宜的礼仪和礼节，在其他文化中则可能是不当的。在熟悉本民族文化的同时，还需要了解交往民族的礼仪和礼节，有助于掌握消费者行为，把握机会，更好地为目标消费者服务。

5. 人口环境

人口环境主要指人口的规模、结构和分布。人口规模指社会中个体的数量，人口结构是关于年龄、收入、教育和职业的统计，人口分布是指人口的地域或地理分布。

人口环境因素与文化价值观互为因果。一方面，人口密度影响价值观，人口密度大的社会易形成集体取向的价值观，人口密度小的社会已形成个人取向的价值观，主要原因是这种价值取向有助于该条件下的社会更平稳地运转；另一方面，强调获取物质财富、勤奋工作的文化价值观能促进经济进步，直接或间接地改变人口环境。如经济发达的社会鼓励人们勤奋工作，获得丰富的物质财富，随着收入的提高，家庭规模将变小。

1) 人口数量

市场是由人构成的，市场营销人员要分析各个国家或地区和城市的人口规模与增长率、人口的年龄结构、家庭结构、教育程度、民族结构、地区人口的特征与人口迁移等。这些人口统计数据的主要特征和趋势对企业的市场营销具有长期性、整体性、决定性的影响，是企业制定营销决策最重要的客观依据。

如果收入水平和购买力大体相同，人口数量与市场规模成正比，人口数量的多少直接决定了市场规模和市场发展的空间。

2) 人口结构

人口结构包括人口的年龄结构、家庭结构、教育结构、收入结构、性别结构、职业结构、民族结构、阶层结构等。其中，人口的年龄结构直接关系到各类商品的市场需求量，影响企业目标市场的选择。

按年龄可将人口划分为 6 个阶段：学龄前儿童、学龄儿童、青少年、25～40 岁的年轻人、41～60 岁的中年人和 61 岁以上的老年人。同一市场，不同年龄段人数不同，各年龄段需求也不相同。我国人口年龄结构的变化将表现为：人口老龄化进程迅速，老年人口比重不断上升；接受基础教育年龄人口比重将会缩小；劳动年龄人口比重略有增大。

人口受教育程度不同，也一定程度地影响市场。如对于受教育程度高的人口，接触广告更多的会是文字、互联网；对于受教育程度低的人口，接触广告选择电视媒体。

家庭是市场最基本的消费单位，也是构成社会的最基本单位。日常生活用品、耐用消费品等，以家庭为单位而购买和消费的占绝大多数。我国近年来呈现出家庭规模趋于小型化的变化趋势，三口或四口之家居多。此外，非家庭住户的出现和迅速增加为生产家庭用品的行业提供了新的市场机会。非家庭住户主要有单身成年人住户、两人同居者住户和集体住户三种形式。单身成年人包括未婚、分居、离婚、丧偶的住户，对房屋、家具、陈设、日用品等需求较小；两人同居者住户多为暂时同居，需要较便宜的租赁家具和陈设品；集体住户如共同生活的大学生、职员等。消费品企业应注意和考虑家庭住户的特殊需要和购买习惯。此外，还有民族构成，企业密切注意不同民族的消费者有不同的风俗、生活习惯和需要。

3）人口分布

人口分布主要考虑城市化程度和人口分布密度。城市化程度可以用城镇化率表示，这也是衡量经济发展阶段的重要指标。据国家统计局2018年发布的数据，截至2017年底，我国城镇常住人口81 347万人，占人口总数的58.52%。全国各省、直辖市城镇化程度分布不均等，按城镇常住人口统计，北京、上海、天津城镇化率80%～90%，已与发达国家相近；广东、江苏、浙江等城镇化率60%～70%；黑龙江、山东、海南等城镇化率50%～60%；云南、贵州、西藏等城镇化率低于50%。根据世界发达地区国家城镇化率大于80%的指标，我国城市化程度还将继续提高，扩大内需还有很大潜力。我国人口分布是东部地区人口密度大，经济发达，消费水平高；中西部地区人口密度小，消费水平相对较低。另外，城镇化率的提高，城市人口密度显著增加。人口密度的变化、经济发展水平的提高，都是需求的源泉，也是新市场产生的动力。

4）家庭组成

一个国家或地区的家庭单位和家庭平均成员的多少，以及家庭组成状况等，直接影响着许多消费品的需求量。

5）教育和职业

市场上，各种商品和服务都有越来越明显的职业特征。

8.2.2 经济因素

经济因素是指构成企业生存和发展的社会经济状况和国家经济政策，是影响消费者购买能力和支出模式的因素。它包括收入的变化、消费者支出模式的变化等。从图8-3可以看出，经济因素对消费者行为的影响。

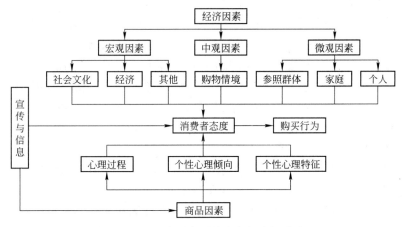

图8-3 经济因素对消费者行为的影响

经济因素又可细分为社会经济环境、企业经济环境和消费者经济状况。

1. 社会经济环境和企业经济环境

社会经济环境主要包括涉及国家、社会、市场及自然等多个领域，是由社会生产力发展水平所决定的总体社会经济水平，以及与生产力水平相适应的社会生产关系。企业经济环境主要是指宏观经济政策、社会经济结构、经济发展水平和经济体制。

1) 社会经济环境对消费者心理行为的影响

(1) 社会经济发展水平与消费者心理活动的关系。

在影响消费者心理活动的一系列因素中，最基本的因素是社会经济发展水平。社会经济发展水平从总体上制约着消费者心理活动的具体范围，也直接影响着商品供应的数量和质量，是不同生活环境形成的保障。

① 社会经济发展水平对商品特别是消费品供应数量和质量的影响，主要表现在以下几方面。

第一，消费者对商品需求和欲望是随心理而变化的，需求层次的心理强弱变化，取决于经济发展的总体水平。经济总体发展水平较低时，消费品更换周期长，生产的更换周期较长，市场寿命周期也相对较长。如果消费者选择消费品时，求新、求异的心理会因缺乏物质基础而被抑制，这种心理活动较长时间被压抑，就会逐渐弱化，进而失去对新、奇、特追求的欲望；反过来，生产力水平发展迅速，经济发展水平较高，消费市场日新月异，消费品品种繁多，花色层出不穷，消费活力增强，消费者求新、求奇心理大大强化，使得许多商品的生命周期大大缩短，再加之"一日一个新款式，一季一种新流行"的理念宣传，更加深了消费者的求新、求奇的欲望。

第二，经济发展速度与消费者心理扩展速度的关系。社会经济发展水平从总体上决定消费者心理的变化强度，消费者心理扩展的速度一般情况下稍慢于经济发展的速度。从消费品购买特征上，由于消费者心理发展的滞后性，所以只有新产品上市后才会引起消费者的兴趣和购买需求。但现实经济生活中往往并非如此，很多国家表现出的却是消费者心理的扩展速度快于经济发展速度，这一特征反映了消费者心理对经济发展的巨大影响力。究其原因，是因为随着全球经济一体化发展进程的加快，国际交往更加密切，信息交流更加广泛，消费者的消费"目光"已由本国转向世界。高度发达的经济水平引导的发达国家的消费方式，已经逐渐成为中低经济发展水平国家消费者的"模仿"目标。

② 社会经济发展水平与生活环境。不同的社会经济发展水平会形成不同的生活环境，不同的生活环境对消费心理的形成和影响各异。社会经济发展水平高，经济发达，人们对自然环境的干预增加，城市化程度高，人们的生活环境将发生根本变化。社会经济发展水平低，开放程度低，交通欠发达，人们对自然的依赖程度高，农耕经济为主及消费水平低等特征，影响消费者购买行为。不同的城市化程度导致不同的消费行为，主要是因为城乡居民之间存在着某种程度的经济和文化上的差别。

(2) 社会生产关系决定消费者的社会地位。

消费者的总体消费活动受社会生产关系的制约。社会生产关系是生产力发展的社会条件，生产关系影响着消费者心理的形成、变化与发展。

① 消费品的分配性质。不同社会阶层和不同社会群体在消费品的分配性质上不同，导致消费带有特定的社会性质和心理倾向。目前我国社会主义市场经济条件下，消费品分配原

则是以"各尽所能、按劳分配"为主导，以按生产要素分配为基础，因此对于"朱门酒肉臭"的消费方式，被认为是不劳而获者的奢侈、炫耀的消费行为。

② 经济体制的类型。不同类型的经济体制对消费者心理的形成和改变产生不同的影响。计划经济，消费者以简单的接受为主，消费活动单一；市场经济，企业以需求为导向，以社会营销、环境营销为指导，以客户为中心，提高消费者的社会地位，消费活动多种多样，消费者心理明显转变。如在以市场经济体制为主的今天，信息化程度增强，消费者的购买行为除了传统的店铺购买，还有网络、电话、电视或直销等多种购买方式，对商品的选择更是有"天高任鸟飞"的感觉，通过消费者的心理已由单一化消费，转变为"百花齐放"的新型消费模式。

③ 消费观念的变化。消费观念反映消费行为总体规范的价值观念、人生观念、社会观念，是消费者主体在进行或准备进行消费活动时对消费对象、消费行为方式、消费过程、消费趋势的总体认识评价与价值判断。

消费观念有多种，对消费观念的分类也各不相同。从消费的程度分，消费观念主要有节俭型、适度消费型、挥霍型、绿色消费观念 4 种类型；从与生活的联系度，日本电通公司划分为生活剧场消费观念、精神城堡消费观念、场景消费观念、自在时间消费观念和传媒媒介消费观念等 5 种类型；按消费者的行为特点，可分为冲动型、享受型、计划型、个性型、炫耀型和实用型 6 种消费观念；从消费者消费观念的影响因素中，将消费观念分为时尚个性消费观念、身份价值消费观念和超前消费观念 3 个维度。

无论哪种分类，也无论是哪种消费观念，消费观念的形成和变革与一定社会生产力的发展水平、社会文化的发展水平相适应。在市场经济环境下，经济发展和社会进步使人们的消费观念发生了极大变化，逐渐摒弃了自给自足、万事不求人等传统观念，以节约时间、注重消费效益、量入为出、精神满足等为新型消费观念。消费观念引发了产品的革命、新市场的出现。例如，生活节奏的加快，出现了快餐、速溶咖啡等节省时间的产品；经济水平的发展引发了旅游经济。

2）企业经济环境对消费者行为影响

企业的经济环境主要有：①企业产品更新换代情况以及产品质量、性能、包装等所具备的吸引力；②品牌给予消费者的信誉；③企业位置与服务态度；④企业拉式促销的能力和效果；⑤商品价格及售后服务情况和服务价格等。

企业的经济环境对消费者购买行为的影响：①消费者对产品和企业的认识、理解；②消费者对购买该商品或劳务的"经验"与"知识"；③消费者对品牌的忠诚度；④通过对各种商品的比较、判断，形成态度等。

2. 消费者经济状况

消费者任何消费行为都受到收入水平的直接影响，消费者的收入水平对消费者的心理与行为表现出直接的、显现的影响。消费者的收入水平越低，收入来源越不稳定，消费心理活动就越低沉，对生活的稳定感、安全感越淡薄，消费者的需求和消费欲望越低，对消费品的购买与选择就越突出求廉、求实心理；反之，消费者的收入水平越高，收入来源越稳定，消费心理越活跃，对生活的稳定感、安全感越强，消费者的需求和消费欲望越高，对消费品的购买与选择表现为求名、求新、求美的心理。消费者的经济状况及对心理活动的影响通常表现为以下几种形式。

1）消费者的绝对收入变化与相对收入变化对心理的影响

（1）消费者的相对收入变化。

消费者的相对收入变化是指在消费者的绝对收入不变时，由其他社会因素（如价格变动、分配变动等）的变化引起原有对比关系的变动使收入发生实际升降变动。相对收入变化对消费者的心理影响如下。

① 消费者本人的绝对收入无变化，其他消费者的绝对收入有变化；或者消费者本人绝对收入的变动幅度与其他消费者绝对收入的变动幅度不一样。这种情况，短时间内消费者不易察觉，对心理影响不大；但经过一段时间的对比，会对消费心理产生影响。这表现为某消费者或消费者群体的消费支出与其他消费者相比下降，由于最初并没有察觉，在消费群体和从众心理作用下，与那些收入已相对较高的消费者有同等水平消费；一段时间过后，消费者感知到了收入的差距，因此调整消费水平，逐步降低到适应自己收入的消费水平上。

② 消费者的绝对收入无变化，市场上商品价格有变化，导致原有收入可购买的商品数量发生变化；或者是消费者绝对收入的变化幅度与价格变动的幅度不一致。这种变动制约着消费者的货币投向、消费结构及消费数量，直接影响消费者的心理或欲望。如家用轿车价格降低，消费者踊跃购买，改变了轿车是身份地位象征的思想，真正实现了汽车的便利和代步功能。

（2）消费者的绝对收入变化。

消费者的绝对收入变化是指消费者所获得的货币及其他物质形式的收入总量的变动。从绝对收入上看，影响消费心理的主要因素主要是货币收入绝对数的变化，因为大多数消费者是以货币收入为主的，当货币收入增加时，消费者的心理需求和欲望增强；当货币收入减少时，消费者的心理需求和欲望减弱。这种心理倾向的变化常常与消费者的简单思维活动有关。对于具有其他物质收入的消费者来说，收入高，消费就高；收入少，消费则降低。

（3）消费者的绝对收入与相对收入之间的关系。

消费者的绝对收入与相对收入之间存在着变动关系。当消费者的绝对收入和相对收入呈现同升或同降的同向变动时，对消费者的心理影响不大；当消费者的绝对收入和相对收入呈现升降或降升的反向变动时，大多表现为绝对收入的上升、相对收入下降的状况，这种变化对消费者的心理影响较大。2008 年由于美国次贷危机引发的金融危机波及世界各个国家，消费者的收入增加，需求和购买欲望随之增强，但在金融危机的影响下，物价上涨，涨幅超过消费者的收入，市场与消费者的购买欲望不一致，原已膨胀的欲望受到打击，消费者心理出现不协调感，影响消费者的购买行为。

2）消费者的现期收入变化与预期收入变化对心理的影响

消费者当前条件下的收入水平为消费者的现期收入。消费者以现期收入为参照，以当前的社会环境为条件，对未来收入的一种预计和估算就是消费者的预期收入。消费者的现期收入反映消费者当前的收入总量，不反映社会其他因素对收入的影响。消费者预期收入多少，取决于消费者对社会发展前景和个人能力的信心。当消费者对社会发展前景和个人能力充满信心时，消费者预期收入高于现期收入，消费者的现期消费会增加，以提高当前的消费水平，有时甚至举债消费；反之，消费者对社会发展前景和个人能力缺乏信心时，消费者预期收入低于现期收入，消费者的现期消费会减少，以降低当前的消费水平，为未来的生活提供保障，因而较多用来储蓄或投资，期望获得未来收益。如大多数中老年人，由于自身能力的下降，对未来信心不足，适当降低目前消费，以求未来稳定生活；年轻人则大多为"月光族"，追求新、奇、个性化等，表现为对社会发展和自身能力充满信心。

阅读资料 8-2

城市消费者群谱和消费态度

埃森哲从 2014 年至今对中国消费者进行了较为详细的调查，并撰写了中国消费者洞察系列报告。埃森哲《新消费 新力量》对城市消费者进行了 8 种分群刻画（8 种分群中，不包括家庭年平均人民币收入不足 4.5 万元和年平均收入大于 60 万元的家庭）。不同的消费人群在消费中占比不同，其消费也各有特点，如图 8-4 所示。

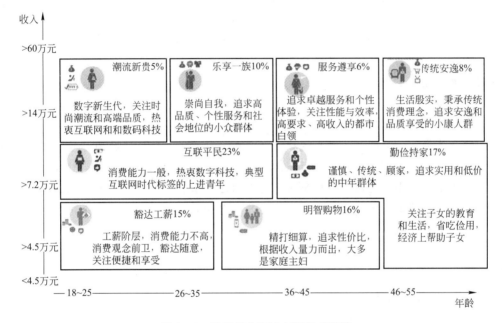

图 8-4　埃森哲主流城市消费者群谱

埃森哲还综合性别、年龄、地区、收入层次，同时从消费者态度定义了 8 个维度。整体来看，消费者数字行为活跃程度与收入成正比。这里的关键洞察是，在数字时代，年龄的差异成为主要鸿沟，这便形成了显著的"代际消费"现象。

表 8-7　消费者的消费态度

消费态度	特征	年龄热图
愿意花	花费意愿强烈，预计增长	80 后、90 后非常活跃；70 后比较活跃
享信用	愿意将个人信用在额度上、时间上充分利用	90 后少部分
常月光	消费观念超前，消费倾向吃光用光	90 后活跃；80 后少部分
爱尝鲜	喜欢尝试新产品或服务，走在潮流前端	80 后活跃；90 后比较活跃；70 后少部分

续表

消费态度	特征	年龄热图
重个性	自我主张鲜明，倾向定制化产品和服务	80后、90后非常活跃；；70后少部分
重体验	产品固然重要，更看重购买过程的体验	80后、90后非常活跃；70后、60后及更大年龄比较活跃
要便利	愿意为购买过程更为便利买单	80后、90后非常活跃；70后、60后及更大年龄比较活跃
社交购	购物不仅仅是购物，还是社交生活的副产品	80后、90后比较活跃

无论哪种类型的消费者，都是在买什么、何处买、为何而买及购买后的社交反思等方面有着更为成熟与精明的思考，从而形成了五大消费新特点。

（1）两线买：消费者对于网购还是逛店的倾向性选择已难分伯仲，爱网购也爱逛店。值得一提的是，精明的数字消费者喜欢货比三家，但也愿意为节约时间而埋单。

（2）购物社交化：社交媒体黏性的增强，让购物甚至成了社交的副产品；而社群中的兴趣圈更是成为了消费的新推手。

（3）体验至上：对于消费者而言，购物买的不仅是商品，更是一种体验。既包括商品本身带来的体验，更包括从购买动机到完成下单甚至再购买的全流程消费体验。

（4）健身消费：运动健身已成为最新生活方式。当我们在谈论健身的时候，其实是在谈消费。调研显示，消费者学历越高，收入越高，越愿意为运动投资时间与金钱。

（5）拥抱价值经济：收入的增加和消费的便利给冲动消费提供了沃土，也带来了闲置物品的增多。越来越多的消费者希望物品可以更有价值地被使用。这既是一个消费的时代，也是一个反省消费的时代。

8.2.3 科学技术因素

科学技术是第一生产力，是人类文明的标志，是一种由生产决定的社会活动，也是一种生产实践经验和社会意识的结晶。科学技术的进步为人类创造了巨大的物质财富和精神财富。当今世界，现代科技的突飞猛进，为社会生产力发展和人类的文明开辟了更为广阔的空间，有力推动了社会和经济的发展。尤其高新技术及其产业已经成为当代经济发展的龙头产业。计算机、通信、新材料等高新技术发展，促进了高科技企业的迅速增长，极大地提高了我国的产业技术水平。科学技术的进步和普及，为人类提供了信息交流和传播的平台与新手段，广播、电视、电影、录像、网络等已深入到人们的日常生活中，成为不可或缺的信息载体。一方面，更新了人们的各种观念，丰富了人们的物质和文化生活；另一方面，消除了时空限制，加快了信息的传递，使得广泛交流成为易事。利用手机网络进行沟通，手机购物、手机支付等就是科技发展的很好体现。

科学技术因素对消费者行为有以下主要影响：科学技术引领消费时尚；科学技术因素对消费者行为可以进行根本性改变；科学技术影响着消费者的价值观、消费观等观念；科学技术的发展打破了时空界限，减小了人们的距离感；科学技术的发展，促进了群体、个人间的沟通，人们的学习能力大大增强，各群体具有文化趋同趋势。

8.2.4　政治法律因素

政治法律因素主要包括政治制度、国家政策与法律法规三方面。国家、政府、社会团体、组织等利用政治法律环境，在宏观上规范、约束和影响生产者、消费者的行为。

1. 政治制度

政治制度是指一个国家或地区的政权组织形式及相关制度。政治制度对消费者的消费方式、消费观念、消费内容、消费行为有很大影响。为了更有效地规范消费者的消费行为和经营者的经营行为，国家通过制定政策和法律法规来实现。当今，人们的生活方式消费观念与消费行为有较大的自由度，现代文明的政治制度环境下，人们的生活方式、消费行为、消费观念自由度也较大。

群体成员科学的、健康的、正常的、合理的消费方式与消费行为受到国家鼓励，而那些不健康、不合理、违反社会道德标准与社会公众利益的消费方式与消费行为，则会加以反对和限制，甚至禁止。

在一定的政治制度下，国家通过政策和法律法规规范消费者的消费行为，也规范和约束市场经营行为。因此，政治制度对消费者购买行为必然产生重要的影响与制约。

2. 国家政策与法律法规

国家政策与法律法规主要是以政策与法律法规的形式对消费者的消费行为进行规范，进行共有消费观念教育，指导消费者现阶段消费过程中真正了解国家倡导什么、反对什么，满足消费者需求，提高消费者的生活质量。国家政策、法律法规对消费者的影响表现在以国家强制的方式对其消费行为进行规范。各不同的国家、民族有不相同的政策法规。

1）宏观调控需要有国家政策和法律法规的保障

《中华人民共和国消费者权益保护法》《中华人民共和国价格法》等法律规范了市场，增强了消费者的信心，使消费者的购买活动受到法律保护。还有一些政策，也规范或强制规范着消费者行为。

2）新兴市场的出现需要国家政策和法律法规的规范

信息产品、电子商务、电子签名、电子支付、虚拟环境等这些近年来出现的名词，正在逐渐走入广大消费者生活中，丰富了人们的生活，使消费者的购买更便利，实现了不出家门、以手指代步进行购物。在一定的社会环境下规范新兴市场显得很有必要，除了行业规范，国家政策和法律法规的规范更为有效。

8.3　微　观　环　境

微观环境主要包括个人、家庭、参照群体。微观环境是消费者购买的主体环境，对消费者有最直接的影响。

8.3.1 个人与消费行为

消费者的行为受到若干个人因素的影响。这些个人因素包括年龄、性别、职业、生命周期的各个阶段、个人经济情况、个人的生活形态、个性以及自我意念等。

生活形态（life style）通常是指人们所遵循的生活方式，包括使用时间和花费金钱的方式，主要通过消费者活动、兴趣和观念体现出来。消费者活动包括工作、嗜好、购买活动、运动和社会活动等；消费者兴趣包括食品、服装、家庭、休闲等；消费者观念主要是关于自己、社会事物、商业和产品等的意见。通过一个人的活动（activity）、兴趣（interest）和意见（opinion）可以看出其生活形态，因此生活形态可用 AIO 来表达，其主要构成见表 8-8。

表 8-8 AIO 的主要构成

活动	兴趣	意见	人口变数
工作	家庭	自己	年龄
嗜好	家事	社会问题	教育
社会事件	职务	政治	经济状况
度假	社会	商业	职业
俱乐部会员	流行	教育	居住环境
娱乐	休闲	经济	家庭人口
社区	食物	产品	地理区域
逛街购物	媒体	未来	城市大小
运动	成就	文化	生命周期阶段

来自相同的次文化、社会阶层或职业群体的人们，也可能有不同的生活形态。如有人选择游山玩水，自由自在；有人选择努力工作，追求成就。认真研究生活形态，可以帮助营销人员了解变化中的消费者的价值观，把握消费者购买行为的方式。

研究消费者的各种特征，根据消费者个人差异性的购买行为，企业可以有针对性地研发、制作、销售产品。

8.3.2 家庭与消费行为

家庭的简单概念是由居住在一起的两人或多人组成，具有血缘、婚姻、收养等关系的群体。西方学者将家庭看成是不同的 3 个阶段，即基本家庭阶段、核心家庭阶段、扩大家庭阶段。基本家庭阶段通常是由夫妻两人组成；核心家庭阶段是由夫妻和孩子组成，核心家庭中孩子是具有合法关系的自己的或收养的孩子；扩大家庭阶段则包含了核心家庭成员和一到两名长辈或其他长期居住在一起的成员。图 8-5 是影响消费行为的家庭因素，主要有家庭结构、家庭生命周期、家庭决策者等。

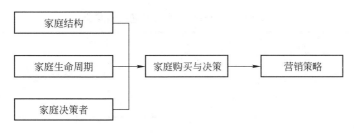

图 8-5　影响消费者行为的家庭因素

1. 家庭结构

家庭通过家庭文化，将特定社会观念和行为方式传达给下一代，在孩子社会化的过程中担当着重要的角色。家庭除了对购买和消费方式等消费行为有直接的影响外，还强烈地影响着人们的生活态度和技能。家庭在任何社会文化中都很重要，家庭是个人青少年时期全部的生活空间，是接触社会的第一环境。个人的价值观、理念、态度等的形成，可以说全部来自家庭，并伴随家庭的学习、成长而进步和更新。家庭中孩子的许多行为是通过家庭的教育、对长辈的模仿而形成的。

家庭结构包括家庭人口要素和家庭模式要素两个基本方面。家庭人口要素是指家庭规模大小，即家庭由多少人组成；家庭模式要素是指家庭成员相互之间怎样联系，联系方式不同形成不同的家庭模式。核心家庭已经成为各国家庭的主要模式；除核心家庭外，还出现了单亲家庭、单身户等其他家庭模式。在东方多数国家，还有一定数量的扩大家庭模式。随着社会的发展和人们生活方式的改变，扩大家庭模式总体在减少。

中国人口与发展研究中心把家庭模式分成表 8-9 中的 6 类，2014 年家庭发展报告中我国家庭结构情况如表 8-10 所示。

表 8-9　我国的家庭模式

家庭模式	家庭亚模式	含　义
核心家庭：夫妇及其子女组成	夫妇核心家庭	只有夫妻二人组成
	一般（标准）核心家庭	一对夫妇和其子女组成
	单亲家庭	夫妇一方和子女组成
	扩大核心家庭	夫妇及子女之外加上未婚兄弟姐妹组成
直系家庭	二代直系家庭	夫妇同一个已婚儿子及儿媳组成，或女儿及女婿组成
	三代直系家庭	夫妇同一个已婚子女及孙子女组成
	四代直系家庭	户主夫妇与父母、儿子儿媳及孙子女组成
	隔代直系家庭	三代以上直系家庭缺中间一代
复合家庭：父母和两个及两个以上已婚儿子、孙子女组成	三代复合家庭	由父母、儿子儿媳和孙子女组成
	二代复合家庭	父母和儿子儿媳或两个以上已婚兄弟和其子侄组成
单人家庭		户主一人独立生活
残缺家庭		没有父母只有两个以上兄弟姐妹组成
		兄弟姐妹之外再加上其他有血缘、无血缘关系成员组成
其他		户主与其他关系不明确成员组成

表 8-10 2014 年我国家庭结构情况

核心家庭	59.5%	单人家庭	14.4%
直系家庭	24.2%	其他	0.1%
复合家庭	1.8%		
合计		100%	

家庭类型核心化、家庭规模小型化，是我国乃至世界的家庭发展特征。家庭结构的变化，给市场带来非常大的影响。这意味着方便用品、公共设施需求增大；高档家具、运动娱乐、休闲旅游、奢侈品等的巨大需求凸显。家庭人口数小型化，为房地产、汽车、教育、旅游等带来更多的机会。营销者要从市场营销的各个环节改进，注重消费者的需求和体验。

2. 家庭生命周期

很多商品的需求与年龄关系很大，如人们对食品、服装、家具与休闲活动的兴趣。同样，购买活动与家庭生命周期也有着重要的关系。家庭生命周期概念是由美国人类学学者 P. C. 格里克首先提出来，家庭生命周期指的是一个家庭从诞生、发展直至死亡的运动过程，反映了家庭从形成到解体的变化规律。一个典型的家庭生命周期可以划分为形成、扩展、稳定、收缩、空巢与解体 6 个阶段。如果再考虑单亲家庭和无子女家庭，就形成了表 8-11 中的多个阶段的家庭生命周期。企业选择目标市场也要考虑家庭生命周期，分阶段开发合适的产品。

表 8-11 家庭生命周期阶段

阶段	状态		对应周期阶段	
青年	单身		青年单身期	
	结婚	无孩子	家庭形成期	形成阶段
		有孩子	家庭成长期	扩展阶段
	离婚	与孩子不在一起 与孩子在一起		
中年	单身		中年单身期	
	结婚	无孩子	家庭形成期	形成阶段
		有孩子	家庭成长期、子女教育期	稳定阶段
		孩子已独立	家庭成熟期	
	离婚	无孩子		
		有孩子	子女教育期	
		孩子已独立	家庭成熟期	收缩阶段
老年	结婚	孩子没独立		
		孩子已独立	退休养老期	空巢阶段
	离婚	孩子没独立	家庭成熟期	收缩阶段
		孩子已独立	退休养老期	空巢阶段
	未婚或丧偶		家庭解体期	解体阶段

以下主要以我国家庭为例说明家庭结构对消费行为的影响，分成 7 个时期，对应的家庭

阶段见表 8-11。

1) 青年单身期、中年单身期

青年单身期主要是指已长大成人但尚未结婚者。国外大多称为单身家庭；我国这个时期的青年大多与父母共同生活，有收入的也还生活在原有家庭。青年单身期几乎没有经济负担，但消费支出较大。

中年单身期收入相对稳定，具备一定的消费能力，注重休闲娱乐、社交等，对生活品质要求较高。与单身青年相比，其消费更加感性化。

这部分单身消费者的最大特点是：以自我为中心的消费观，以表现自我为目的的消费心态，个性特征和爱好表现突出，在交往中易表现大方、慷慨、阔绰的炫耀心理。消费观念紧跟潮流，注重娱乐产品和基本的生活必需品的消费，注重产品的品牌，舍得花大钱以满足自己的爱好。在我国目前，青年单身期消费者，收入大多用于储蓄或购买预期消费品，消费弹性大，稳定性较差，是营销者最好的销售目标人群，特别是即将结束单身生活的消费者，对未来家庭的向往和高的消费需求，与父辈消费者形成鲜明的对比。

2) 家庭形成期

主要是指已婚但尚未养育子女的青年夫妻家庭，是家庭的主要消费期。这一时期，拥有了独立的家庭和独立的经济支配权，由于父母尚有工作能力，是经济状况较富裕的时期，具有较强购买力和大需求量。

这个时期的消费者的特点是：以小家庭或以夫妻为中心的消费观，以浪漫、时尚、发展为目的，以炫耀为主的消费心理，注重衣着、化妆、家庭美化等，以精神消费为主流，耐用消费品的购买量高于其他阶段。此外，为了提高生活质量，往往需要较大的家庭建设支出，如购买一些较高档的用品。在购买过程中注重生活质量，买家用轿车注重适用、美观、个性，购买服装时注重时尚、新、奇、美等。

3) 家庭成长期

主要指自子女出生至子女上中学时期，还可以进一步分成 6 岁以下孩子家庭和 6 岁至孩子上中学时期。处于家庭成长期家庭的经济负担开始加重，生活的主要来源是工资的家庭更为突出。6 岁以下孩子家庭的消费者，生活必需品需求量大，还要购买一些大件商品，孩子入托、学习费用逐渐增加，常常感到购买力不足。

这个时期的消费者的特点是：以孩子为中心的消费观，以家庭的基本需求和孩子的需要为目的，表现为务实的消费心理，注重儿童教育，期望未来得到高的回报。购买过程中浪漫色彩的消费已大大减弱，对孩子的关注度明显增加，对广告宣传的新产品有较强烈的兴趣。

6 岁至孩子上中学时期的家庭，消费者一般经济状况好转；伴随年龄和知识的增长，消费观念日趋成熟，消费慎重，广告宣传对该时期的消费者影响不大，具有比较稳定的购买习惯，购买"合适"的商品，教育消费所占比例仍较大。

4) 子女教育期

主要指子女在中学、大学读书的家庭时期。家庭成员相对稳定，家庭的最大消费是教育、保健医疗费、生活用品。孩子进入非义务教育阶段，需要支出的孩子教育和生活费用急剧增加，家庭经济负担再次加重。

这个时期的消费者的特点是：以孩子教育、家庭成员健康为中心的消费观，以提高家庭的生活质量为目的，表现为追求品质、高性价比、求实的消费心理，注重家庭整体利益，以健康消费为主流，以孩子为中心的消费观逐渐淡化，储蓄意识增强。

5）家庭成熟期

一般是指子女参加工作到家长退休为止这段时期。处于家庭成熟期的家庭个人工作能力、工作经验、经济状况都达到最佳状态，子女已经成年并且有一定的经济收入，家庭消费以消费品、健康保健、休闲旅游为主。

这个时期的消费者的特点是：以家庭成员的健康保健为中心的消费观，以享受生活为目的，表现为追求健康、和谐和品质的消费心理，仍然注重家庭总体利益，可能购买娱乐品和奢侈品，但对新产品不感兴趣，也不注重广告宣传。

此外，还有一种特殊家庭时期，即上了年纪但有未成年子女需要抚养的家庭时期。这一时期家庭经济状况尚可，消费习惯稳定，良好经济状况的家庭可能购买富余的耐用消费品。

6）退休养老期

退休养老期是指退休以后，子女已独立生活的时期。这一阶段消费者收入大幅度减少。家庭经济状况较好的，消费观念往往表现为两种不同类型：一种是继续以子女甚至下一代子女为消费重点，另一种是以自身存在价值为消费重点。以子女甚至下一代子女为着眼点的消费支出比例与家庭成熟期以前时期相比减少；以自身存在价值为着眼点的消费多以舒适、营养、健康保健为标准。家庭经济状况较差的，则集中于生活必需品的消费。

这个时期的消费者的特点是：保守、谨慎消费，健康理念，以生活必需为主，必要的医疗支出。

7）家庭解体时期

家庭解体时期是指夫妻一方去世，或生活自理能力极大下降，进而转向对子女的依靠的家庭时期。这一时期，除了日常生活消费外，有经济来源的老人以嗜好性消费为主；自身生活能力不足的，则购买能力大大下降甚至消失，消费水平很低。

这个时期的消费者的特点是：以吃和健康保健为主，穿和用消费降低，关注生命，满足嗜好心理。如许多老年人养花、养鱼、养鸟或读书、作画、书法、收藏等，修身养性，安度晚年。

每一个家庭由于民族、文化、消费习惯等不同，在消费行为上存在很大差异，但从一个家庭的组建到解体的家庭生命周期过程，有其共同特征。家庭随着家庭组织者的年龄增长，而表现出明显的阶段性，并随着家庭组织者生命的消亡而消亡。家庭生命周期的变化所反映出的心理特征及购买与消费的特点和规律，对企业细分市场、确定目标市场具有重要的意义。

3. 家庭决策者

1）理论上的家庭角色

家庭是社会中最重要的消费者购买群体。家庭角色主要是指在家庭购买决策中，家庭成员责任和地位不同，扮演不同的角色。根据角色位置，分为倡议者（也是信息收集者）、影响者、决定者、购买者和使用者。图8-5是儿童商品的购买决策过程，图8-6是美国学者调查得到的服务购买中家庭成员的决策及角色。

家庭购买活动中5种不同角色是家庭角色自然分工的结果，是由社会因素、自然因素、收入水平、成员自身的观念和个性心理特征等形成的，是一种有意识地、自觉地对家庭责任

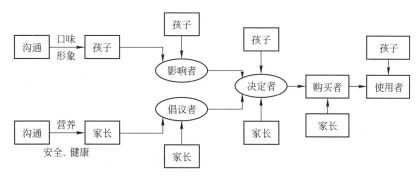

图 8-6 儿童商品的购买决策过程

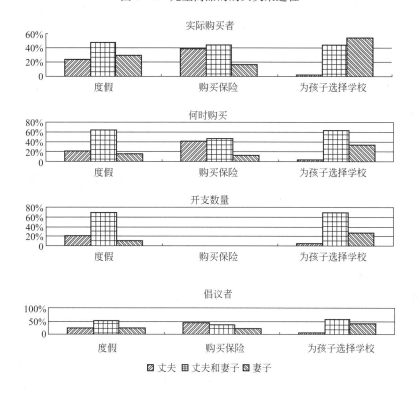

图 8-7 服务购买中家庭成员的决策及角色

的承担。倡议者也称为信息收集者，是指家庭中首先提出或想要购买某种商品或劳务的，对某项购买具有专长和兴趣的家庭成员；影响者是对最终购买决策有直接或间接影响的家庭成员，如对评价选择、制定购买标准等有影响力；决定者是最终决策购买与否的家庭成员，也可能是成员共同决策；购买者是指实际从事对商品或劳务购买的家庭成员；使用者是指产品或劳务的使用成员，也可能是多个成员。

家庭购买与生活方式有很大关系。研究表明在美国，大多数妻子是家庭购买活动的主要购买者；随着妇女工作比例的增大，丈夫在购买活动中的角色也在转变。如轿车购买45％的是妻子做主，40％的食品购买是丈夫付款。但不同国家或社会阶层情况会有所不同。

2）现实中家庭角色的变化

现实生活中家庭成员的角色和消费行为表现并没有理论上那么严格的界限。我国的家庭消费角色变化主要有以下四种。

（1）购买中的角色与行为。家庭购买中，男性消费者和女性消费者所关注和擅长的活动差异明显，一般来说，耐用消费品的购买大多由夫妻双方共同协商决定。购买过程中，男性更多注意的是产品质量、产品性能、产品的实用性，女性更多注意的是产品的品牌、外观、色泽等。家庭中女性多承担日常生活用品的购买，并以其对审美、服饰等较强的意识，所以也是家庭服装和纺织品的主要购买者；而五金、电器、汽车等耐用消费品的购买则以男性占多数。

（2）购买中的个性特征与行为。家庭购买活动中夫妻个性特征有较大的差异。由于性别、年龄、个人经历、遗传、后天环境影响的不同，形成不同的观念、兴趣、爱好、态度和能力，消费行为有不同的表现。

（3）决策角色与行为。家庭购买决策中决策成员不同，呈现出不同的购买行为。

① 丈夫决策型。在有较强中国传统的家庭中常见的购买决策由丈夫决定。传统观念较强，家庭的主要经济来源以丈夫为主，也可能是丈夫的购买能力高于妻子。这类家庭，男性的购买行为，很大程度上就是家庭的购买行为。

② 妻子决策型。购买决策由妻子决定。家庭收入高，消费已成为家庭的主要话题，或者妻子是主要的家务承担者，还有可能是妻子的购买能力远高于丈夫。这类家庭，女性是家庭购买行为的代表。购买时动机性较强，表现出随意性购买或精明性购买行为。

③ 共同决策型。由家庭成员共同协商决策，是我国城市家庭较为普遍的决策类型。家庭成员关系融洽，思想开放，能适应时代潮流。这类家庭有良好的协商环境，购买决策较全面、慎重、理智。

④ 夫妻自主决策型。夫妻双方各自决策，互不干预，双方经济相对独立，是家庭收入较宽裕的开放型家庭。这类家庭，消费购买中有较强的随意性和自主性。

（4）独生子女家庭的角色特点与行为。我国目前有许多独生子女家庭，尤其是大中城市。这类家庭消费与传统消费有着根本的变化，过度消费倾向明显，以儿童消费为中心，儿童积极参与家庭购买决策的消费特点明显影响着市场和消费行为，也影响和改造着儿童的消费观念。如儿童在消费场所，以自己的喜好选择商品，有时甚至以威胁的方式获得购买许可，儿童的这种消费心理主要是儿童角色主导化造成的。此外，独生子女家庭的现期消费行为将在很大程度上影响子女未来的价值观念、消费观念。家庭为子女创造了舒适、无忧无虑的生活环境，孩子在家庭中享受着特殊的地位和待遇，随着独生子女们年龄的增长，就会逐渐形成一种无形的优越感，盲目攀比心理增强，少有求实、务实心理，极大地影响了家庭中子女的未来消费观念及消费行为，对未来市场的变化起推动和改变作用。

4. 家庭消费的特征

家庭是消费市场的重要消费者，市场营销者了解家庭消费的特征，有的放矢地生产、销售产品。家庭消费具有以下特征。

1）家庭消费的阶段性

家庭具有生命周期。随着家庭生命周期的发展变化，消费者的购买心理、购买行为随之调整、变化。这种调整变化表现出明显的阶段性。如家庭形成期以购买高档消费品、潮流商品、个性商品为主流；家庭成长期和家庭成熟期主要以家庭整体消费为主，我国多以孩子为消费中心，教育消费、儿童消费所占比例大；家庭退休养老期和家庭衰退期，消费下降，以日常生活、健康为主。

2）家庭消费的稳定性

家庭的消费具有稳定性特点。不同家庭的同一阶段具有较为相同的消费特征；同一家庭的不同阶段，在每个阶段中消费相对稳定；社会政治、经济、法律等环境促成家庭关系的稳定，促进了家庭消费的相对稳定。

3）家庭消费的遗传性

每一个家庭都归属于某一民族、社会阶层，每个民族都有本民族的特有文化、宗教信仰，由此形成具有家庭特色的消费观念和消费习惯。这些消费观念和消费习惯，在家庭日常消费行为中潜移默化地由老一代传给下一代；当子女组建自己的家庭或者脱离原有家庭时，其消费行为必然带有原家庭消费特征的烙印，形成家庭消费的遗传。

8.3.3 参照群体与购买行为

参照群体的概念最早是由美国社会学家海曼于1942年提出的。参照群体又称参考群体、标准群体，是指那些作为人们判断事物的标准或仿效的群体，是人们在决定其行为和态度时所参照的群体。美国心理学家米德把参照群体说成是个人的"内在中心"，因此，参照群体可以是一个实际存在的组织，也可以是虚拟或想象中的群体。如文艺或影视作品中的某些形象，往往会成为消费者心目中的参照群体，这个参照群体就属于"内在中心"群体。

1. 参照群体的功能类型

在很多情况下人们消费什么和不消费什么，是根据我们所仰慕的人的消费行为来决定的。例如，过去青年人所崇拜的偶像形象是小分头、喇叭裤，年轻人也跟着小分头、喇叭裤。今天青年人的偶像们变成了彩色头发、个性着装，彩色头发个性着装已成了普遍现象。这就是参照群体的作用。

1）参照群体的功能

其一是规范功能。当人们以参照群体的行为标准和模式作为自己行动的标准，体现的就是规范功能。

其二是比较功能。当与参照群体的行为是相互比较，然后进行高低优劣之评价，体现的是比较功能。人们把某一群体视为自己的参照群体，就会以该群体的目标、理想、愿望、价值判断、伦理观念、行为标准和生活方式要求自己，常将自己的行为、态度与参照群体规范加以对照，并修正自己的行为、态度。

2）参照群体的类型

参照群体可以有不同的分类标准。

（1）根据是否为其中的成员，把参照群体分为隶属参照群体和非隶属参照群体两类。是其中一员的是隶属参照群体，不是其中一员的是非隶属参照群体。

（2）根据情感吸引力和吸引方向，把参照群体分为积极参照群体和消极参照群体。从正面上有强吸引力的为积极参照群体，反之为消极参照群体。吸引力指某一群体的成员资格受到个人仰慕的程度。仰慕有积极也有消极，因此有着积极参照群体和消极参照群体。如我国的 90 后消费者，为了更说明自己的成长，避免购买使用他们认为属于青少年使用的产品。

（3）将以上两种标准综合，得出回避性参照群体、渴望性参照群体、否认性参照群体、接触性参照群体等 4 类参照群体，如图 8-8 所示。

图 8-8　综合标准群体类型矩阵

图 8-8 中回避性参照群体是指不具有其成员身份并力图回避的群体。回避性参照群体不仅不会对消费者的态度和行为取向起示范作用，反而会从反面的角度起衬托作用，唤起消费者的优越感、荣耀感和满足感，使消费者获得心理平衡。

否认性参照群体是指消费者客观上是群体的一员，主观上却力图否认隶属该群体。有许多身处社会底层或边缘的消费者，力图掩饰自己的真实身份，常常模仿比他们地位更高的群体和阶层的消费行为。

接触性参照群体指的是群体成员隶属其中，主观上认同并与之频繁接触的群体。因接触强度不同，又进一步分为强接触性参照群体（也称为首要群体）和弱接触性参照群体（也称为次要群体）。接触性参照群体是群体中对消费者的消费影响最大的，主要是群体成员在相互交往中通过有关消费产品的信息传播，影响群体成员的消费选择和购买行为。此外，群体成员之间的接触，在消费情趣、品位、偏好等方面相互影响，导致群体内部的消费趋同现象，同时也形成了不同社会阶层、不同年龄、不同性别等在消费行为上的差异。接触性参照群体通过成员间消费行为的评判，构成了个体消费行为的群体压力。

渴望性参照群体是指不具有成员身份的追随者渴望加入或仿效的群体。渴望性参照群体比其追随者具有更高的社会地位、良好的声誉或品位，可能成为消费者心目中行为的模特，对其追随者具有示范和影响作用。群体之间的交流通过现代媒体实现，渴望性参照群体的生活方式、社会地位、声望等通过电视、网络等与消费者交流，对消费者的消费欲望产生强烈的刺激作用。如明星就是许多消费者特别是年轻人的渴望性参照群体，追随者在消费上有可能模仿明星的一举一动。营销者抓住消费者的这种心理，产品选择"明星代言""明星广告示范"等，吸引消费者的眼球。

2. 参照群体对消费过程的影响

1）参照群体对消费过程的影响

如果你现在看一看班上同学的衣着，你会奇怪地发现，同学中除了性别差异而导致衣着差异外，大部分人着装十分相似。假设今天有一位男生，穿一套西装来上课，你会怎么想？是应聘还是有活动吧？这是不是基于参照群体的影响而出现的从众心理呢？回答是肯定的。虽然全班同学和群体保持一致的衣着行为是无意识的，但群体规范和群体角色发挥了作用。参照群体对消费行为有着深远影响。在信息传播和消费者消费过程中，对其有影响的主要参照群体有家庭、朋友和正式社会群体等。

在消费者购买过程中，购买商品的不同参照群体也各不相同（图 8-9）。

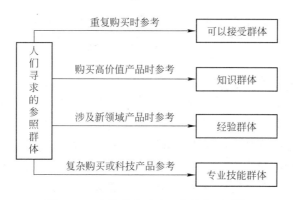

图 8-9 消费者购买过程中的参照群体

家庭是一个非常重要的参照群体。家庭成员在一起生活，彼此有着相当固定的关系，经常进行面对面的交流，家庭角色的变化制约和影响着消费过程。

朋友是人类寻找和保持友谊的基本驱动力之一。朋友参照群体是归属需要的一个重要方面，朋友参照群体容易在消费过程中产生从众心理，带动群体内部成员的趋同性消费习惯。

有明确的目标和固定的组织形式的群体称为正式参照群体，如学校、单位等。由于具有目标和行为规范，正式参照群体会对群体中的成员形成规范压力，也是一种从众行为。

2）参照群体的影响方式和程度

参照群体对其成员的影响主要有信息性影响、规范性影响和价值表现上的影响。不同参照群体其影响程度也不相同。表 8-12 列出参照群体对产品和品牌的影响（详细可见第 7 章内容）。

表 8-12 参照群体对产品和品牌的影响

公众的	公众必需品 参照群体对产品的影响：弱 参照群体对品牌的影响：强 例子：手表、汽车、男人的服饰	公众奢侈品 参照群体对产品的影响：强 参照群体对品牌的影响：强 例子：高尔夫球俱乐部、滑雪、游艇
私人的	私人必需品 参照群体对产品的影响：弱 参照群体对品牌的影响：弱 例子：床垫、落地灯、电冰箱	私人奢侈品 参照群体对产品的影响：强 参照群体对品牌的影响：弱 例子：电视游戏、垃圾粉碎机、制冰器

8.4 中观营销环境及消费者行为

这里的中观环境主要指营销情境和产品使用及用后评价。营销情境是指在一个具体场合下，与消费者相关的所有人、事、物，以及它们之间的关系，这些加在一起就叫情境。情境影响主要是物质环境、社会环境、时间观、购买任务和先前状态 5 种类型，并广为人们所接受。在很多情况下，情境特征会影响个人对消费或既定消费的理解。例如，孤独、饥饿、当时的情绪等一些暂时性个人特征及个人可支配的时间，还有消费时的温度、人数及特点、信息传播和处理、外界的干扰等外在环境特征，都会影响个体对既定消费的理解。对中观营销环境的分析，对把握消费者既定消费有非常重要的意义。

8.4.1　消费者情境的类型

消费者情境一般有沟通情境、购买情境、使用情境。

沟通情境是消费者在接受人员或非人员信息时所处的背景或情境。沟通情境影响沟通效果，沟通效果决定消费者的购买意向和行为。通常，人员沟通是指消费者亲临购买现场与销售人员进行信息交流，如在销售现场讨价还价等。非人员沟通主要指信息通过各种媒介与消费者的交流，如广告通过电视、报刊、网络传播，还可能通过路牌或电子屏传播，传播过程中，情景变化对广告的有效性影响重大。

英国研究人员在癌症研究会的资助下，曾对不同国家的香烟盒健康警示标识进行了调查。调查发现，加拿大采用的图形标识的警示效果最佳；美国仅在香烟盒侧面采用文字标识，警示效果最差。采用以肺病、口腔癌和动脉充血为主题的健康警示图形能促使更多烟民戒烟，健康警示标识内容必须定期更换才有效。香烟盒上健康警示标识，根据设计风格和内容的新鲜感不同，其警示效果不同、标识越大、图形越生动，烟民戒烟的可能性就越大。图形标识最能让吸烟者联想到吸烟带来的危害并由此可能放下手中的香烟。

购买情境是消费者在购买或获取产品时所处的情境，是消费者购买行为的直接影响因素。

使用情境是指消费者在使用产品时的情景。如果使用情境和购买情境一致，消费者满意；如果使用情境与购买情境不一致，消费者则出现消极情绪。

8.4.2　营销的物质环境

物质环境是指消费者购买时的地理位置、气味、灯光、音响、气候、商品周围的物质、店铺的名称等。消费者的购买行为通常在一定的购物场所或环境中得以实现。购物环境的好坏对消费者购买时的心理感受具有多方面的影响。这里研究的购物环境是指营销的物质环境，即店铺销售形式、店铺内外环境设施等硬件系统。在网购盛行的今天，网络店铺的环境也同实体店铺一样，是影响消费行为的因素。

美国购物点广告研究所对美国和加拿大一些消费者调查，分析其无具体计划的购买所达到的程度。图 8-10 表明，大多数消费者是在进入消费场所之后才作出购买何种商品或品牌的决定的。因此，不仅要激发目标市场的购买欲望，还要努力影响潜在消费者的店内决策。通过设计购买环境，最大限度地激发消费者计划外购买。

消费者在购买现场由于多种因素的影响，有时表现出冲动性购买行为，即非计划性购买。从图 8-10 中看出，消费者在进店之前已经决定了所要购买的具体产品与品牌（具体性计划购买），只有新鲜水果与蔬菜改变很小；进店之前已经决定购买的某类产品（一般性计划购买）和替代购买的商品，是感冒药、牙膏牙刷、面部化妆品；非计划购买和店内决策的商品所占比例较大，尤其是急救产品、报纸杂志等；相反，新鲜水果与蔬菜店内决策较少。这也说明了购买环境的重要性。

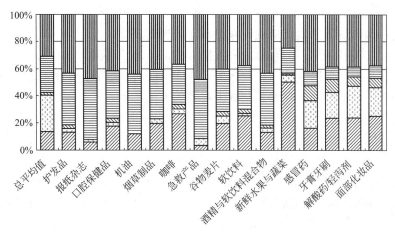

☑具体性计划购买 ⬜一般性计划购买 ◪替代购买 ⬛非计划购买 ⬚店内决策购买

图 8-10　消费者购买行为的改变

1. 商铺的类型及招牌的影响

今天，销售方式趋于多元化，除了有商铺销售外，直销、邮购、电话订货、网上购物等无商铺销售方式也迅速发展。但是，商铺销售因其品种繁多、功能齐全、现场选择、综合服务、满足多方面需要等优势，仍占据重要地位，是消费者选购商品的首要渠道。消费者购买活动中的物质环境对其心理与行为的影响，主要体现在商铺的内外环境上。商铺的类型与招牌属于商铺的基本外部环境。

1) 商铺的类型

我国曾在 1998 年 7 月将零售业商店分为百货店、超级市场、大型综合超市、便利店、仓储式商场、专业店、专卖店、购物中心 8 类。西方发达国家与我国的分类略有不同，将商铺分为专用品商店、百货商店、超级市场、方便商店、超级商店、联合商店和特级商场、折扣商店、仓储商店、产品陈列室推销店 9 类。还有其他商铺分类的方式，如按经营规模分为大型、中型、小型商铺；按经营种类分为综合商店、专业商店；按经营方式分为百货商店、超级市场、连锁商店、货仓式商店、便利商店；按经营商品及购物环境的档次分为高档精品店、中低档大众商店等。各种不同的商铺类型从经营的产品、经营的花色品种、商铺规模、营业时间和营业面积、服务方式等方面都有区别，可以满足不同消费群体的求全心理、选择心理、安全心理及享受心理等多方面的心理需求。不同的商铺类型，能适应各种职业收入、社会阶层的消费者的心理特性，吸引大多数消费者。

购物中心以其上乘的服务、多元化经营为特征，是消费者集中选购多种商品、了解市场信息、享受购物乐趣的主要场所。如上海太平洋百货商店、北京燕莎百货商店、美国西尔斯商店、东京西武百货公司、巴黎春天等商店。

专业商店经营单一门类的商品，规格、款式、档次齐全，技术服务深入细致，因其专业化程度高而见长，能更好地满足消费者对某种特定商品的深层需要。如消费者选购汽车、眼镜、电器时，常首选专业商店。

高档精品店大多属于专卖店，以经营品牌、质量精良、价格昂贵的商品为主，以其豪华的环境设施和高水准服务而见长，大多与世界知名品牌生产企业相结合，以专卖店的形式出现。这类商店的服务对象主要是高收入阶层、社会名流等，适应其财富、身份、社会地位的心理要求。如 Louis Vuitton（路易·威登）、Armani（阿玛尼）、Versace（范思哲）等，满足部分消费者求名、炫耀的购买动机，赢得稳定的消费者群。

超级市场因其敞开货架、顾客自选的售货方式，使消费者具有亲自选择、商品比较、亲身体验的效果。超级市场提供的参与和体现自身能力的机会，满足了消费者在购买过程中的参与感及主动性、创造性的心理需要，减少与销售人员产生人际摩擦的可能性，因此是消费者特别偏爱的商铺形式。

仓储式商场是一种以大批量、低成本、低售价和微利多销的方式经营的连锁式零售企业。最早源于荷兰 1968 年创建的"万客隆"，不久风靡全球。1993 年在我国开始兴起就呈异军突起之势，如今已发展到上千家。如北京的物美商城、京客隆、普尔斯马特、家乐福、麦德龙等，实行品牌经营，自选自取，批量销售，突出质量，库店合一，通过推行会员制稳定顾客群，以微利多销的特点迎合了中低收入阶层求廉、求实的心理需要，对消费者具有强大的吸引力。

总之，商铺店类型不同，对消费者购买心理的影响也不同。消费者在购买活动开始之前，根据自身的消费需要和购买习惯，以适应和满足需要程度最高为准则，选择商店类型和实施购买的场所。

2）商铺的位置

不管何种类型的实体商铺，在空间上都有特定的位置，并与相邻位置的商铺相互作用和影响，共同构成一定类型的商业网络。

大的商业网络处于城市中心的繁华地区，交通便利、客流量大，经营类型多，以中高档为主，功能设施配套齐全，商品种类繁多，附有各种娱乐餐饮场所。这种商业网络可以同时满足人们购物、观光、娱乐、就餐等多方面的需要，对消费者有较强的吸引力。

区域性商业网点群和居民小区的商业网点群一般处于所在区域消费者集中居住区，空间分布广泛，小型、大众化是主要经营类型，经营与消费者关系密切的日常生活用品。区域性商业网点以其深入居民、便利生活、物美价廉、综合服务为优势，激发消费者方便、求廉的心理需要，利用消费者惠顾性购买动机，促成习惯性购买行为，以保持稳定的顾客群和销售量。

3）商铺的招牌与标志

（1）商铺的招牌。

商铺招牌包括招牌、幌子和匾额，既是店名装饰，又是广告招牌，还兼看板功能。招牌从一个侧面反映出商业文化的艺术蕴涵。此处招牌主要指商铺的名字和匾额，是用以识别商店、招徕生意的牌号。古人云："赐子千金，不如教子一艺；教子一艺，不如赐子好名。"一个设计精美、具有高度概括力和吸引力的商铺名称不仅能提高商铺的档次，甚至对商铺的整体经营都有所帮助。商铺招牌不仅便于消费者识别，而且可以形成鲜明的视觉刺激，对消费者的购买心理产生重要影响。

招牌的名称与消费者心理的符合性，即好的招牌名称应是便于消费者识别、上口易记、吸引住消费者的眼球，要适应和满足消费者信赖、吉利、好奇、慕名、方便等心理需要，以便吸引众多的消费者。

阅读资料 8 - 3

多样的招牌

在中国的传统理念中，商铺权衡招牌名称必定与一些吉祥字眼攀亲，像"瑞蚨祥"的"瑞""祥"就象征万事吉利；"全聚德"的"全""聚"寓意数量众多；"老正兴"的"兴"在于求生意兴隆；"谦祥益"的"益"象征发展顺利。诸如此类的商铺招牌曾经带动了整个文化价值体系的走向，是商家对商铺发展前景的期望。

在当代，商号却完全打乱了过去的传统理念，商家追求的不再是单纯意义上的吉利寓意，而是在商铺名称上费煞苦心，在招牌上争妍斗奇，为的就是在招牌上做出花样，营造出一种非日常感觉。招牌不求让人明白，求得是让人思考，看过招牌后能在大脑中反复思量，挥之不去，商家的目的就达到了——重复、记忆。在这样一个猎奇欲旺盛分泌的时代，商号实际上已经成为一种智力资产，无形中创造着点滴的价值。

虽然目前大街小巷的小商铺无不举着怪异的商号吸引眼球，中国文字的潜力在自由市场的鼓噪下大获解放，但总体来说，这些招牌还是具有一定共性的。

首先，商铺名称惯用一些特殊符号的结合法。现代的商家在组合招牌时喜爱将完全不着调的词组，或是数字、英文共同拿来使用，更像是对流行文化的仿制和挪用。例如一家招牌为"M 居"的家居用品小店，"M"代表英文"my"，中文意思为"我的"。如果用单一的中文措辞似乎并无什么新意，但中西结合，是否就会特别引人注目？还有类似于像"517 酒吧""风格热线 1950""No.9BAR"等符号的混乱组合，却带出非常规的文化想象。

其次，实事求是在当代也常被商家拿来标新立异。像位于东四大街的"471 号服装店"，三里屯的"No.52 酒吧"都是将商铺实际地址牌号进一步放大，作为商铺招牌，一方面，方便顾客轻松寻找到商铺位置，扩大了宣传；另一方面，在这场智力游戏中成功"出彩"。还有像"面爱面""OK 厅""爱眼""我爱我家"等以经营内容来直接命名的商铺，因为其针对性强，因此也受到很多商家的追捧。

再次，时下最常见的标新立异法。这一类商家的想法没有别的，就是一个字"奇"。没听过、想不到的字眼都可以从这些商号中找到，如"吼一吼""黑店""新浪漫主义""TM-SK"（透明思考）等招牌，也许人们看过后完全不知所云，更是对经营内容一头雾水，但是商家不管，图的就是好玩，至于真正的内容还得进店转后才清楚。这倒也不失为营销的好手段。更有高招的商家索性就来了个无名无姓，如新街口的一家餐馆索性就将自己的菜单摆上了牌匾，远看密密麻麻一片，近看什么"肥牛套餐 25 元""蒿子秆 4 元"，更像餐厅报价单，但如此一来顾客也就大可在价格上放心地进去享用美食。

这些小的商铺之所以在名字上大动脑筋，最终目的还是需要以这些独特的命名在市场中脱颖而出，以此来呼唤自身消费群体，用一种别开生面的方法向大型市场宣战，从而获取一定的市场份额。

花心思在智力投资上，不仅省去了大量的宣传成本，更有可能塑造出名震千古的名铺，难怪商家乐此不疲地奔波于这场智力争夺战。名正是金，好名远扬，拥有一个卓尔不群、意味深长、言心言志的好名，也的确是一笔取之不尽的无形财富。

（2）商铺的标志。

标志是以独特造型的物体或特殊设计的色彩附设于商店的建筑物上，成为一种识别的载体。如肯德基快餐店门前的山德士上校塑像、麦当劳快餐店上方的金黄色大"M"等，都属于独特的标志。标志通常设计独特、个性鲜明，为一家商店或企业所独有，是一家商店与其他商店的主要识别物。标志一般不随环境的改变而改变，并以其独特、鲜明、醒目、统一为特征，有利于消费者迅速识别。标志是商店或企业形象的物化象征，蕴涵着企业丰富的内涵，如企业文化、企业理念、企业宗旨、企业形象等。标志具有广告功能，通过不间断地强化消费者的视觉感受，引起直接和间接接触消费者的注意和记忆，成为招徕顾客的有效宣传手段。

2. 橱窗的影响

橱窗是商店用来展示、宣传商品，向消费者传递信息的重要组成部分，具有广告效应。橱窗的设计要注意整体效果，给消费者以统一协调的感觉。一个主题鲜明、构思新颖、造型美观、风格独特、色彩和谐、富于艺术感染力的橱窗设计，能形象、直观地介绍与展示商品，起到指导和示范作用。橱窗的高矮、装饰、个性等，与商铺的整体和谐统一，同时突出其指导和示范作用，对消费者的感觉和认识有很大影响。例如，橱窗中以商店经营特色产品、时尚及新上市的商品为陈列样品，使消费者有真实、信任的感觉。在陈列品的摆放上，重点突出，点缀合理；在色彩运用上，主体与背景对比明显，色调与时令一致，冬暖夏凉、上深下浅、浓淡相宜、协调搭配；再加上灯光的衬托，层次分明，增强消费者视觉的立体感。新颖美观的橱窗展示，集欣赏和学习为一体，激发消费者全方位的心理反应，使之产生良好的心理感受。

橱窗的类型这里只介绍两种：一种按商品陈列方式分为专题橱窗、特写橱窗、分类橱窗、综合橱窗；另一种按建筑结构分为独立橱窗、半透明橱窗、透明橱窗。

专题橱窗是以一个专题为中心，围绕某一特定的事情，向媒体受众传递一个诉求主题。可以分成节日橱窗、事件橱窗和场景橱窗。如专设橱窗用于节日陈列、绿色食品陈列、丝绸之路陈列等。

特写橱窗是运用不同的艺术形式和处理方法，在一个橱窗内集中介绍某一零售店的产品，其他商品起烘托作用，处于从属地位。橱窗中陈列的主产品可以是新产品或是准备推销的、具有特色的、可能流行的商品，以使观看者印象深刻。

分类橱窗是把用途相近的商品摆放在一起陈列，引起消费者联想，激发其潜在的购买欲望。如体育用品的系列展示。

综合橱窗陈列商品繁多，众多的商品中彼此很难取得艺术联系，缺点较多。如主次不分，产品品种或类型不突出等，不易吸引消费者，也不具感染力。

独立橱窗指只有一面透明，其他侧面均封闭的橱窗。此类橱窗特点是与商店内部的售货现场隔离，自成一体，相对独立，商品宣传突出，容易引起消费者的注意。

半透明橱窗指正面透明，侧面或背面也部分透明的橱窗。此类橱窗特点是与内部售货场所紧密联系，消费者能观察到销售现场。

透明橱窗与商店内部连为一体。这类橱窗消费者能直接看到售货现场，有现场体验感，能产生对商店外观和内部状况的整体感受。缺点是不易突出展示商品本身，难以吸引消费者进入商铺内体验。

以上橱窗类型，若运用得当，对消费者有较强的吸引力，能激起消费者的购买欲望，引发消费者购买。

3. 货架摆放与商品陈列的影响

走进商店，消费者便置身于商店的内部环境之中。商店的内部环境主要包括建筑设施、装饰风格、货架摆放、商品陈列、色彩、照明、音响、空气等状况的综合体现。内部环境是激发店内消费者的购买欲望、促成现场购买行为不可缺少的物质条件。

1）货架摆放对消费者行为的影响

现代实体销售大多以开放式销售为主。无论是在大的超级市场、高档服装店，还是各种专卖店、便利店、自助餐馆等，最常见的是开放、自选的销售方式，受到广大消费者的喜爱。开放式销售货架的不同放置对消费者在店内的心理感受影响不同。

从货架本身看，货架的高度要以人的活动需要为依据，与人体高度相适应，以方便顾客购物。根据空间的具体情况，运用黄金分割的定律，即宽与长的比例为 1∶0.618，展现合乎理性的美。让消费者看着舒服，拿取商品方便。

从货架的摆放看，货架的摆放方式也是至关重要的，一般有格子式、岛屿式及自由流动式等布局方式。格子式货架布局是商品陈列货架与顾客通道都是长方形状分段安排，所有货架相互呈并行或直角排列，主通道与副通道宽度各保持一致。这是传统的商店货架摆放布局形式，也是目前很多超市选择的货架排列方式。岛屿式货架布局是在营业场所中间布置成各不相连的岛屿形式，在岛屿中间设置货架陈列商品，主要陈列体积较小的商品。目前，岛屿式货架布局在百货商店、专卖店等常见，有时可作为格子式货架布局的补充。自由流动式货架布局是以方便顾客为出发点，试图把商品最大限度地展现在顾客面前。

当然，除了货架以外，还有橱柜、陈列台、展示台、柜台、挂具等也是常用的陈列设备。正确使用这些设备，可以增加对消费者的吸引力，方便售货，提高效率。

2）商品陈列对消费者行为的影响

顾客在购买活动中，容易受暗示因素影响。其中，以购物现场环境的暗示影响最大。北京市的一家心理学研究机构，曾对市内一些主要商场购买服装的顾客进行了一次问卷调查。调查结果显示，有 61.7% 的顾客认为购买某种产品是因为该柜台的陈列给他们留下深刻印象；81% 的顾客认为是陈列引起了购物兴趣；29.3% 的顾客则认为陈列促使他们立即采取了购买的行动。商品的陈列对消费者的购买行为产生相当影响。

（1）商品生动化陈列。

成功的商品陈列讲究生动化，便于消费者购买，给消费者一种愉悦的心理感受，有效提升销售业绩。商品生动化陈列是指通过最佳的陈列地点、陈列形式、陈列位置及有创意、活泼醒目、有冲击力的助销品，吸引消费者的眼球，激发他们的购买欲望，促进消费者购买行动。商品生动化陈列是市场销售环节中连接消费者的最终桥梁。对于消费者来说，对符合市场和消费者需要的高回转率商品进行陈列，选择符合消费者购买习惯的位置，抓住时机及时调整商品的陈列位置和方式，达到良好的陈列效果，同时配以清晰的商品价格，使消费者容易看到、容易比较、容易选择、容易拿取，这样有利于消费者迅速实现购买。

（2）商品的货架陈列方式。

商品在柜台及货架上摆放的位置、搭配及整体表现形式，是消费者广泛接收商品信息，清晰、准确地感知商品形象，获得良好的情绪体验的重要环节。商品的摆放应根据消费者的心理特性，讲求艺术性、便利性、实用性和视觉冲击性。

① 醒目陈列。商品摆放力求醒目突出，以便迅速引起消费者的注意。可以从陈列高度、量感、商品特点等几个方面体现。

心理学研究表明，人眼睛的视场与距离成正比，视觉清晰度与距离成反比。商品摆放的高度和宽度应适合人的视线、视角，才能提高商品的能视度，消费者才可能接受更多信息，对商品形象容易清晰地感知，也方便消费者选购。

商品陈列数量上，要具有一定的量感，使消费者产生商品丰富、有充分挑选余地的印象和心理感受，激发消费者购买欲望。

突出商品特点是消费者关注并产生兴趣的集中点。陈列中凸显商品独有的质量、款式、优良性能、造型、包装等特性，可以有效地刺激消费者的购买欲望。如新颖的服装穿在模特身上摆在消费者最容易看到的位置，吸引消费者注意和体验，有效促成消费者购买行为的实施。

② 裸露陈列。裸露陈列是目前商家采取的普遍形式。消费者可以自由接触、选择、试穿，甚至有的可以试用、品尝，有利于消费者心理疑虑的减少和购买信心的坚定。

③ 艺术陈列。通过艺术造型将商品组合摆放，利用各种商品的格调、色彩、包装甚至气味等的巧妙布局和相互映衬，达到整体美的艺术效果。同时，赋予商品陈列以高雅的艺术品位和强烈的艺术魅力，吸引消费者产生强大的购买欲望。可以采用的方式有直线式、形象式、多层式、单双层式、均衡式、艺术字式、斜坡式等组合摆放。

④ 重点陈列。经营商品众多，几千至几十万种商品，如果一一引人注目非常困难，只有重点突出，兼顾其他商品，进行陈列展示。一般来说，消费者大量需要的商品为陈列重点，次要的、周转缓慢的商品附带陈列，使得消费者对重点商品产生注意后，附带关注到大批次要商品的效果。

⑤ 季节陈列。随着季节的变化不断调整季节性强的商品陈列方式和色调，减少店内环境与自然环境变化的反差。季节陈列有利于应季商品的销售，使消费者产生与自然环境和谐一致、愉悦顺畅的心理感受。

⑥ 连带陈列。将具有连带关系的商品陈列在一起，激发消费者潜在的购买意识，方便对相关商品的购买。例如，将牙膏和牙刷摆放在临近的地方。

无论哪种陈列方式和展示，目的都是商品的摆放重在丰富、丰满顾客的视线，展示商品的美，营造特有气氛。可以以各种方式，动静结合，吸引消费者的注意，使消费者在店内具有享受感，引发其购买欲望，实现购买。北京某风雨衣厂在某商场展销，顾客表现出对风雨衣感兴趣时，销售人员在柜台前并没有向顾客多说什么，而是用莲蓬头向穿风雨衣的模特身上不停地淋水，水滴在衣服上就像滚在荷叶上一样，滴水不沾，生动地显示了这种风雨衣的挡雨效果，引起顾客很大兴趣，促进了销售。

（3）商品陈列符合消费者审美和购买心理。例如，高柜台不能在商店的入门处，陈列用具的摆放不能影响通道，需要柜台的按商品的不同选择高矮不同的柜台，分类商品以竖直方向陈列，以价位从左到右、从上至下排列，货架不能空，货物易于消费者拿取等，这些都直接影响消费者的心理感受。

4. 商铺其他内部装饰对消费者行为的影响

商铺的其他内部装饰主要包括室内空间感觉、辅助设施、灯光、音响、整体色彩等。

1）室内空间感觉和辅助设施

商铺室内的高度、面积、通风、采光要适合人的合理感觉，高度要与面积相适应，要有良好的通风和采光，消费者置身其中有通透敞亮的心理感受。

此外，商铺内为消费者提供的非商品销售服务性设施，如临时幼儿寄托室、休息室、问询处等，这些辅助设施使消费者在购买过程中产生极大的便利感，对商铺的内部环境产生舒适、亲切的良好印象，对培育消费忠诚度起到推动作用。如有的商场设有儿童游戏活动室，供孩子玩耍，让父母专心购物，吸引不少带小孩的顾客光顾并消费。

2）色彩

消费者进入商场的第一感觉就是色彩。色彩是指商铺内部四壁、天花板和地面的颜色、商场总体颜色感。人们在商场内，精神上感到沉闷还是舒畅与色彩有关，黑色给人以严肃、压抑，白色给人以纯真、圣洁，红色给人以热情、喜庆，蓝色给人以惬意，橙色使人激动；浅色有视觉扩大感，深色有视觉缩小感。调整好店内环境的色彩关系，恰当地运用和组合色彩，把握好色泽的类别、深度和亮度，形成特定的氛围能够起到积极的作用。

按照人们对各种颜色的不同感受，常把颜色分为暖色调和冷色调。暖色调主要有红色、黄色和橙色；冷色调有蓝色、绿色和紫色。在总体上，暖色调给人一种舒适、随意的感觉，冷色调给人一种严肃、正式、不容易接近的感觉。冷暖色调应用得当就能创造出诱人的商业氛围。例如，商铺内部装饰的色彩以淡雅为宜，清淡的颜色给人以宁静、清新、轻松宜人的感受，容易突出陈列的商品。诸如淡蓝、浅绿色、乳黄、浅粉、象牙白等这些颜色均能达到这种效果。

阅读资料 8 - 4

购物场所色彩和色泽的运用

1. 色彩

1）暖色调的利用

红色是一种比较刺激的色彩，在使用过程中必须小心谨慎，它一般只用作强调色而不是基本的背景颜色。作为一种用于着重特定部位的颜色，其效果往往不错。在元旦或春节及其他重要节日，红色是一种非常合适的展示色。

黄色同红色一样，也非常惹眼并且造成视觉上的逼近感。对一些背景光彩较为暗淡的墙壁等可以运用黄色。另外，黄色被认为是一种属于儿童的颜色，所以在装饰婴儿或儿童用具时常用黄色。

橙色是一种比较特殊的颜色，主要是因为这种颜色的亮度同其他颜色的不协调性，它常常使人联想到秋季，代表丰收的时节。

2）冷色调的利用

一提起蓝色，常常将苍凉蔚蓝的天空和平静湛蓝的大海联系在一起。通过蓝色的添加能够创造一种恬静、极为放松的购物环境。蓝色常常被用为一种基本的色调，尤其是在男人用品部：代表一种深沉的力量。

绿色则表示清新的春天以及和平安详的大自然。许多人认为它是一种最为大众广泛接受的颜色。另外，绿色的空间感较强，能让较小的地区显得更为宽阔。紫色在商铺内景中用得较少，除了为了达到一些特殊效果。如果商铺内部运用过多的紫色会挫伤顾客的情绪。

色彩的不同组合，可以表现出不同的情感和气氛。为了表明"和谐美丽"，可以用对比色组合，如红与白、黑与白、蓝与白等。而要表现"优雅与稳重"，则可用同色不同深浅的颜色组合，如紫蓝色与浅蓝色、深花色与浅褐色、绿色与浅白绿色、黄杨色与浅驼色等。另外，色彩的对比与组合不同，商品及广告文字的醒目程度也不同。

2. 色泽

各种色彩不同程度的合理运用，能让店内许多实物设施产生崭新的、更加吸引人的视觉效果。一般来讲，淡颜色能产生一种放大的效果，深颜色产生的效果则相反。如应用较浓的暖色调（如棕色）作为窄墙的基本色，而用较淡的冷色调作为宽墙的基本色都能创造较好的视觉效果。比较淡的中等色调（如灰色）常常用作固定设施的颜色，这种色调让人感觉到温暖柔软，并且保证其同商品能较为紧密地结合在一起；而较浓的颜色能够有效地吸引顾客的注意力。

色泽的亮度同深度一样，也会在一定程度上让顾客对一些实物的大小形成错觉。明亮的颜色使人感觉到实物的硬度，而暗色则让人感觉较为柔软。作为一个普遍规则，儿童一般喜欢明亮的颜色，因而在儿童用品部经常用这种颜色，而在成人商品部一般用柔色调。

3）照明

照明直接作用于消费者的视觉。明亮、柔和的照明，对展示店容店貌、突出商品的个性特点、渲染气氛、调节消费者的情绪、增强对消费者的刺激强度、激发其购买欲望等方面起着其他刺激物不可替代的作用。

内部照明分为基本照明、特殊照明和装饰性照明三种类型。现代商铺大都采用三种照明混合的方式。基本照明是给一个环境提供基本的空间照明，把整个空间照亮，对照明的要求就是均匀性；特殊照明是对货架或货柜上商品的照明，要求通过照明保证商品在色、形、质三个方面有很好的表现；装饰性照明是针对商铺的某个重要物品或重要空间的照明，要求照明方向性强，光束窄、亮度高的照明，强调商品的特性。

此外，商铺门口主通道的灯光要足够明亮，突出商铺气氛和形象，并与其他商铺有区别。商铺门口、通道、货架的亮度关系，有引导顾客进入和顾客行走路线的效果。商铺内部的整体亮度、局部亮度、重点亮度之间的协调统一，达到既有良好的气氛环境又强调商品的目的。灯光的明暗对比，对消费者的视觉和心理将产生影响。"合乎比例"的亮度对比、明暗对比使视觉满意、和谐，这种和谐导致愉悦的心情，容易使人作出购买的决定。

4）音响

心理学研究表明，人体本身是由大量振动系统构成的，优美、轻松的音乐能够使人体产生有益的共振。当人的听觉器官一旦接受某种适宜声音（音乐），声音被传于大脑中枢神经时，听者的情绪便会极大地被调动，甚至会形成一种必要的意境，萌发某种欲望，并可能受到欲望驱使而采取行动。早在传统商业时期，小商小贩招徕生意常借用特殊的音乐——叫唱或敲击竹梆、金属器物，所以用音乐来促进销售，可以说是古老的经商艺术。现代经营中，采用优美、轻松的音乐，在音乐的作用下，人体内产生一种有益健康的生理活性物质，这种物质通过对血液流量的调节和神经的传导，使人保持朝气蓬勃的精神状态；如果适合消费者，则会唤起消费者的购买欲望。

商场营业环境中的音响主要包括三个方面：一是背景音乐，主要目的是调节营业环境的气氛，调动顾客的购物情绪；二是经营单位播放的广告信息，广告信息包括商品广告信息、各种通知、寻人启事等；三是服务员演示商品性能而产生的音响。对环境起衬托作用的是背景音乐。美国学者针对餐馆背景音乐对顾客的影响进行了分析（如表 8 - 13 所示），发现音乐节奏的快慢对消费者的用餐时间和入座率影响严重，进而影响其购买数量。

表 8 - 13　背景音乐对餐馆顾客的影响

变量	慢节奏音乐	快节奏音乐
服务时间	29 分钟	27 分钟
消费者用餐时间	56 分钟	45 分钟
没落座就离开的顾客	10.5％	12％
购买的食品金额	55.81 美元	55.12 美元
在酒吧购买的金额	30.47 美元	21.62 美元
估计毛利	55.82 美元	48.62 美元

因此，使用音响应当注意以下四个方面。

① 音响的播放要适时有度，切忌无休止、无变化地延续。人们对任何外界刺激的感受都有一定的限度，超过限度就会产生疲劳，引发抵触情绪。

② 音量大小要适宜。人对音量大小的反应受到绝对听觉阈限的限制：音量过低，消费者的听觉感受不明显；音量过高会因刺激强度过大而形成噪声，使消费者感觉不适，从而产生相反的效果。

③ 音乐快慢要适宜。过快的音乐让人心跳加速而急躁，过慢的音乐会导致人失去激情而影响购买行为。

④ 音乐或音响要能体现商品特点和经营特色。所运用的音乐或广告音响，应体现所推销的商品及企业的经营特色，促使消费者通过音乐产生与商品有关的联想和良好情感，从而诱发消费者的购买欲望。

5）POP 广告

这里是指狭义的 POP 广告，是指在各种营业现场设置的展销专柜以及在商品周围悬挂、摆放与陈设的可以促进商品销售的广告形式。布置 POP 广告，应该注意避免 POP 广告设置凌乱，没有规则；广告的设计不统一，整体效果差；避免 POP 广告音响混乱，引起顾客情绪上的反感；避免 POP 广告管理不善，影响广告的作用。

POP 广告具有以下 6 个方面的功能。

（1）新产品告知。当新产品出售之时，销售场所使用 POP 广告进行促销活动，加之其他大众宣传媒体，吸引消费者视线，刺激其购买欲望。

（2）唤起消费者潜在购买意识。当消费者步入商铺时，由于 POP 广告在现场展示，能够唤起消费者的潜在意识，联想起其他媒体的宣传，有利于促成购买行动。

（3）创造销售气氛。POP 广告具有强烈的色彩、突出的造型、美丽的图案、准确而生动的广告语言，能够创造强烈的销售气氛，进而吸引消费者的视线，促成消费者购买。

（4）取代售货员的宣传。如在自选超市中，摆放在商品周围精彩的 POP 广告，可以忠实地、不断地向消费者提供商品信息，吸引消费者促成其购买决心的作用。所以，POP 广告被称为是"无声的售货员"和"最忠实的推销员"。

（5）提升企业形象。POP 广告同其他广告一样，在销售环境中强化商品概念，宣传企业文化，树立和提升企业形象，进而起到保持与消费者良好关系的作用。

（6）争取销售的时间与空间。POP广告有助于陈列在任何位置的商品的宣传，争取销售的时间与空间，达成即时即地的购买行为。

5. 商店的周边环境对消费者行为的影响

周边环境包括营业环境周围的商业氛围、交通状况、营业环境与消费者之间的地理距离等因素，它影响消费者购物的方便程度。

消费者选择购物时除了受到前面列举的因素的影响外，还受到一些可以比较的因素的影响。如商店规模的大小，购物距离的远近，交通便利情况，商店周围的休闲、游览、其他服务等环境。在其他条件大致相同的情况下，消费者一般会就近选择购物点。在其他条件都相同的情况下，除非消费者特别注重快速服务或方便，否则较大的零售店会更受欢迎。此外，消费者在一处营业环境购买商品或消费时，还可能同时在附近的营业场所游览、观光或继续购买。

8.4.3　购买时的社会环境和时间

1. 购买时的社会环境

这里的社会环境是指在消费活动中，周围的人对消费者的影响。一个人单独去购物，和有朋友或家人一起的消费行为可能有明显不同。例如，审美、对商品"标准"的看法，一个人与多人肯定会不一致等；又如在用餐时上司刚好和你相遇，那么所点的饭菜肯定会有变化。

社会环境主要是一种重要的影响力量。有些人在购物中是为了追求一种地位和权威，由于销售人员的服务，购物使得这些人获得在其生活中所缺乏的某种尊重和声望，消费者在购得产品的同时也得到了尊重。

2. 购买时的时间

时间是指情境发生时消费者可支配时间的充裕程度或者指活动的发生时机。

1）时间影响信息的获得

一般来说，消费者可用的时间越少，获得的信息就少，可用信息可能会更少，有可能对购买行为造成不良影响。如购买时间仓促，选择商品随意，购后出现后悔行为的可能增加。

2）时间影响店铺的选择

充裕的时间，有利于信息收集和店铺的选择。随着人们工作和生活节奏的加快，时间观念增强，时间已经成为重要的资源。营业时间与消费者可支配时间的重合度，影响消费者的购买行为。例如，7-Eleven连锁店，抓住消费者购买食物的时间特点，由原来的7：00—23：00营业改为24小时营业，该商店几乎是针对那些匆匆忙忙或在正常购物时间之外购物的消费者，销售便民商品，从选货到交款等多角度节省消费者时间。传统的营业时间，会导致消费者纷纷转向网上购物形式。

3）时间影响产品的选择

时间压力的增大，导致消费者对高品质、便利的食品及其他节约时间的产品的大量需求，以及所考虑的备选产品数量的减少，对知名品牌忠诚度的形成等。原因是，时间压力增大，消费者逛商店和对各种品牌进行比较的时间严重减少，购买时选择能节约时间，保质、保量的高品质产品的可能性大，以此减少风险感。也可能由于时间的影响，非激化性购买减少或减没。

4）紧迫程度影响消费选择

时间越紧迫，消费者选择的可能性越小，时间充裕则有利于商品选择。如做饭过程中马上需要酱油，则对店铺、酱油品牌、价格、服务等不会过于关注，而注重酱油本身。

8.4.4　购买时的目的和现行状态

1. 购买目的

消费者对于同一种商品，购买时可能有两种目的：一种是购买后自用，另一种是购买后送礼。目的不同，消费者采用的购物策略与选择标准有所区别。

1）自用

只要自己喜欢就可以实施购买，购买时间、地点、商品特征、价格、包装等按个人喜好选择。

2）送礼

礼品在多个层面上传递象征性的意义。不同文化价值观的人，对礼品的理解不同。礼品可以是价值的象征，是对受礼者尊重程度的衡量，隐含送礼者对受礼者形象和个性的印象；礼品在某种程度上也是双方建立关系的桥梁之一。一般而言，西方社会认为礼物是传递友谊和交流感情的一座桥梁，较为重视礼物的意义和感情价值；亚、非、拉、中东地区相对注重礼物的货币价值，否则可能会被认为小气、吝啬，从而达不到赠送礼物的目的。

消费者送礼理由有多种，礼节性、社会期望和消费情境等都可能送礼；同时，送礼也是一种爱和关心的表达。例如，商务谈判时互赠礼品是礼节性的，送生日礼物属于消费情境等。馈赠或希望获得的礼品类型会随场合和性别的不同而异。如生日礼物则倾向于有趣，表现愉悦性、独特性、耐用性和高运行绩效。无论是哪种类别的送礼，都会影响购买行为。

2. 现行状态

现行状态是指消费者带入消费环境中暂时性的如高兴、焦虑、兴奋等情绪，或疲劳、生病、破产等状态。例如，人的情绪高昂和低落，是非持久性的个人特征，包括心情和暂时条件。

1）心情

心情是一种不与特定事件或事物相连的暂时性情感状态。心情能在个体没有意识的情况下产生，但没有情绪那么强烈。心情的变化，可能影响个人行为的所有方面。如人心情愉快，可能遇到什么事情都以愉快的心情对待，包括购买行为；反之，会以消极的态度对待事情。因此，心情既影响消费过程也受消费过程的影响；心情影响决策过程以及对不同产品的购买与消费；心情可以由情境引发。

2）暂时性条件

暂时性条件是指疲倦、生病或破产等这样一些暂时性状态。这种状态是短暂的。买东西时发现自己钱包内的钱不够，这也属于暂时性条件。例如，一位暂时缺钱和一位总是经济拮据的人的购物行为会有明显差别，暂时缺钱是暂时性条件。

8.4.5　服务、购后行为与消费者行为

1. 服务

在营销过程中，营销人员的仪表、语言、行为举止对顾客心理有很大影响。无论是实体店还是网店营销，消费者在准备购买时，可能的三种情况是：有明确的购买计划、只有购买动机而没有明确的购买计划、进入营业环境之前头脑中没有任何购买动机。这三种情况在营销人员与其沟通的过程中，涉及销售人员对顾客的接待、商品的展示、对商品的介绍、向顾客推荐商品，促进交流、建议成交和礼貌送客，以及售后服务。做好这些方面的工作，很可能使三种情况中的后两种顾客都购买商品。

2. 购后行为

消费者购后行为发生在售后，却对再次反复购买、消费者满意和长远消费者关系至关重要，影响消费者品牌忠诚度的建立。购后行为大体分为满意和不满意两类。购后满意可能会继续购买使用；不满意则出现购后冲突。购后冲突是指消费者购买之后出现的怀疑、不安、后悔等不和谐的负面心理情绪，并引发不满的行为。购后冲突的程度与消费者个性、产品的替代可能性、消费者购买的预期、付出的代价及重要程度、决策的介入和付出的努力等都有关系。介入度越高，引发的购后冲突越严重。重视消费者的购后行为，对维护商家形象、争取重复购买、提高消费者满意度和建立忠诚度都有积极作用。

练习与实训

一、练习题

1. 举例说明商店招牌对顾客心理的影响。

2. 你在购物过程中是否看见过商品陈列不舒服的情况？为什么？如果你是商店的经营管理人员，你会对商品进行怎样的陈列？

3. 如何理解情境？情境因素怎样影响消费行为？

4. 影响消费者购买行为的环境因素有哪几个方面？

二、实训题

1. 选择至少两家商铺进行主题调查，然后对商铺的布局、经营风格、商品品种和价位、消费群体情况进行比较分析，并写出你对所选商铺的感受。

2. 选择一至两家你经常光顾的商铺，试分析其宏观环境、中观环境对消费者行为的影响。你在购买活动中受到家庭和群体怎样的影响？

案例分析

埃塞尔的巧克力屋

巧克力屋的出现可以追溯到 17 世纪的伦敦，当时社会的精英分子会聚集在奢华的环境中休息并呷着热巧克力。后来，欧洲人在这个想法上更进一步，开发出了固体巧克力并在一些高档的精品店中出售。在缺乏资源和经济不足的情况下，那些自力更生的美洲移民率先开发了面向大众的价格更为低廉的巧克力块。

几个世纪过去了，美国人已经开始厌倦了批量生产的巧克力的味道。从 2000 年起美国巧克力产业的增长率低于 3％；同时，缺少行业创新也导致巧克力供应商尝到了不好受的滋味。埃塞尔的巧克力屋是以玛氏（Mars）家族的女主人来命名的，她和丈夫弗兰克在 1911年创立了这间糖果公司。

现在埃塞尔·马斯的名字更显示了公司将尝试为巧克力注入鲜活的生命。在意识到巧克力在诸如歌帝梵（Godiva）和星巴克这样的高档零售商店中的销售额 2002—2004 年间增长了将近 20％，公司于 2005 年 4 月在芝加哥的林肯公园住宅区内开设了埃塞尔巧克力零售店。从那以后，越来越多的埃塞尔巧克力零售店开张了。别致的巧克力屋是玛氏家族的一个赌注，他们希望富有的爱吃甜食的消费者会像那些成群结队涌向星巴克品尝高价爪哇咖啡的热衷者一样，喜欢他们的高级巧克力。虽然埃塞尔巧克力屋的设计，是为了让顾客被包围在奢华的氛围中，但是玛尔斯糖果公司董事长约翰·豪（John Haogh）始终认为埃塞尔的独特之处在于其所提供的是"平易近人的美味巧克力"。换句话说，并不是只有百万富翁才能够享受甜蜜的美好生活。

然而，价格并非是所有人都能接受的。装在银制大餐盘中的包括所有 11 种埃塞尔特色松露巧克力的两人份松露巧克力加茶的套餐开价 15 美元，两杯可可饮料加上 10 块巧克力的两人份巧克力可可饮料套餐开价 18 美元，而一盒 48 粒装的巧克力要 42 美元。5 个巧克力系列共有超过 50 个品种的巧克力，价格从 90 美分到 1.5 美元不等。

埃塞尔并不是单凭巧克力而使其成为一个理想的去处。埃塞尔的广告将其称为"一个品尝巧克力和聊天的好地方"。店内放置粉色的长凳以及棕色的点缀，融时尚精致与古典风格于一体，给人一种既时尚又优雅的感觉。而对于那些并不能马上就能理会其中含义的人们，柜台后面有这样一个标语"巧克力就是时兴的潮流"。如同提倡社交和更为休闲的生活方式的摩登的美国咖啡店，巧克力店吸引人之处就在于它所营造的轻松环境以及邻里氛围。这些都是精心设计的结果。玛尔斯糖果公司的研究显示，即使是那些关心卡路里的消费者也会为了得到随之而来的更广泛的交际，而对于这些精品一掷千金。

糖果业的业内人士指出巧克力咖啡店已经站稳脚跟，一些研究也证实了他们的观点。一家专门研究趋势发展鉴定的公司将巧克力描述成为"新咖啡"，并且位列 2006 年值得关注的十大趋势之中。巧克力店在纽约的流行，被喻为"成人的糖果店"，再加上在 South Bend Chocolate 公司开张的 10 家巧克力店验证了这个趋势是真实存在的。

巧克力的营销主席琼·斯图尔（Joan Steuer）认为，对于女人来说，在一个奢华的屋里享受着巧克力就和点着蜡烛的泡泡浴一样。她同时指出，巧克力屋的吸引力主要在于这个场所是个人向上发展趋势的证明。因此，迎合美国人口味的最佳方法是让他们拥有钱所能买到的最好的东西。

案例思考题

1. 埃塞尔如何抓住消费者心理为巧克力注入鲜活生命？
2. 在营销环境上埃塞尔都做了哪些工作？注重消费者什么？
3. 糖果品牌如何抓住市场环境吸引现代年轻人？

第9章 营销策略与消费行为

【学习目标】

1. 熟悉企业常用的营销策略；
2. 掌握产品对消费行为的影响；
3. 掌握公共关系对消费行为的影响；
4. 了解其他营销策略对消费行为的影响。

在市场营销管理过程中，企业常用的营销策略主要有产品策略、价格策略、渠道策略和促销策略，也就是"4P"理论。本章主要从产品、价格和促销三个方面与消费心理及行为的关系进行探讨。

9.1 产品与消费心理及行为

产品是消费者消费活动的对象和载体，消费者的各种心理活动、需求动机、购买决策及购买行为都是围绕产品发生和进行的。产品也是企业赖以生存和发展的基础，企业的产品能否被消费者认可、接受，并在市场上占据相应份额，直接关系到企业的竞争成败乃至生死存亡。为此，在营销实践中，企业必须根据消费者的心理及行为特点实施产品策略，包括新产品的设计、开发、命名、商标、包装、品牌塑造等。

9.1.1 新产品开发推广与消费心理及行为

1. 新产品的概念及分类

1）新产品的概念

应该从"整体产品"的角度来理解。在"整体产品"中，只要对任何一个产品层次进行创新和变革，使产品有了新的功能、新的特点、新的服务，从而给消费者带来新的效用和利益，与原产品产生了差异，即可视为新产品。

2）新产品的分类

通常可以按照新产品与老产品的差异程度将其分为以下三类。

（1）全新产品。一般指运用新技术或为满足消费者某种新的需要而发明的、功能相近的同类产品中产生了本质性变化的新产品。全新产品无论从设计原理、工艺结构、性能特征还是外观造型上都与原有产品完全不同，因而属于整体更新产品。这类新产品的问世和使用一般会引起消费者消费方式和心理需求的变化，需要消费者改变过去的使用习惯和消费方式，创立全新的消费行为。

（2）革新产品。指在原有产品的基础上采用新技术或新材料，使产品性能有了重大突破，或将原单一性能发展成为多种性能及用途的产品。例如，洗衣机从半自动过渡到电脑全自动控制，性能有了重大突破。这类新产品要求消费者在使用过程中部分地改变消费行为和习惯。

（3）改进产品。指在原有产品的基础上进行某些改进，仅发生次要或微小的变化，因而对已经形成的消费者购买心理与习惯行为影响很小的新产品。这类产品的特点是，在原产品基本用途不变的情况下，或增加某些性能，或增加花色品种，或改进外观造型，使产品结构更加合理。消费者在接受这类新产品时，基本上沿用使用老产品时的消费行为。

2. 影响新产品购买行为的心理因素

影响消费者对新产品购买态度与行为的因素主要有两大类：一类是收入水平、职业特点、性别、年龄等社会和生理因素；另一类就是需要、认知、个性特征、自我概念等心理因素。在社会环境大体相同的情况下，后者的影响作用更为突出。下面重点来分析心理因素的影响。

（1）消费者对新产品的需要。需要是消费者一切行为活动的基础和最初原动力，也是消费者是否购买新产品的决定性因素。只有符合并能够满足其特定需要的新产品，才能吸引消费者积极购买。由于不同消费者的需要内容、需要程度千差万别，因而对新产品的购买行为也各不相同。

（2）消费者对新产品的感知程度。消费者只有对某一新产品的性能、用途、特点有了基本了解之后，才能进行分析和判断。当消费者确信购买新产品能够为自己带来新的利益时，就会由此激发购买欲望，进而引发购买行为。感知能力的强弱也会直接影响消费者接受新产品信息的准确度和敏锐度，从而导致消费者购买新产品的时间差异。

（3）消费者的个性特征。消费者的气质、性格、自我概念、兴趣爱好、价值观等个性心理特征千差万别，这直接影响到消费者对新产品的接受程度与速度。个性灵活、乐于接受变化、富于冒险和创新精神的消费者，比那些思想保守、兴趣单一、固执守旧的消费者更易于接受新产品，且接受速度更快。

（4）消费者对新产品的态度。消费者对新产品所持的态度，是影响新产品购买行为的决定性因素。消费者在对新产品感知的基础上，会对新旧产品的各项指标进行比较。如果比较后确信新产品具有独创、新奇、趋时的特点，能为自己带来新的利益及心理上的满足时，消费者就会对新产品产生好感，抱有积极、肯定的态度。

3. 新产品开发设计的心理策略

新产品的设计除了要了解消费者对新产品使用价值的要求，更应满足消费者对新产品的心理需求，在设计新产品时应把握以下策略。

1）进行新产品功能的设计时考虑消费者的生理需求

（1）多功能。即增加产品给消费者带来的功能，如能与多种数码产品相匹配的笔记本电脑；可以录像拍照的数码相机；可以上网并能导航的手机等。

（2）自动化。自动化产品，如全自动洗衣机、洗碗机等智能型家用电器，为消费者快节奏的生活带来了许多方便。

（3）绿色产品。随着环境污染的加剧，人们对无公害、无污染的绿色产品的需求明显增加，如绿色装饰材料及无公害蔬菜等都越来越受到人们的青睐。

（4）健康型产品。随着生活水平的提高，人们对自己和家人的健康更加关注。具有补充钙、锌及维生素，有助于睡眠、帮助消化等功能的各种保健品，逐渐受到人们的欢迎。

2）进行新产品设计时考虑消费者的个性心理特征

消费者的不同个性心理特征会导致对产品的不同需求，因此，新产品设计不仅要注意满足消费者共同的基本需要，同时还应考虑产品的独特个性，使之与消费者的个性心理特征相适应，吸引消费者购买。

（1）体现威望的个性。体现威望的个性即体现消费者的社会威望或表现其个人成就，如高档手表、名牌服装及豪华轿车等。为此，设计时应选用上乘或名贵的原材料，产品款式应豪华精美，保证一流的工艺和质量。

（2）标志社会地位的个性。某些产品是专供社会某一阶层使用的，是这一阶层成员的共同标志。使用者可以借此表明自己属于该社会阶层或集团的身份。不同的社会阶层，其消费习惯及心理特征也有着明显的差别。因此，在设计新产品时，应当充分考虑特定阶层消费者的工作环境、经济收入、社会地位及消费习惯和消费心理。

（3）满足自尊和自我实现的个性。人作为社会中的一员，一方面要求得到他人的认可和尊重，希望在社会交往中给人留下良好的印象；另一方面要求不断提高自身的知识水平和能力，充分发挥其内在潜力，以求得事业上的成功与个人价值的实现。为此，人们会刻意寻找有助于增强自我价值实现的产品，如珠宝首饰、美容品、学习用品等。在设计这类产品时，应以美观协调、特色鲜明为原则。

（4）满足情感要求的个性。随着人们生活节奏的加快，消费者在强调产品实用性的同时，越来越注重情感消费，如表达友情、亲情，寄托希望、向往，追求情趣和格调等。某些产品如工艺品和玩具等，因其设计新颖、造型别致而蕴涵丰富的感情色彩，能够满足消费者的情感需要，因而受到消费者的青睐。这类产品的设计应强调新、奇、美、趣、雅等特点。

4. 新产品推广中的障碍及心理策略

1）新产品推广中的障碍

新产品在推广过程中比较常见的障碍就是消费者不愿意接受新产品，甚至拒绝购买新产品。下面先对新产品拒绝现象进行心理分析。

对新产品的拒绝是指消费者决定不购买或不使用某种新产品。造成拒绝接受的原因是多方面的，主要有以下几方面。

（1）文化障碍。新产品与人们的消费观念冲突越大，被接受的可能性越小，尤其当与人们的基本价值观矛盾越大时，就越不易被人们接受。如前几年各种颜色的染发剂刚进入中国时，就被很多人拒绝。

（2）社会障碍。个人总是生活在一定的社会关系中，而这种社会关系又是由错综复杂的相关群体所构成的。一般来说，群体间的关系越好，内部越团结，群体成员对外来新产品越可能持拒绝态度。如 20 世纪 30 年代，大量日本产品倾销中国市场，尽管其很多产品对中国人来说是具有优越性的新产品，但轰轰烈烈的抵制日货运动对日本产品进行了全面的拒绝。

（3）个人障碍。拒绝新产品的个人障碍主要有两个因素，即个人习惯和感觉到的风险。绝大多数人对客观事物的知觉和思考方式一般是维持而不是改变其行为，往往在很多事情上是按习惯办事。从认知角度考虑，按习惯办事对人的认知系统提出的任务比较简单，在这种情况下人感觉比较轻松，而新事物往往对人的认知系统提出新要求，使人不得不对认知系统进行调整，这是比较困难的心理活动。

2）新产品推广心理策略

要保证新产品在市场上获得成功，除了要设计出满足消费者生理和心理需求的产品外，还要运用正确的策略进行新产品的市场推广。有的新产品尽管有许多优点，但消费者未能充分感知和了解，这就需要进行各种方式的宣传，促使消费者意识到新产品满足其需求方面所具有的优越性。这样才能使消费者在短时间内认识、相信并接受新产品。

此外，新产品最初出现在市场上时，消费者对它很陌生，因此在心理上缺少安全感。这种心理障碍会导致许多消费者采取观望等待的态度。针对这一问题，在新产品进入市场的初期，企业要采用各种方式和手段，如大力宣传和介绍新产品的性能、特点、使用方法及售后服务，或者通过产品的免费赠送、免费试用等，以消除消费者的心理障碍。这一阶段的宣传，对于具有强烈购买欲望的消费者影响很大，他们会因此而首先购买和使用新产品，起到消费带头人的作用。

进入成长阶段后，新产品在市场上已有了立足之地。这时的购买者已不仅限于早期的购买者，一些热衷于跟随时代潮流的消费者也加入到购买新产品的行列中。但是由于新产品进入市场的时间并不长，大多数消费者还未完全清除心理上的障碍，有些消费者对新产品仍持怀疑或观望的态度。这一时期，企业的宣传策略应是着重采用消费者乐于接受的形式，宣传使用新产品后带来的优越性。通过宣传使消费者清楚地了解到使用新产品后，能为自己带来何种新的利益，促使消费者对原有消费习惯、消费方式及价值观念产生动摇甚至放弃。这一时期，企业还要注意收集新产品的反馈信息。由于消费者的需求及个性特征不同，因而对新产品往往表现出不同的态度。企业应根据消费者的态度，有针对性地进行宣传，消除他们的各种心理障碍，使新产品在市场上的扩散面不断扩大直至普及，进而使新产品顺利进入成熟阶段。

9.1.2　商品品牌与消费心理及行为

1. 品牌简介

品牌是用以识别某个销售者或某群销售者的产品或服务，并使之与竞争对手的产品或服务区别开来的商业名称及其标志，通常由文字、标记、符号、图案和颜色等要素或这些要素的组合构成。品牌是一个集合概念，它包括品牌名称和品牌标志两部分。

品牌并不等同于商标，商标是品牌的一部分，是经过注册获得专用权从而受到法律保护的品牌。下面主要来研究商品名称、商标、品牌形象与消费心理及行为之间的关系。

2. 商品名称与消费心理

在现实生活中，消费者对商品的认识和记忆不仅依赖于商品的外形和商标，而且还要借助于一定的语言文字，即商品的名称，商品名称即企业赋予商品的称谓。在接触商品之前，消费者常常以自己对特定名称的理解来判断商品的性质、用途和品质。可见，商品名称具有先声夺人的心理效应。因此，有必要研究商品命名的心理特点，给商品起一个恰如其分的名字。

商品命名，实质上就是选定恰当的语言文字，概括地反映商品的特点、用途、形状和性能等。例如，越野汽车是能适应野外复杂路况的汽车；气滞胃痛冲剂是一种治疗胃病的药；护手霜是保护手部皮肤的护肤品等。上述名称准确地传达了它所代表商品的基本用途和性能，从而使消费者能够迅速地获得有关商品的主要信息。

另外，商品名称也是消费者记忆和识别商品的重要标志之一。商品名称如果易读易记、言简意赅、引人注目、富于美感、符合消费者购买心态，不仅能使消费者了解商品，还会给消费者带来美的享受，刺激消费者的购买欲望；相反，质量优良、包装精美的商品，而名称却不堪入耳，使人听后生厌，必将会大大减弱或抑制消费者的购买欲望。

因此，根据消费者的心理特点进行商品命名是极其重要的，下面就从消费者心理的角度分析商品命名的要求和策略。

1) 商品命名的心理要求

在当今日益丰富的市场上，商品种类繁多，名称各异，而消费者对不同商品名称的心理反应是截然不同的。美国一家调查机构曾以商品名称与效果的关系为主题，对全美大大小小的商品品牌做了一次深入的研究。结果表明，有12%的名称对消费者产生了积极影响，另有36%的名称对消费者产生了消极影响，而未能给消费者留下印象的占52%。

导致上述差异的主要原因，就在于商品名称与消费心理要求的吻合程度。为使商品名称对消费者产生积极影响，在命名时必须注意以下原则。

（1）名实相符。所谓名实相符，是指商品的名称要与商品的实体特性相适应，使消费者能够通过名称迅速地概括商品的主要特性，了解商品的基本效用，加速消费者认识商品、了解商品的过程，例如，洗衣机、电冰箱的命名都是遵循这个原则。

（2）便于记忆。一个易读易记、言简意赅的名称会减轻记忆难度，缩短消费者的记忆过程。为此，商品命名应力求以最简洁的语言文字高度地概括商品的实体特性。为了便于消费者记忆，使用的名称字数不宜过长，一般以三个字为宜。此外，商品命名还要考虑商品的使用范围和相关消费者的知识水平或大众化商品的命名应通俗易懂，不宜出现难字怪字。一个难以发音和不易读懂的商品名称、企业名称，会使消费者产生畏惧心理，踌躇退缩，从而影响购买行为的发生。

（3）引人注意。商品命名应对产品有恰当的形象描述，即根据商品适应范围内消费者的年龄、职业、性别及知识水平等所产生的不同心理要求，进行商品命名，使其产生良好的印象和兴趣。例如，女性商品名称应柔和优美，高雅大方；男用商品名称应刚柔并济，浑厚朴实；青年用品名称要具有青春朝气；老年用品名称以朴素庄重为宜；而儿童用品名称则应体现活泼可爱，充满童真童趣。但命名不必拘泥于固定形式，只要突出了商品的特点，考虑了消费者的心理特征，就可以做到为商品起一个引人注意且独具特色的商品名称，如"狗不理包子""王麻子剪刀"等。

（4）引发联想。商品命名的一项潜在功能，是通过文字和发音使消费者产生恰当、良好的联想，从而刺激其购买欲望。例如，BMW的中文名字"宝马"汽车，把现代交通工具汽车和古代传统交通工具战马相结合，使人联想到纵横驰骋的快感。

阅读资料 9-1

日本胶卷的命名

日本的业余摄影胶卷市场，目前由三家公司瓜分。其中两家是日本公司，领先的是富士公司，另一家是樱花公司。20 世纪 50 年代樱花公司还在胶卷市场上有超过一半的占有率，然而后来，富士的市场占有率越来越大，樱花公司节节败退。根据市场调查，人们发现问题不在产品的质量上，樱花牌胶卷受到商标的拖累，在日文里，"樱花"这个词代表软性的、模糊的、桃色的形象；相反，"富士"这个词则与日本圣山的蓝天白雪联想在一起。樱花牌胶卷受制于这一不幸形象，各种广告宣传均无济于事。

名称可以引起人愉快的联想，也可以产生不愉快的联想。企业在给商品命名时尤其要注意。

（5）避免禁忌。不同国家和地区的消费者因为民族文化、宗教信仰、风俗习惯及语言文字等方面的差异，可能会对同一商品名称的认知和联想截然不同。例如，美国通用汽车公司给一款车取名为 NOVA（诺娃），这是欧美许多国家妇女喜欢用的名字。但该车运到讲西班牙语的拉丁美洲以后，很少有人买这种车。经调查后才发现 NOVA 一词在西班牙语中是"开不动"的意思，显然这种"开不动"的车唤不起消费者的购买欲望。

2）商品命名的心理策略

（1）以商品的主要功能命名。这种命名方法直接反映商品的主要性能和用途，突出商品的本质特征，使消费者迅速了解商品的功效，以取得消费者的信赖。化妆品、医药产品和日用工业品多采用这种方法命名，如"牙痛安"和"感冒冲剂"等。这种命名方法迎合了消费者的求实心理。

（2）以商品的主要成分命名。这种命名方法突出了商品的主要原料和主要成分，多用于食品、药品和化妆品的命名，如"桂圆八宝粥""人参蜂王浆""鲜橙多"等。这样的命名方法可使消费者从名称上直接了解商品的原料构成，以便根据自己的实际需要选择商品。

（3）以人名命名。这是指以发明者、制造者或历史人物等名字命名。这种命名方法使特定的人与特定的商品相联系，使消费者睹物思人，引发丰富的联想、追忆和敬慕之情，从而使商品在消费者心目中留下深刻的印象。这种命名方法还可以给消费者以产品历史悠久、工艺精湛、用料考究且质量上乘等印象，以此诱发消费者的购买欲望，如"东坡肉"和"孔明灯"等。

（4）以商品的产地命名。这种方法常用于颇具名气或颇有特色的地方土特产品的命名上，在商品名前面冠以商品产地，以突出该商品的地方风情和特点，使其独具魅力，例如，"西湖龙井""贵州茅台""北京烤鸭"等。这种命名方法符合消费者求名、求特及赏新的心理，可以增加商品的名贵感和知名度，使消费者感到买到了货真价实的特色商品。

阅读资料 9-2

"贵州茅台酒"的由来

在 1999 年国家质量技术监督局发布《原产地域产品保护规定》后不久，"贵州茅台酒"

与"绍兴黄酒""杭州龙井茶"等先后被认定为原产地域产品标志，"茅台"也因此成为在中国贵州茅台镇特定条件下按照特定工艺生产的白酒的地理标志。至此，茅台用地名（茅台镇）命名的知识产权形成了从著作权、企业名称（商号）、驰名商标、原产地域名称等多方面的完整的保护体系。贵州茅台酒之所以作为原产地名称加以保护，是与该产品的特殊品质完全或主要归因该地的特殊气候、土壤、传统生产方式等特殊因素有紧密的联系。贵州茅台酒就像一棵生长在茅台镇中的"参天大树"，地处海拔 400 多米的高温湿热河谷地带，依靠形成时间在 7 000 万年以上的地质地貌结构酝酿的优质水源，以及赤水河上游 10 千米的无污染保护；地理环境相对封闭，有利于酿酒微生物生长，经过数千年酿酒的沉淀形成丰富的微生物群，在 1986 年确定为国家级优质酒用高粱生产基地，仁怀县沿赤水河的 24 个乡镇的优越的自然条件的保障下，茅台酒与茅台镇的商家共享着这得天独厚的自然资源。

（5）以商品的外形命名。这种命名方法具有形象化的特点，能突出商品优美和新奇的造型，引起消费者的注意和兴趣，多用于食品、工艺品类商品命名。例如，"三角板""半圆仪"等，多采用这种命名方法。使名称与形象相统一，可以让消费者从名称联想到商品实体，从而加深对商品的印象和记忆。

（6）以商品的外文译音命名。这种方法多用于进口商品的命名上，既可以克服某些外来语翻译上的困难，又能满足消费者求新、求奇、求异等心理需求，如"Coca-Cola"译成"可口可乐"，该名称非常适合中国消费者的语言偏好，而且名称中流露着一种亲切和喜庆，让人联想到饮料可口，饮后会欢快喜悦。

（7）以色彩命名。这种方法多用于食品类，如"黑五类"原指黑芝麻、黑豆等 5 种原料，"黑"字突出原料的色泽，强调黑色食品对人体的保健功效。又如"金丝蜜枣"，表现此枣色泽金黄，蜜丝不断，引起人的食欲。以色彩命名突出了视觉效果，增强了商品的吸引力。

（8）以商品的制作方法命名。以商品的制作方法命名是以商品独特的加工过程或传统工艺作为商品的名称。其心理意义在于：能使消费者了解商品制作方法或不寻常的研制过程，提高商品的威望，容易使消费者产生货真价实、质量可靠的感觉。

（9）以美好形象的事物或形容词命名。以美好形象的事物或形容词命名方法是根据商品的使用效果和感情色彩加以形容比喻作为商品的名称。其心理意义在于：通过形容词褒誉商品，使消费者产生美好联想，满足各种心理需求，激发购买欲望。例如，修车工具"千斤顶"能够力顶千斤、"百岁酒"暗示此酒具有延年益寿的功效。这种命名方法可以暗示商品的性能和质量。

另外，我国中药的命名中，有些动物、植物让人厌恶，但药效极好，考虑到病人的心理作用，命名时避免了对病人的不良心理影响。例如，蚯蚓在中药中称为"地龙"，壁虎称为"天龙"，蝙蝠的粪便称为"夜明砂"，尿碱称为"人中白"。这些美妙的名称，给消费者留下了美好的印象，拉近了消费者与商品的距离。

商品的命名方法很多，以上仅列举了几种常见的命名方法。总之，商品命名既要反映商品的特性，又要有强烈的感染力和诱惑力，只有这样才能引起消费者的注意和联想，在一定程度上满足消费者对商品的某种心理要求，激发其购买欲望。

3. 商品商标与消费心理

1）商标的含义

商标是商品的标志。它是商品生产者或经营者为使本企业商品与其他商品相区别而采取的一种标记，经过法律注册后的商标，具有专利并受法律保护。

2）商标的心理功能

（1）识别功能。商标是商品的一种特定标志，它有助于消费者在购买商品过程中，辨别并挑选他们所需要的商品。同时，消费者可以通过商标来了解、记忆商品的生产经营单位，以便得到相关服务，如售后服务和索赔等。在消费活动中，很多消费者都是根据商标购买商品。一旦消费者认定了某一商标，就会产生偏好而习惯性地购买。

（2）保护功能。商标在国家商标局注册后就成为注册商标，受到法律的保护，任何假冒、伪造商标的行为都要受到法律的制裁。商标受法律保护的功能是非常重要的，它不仅仅维护了制造商和销售商的经济利益和企业形象，而且让消费者在购买和使用商品时有一种安全感和信赖感，从而可以促进商品的销售。

（3）提示和强化功能。当消费者存在某种需求时，商标的提示效应可以使消费者对商品产生偏好，从而影响消费者的购买决策，最终促成购买行为，这就是商标的提示功能。消费者使用该商品后如果感觉良好，那么这种好感觉就会加深消费者对该商标的印象，它会使消费者在以后对这种商品的购买变成一种习惯性购买；反之，一个与消费者心理不符的商标，会强化消费者对商品的排斥心理，这就是商标的强化功能。

3）商标设计的心理原则

商标设计是商标发挥心理功能的基础。实践中，商标的设计具有很大的灵活性，可以采用文字、符号、图形及其组合等多种表现形式和手法。然而，精良的商标设计又不可随心所欲，而必须考虑到商品的特色和消费者的心理，将丰富的信息进行浓缩，最大限度地发挥出感召力。为此，在商标设计中，必须注意以下几个原则。

（1）商标设计要个性鲜明，富于特色。商标是用于表达商品独特性质，并与竞争者产品相互区别的主要标志。为使消费者能从纷繁多样的同类商品中迅速找到自己偏爱的品牌，商标设计应注意强调个性、突出特色、显示独有的风格和形象，使之明显区别于其他同类产品商标。例如，"摩托罗拉"在商标设计上充分突出了个性和独特性，将其M设计成棱角分明、双峰突出的M形，就像一双翅膀，再赋予"飞跃无限"的广告主题，突出了品牌的高科技形象和勃勃生机。

（2）商标设计要造型优美，文字简洁。除了法律规定不能用作商标的事物外，商标的题材几乎可以取自宇宙万物。自然界中的飞禽走兽、花鸟鱼虫、名胜古迹、山川湖泊，以及人类创造的文学艺术成果，均可成为商标的题材。现代消费者不仅要求商标具有明确的识别作用，而且追求商标的美学价值。所以，设计商标时，应力求造型生动优美，线条明快流畅，色彩搭配和谐，富于艺术感染力，以满足消费者的求美心理，使其对商标及商品产生好感。例如，"雪花牌"冰箱采用富于艺术性的自然物象"雪花"作为商标，生动逼真，使消费者一目了然。为了便于消费者记忆，商标语言应做到简洁鲜明，容易记忆。

（3）商标设计要具有时代气息，反映社会发展的潮流趋向。商标的名称如果能结合特定的历史时期，反映时代的气息甚至赋予一定的社会政治意义，就更容易激起消费者的购买热情，顺应民心，从而赢得消费者的青睐。例如，"盼盼"防盗门为迎接亚运会、盼望召开而得此名，由于符合时代潮流，顺应了特定历史时期消费者的民心民意，因而成为名牌，且历经数十年而不衰。

（4）商标设计应与商品本身的性质和特点相协调。商标既是对商品所要传达信息的提炼和精确表达，也是商品的代名词，又起到提示和强化的作用。这就要求商标要准确地体现所代表商品的性质，突出商品的特色。例如，"奔驰"商标可使消费者联想到高档轿车的性能卓越，奔驰如飞；当人们在炎热的夏季看到"北冰洋"的商标时，立刻会联想到降温解暑的汽水饮料，给人以凉爽舒适的感觉；"雀巢"极易引人联想到待哺的婴儿、慈祥的母亲和健康营养的雀巢产品。相反，我国南方一鞋厂，把秀美别致的女鞋商标设计成"大象"牌，给女性消费者粗大笨重的感觉，自然影响到对产品的印象。

阅读资料 9-3

雀巢商标图案

每当人们在商品包装袋上看到一只雌鸟站在巢边喂两只雏鸟的图案，立即会想到这是雀巢公司的产品，同时也对产品的质量产生信任感，毫不犹豫地打开钱包买走这个商品。三只鸟和它们的鸟巢已经成为了雀巢公司的代言人。

创建于1867年的瑞士雀巢公司早期以生产以牛奶为基础的婴儿食品闻名，如今，已演变为遍及五大洲60多个国家，拥有30多万名雇员，生产咖啡、饮料、奶制品、婴儿营养品、巧克力和糖果及烹调食品等名副其实的食品帝国。然而，就是这个小小的鸟巢还有一段不平凡的故事。

1860年，德国人亨利·内斯特先生从法兰克福移居到瑞士沃韦市。1867年他发现一些母亲不能用母乳喂养婴儿而导致婴儿夭折，于是研制出一种以牛奶为基础的婴儿食品，这在当时称得上是一场具有划时代意义的变革。内斯特（Nestle）的姓氏在德国南部同"雀巢"一词不论发音还是字形都一样，因此，不久这种新产品便以"雀巢"的名字享誉世界。最初，内斯特为他的婴儿奶粉设计了一个四只鸟的商标图案——三只雏鸟站在鸟巢内，一只雌鸟嘴里衔着一只小木棒站在巢边，这个图案是母子亲情的象征，尤其是母鸟亲自喂养雏鸟，对于雀巢婴儿奶粉的促销活动再合适不过了。

1929年雀巢公司开始生产巧克力，内斯特发现，他买下的几家巧克力厂均将原公司的名字与商标图案印在一起。因此，从1938年起，雀巢公司的商标图案发生了变化，即在鸟巢的正面加上了内斯特家庭的名称，雌鸟嘴里的小木棒变成了一条小虫，但是黑字粗体的名称使图案显得杂乱无章。到了20世纪60年代，粗体字被改成正楷黑体，使小鸟从字体后面显露出来。

随着国际化的发展，雀巢公司从20世纪80年代起给已有100多年历史的传统商标赋予新意，将鸟巢和小鸟置于公司名称之上，Nestle一词被摆放在图案下端，简化了图案造型，将"N"的上端向右延长成房屋状，三只雏鸟简化成两只，雌鸟嘴中的小虫消失，这个是结合目前西方家庭有两个孩子的统计数字而产生的新创意，与生活更贴近。1995年，公司对图案再次进行"微调"，鸟巢和鸟的造型更加简化，Nestle改为墨色实体字。

闻名于世的雀巢公司，从其商标的图案设计上经历了多次的更改，为的就是能够让其更具有寓意，更能符合顾客的要求、社会的发展潮流，这也是雀巢能够一直被消费者所喜爱的一个重要原因。

(5) 商标设计要遵守法律法规，并顺应不同国家、民族、宗教和地域的消费者的心理习惯。各国商标法都明文规定了不允许注册为商标的事物，如国徽、国旗和国际组织的徽章、旗帜及缩写等。因此，在设计商标时，必须严格遵守有关法律规定。另外，由于不同的国家、民族、宗教及地域的消费者有着不同的心理习性，从而产生了很多不同的偏好和禁忌，在设计商标时也应予以充分考虑。例如，加拿大人忌讳百合花，澳大利亚人忌讳兔子等。

总之，优秀的商标设计应符合以上心理策略，使之成为商品乃至企业的象征，使消费者产生深刻而美好的印象。

4. 品牌对消费心理及行为的作用基础与过程

1) 品牌的心理作用基础

消费者购买商品时，不再单纯是为取得商品的使用价值，更主要的是获得心理和精神上的满足。而这种精神层面的高层次需要是通过品牌消费来实现的。消费者对于品牌的精神诉求，可以分为品牌的象征意义和情感意义两类。

首先是品牌的象征意义。消费者心理和精神需要的内容之一是社会象征性需要，也就是人们的一种认识自我、表达自我并且期待得到他人和社会肯定的需要。这种需要根据表达对象的不同又可以分为两种。

（1）自我个性的表现。每个人内心深处都对自己有一个定位，也就是自我形象。比如，有的人认为自己大胆时尚，是引领时代潮流的领先者；有的人则认为自己沉稳审慎，有独立见解，不随波逐流；还有的人认为自己品位高雅，与众不同等。正是由于诸如此类的自我描述，使得消费者在购买商品时，总是寻求那些能表现自己个性和自我形象的商品。例如，乘坐奔驰汽车可以表现主人的庄重和成功；佩戴 Swatch 手表则可以凸显主人对潮流的敏感。

（2）自我价值的实现。自我价值的实现是指消费者通过购买和使用商品，向外界表达自我、证明自我的价值。"野马"汽车最初是为追求刺激的青年人开发的一款车型，但是上市后，有很多老年人也争相购买。公司调查发现，这些老年人希望驾驶"野马"车表现自己仍然年轻而富有活力，以及在社会中的作用。

品牌的象征意义是这两种需要实现的基础，它是指在消费者心目中，品牌所代表的与特定形象、身份、品位相联系的意义和内涵。在这里，品牌不再是一种符号、图形，而是一种精神、意义的载体。品牌可以体现消费者的文化、知识水平、生活方式、消费习惯、社会地位、名气声誉等。一定意义上，品牌象征是商品品牌赋予消费者表达自我的一种手段。

其次是品牌的情感意义。品牌的情感意义来源于消费者的情感需要。情感是与人的社会性需要和意识紧密联系的内心体验，具有较强的稳定性和深刻性。情感对消费者的影响是长久和深远的。比如一辆"永久"牌自行车就能够激起中老年消费者许多美好的回忆。很多老品牌就像一首首老歌，被人们当作一种怀旧的经典所喜爱。

品牌的情感意义是指在消费者的心目中，与品牌相联系的审美性、情感性文化意蕴。它巧妙地构建了一种生活格调、一种文化氛围和一种精神世界，引导顾客在消费中找到自我，得到慰藉，获得情感上的寄托和心理共鸣。正因为如此，品牌还具有文化价值。在这方面，可口可乐的品牌堪称经典。可口可乐公司经过长期的研究得出结论："名牌的背后是文化"，因而刻意锻造品牌的文化内涵，使可口可乐成为美国精神的象征。正如一位美国的报纸编辑所说："可口可乐代表着美国的全部精华，喝一瓶可口可乐就等于把这些美国的精神灌注体内，其瓶中装的是美国人的梦。"

品牌文化是凝结在品牌中的经营观、价值观、审美观等审美形态及经营行为的总和。品牌的文化价值使品牌具有了人格化的魅力，从而使消费者对其产生情感共鸣。

2）品牌对购买过程的影响

消费者的购买决策过程要依次经过认识需求、寻找解决方案、评价比较方案、择优决定和购后评价等阶段。而品牌在这一过程中具有举足轻重的作用。

（1）品牌在寻找解决方案中的作用。

消费者在寻找解决方案时，首先要广泛收集商品信息。这种收集工作可以通过很多渠道来进行，如个人的记忆和经验，从他人或群体的行为方式中得到的启示，各种媒体的宣传等。品牌的象征意义及品牌独具的个性，使人们更容易记住品牌所代表的商品特点。而群体中人们惯常使用和喜爱的品牌，也会不断将商品的信息提示给购买者。此外，人们对特定品牌的情感也会使该品牌从大量的信息中脱颖而出，赢得消费者的注意。例如，人们在购买计算机的时候，最先想到的不同种类、款式、价格的品牌可能有联想、方正、康柏、HP 等；在购买彩电时，大多会从海尔、TCL、康佳、东芝、松下等品牌中加以选择。

（2）品牌在评价比较方案中的作用。

在评价比较各种备选方案时，人们总是根据自身的价值观和偏好来进行决策。品牌的个性就是最强有力的决策标准。有的人可能喜欢物美价廉的商品；有的人则喜欢高新科技的创新成果；有的人更加关注有哪些类型的消费者曾经购买过这些商品。品牌的个性特征将商品的上述特色凸显出来，有助于消费者对各个竞争产品加以评价比较，作出正确选择。比如，在选择酒的品牌的过程中，有的人偏爱既尊贵又独具中国特色的茅台酒；有的人更喜爱华贵却充满异国风情的"人头马 XO"；有的人钟情于纯正而实惠的二锅头。所以，品牌在评价方案中起到了指引的作用。

（3）品牌在购后评价中的作用。

为了证实自己的方案最优，所得效用最大，消费者往往在购买结束后进行购后评价。这种评价可以由消费者自己进行，也可以征求亲友和同事的意见，或是观察社会反映。品牌文化所带来的社会影响和消费者对品牌的情感，将会给商品带来更多的附加价值，从而使消费者得到更多的效用。品牌在购后评价中起到了强化的作用。

据调查，目前中国消费者在购买决策过程中更加注重品牌的影响，强势品牌的市场综合占有率不断提高。为此，企业应对消费者的品牌消费倾向予以足够重视，应将建立强势品牌提到战略高度，开展全方位的品牌营销，不断提高企业产品的品牌形象，使品牌在消费者心目中享有高知名度和美誉度，成为企业的核心竞争优势和宝贵的无形资产。

9.1.3　商品包装与消费心理及行为

1. 包装简介

包装是指对某一品牌商品设计并制作容器或包扎物的一系列活动。按包装在商品流通中所起的不同作用，可将包装分为运输包装和销售包装。运输包装又称外包装，它的主要作用是在商品的流通中保护商品。销售包装又称内包装，是指接触商品并随着商品进入市场销售的包装。除了保护商品这一基本作用外，这类包装还具有宣传介绍商品、美化商品、方便携带和增加盈利等作用。

2. 包装对消费者心理的影响

1）识别商品

商品包装及装饰已经成为产品差异化的基础之一。设计精良、富于美感且独具特色的商品包装，会在众多商品中脱颖而出，以其独特的魅力吸引消费者的注意并留下深刻的印象，并可以有效地帮助消费者对同类商品的不同品牌加以辨认。同时，包装上准确、详尽的文字说明，有利于消费者正确使用商品。

2）提升安全感

包装的最基本的功能就是要保护商品。安全可靠的包装有利于商品的长期储存及延长商品的使用寿命，开启方便和能重新密封的包装便于消费者使用。总之，根据实际需要，设计合理、便利的商品包装，能使消费者产生安全感和便利感，方便消费者的购买、携带、储存和消费。

3）美化商品

商品包装本身应具有艺术性，让消费者赏心悦目，得到美的享受。好的包装会使商品锦上添花，有效地推动消费者的购买；而制作粗劣、形象欠佳的包装会直接影响消费者的选择，甚至抑制购买欲望。可以说，包装是无声的推销员。

4）积极联想

精美并有特色的商品包装能使消费者产生丰富的想象和美好的联想，从而加深对商品的好感，例如，"雪碧"饮料以绿色瓶装，配以绿色底色和白色浪花的图案，可以使消费者一望而产生凉爽怡人的感觉。此外，商品包装高雅华贵，可以大大提高商品档次，使消费者获得受尊重、自我表现等心理满足。

阅读资料 9-4

一个价值 600 万美元的玻璃瓶

说起可口可乐的玻璃瓶包装，至今仍为人们称道。1898 年鲁特玻璃公司的一位年轻的工人亚历山大·山姆森在同女友约会中，发现女友穿着一套筒型连衣裙，显得臀部突出，腰部和腿部纤细，非常好看。约会结束后，他突发灵感，根据女友穿着这套裙子的形象设计出一个玻璃瓶。

经过反复的修改，亚历山大·山姆森不仅将瓶子设计得非常美观，很像一位亭亭玉立的少女，他还把瓶子的容量设计成刚好一杯水大小。瓶子试制出来之后，获得大众交口称赞。有经营意识的亚历山大·山姆森立即到专利局申请专利。

当时，可口可乐的决策者坎德勒在市场上看到了亚历山大·山姆森设计的玻璃瓶后，认为非常适合作为可口可乐的包装。于是他主动向亚历山大·山姆森提出购买这个瓶子的专利。经过一番讨价还价，最后可口可乐公司以 600 万美元的天价买下此专利。要知道在 100 多年前，600 万美元可是一项巨大的投资。然而实践证明，可口可乐公司这一决策是非常成功的。

亚历山大·山姆森设计的瓶子不仅美观，而且使用非常安全，易握不易滑落。更令人叫绝的是，其瓶型的中下部是扭纹型的，如同少女所穿的条纹裙子；而瓶子的中段则圆满丰硕，如同少女的臀部。此外，由于瓶子的结构是中大下小，当它盛装可口可乐时，给人的感觉分量很大。采用亚历山大·山姆森设计的玻璃瓶作为可口可乐的包装以后，可口可乐的销

量飞速增长，

在两年的时间内，销量翻了一倍。从此，采用山姆森玻璃瓶作为包装的可口可乐开始畅销美国，并迅速风靡世界。600 万美元的投入，为可口可乐公司带来了数以亿计的回报。

---

3. 包装设计的心理要求

商品包装要获得广大消费者的认同和喜爱，不仅需要结合化学和物理学等科学原理进行设计，还必须结合心理学、美学、市场营销学等基本知识，特别要充分利用包装外观形象，满足消费者对包装及其内容的心理要求。包装设计的心理要求主要有以下几个方面。

1）设计时注意色彩协调搭配

消费者在接触商品，尤其是与商品有一定空间距离时，首先进入视线的是色彩。因此，商品包装采用何种颜色，会直接影响消费者的视觉感受。包装色彩搭配协调强调，色彩设计既要与商品的特性及使用环境相互协调配合，又要与消费者的心理习惯相符。红色是一种温暖热烈的色彩，常用于结婚礼品包装，可增加喜庆气氛；比较笨重的物品配以浅色包装，可以减轻重量感，显得轻巧一些。

2）设计要符合商品性能

许多商品由于物理、化学性质不同，其存在状态也不同。根据商品的形态和性能设计商品包装，是必须遵守的设计原则之一。例如，易燃、易爆、剧毒的液体商品，包装不仅要封闭、安全，还应在包装上做出明显的标记。

3）设计要方便消费者

商品的包装必须为消费者提供方便，便于消费者观察、挑选、购买和携带。因此，采用"开窗式""半透明式"包装会给消费者以直观、鲜明、真实的心理体验。这种包装在食品类商品中广泛应用。此外，将若干相关联的商品组合在一起进行包装，也会给消费者带来方便。

4）包装设计的商品系列化

系列化设计是指企业对其生产的各种品质相近的产品，采用同种包装材料及相似的形态图案和色彩等，给消费者一个统一的印象。这种设计可以强化消费者对产品系列的认识，促进对其系列产品的连带购买。例如，"统一"食品集团生产的"统一"牌方便面，不同风味的品种之间包装色彩图案在基调一致的基础上稍有差别，使消费者能迅速辨别出该品牌的系列产品。

4. 包装设计的心理策略

（1）组合包装策略。这是指在同一包装中放入相关的若干产品，如化妆品、节日礼品盒及工具包等。这样既可以方便消费者的购买和使用，也可以有效利用包装的空间，促进相关产品的销售。

（2）附赠品包装策略。这是在包装内和包装外附赠奖券、卡片或实物，借以刺激消费者购买或重复购买商品，从而达到扩大销售的目的。这种包装策略对儿童颇有吸引力，也是目前最为流行的做法。

（3）再使用包装策略。这是指包装物在产品使用完后，还可以做其他用途，如常见的咖啡杯、果酱瓶用作茶杯，盛装物品的袋子用作手提袋等。利用顾客一物多用的心理，使顾客得到额外的使用价值。此外，这样的包装物上印有企业的标记，可以增强消费者对该商品的印象，刺激消费者重复购买。

（4）等级包装策略。这是对不同档次或不同质量等级的商品分别使用不同的包装，并在包装材质、装潢风格上力求与商品档次相适宜。例如，高档包装采用高档材料、豪华包装以迎合消费者显示地位、身份的心理需要；而低档低价的同类商品包装设计可以突出经济实惠、物美价廉的特点，尽量降低包装的成本，以满足低收入消费者的需求。

（5）变更包装策略。这是对原有的包装进行某些改进或改换，以便开拓新市场，吸引新顾客，或者在原产品声誉受损、销量下降时，通过变更包装，阻止销量下降，保持市场占有率。变更包装策略既可以以新形象吸引顾客的注意力，又可以改变产品在消费者心目中的不良形象。

（6）数量差别包装策略。这是根据消费者的购买习惯，按照产品的数量或重量，分别设计大小不同的包装。如饼干、食用油等食品，洗衣粉、洗发水等日用品都分别有大、中、小号不同的包装。这一包装策略为顾客购买提供了充分的选择余地，满足了消费者不同的购买习惯和消费心理。

9.2　价格与消费心理及行为

现实市场中，影响消费者的心理和行为的因素很多，其中价格是影响消费者购买决策的最具刺激性和敏感性的因素之一。下面就价格的心理功能、消费者的价格心理和价格变动对消费心理及行为的影响来进行具体探讨。

9.2.1　价格的心理功能

研究价格心理，主要是研究消费者在价格问题上的心理现象，其目的是在制定各种商品价格时，懂得如何才能符合消费者的心理要求并为消费者所接受，从而达到促进销售、满足需要的目的。

消费者在购买活动中的各种心理反应，都同商品价格密切相关，都受商品价格心理功能的影响。所谓价格的心理功能，是指在社会生活和个性心理特征的影响下，在价格一般功能的基础上形成的并对消费者的购买行为起着引导作用的一种价格心理现象。营销人员在研究价格心理、制定合理适当的商品价格时，首先就要了解和熟悉价格的心理功能。

价格心理功能主要表现在以下几个方面。

1. 衡量商品价值功能

商品价值是价格的内在尺度，价格围绕价值上下波动，并最终趋向于价值。商品价格在一定程度上体现了商品价值的大小和质量的高低，是商品效用程度的一个客观尺度，具有衡量商品价值的功能。在现实生活中，人们用价格作为尺度和工具认识商品，通常情况下，商品价格高，其价值就大，质量就好，适用性就强。价格这种衡量尺度的心理功能，在现实生活中经常表现为消费者普遍具有"一分钱一分货""便宜没好货，好货不便宜"的心理。在实际购买活动中，同样一件商品，质地看上去相似，款式也相近，但如果其中一件包装精美，标价 200 元；另一件包装粗糙，标价 150 元，顾客的第一反应就是：200 元的那件品质好、价值高，150 元的相对品质差、价值低。

现代市场，商品更新速度日益加快，新产品不断投放到市场上，一般顾客因商品专业知识不足，鉴别能力不强，难以准确分辨新产品质量的优劣和实际价值的高低，这时价格就成为他们衡量商品质地好坏与价值高低的尺度。例如，对汽车价格和质量关系的一项研究发现，消费者认为较高价格的汽车有较高的质量。只有当消费者能够通过检查产品或是根据过去的经验对产品的质量进行判断时，他们才会较少依赖价格作为衡量质量的尺度。而当消费者由于缺乏信息或技术而无法判断质量时，价格就成为一种很重要的质量信号。

2. 自我意识的比拟功能

商品价格的自我意识比拟，是商品价格人格化的心理意识，即借助于商品价格来反映消费者自我的一种心态。

消费者在购买商品时，往往还通过想象和联想，把商品价格与情趣爱好、生活品质、价值观、文化品位等个性化特征联系起来，以满足自身的社会心理需求，这就是商品价格的自我意识的比拟功能。价格不仅体现商品的价值，更象征着消费者的社会经济地位。商品价格的自我比拟功能主要有以下几种形式。

1）社会地位比拟

有些人在社会上具有一定的地位，服装、鞋帽、箱包、手表甚至领带、皮带等服饰用品都追求高档、名牌，认为穿着一般服饰会有失身份。即使经济收入有限，宁可在其他方面节俭一些，也要保持自己良好的社会形象，并以此为心理满足。

2）经济地位比拟

有些人收入颇丰，追求时尚欲望强烈，是社会消费新潮的倡导者。如许多白领、高收入阶层往往是高档名牌服装的忠实购买者，经常出入于高档酒店、咖啡馆、茶馆，热衷于国外旅行，他们往往以率先拥有高价的私人轿车、高档的商品住房等为消费追求的目标，对低价商品不屑一顾，把商品价格与自身的经济地位联系在一起。也有一些消费者在购买活动中总是喜欢选购廉价商品或是削价商品，认为价格昂贵的商品只有那些有钱人才能买得起，这也是消费者将自己的经济地位与商品价格联系起来的具体表现。

3）生活情趣比拟

有些消费者以具有高雅的生活情趣为荣，即使不会弹钢琴，也要在起居室里摆放一架钢琴；即使对书法和字画没有什么研究，但仍愿意花一大笔钱去购买一些名人字画挂在家中，以拥有这些名人字画为自豪和满足；即使不会欣赏高雅艺术，也会经常听音乐会、歌剧等，以获得心理上的满足；也有些消费者对古董文物知识并不通晓，却心甘情愿地付出巨资去收藏一些古玩作为家中摆设，以拥有这些稀奇的古物为巨大的心理满足，希望通过昂贵的古董来显示自己崇尚古人的风雅，这也是一种生活情操的比拟。

4）文化修养比拟

有些消费者为了显示自己的文化品位，尽管并不经常阅读，但是却喜欢大量购买古典名著、中外图书，摆放在家中，这些都是一种文化修养上的比拟。

5）观念更新比拟

一些人怕别人说自己落伍，跟不上潮流，即使不会使用电脑，也要花大笔的钱购买最先进的笔记本电脑作为摆设，希望获得与时俱进的心理感觉。

总之，自我意识比拟这种心理功能，在消费者心理上的反应可能是有意识的，也可能是无意识的，但是有一个共同的特点，就是从满足社会需求和自尊需求出发，更多地重视产品价格的社会价值象征意义。

3. 调节需求的功能

商品价格对消费需求量的影响甚大，价格的高低对需求有调节作用。一般来说，在其他条件既定的情况下，消费需求量的变化与价格的变动呈相反的趋势。即价格上涨时，消费需求量减少；价格下降时，消费需求量增加。所以，价格和需求相互影响、相互制约。

价格调节需求的功能要受到商品需求价格弹性的制约。需求价格弹性是指因价格变动而引起的需求量的相应变动率，它反映了需求变动对价格变动的敏感程度。需求价格弹性的大小，会因为商品种类的不同和消费需求程度的不同而有所差别。有些商品价格稍有变动，其需求量就发生大幅度变化，即需求价格富有弹性，奢侈品如金银首饰等即属于这一类；有些商品价格变动很大，而需求量变化很小，即需求价格缺乏弹性，粮食、食盐、日用品等生活必需品就属于这一类。

价格对需求的调节，还与消费者需求强度和预期有关。消费者对某种商品的需求越强烈，对价格变动就越敏感，反之则相反。另外就是消费者的预期，如某种商品价格上涨时，消费者如果认为还会上涨，就会去抢购，就出现了"买涨不买跌"的现象。

阅读资料 9-5

价格贵，市场选择多，2018 新 iPhone 遇冷

"开售首日没有卖掉一台，问的人也少，与往年销售首日相比，新 iPhone 销售首日的热度明显不如此前，同时，渠道价更是比官网价格便宜。"2018 年 9 月 21 日是苹果三款新 iPhone 销售首日，广州日报全媒体记者从深圳华强北一位资深手机渠道商获悉，新 iPhone 销售首日遇冷，渠道价跌破官网价格，与往年销售首日加价仍一机难求相比，热度明显下降。

"各种型号、各种颜色的新 iPhone 都有，但就是卖不动。"有渠道商表示。而苹果直营店现场的火爆现象也难以再现。据记者观察，21 日是销售首日，苹果线下店相对冷清些，远没有往年火爆。

此外，今年新 iPhone 销售首日遭遇跌破官网价格的现象，其中金色 256G 的 5.8 寸 iPhone Xs 官网价格为 10 099 元人民币，21 日的渠道价跌破 10 000 元，报价 9 600 元，下滑了 499 元，今年新推出的 6.4 寸的 iPhone Xs Max 最低配 64G 的官网价格为 9 599 元，而渠道价格为 9 330 元，渠道价下滑 269 元。

原因 1：价格太贵

对于新 iPhone 渠道商宁愿以跌破官网价格出货的原因，多位渠道商表示："价格太贵"。这与中国本土品牌高性价比的智能手机形成了鲜明对比，特别是苹果公司在新 iPhone 上推出的双卡，中国本土品牌早已在多年前就已实现，没有被市场认为是苹果加价的理由，导致消费者购买新 iPhone 的意愿不强。

原因 2：市场竞争大

业内人士认为，目前中国智能手机市场品牌选择增加，竞争激烈，也是苹果新 iPhone 销售首日遇冷的原因之一。据悉，与十几年前中国消费者只有几个手机品牌可选择相比，本

土手机品牌已经得到快速发展。业内人士认为，高性价比的中国本土品牌成为消费者选择的主要目标。

9.2.2 消费者价格心理特征

消费者的价格心理是消费者在购买活动中对商品价格刺激的各种心理反应和表现。它是由消费者的个性心理及其对价格的知觉判断共同构成的。此外，价格心理还会受到社会、生活各方面因素的影响。价格判断具有主观性和客观性的双重性质。消费者的价格心理主要表现在以下几个方面。

1. 习惯性心理

习惯性心理是指消费者根据以往的购买经验和对某些商品价格的反复感知，来决定是否购买的一种心理定势。消费者对商品价格的认识，往往是从多次购买活动中逐步体验的结果，特别是生活消费品，多次购买后在顾客头脑中留下了深刻的印象，更容易形成习惯性价格心理。

消费者对价格的习惯性心理影响着购买行为。这是因为消费者往往从习惯价格中去联想和对比价格的高低涨落，以及商品质量的优劣差异。消费者在已经形成的习惯价格的基础上，一般对商品的价格都会有一个上限和下限的界定。一旦某种商品价格超过了消费者心目中的价格上限，则会认为其太贵；如果价格低于消费者心目中的下限，则会对商品的质量产生怀疑。也就是说，某种商品的价格如果违背了习惯价格，消费者就会产生舍不得买或是拒绝购买的心理。但是，如果商品价格恰好在购买者的习惯价格水平上，就一定会博得他们的信赖和认同。商品的习惯性价格一旦形成，就会被消费者认可而不容易改变。

2. 感受性心理

感受性心理是指消费者对商品价格及其变动的感知程度。商品价格的高与低、昂贵与便宜都是相对的，消费者对商品价格高低的判断，总是在同类商品中进行比较，或是在同一售货现场中对不同种类商品进行比较而获得的。但是消费者的价格判断常常会出现错觉，如同样的红酒，在超市售价三十几元，而在三星级以上酒店里饮用，定价上百元，这是因为豪华优雅的环境影响了消费者对价格的感受性。再如，同一价格的同种商品放在价格都比它高的系列商品中，其价格就显得较低；而将其放在价格都比它低的系列商品中，其价格就显得较高。

一般来说，消费者对价格高低的认识不完全基于某种商品价格是否超出或低于他们心目中的价格尺度，还基于与同类商品的价格进行比较，以及通过购物现场不同种类商品的价格比较来认识的。比较结果的差异大小，形成了消费者对价格高低的不同感受。这种感受会直接影响消费者的价格判断。因此，企业可以用优质的服务、优美的装潢、优雅的环境来影响消费者的心理活动，从而影响对商品价格的感受性，取得较好的销售效果。

3. 敏感性心理

敏感性心理是指消费者对商品价格变动做出的反应程度。消费者对商品价格的敏感性是相对于商品价格稳定的习惯心理而言的。因为商品价格的变动直接影响消费者自身的利益，影响到消费者需求的满足程度，所以，消费者对价格的变动一般都比较敏感。

但是，消费者对价格变动的敏感心理是因人而异、因商品而异的。一般来说，像食品、蔬菜、肉类等生活必需品需要程度高，购买频繁，敏感度就强；名烟、名酒等奢侈品，购买频率低，敏感度相对较弱。学校师生每天在餐厅就餐，即便饭菜价格只变动了 0.5 元，他们也会议论纷纷；而市场上空调价格就是上涨了 500 元，他们也不会太注意。

4. 倾向性心理

倾向性心理是指消费者在购买过程中对商品价格选择所呈现出来的趋势和意向。商品一般都有高、中、低档的区别，不同档次分别标志商品的不同价格与质量。不同类型的消费者，出自不同的价格心理，对商品的档次、质量和商标等都会产生不同的倾向性。

消费者对商品的价格倾向性大致可以分为两大类。一是不同消费者对同一类商品价格的选择具有不同的倾向性。如果消费者对不同价格的同类商品的性能、质量、外观造型及所用材料等方面没有发现明显的差异，那些求廉务实的消费者往往倾向于选择价格较低的商品。但是，那些慕名求新的消费者就会倾向于购买价格较高的品牌。二是同一消费者对不同种类的商品的价格选择也具有倾向性。一般来说，对于那些耐用品、礼品或高档商品、时令商品，消费者会倾向于选择价格较高的购买；而对于那些日用品，选择倾向一般是低价。

由于消费者在经济收入、文化水平、价值取向及性格等方面的差异，使得他们在购买中表现出来的价格倾向各不相同。消费者会根据自己对商品价格的认知程度来做出判断。

5. 逆反心理

正常情况下，消费者总是希望买到价廉物美的商品，对于相同价值的商品总是希望其价格越低越好，但是在某些特定的情况下，商品的畅销性与其价格会呈反向表现，即并非价格越低越畅销。出现越贵越买的情况，这就是由于消费者对价格的逆反心理所致。

阅读资料 9-6

越贵越畅销的绿宝石

美国亚利桑那州一家珠宝店采购到一批漂亮的绿宝石。此次采购数量很大，老板很怕短期内销不出去，影响资金周转，便决定按通常惯用的方法，减价销售，以达到薄利多销的目的。但事与愿违，原以为会一抢而光的商品，好几天过去，购买者却寥寥无几。老板谜团重重，是不是价格定得还高，应再降低一些？

就在这时，外地有一笔生意急需老板前去洽谈，已来不及仔细研究那批货降价多少，老板临行前只好匆匆地写了一张纸条留给店员："我走后绿宝石如仍销售不畅，可按 1/2 的价格卖掉。"由于着急，关键的字体 1/2 没有写清楚，店员将其读成"1~2 倍的价格"。店员们将绿宝石的价格先提高一倍，没想到购买者越来越多，又将价格提高一倍，结果大出所料，宝石在几天之内便被一抢而空。老板从外地回来，见宝石销售一空，一问价格，不由得大吃一惊；当知道原委后，店员、老板同时开怀大笑，这可真是歪打正着。

9.2.3　价格变动对消费心理及行为的影响

商品价格的变动与调整是经常发生的，调价的原因除了生产经营者的自身条件发生了变化以外，还包括市场供求状况、商品价值变动、市场货币价值与货币流通量变动、国际市场价格波动、消费走向变化等多方面因素的影响。企业在调整商品价格时，既要考虑这些因素的影响，又要考虑消费者对商品调价的心理要求。

当企业进行价格变动的时候，首先考虑的是价格调整后消费者能否接受，对消费者的行为会产生什么影响，消费者将如何看待商品价格调整的行为。企业调低商品价格，向消费者让利的行为可能会被理解为商品销售不畅，或企业面临经济困难，有时，企业以一个良好的初衷变动价格却得到与想法相反的结果。因此，企业变动价格时必须关注消费者对价格调整的反应。

价格调整可分为两种情况：一种是降价，另一种是提价。这两种情况的变动都会使消费者的利益受到影响，引起消费者心理与行为上的反应。此外，消费者对企业调整价格的动机、目的的理解程度不同，也会做出不同的心理反应。通常情况下，消费者无法直接了解企业调整价格的真实原因。

1. 消费者对价格变动的感性反应

1）消费者对原产品降价调整的反应

消费者对原产品降低价格的心理反应，一般有以下几种：企业薄利多销；市场竞争的结果，企业打价格战；商家减少库存积压；该产品质量下降或出现质量问题；该产品市场销售不畅；该产品将被新产品替代；该产品货号不全；该产品式样过时；该产品为季节性较强的商品；企业财务困难，不能继续生产经营等。调低价格通常有利于消费者，理应激发消费者的购买欲望，促使其大量购买。但在现实生活中，消费者会做出与之相反的各种心理和行为反应，往往会"持币待购"，"越降越不买"。

阅读资料 9-7

"一角钱"促销

在一个菜场有几家卖豆制品的摊点，可总是只有 A 店主的生意火暴，大家宁可排队等也不到旁边的店里买同样的东西。是 A 店的价格比旁边店铺便宜许多吗？不是，他卖的价格和别人一样；是所卖产品的质量比别人好很多？也不是，质量差不多，很多东西估计和别的摊主是在同一个地方进的货；是有买赠促销的手段吗？更不是，小本生意不可能有这么大的利润。原来只有一个非常简单的原因：这个店主无论顾客买什么东西都主动地少收一角钱。例如顾客问好豆腐是 1 元一斤，挑了块豆腐，他把豆腐放到电子秤上一称显示 1.7 元，他就会说："就收 1.6 元吧。"就这小小的一角钱让他获得了顾客的信赖，使他的生意越来越红火。

豆腐属于生活必需品，价格不高，经常购买，消费者对价格的敏感度相对较强。在品质基本相同的情况下，虽然只让利一角钱，却让消费者感到真实可信。在价格变动的时候应将幅度控制在合理的范围以内，如果摊主卖一块豆腐可以便宜 0.5 元，不光自己不赚钱，顾客更要怀疑这个豆腐肯定有问题，要不怎么可能这么便宜！

2）消费者对原产品提价调整的反应

消费者对原产品提高价格的心理反应，一般有以下几种：该产品数量有限，或供不应求；该产品畅销，质量已经得到消费者的认可；该产品有特殊的用途，产品能增值，或有收藏价值；该产品生产成本上升；该产品广告宣传费用较高；受到通货膨胀的影响。调高价格通常对消费者来说是不利的，理论上会抑制消费者的购买欲望，挫伤其购买积极性，减少实际购买需求。但在现实生活中，消费者同样会做出与之相反的各种反应。

可见，商品价格的调整引起的心理反应非常复杂。既可能激发消费者的购买欲望，促使商品需求增加；也可能抑制其购买欲望，导致商品需求减少。企业在调整价格的时候，一定要仔细分析各种因素的影响，准确把握消费者的价格心理，事先做好市场预测工作，采取行之有效的调价策略，以便达到扩大销售总额、增加利润的目的。

2. 消费者对价格变动的理性反应

消费者随着消费经验的不断积累，有关商品的专业知识及对商品的一般常识，也在不断地增长，消费日趋理性化。由于消费者的需求既存在同质性又存在异质性，所以对购买的总支出与对产品成本的关系有着不同的理解，这就造成了购买者对价格调整的变动反应也存在着差异。一般情况下，消费者对于那些价值较高、经常购买的生活必需品的产品价格调整变动较敏感，而对于那些价值较低、不经常购买的小商品，即使单位价格调整幅度再大，消费者也不会太在意。成熟理智的消费者在关注产品价格调整变动的同时，更注重产品的核心价值、形式价值和附加价值。消费者不仅仅是为产品的价格而去购买产品，而是在购买产品的使用价值、服务价值及企业的保证和承诺。

阅读资料 9-8

家电消费不迷"概念"迷"实效"

随着中国式的 RoHS 指令的出台，环保成为中国各家电企业不得不考虑的因素之一。继 2005 年 8 月 13 日欧盟正式开始执行 WEEE 指令（《关于报废电子电气设备指令》）之后，从 2006 年 7 月 1 日开始，欧盟的 RoHS 指令（《关于在电子电气设备中限制使用某些有害物质的指令》）又正式实施。

随着生活水平的不断提高，伴随着追求健康、节能、环保的消费心理，消费者对家电产品的选择呈现多元化的消费趋势，更注重个性的张扬和产品的内涵，追求的是健康与享受，而不再单纯地考虑价格因素。家电产品的质量、性能已经取代价格成为消费者首先关注的要素。正是这种消费需求的变化，使当前许多家电厂商措手不及，导致整个市场出现真空，恰好也促使当前高端家电市场的旺销。

以冰箱为例，大容量的冰箱逐渐成为消费热点。现在人们买的房子越来越大，特别是对于刚刚结婚的新人来说，平日繁忙的工作使得他们购买食品的次数减少，数量增多。

市场上现有的大冰箱普遍都带有小吧台和自动制冰功能，功能更加人性化。变频技术的投入使用，也使得空调、冰箱等家电的生产成本增加，价格提高。然而，由于消费心理的转变，这种高价格是消费者能够认可的，这些高端产品都备受消费者的青睐，逐渐成为消费的主流。

面对家电产品，我国的消费者变得更加成熟理智。消费者在关注产品价格调整变动的同时，更注重产品的核心价值、形式价值和附加价值。家电产品的质量、性能已经取代价格成为消费者首先关注的要素。消费者不仅仅是为产品的价格而去购买产品，而是在购买产品的使用价值、服务价值及企业的保证和承诺。

3. 价格调整的心理策略及技巧

根据消费者对商品降价和提价的心理与行为反应，企业可以采取相应的降价策略和提价策略。

1) 商品降价的心理策略及技巧

商品降价能否促进销售，关键在于商品是否具备降价条件，企业是否能够及时、准确地把握降价时机和幅度，以及能否正确应用相关技巧。

(1) 商品降价应具备的条件。消费者注重产品的实际性能与质量，而较少将所购产品与自身的社会形象相联系；消费者对产品的质量和性能非常熟悉，如某些日用品和食品，降价后仍对产品保持足够的信任度；消费者需要企业向其充分说明降价的理由，并使其感到能够接受；即使制造商和产品品牌信誉度高，消费者只有在以较低的价格买到"好东西"时才会满意。

(2) 降价的时机。时尚和新潮商品，进入流行阶段后期就应降价；季节性商品，应在换季时降价；一般商品，进入成熟期的后期就应降价；商家庆典活动可实行降价；市场领导品牌率先降价，作为竞争对手采取跟进策略；其他特殊原因降价，如商店拆迁、商店改变经营方向、柜台租赁期满等。

(3) 降价的幅度。降价幅度要适宜。幅度过小，不能激发消费者的购买欲望；幅度过大，企业可能会亏本经营，或造成消费者对商品品质产生怀疑。经验表明，降价幅度在10％以下时，几乎收不到什么促销效果；降价幅度至少要在10％～30％，才会产生明显的促销效果。降价幅度超过50％时，必须说明大幅度降价的充分理由，否则消费者的疑虑会显著加强，消费者会怀疑这是假冒伪劣商品，反而不敢购买。

(4) 降价的原则。产品降价必须坚持"一步到位"的原则，不能过于频繁地不断降价，否则会造成消费者对降价不切实际的心理预期或者对产品的正常价格产生不信任感。

(5) 降价的技巧。企业在降价的操作方式与技巧上要注意，少数几种商品大幅度降价，比起很多种商品小幅度降价的促销效果来得好，更具有轰动效应。

2) 商品提价的心理策略及技巧

一般来讲，产品价格的提高会损害消费者利益，引起消费者的不满。但在营销实践中，成功的提价可以使企业的利润增加。

(1) 商品提价应具备的条件。消费者的品牌忠诚度很高，是品牌偏好者，他们忠诚于某一特定品牌，不因价格上涨而轻易改变购买习惯；消费者相信产品具有特殊的使用价值，或具有更优越的性能，是其他产品所不能替代的；消费者有求新、猎奇、追求名望、好胜攀比的心理，愿意为自己喜欢的产品支付高价；消费者能够理解价格上涨的原因，能容忍价格上涨带来的消费支出的增加。

(2) 提价的时机。商品在市场占据优势地位；商品进入成长期；季节性商品达到销售旺季；一般商品在销售旺季；竞争对手商品提价。提价要掌握好时机，看准火候。

(3) 提价的幅度。提价的幅度不应过大。幅度过大，会损失大批消费者。但是提价幅度并没有统一的标准，一般视消费者的价格心理而定。国外一般以5％为提价幅度界限，认为这样符合消费者的心理承受能力。

(4) 提价原则。企业提价要信守谨慎行事的"走钢丝"原则。要尽量控制提价的幅度和速度，即提价的幅度宜小不宜大，提价的速度宜慢不宜快。要循序渐进，不能急于求成；要走小步，走一步看一步，而不能走大步，追求一步到位。

（5）提价技巧。在提价技巧与方式的选择上，企业有直接提价和间接提价两种。直接提价就是以一定幅度提高原有商品的标价。间接提价就是商品的市面标价不变，通过产品本身的变动，实际提高价格。企业通常的做法是暗地里更换产品型号、种类，变相提价，这种方法多用于家用电器，如减少一些不必要的产品功能等；另一种是减少商品数量而价格不变，这种方法多用于食品上，如减少食品净含量。企业应尽可能多采用间接提价，把提价的不利因素减到最低程度，使提价不影响销量和利润，而且能被消费者普遍接受。

9.3　促销与消费心理及行为

根据促销过程所用的手段划分，促销可以分为广告、公共关系、人员推销和营业推广四种方式。各种促销方式都有其自身特点，并通过不同方式来影响到消费者的购买决策过程，下面来具体分析不同的促销方式对消费心理及行为的影响。

9.3.1　广告与消费心理及行为

广告是一种比较常用的促销方式。发达国家的一些知名企业的广告预算资金的数目大得惊人。就美国而言，宝洁公司仅全国广告一项的年投入额就在 20 亿美元以上，即公司每天将 600 万美元以上的费用用于广告。

1. 广告的概念与特点

1）广告的概念

广告有商业广告和非商业广告之分，本书所讨论的是商业广告。商业广告是广告主付费并有计划地占用媒体向目标市场消费群体和社会公众传递商品和劳务信息，以促进销售的大众传播活动。

2）广告的特点

从广告概念中可以归纳出广告所具有的几个特点：广告主不仅包括各种营利性组织，而且还包括各种非营利性组织；广告是一种付费的信息传播活动；广告借助于各种媒体进行传播；广告所介绍、宣传的不仅仅是商品和服务信息，还包括思想和观念。

由广告的特点决定，现代广告主要是通过与消费者的互动来实现消息传递。消费者作为市场活动的主体和广告的接受终端，不仅是广告信息的被动接受者，而且是广告活动的积极参与者乃至决定性因素。一则广告是否能够达到预期的效果，主要取决于消费者对广告信息的接受和认知程度。特别是在媒体手段高度现代化、广告信息量剧增的现代市场中，消费者对广告信息的心理选择不断加强，并且由于信息过量而导致了部分消费者对广告的抵触、抗拒或逃避等现象。因此，消费者的心理选择指向和心理认同与否，更成为决定广告效果优劣成败的关键因素。研究消费者的广告心理及广告行为反应，被视为企业选择和运用广告策略的基础。

2. 广告的心理功能

广告的心理功能是指广告的基本作用和效能，也就是广告对消费者所产生的作用和影响。国际商界流传着这样一句名言："推销商品而不做广告，犹如在黑暗中送秋波。"这足以体现广告在促销组合中的重要作用。作为促成企业与消费者之间联系的重要媒介，从消费者心理与行为的角度看，广告具有以下心理功能。

1）诱导功能

优秀的广告都是以理服人或以情感人，争取消费者的好感和信任。广告的诱导功能有两层含义：一是优秀的广告能够唤起消费者美好的联想，给消费者以某种美的享受，从而改变其对商品的原有偏见或消极态度，激发其购买的动机；二是制作精良的产品广告，能够迅速引起消费者的注意，进而激发其对该产品的兴趣和向往，从而形成新的消费需要，促进购买。

2）认知功能

广告是为传递商品信息服务的，认知功能指广告向消费者公开传递有关商品的商标、品牌、性能、质量、用途、使用和维护方法、价格、购买的时间、地点，以及服务的内容等信息，使消费者对其有所认识，并在头脑中形成记忆。由于广告媒体采用了多种传播渠道和传播形式，能够打破时间、空间的局限，及时、准确地将商品及劳务的信息传输给不同地区和不同层次的消费者，广泛影响消费群体。

3）教育功能

在现代生活中，广告已经成为人们经济文化生活的一部分。质量上乘的广告以其科学、文明、健康、真实的内容与表现形式，一方面可使消费者增加相关商品知识，掌握正确的选购和使用知识，引导消费者树立合理的消费观念；另一方面，设计巧妙的广告还通过各种各样的艺术表现形式，使消费者在获得信息的同时丰富精神文化生活，得到美的享受。

4）便利功能

现代的商品社会中，商品的种类和数量不计其数，新产品日新月异。而广告通过各种媒体，及时、反复地传播商品或服务的信息，便于消费者简单快捷地收集有关资料，对各种商品进行较为充分和有效的比较，为购买决策提供充分依据，从而替消费者节约购买时间，减少购买风险。

5）促销功能

广告通过对商品或服务的宣传，达到诱导消费者注意和产生购买动机的目的，从而导致购买行为的实现，进而实现促销目标。

总之，广告的心理功能存在于多个方面，只有全面认识并充分发挥其各种功能，才能使广告达到其预期的心理效果。

3. 广告的心理过程

广告的心理过程可概括为引起注意、增强记忆、产生联想、诱发情感四个环节。

1）引起注意

注意是人们接受外界信息的首要条件，引起人们对广告的注意，是广告成功的基础。若不能引起人们的注意，广告就注定要失败。

由于引起注意的因素不同，人们的反映时序和反映特点也不同，据此形成了有意注意和无意注意两种类型。无意注意也称随意注意，是指没有预定目的，也不需要做意志努力的注意。有意注意又称不随意注意，指有预定的目的，在必要时还需做一定意志努力的注意。

广告主要是吸引人的无意注意，在多数情况下，对广告的注意一般没有预先目的，也必须付出意志努力注意。所有要引起人们对广告的无意注意，通常的做法有以下几个方面。

（1）加大信息的刺激性。人们每天通过各种媒体可接触到成百上千的广告信息，这些信息中的大部分都被忽略了，据研究只有其中约5%的信息才能引起人们的注意。这些引起注意的信息首先是对人们的感官有较强的刺激，从而引起人们无意或有意的注意。

阅读资料9-9

蒙牛创建初期的广告设计

1999年的蒙牛，钱少、名小、势薄。更为残酷的是，蒙牛与伊利同城而居。牛根生当时总共才筹集到300万元，他决定拿出100万元做广告，并要求达到这样的效果：一夜之间，让呼和浩特市人都知道。这是一个"二难命题"：一夜成名——难；花小钱一夜成名——难上加难！

其负责宣传的下属想到了伊利，事物总有两面性，伊利既是强大的竞争对手，同时也是蒙牛学习的榜样。何不借助"巨人"的肩膀宣传自己呢？蒙牛的借势之作腾空而起：创内蒙古乳业第二品牌。

创意出来了，如何用最少的钱最大化地把它传播出去？经过一个月的考察，下属认为在呼和浩特市，花同样的钱，路牌广告的效果比电视广告还要好。蒙牛购得300多块路牌广告的发布权，发布期限为三个月。

媒体有了，怎么发布？用红色，因为红色代表喜庆，红色最惹眼、最醒目。另外，路牌广告不能陆陆续续上，必须一觉醒来，满大街都是。不鸣则已，一鸣惊人。1999年4月1日就是这样一个日子：一觉醒来，人们突然发现所有主街道两旁都冒出一溜溜的红色路牌广告，上面高书金黄大字——"蒙牛乳业，创内蒙古乳业第二品牌"。人们在当地从来没见过如此大规模、如此夺目、如此有豪气而又令人充满疑惑的路牌广告！人们都在谈论："蒙牛"是谁的企业，以前怎么没听说过？声言创"第二品牌"，是吹牛，还是真有这么大的本事……蒙牛的路牌广告聚焦成功！

（2）增强信息的趣味性。人们对有趣味的信息会表现出兴趣，更加注意。在广告设计中，新奇有趣的构思、富于想象的画面、诱人关心的题材，往往给人们的心理以强烈的刺激，激发消费者对其产生兴趣，维持注意。例如，泰国曼谷有家饮食店，门前斜摆着一只巨型酒桶，上面写着4个醒目大字："不许偷看"，这句话反而吸引了许多过路人好奇地将头伸进酒桶，而酒桶里写的是"敝店美酒与众不同，请享用！"在一股清醇芳香的酒味中，人们自觉地接受了这则广告。

阅读资料9-10

野狼摩托车广告

我国台湾三阳公司当初推出野狼125摩托车时，为求新产品上市的成功，就煞费苦心，策划了一组悬念广告，这可以称之为引起人们对广告注意的成功典范。1974年3月26日，在台湾两家主要日报上刊出一则没有注明厂牌的摩托车广告，广告中间留有一块空白，上端有一幅漫画式的摩托车插图，图下面有几行字："今天不要买摩托车，请稍候6天，买摩托车必须慎重考虑。有一部意想不到的好车，就要来了。"第二天、第三天，广告照登，只是将稍候的天数做了相应的改动。广告引起了人们极大注意和反应。各家摩托车店的生意都减少了，广告主自家的经销店生意也开始下降。第四天，广告又做了改动："请再稍候 3 天，要买摩托车，您必须考虑到外型、耗油量、马力、耐用度等，有一部与众不同的好车就要来了。"第五天，广告内容又改为："让您久候的这部车，外型、冲力、耐用度、省油都能让您满意的野狼 125 摩托车就要来了，烦您再稍候两天。"第六天，广告又改为："对不起，让您久候的三阳野狼 125 摩托车，明天就要来了。在三阳公司发布这则悬念广告的几天里，消费者停止了购买摩托车，翘首等待着"野狼"的出现。第七天，新产品隆重上市，三阳公司又在报上刊出全面专版的大幅广告，造成极大轰动，第一批货几百部车立即销售一空，并连续不断地畅销，三阳名声大振，效益大增，创造了销售奇迹，令同行刮目相看，这则广告也成为台湾广告史上的杰作。

（3）增加信息的有用性。凡是能够帮助人们作出满意购买决策的信息，就是有用的信息。尤其是当商品的价格比较高、人们对它又不熟悉的时候，这一点就显得更为关键。

2）增强记忆

广告宣传的目的之一就是使消费者记住产品及其相关的信息。消费者在注意到某种产品的广告之后，不可能马上就去购买，从引起注意到产生购买行为总会有一段时间间隔。如果广告看过不久就被遗忘，那么就达不到广告宣传的目的。记忆有助于人们加深对广告商品的认同。广告能否在受众心目中留下深刻的记忆，受到以下一些因素的影响。

（1）重复程度。心理学家研究证明，人的感觉记忆时间很短，只能保持 0.25～2 秒，受到注意的感觉记忆可转化为短时记忆，短时记忆的时间略长于感觉记忆，但最长也不超过 1 分钟，重复可以使短时记忆转化为储存时间超过 1 分钟的长时记忆。重复是广告宣传中惯用的心理策略。在广告宣传中，有意识地采取重复的方法，反复刺激消费者的视觉、听觉，能加强受众对相关信息的印象，延长信息的储存时间。

阅读资料 9 - 11

脑白金的无缝广告覆盖

大众对于脑白金的广告褒贬不一，业内的广告人评价：没有创意、恶俗，画面缺乏美感，产品销售不错。媒介人评价：影视太俗气，没品位，平面广告虚夸性质严重。许多老百姓评价：有点搞笑，王婆卖瓜，自卖自夸，效果一般。

这些评价也很正常，因为众口难调，而如果某个产品达到众口一词的效果，那这种产品不就成"神"了吗？可不论你愿不愿意，其铺天盖地的广告阵势，是许多医药保健品企业或厂商都无法比拟的。

脑白金广告实施的是"多方控制，遍地开花，及时同步"的媒体宣传策略。报纸：以理性诉求为主，强调产品权威、科技含量高、效果好。电视：以感性诉求为主，强调送脑白金有面子，体现孝道，大家都喜欢买它送礼。网络：以产品起源、功效为主，配以"销售火爆"等新闻，制造供不应求的热销产品景象。其他形式的广告还如宣传手册、墙体广告、车身广告、POP 广告、DM 及传单等。

脑白金广告采用密集式广告投放运作模式，有利地宣传了脑白金产品，使消费者记住了该品牌。

（2）形象化程度。一般来说，直观的、形象的、具体的事物比抽象的事物容易给人留下印象，加深记忆。直观形象是人们认识事物的起点，它有助于掌握事物的概貌，使人一目了然，增强知觉度，提高记忆效果。图文并茂、色彩绚丽的画面一般比光有文字的页面能给人以更深的印象，原因就在于它的具体视觉形象所起到的独特作用。

（3）减少广告记忆材料数量的策略。在同样的时间内，需要记忆的内容越少，记忆就越容易，记忆水平就越高。为了提高消费者对广告的记忆效果，广告在充分利用有限时间的基础上，语言应简明扼要，广告画面、音乐等表现手法要简洁、鲜明，突出产品特性，让人们记住产品最重要的内容。例如，广告语"味道好极了"，简练通俗、朗朗上口，给人留下了深刻的印象，使人迅速记住了这个商品。

阅读资料 9－12

记忆点创造法——"农夫山泉"品牌成功案例

1999 年农夫山泉的广告开始出现在各类电视台，而且来势汹涌，随之市场也出现了越来越热烈的反应，再通过跟进的一系列营销大手笔，农夫山泉一举成为中国饮用水行业的后起之秀，到 2000 年便顺理成章地进入了三甲之列，实现了强势崛起。历来中国的饮用水市场上就是竞争激烈、强手如云，农夫山泉能有如此的卓越表现，堪称中国商业史上的经典。而这个经典的成就首先启动于"农夫山泉有点甜"这个经典，这句蕴涵深意、韵味优美的广告语，一经出现就打动了每一位媒体的受众，令人们牢牢记住了农夫山泉。为何会有如此非同凡响的效果？其原因正在于它极好地创造了一个记忆点，正是这个记忆点征服了大量的媒体的受众，并使他们成了农夫山泉潜在的消费者。

又如农夫山泉近期推出的"农夫果园"系列果汁饮料进军果汁饮料市场的情况。按理说果汁市场近几年刚刚兴起，市场空间应很大，但是先有统一入主，后有娃哈哈、可口可乐、康师傅等国内外著名饮料大企业跟进，市场一分再分，产品创新一代胜一代，市场竞争非常激烈。而农夫山泉此时推出"农夫果园"为时已晚。可是农夫山泉却别出心裁，采用一点记忆，在别的厂家的果汁饮料都尽力回避果汁饮料里有沉淀物的问题时，农夫山泉却迎刃而上，打出"农夫果园，喝前摇一摇"的广告语，并把其变成了产品销售的一个卖点。这一"摇一摇"，结果化糟粕为玉帛；这一摇，使产品深入人心，并倡导了一种新的喝法；这一摇，也使"农夫果园"系列产品扶摇直上，将已诸侯纷争的果汁市场"摇"得重排坐次，农夫山泉的果汁饮料也乘势从二流产品迅速挤入一流产品。

3）产生联想

广告在人们心理活动过程中的作用还表现在联想上。联想是指由一事物联系到另一事物，由此及彼的思考过程。由于广告的时间和篇幅总是有限的，仅靠直接记忆，广告效果受到限制，因而，广告策划中运用各种手段去激发受众的联想，对增强广告效果大有帮助。常用的联想方式包括四种类型：接近联想、相似联想、对比联想和关系联想。

广告使受众引起何种联想，主要受两个方面的影响：一是联系的强弱，二是人们的兴趣。人们的社会背景、风俗习惯、文化特征、经济地位各不相同，由此形成的欣赏水平和审美要求也不尽一致，因此要针对不同的受众，采用为他们所喜闻乐见的、能产生积极联想效果的广告表现手法。

4）诱发情感

顾客在购买活动中，情感因素对最终购买决策起着至关重要的作用。情感是由一定的客观事物引起的，受客观事物的影响，但又是人的主观思维的体现。情感反映是客观事物与人的主观需要之间的关系，是人的需要是否获得满足的反映。广告在引起注意、增强记忆、引发联想的过程中，注重艺术感染力，讲究人情味，能诱发人们积极的情感，抑制消极的情感。一般来说，积极的情感有利于强化购买欲望，坚定购买信心。只有那些与顾客需求有关、能满足顾客需要的商品，才能引起人们积极的情感体验，然后成为产生购买行为的动力。

9.3.2　公共关系与消费心理及行为

企业良好形象的树立，不仅依靠产品和服务质量，还有赖于有效的人际交往活动和良好公共关系的确立。

1. 公共关系的社会心理特征

公共关系是指在一定社会环境中出现的某种特定的社会关系，它是一个社会组织与其相关团体和公众之间形成的某种互惠互利、相互合作的新型横向交往关系。

公共关系作为一种特殊的社会关系，客观地存在于人们的社会活动之中，因而在一定意义上具有不以人的主观意志为转移的客观必然性。但是，公共关系的主体是人，所以除了受人的生存、发展的各种客观条件因素的决定外，还要受到人们的社会心理因素的制约和影响。因此，公共关系还具有以下的社会心理特征：

① 公共关系是一种以横向沟通为主的社会关系的特殊表现形式；

② 公共关系以组织机构及其相关团体和公众的共同利益为基础；

③ 公共关系还是一种组织机构与相关团体和公众相互信任的信用关系。

2. 公关关系沟通中的心理策略

公关人员作为从事沟通交往的"社交家"，必须掌握一定的沟通技巧，把握好成功地进行公关交往的心理策略。具体来说，可运用的心理策略有以下几种。

1）把握交往的最佳时机

要成功地进行交往，首先必须选择最佳交往时机。根据交往对象的心理状态与当时的团体气氛，最佳交往时机可以是：交往对象出现心理不平衡状态时；团体中表现了集体荣誉感时；个人或团体的欢愉情绪涌现时。

2）充分使用语言魅力

公关交往的成功，还在于公关人员能充分恰当地使用语言工具。最常用的语言工具有两类：一类是语言符号；另一类是肢体语言，包括身姿、手势等。由于人类的语言丰富而深刻，因而语言使用得当就会给人留下深刻而美好的印象，产生吸引人、感染人的独特魅力。

语言魅力主要表现在语言能给人以诚信感和幽默感，诚信主要是指语言能给人以信赖感。这一点对公共关系人员来说尤为重要。

此外，公关交往中，使用委婉的语言也是一种用坦诚开放的沟通来对待别人的方式。委婉有三个方面的内容：一是尊重他人的感受，不作无谓的伤害；二是信赖对方，意识到他人的感受，并给予适当的重视；三是不去利用他人，占别人的便宜，而是给人以关怀和体贴。使用委婉语言有以下一些技巧：对一些容易引起敏感和激动的事情，要使用委婉语言，以避免不必要的心理刺激；说话要注意分寸和场合，避免语言粗鲁；不要触动对方心灵上的伤疤，不要伤害对方的自尊心；不用强制性的字眼说话。

总之，交往中借助委婉的语言可以使双方的关系更和谐、亲密。

3）强化非语言文化的功能

尽管语言文化有无穷的魅力，但在许多场合，非语言行为却比语言行为更具效力。尤其是当话题涉及人的感情时，姿态、手势、面部表情等都能起重要作用。

4）造成形式上的主动

为了实施自己的计划，就必须造成双方心理上的接纳与相容，以造成良好的交往定势。比如社会上各种迎来送往的礼节、谈话中题外话的引入、讨论共同关心的问题等，都是为了确定相互的认可关系，以利于交往的顺利进行。当然，公关交往的心理策略很多，公关人员可在实践中去摸索和把握。

3. 公共关系宣传的心理策略

公共关系宣传要达到预期的良好效果，不仅有赖于把握宣传对象的一般与特殊的心理要求，而且有赖于针对不同的情境采取相应的心理策略。下面我们介绍几种常见的心理策略。

1）口头宣传的心理策略

口头宣传一般分为直接宣传（面对面）与间接宣传（利用广播、电视）两种形式。不过，公共关系宣传大都采用直接宣传的方式，即通过演说、报告、讲座、座谈、会晤、讨论等方式，以生动的口语对宣传对象进行说服和开导。这就要求宣传者必须注意语言的准确性、规范性、通俗性、鼓动性、幽默性和情感色彩，同时还必须根据听众的经验、知识水平、心理状态和习惯随时调整自己的表达方式，力戒高谈阔论。

2）直观宣传的心理策略

直观宣传是指借助情绪感染力，以静态（如宣传册、口号、摄影和图片等）和动态（如团体操、模特表演和检阅等）的方法来刺激公众的视觉感知，使其形成或改变心理状态的一种具体宣传方式。这种宣传方式的主要功能在于：它能作用于公众的潜意识，促使公众审美心理活动的形成。这就决定了可供选择的心理策略和手段主要是：第一，把握色彩与情绪的联系，使场景形成某种"色彩重心"；第二，巧妙做到宣传内容的不完全表达。

3）借助心理效应策略

常用心理效应策略是一种通过情境刺激引起公众特定心理效应的宣传方式和手段。通常情况下，公共关系宣传采用以下三种主要心理效应手段。

首先，借助"权威效应"。它是由宣传者、信息来源的威望和声誉而产生的，使公众无保留地接受宣传信息、观点的影响力与效果的效应。心理学实验表明，如果宣传者具有很高声望，他的宣传就易于被公众所接受。当然，应用"权威效应"的前提是必须弄清楚公众是否真正承认这种权威，否则不仅不会产生权威效应，而且往往会适得其反，引起公众的逆反心理。

其次，借助"名片效应"。这是在"权威效应"的作用下产生的心理效果的一种继续。运用这种方法，可以把自己宣传的观点列入公众所接受的观点中进行传播，造成宣传的观点与宣传对象已接受的观点相近，从而促使宣传对象接受宣传观点。一般情况下，"名片效应"的手法是：把公众所接受的但与自己的宣传无本质联系的观点也作为"名片"内容来介绍，使宣传者成为公众心目中"受欢迎"的人，进而使宣传对象自觉地接受宣传的观点。

最后，借助"自己人效应"。这也是"权威效应"心理效果的继续。它主要是通过宣传者与其对象在职业、地域、民族、研究领域等方面的共同性和相近性，给公众以"自己人"的心理印象，使其产生亲近、受欢迎的心理情绪，进而使人们最大可能地接受宣传的观点。

4）超前宣传与同步宣传的心理策略

现代社会的一个基本特征就是工作和生活节奏的加快，因此组织机构的宣传必须是迅速、及时和高效的。对此，公共关系宣传可采用超前宣传的策略和手段。所谓超前宣传，就是在公众预料的情势发生之前，使公众有相应的心理准备，从而达到避免错误解释目的的宣传。超前宣传一般具有较大的难度，它要求公共关系人员具有较强的反映各种事态发展趋势的能力。在实际的公共关系宣传过程中，人们一般更多地运用同步宣传的策略。这种宣传是与某一事态的发展和变化同步进行的，因而可以在传播某一态势的有关信息的过程中，促使公众在较广阔的背景下作出正确的分析和判断。

9.3.3　人员推销与消费心理、营业推广与消费心理

促销常用方式除了广告和公共关系外，还有人员推销和营业推广。下面简单地分析这两种促销方式和消费心理之间的关系。

1. 人员推销与消费心理

1）人员推销的概念

人员推销是企业通过销售人员与消费者的口头交谈来传递信息，说服消费者购买的一种营销活动。在沟通过程中，人员推销在建立消费者对产品的偏好、增强信任感及促成购买行为等方面卓有成效。因为是面对面的交谈，所以推销人员可以与顾客进行双向沟通，保持密切联系，还可以对顾客的意见做出及时的反应。但是人员推销成本较高，而且优秀的推销人员较难寻觅。

2）人员推销的心理特点

人员推销作为一种营销人员与客户之间面对面进行的营销活动，从心理学角度分析，具有以下特点。

（1）心理互动的直接性。在人员推销中，营销人员与客户之间是面对面直接交往的，双方的心理影响是交互进行的，并且是不借助媒介直接实现的。所以，尽管人员推销是费钱的营销手段，但是由于具有心理互动的直接性，使得它可以最有效且无误地传递信息，特别是能充分地进行各种感情融通，最大限度地满足客户的友谊、尊敬、自我实现等多种社会心理需要，有利于长期合作，因而成为商家广为采用的营销手段。

（2）心理反应的及时性。由于是面对面沟通，营销人员可以及时获得各种营销行为与手

段所引起的客户心理反应，及时得到相关的信息反馈，并可以根据客户的不同态度和特点随时进行推销策略的调整，从而更有针对性地开展营销，使推销步步深入。

（3）心理影响的复杂性。在推销过程中，客户的心理既受到商品与服务因素的影响，又受到营销人员语言、感情、动作的影响，还要受到客户自身素质、社会角色、心理特征等因素的制约。此外，还受到推销过程中各种环境、氛围等因素的影响。心理变化规律只是一个大致的规则，在各种主观因素的作用下，客户心理变化趋势带有相当大的偶然性和不确定性。因此，推销过程中客户的心理受到的影响是极其复杂的。

3）影响客户心理的主要因素

影响客户心理变化的因素有很多，主要包括以下内容。

（1）企业与产品的形象。客户对企业形象，包括对其提供的产品或服务的认知程度，直接决定其印象与信任程度。这是推销能否取得成功的最基本心理因素。企业形象或其产品质量受到怀疑，客户是不可能同意购买的。

（2）营销人员的形象。客户对商品或企业是否信任，来自对营销人员的认知和态度。营销人员作为企业的代表，作为商品或服务的提供者和信誉担保人，在客户心目中占有举足轻重的位置。营销人员的仪表风度、言行举止，都会对客户产生重要的心理影响。在客户对营销人员产生信任感的情况下，才会对其所推销的商品产生信任感。

（3）商品推介方法。人员推销的过程，在本质上是一个有关商品或劳务信息传播的过程。营销人员只有采取正确的策略、有效的手段，令人信服地向客户推介商品，真正解决客户对商品或劳务的认知问题，才能有效解决客户的各种疑虑和犹豫，从而使客户采取购买行动。商品推介过程是影响客户心理最直接的因素。

（4）人际关系与情感。客户对推销过程的期望，不只限于对物质利益的满足，还特别注重对社会心理需求的渴望。因此，在人员推销过程中，关系管理是影响客户心理并最终使其进行购买决策的至关重要的因素。特别是当交易中的物质利益在市场中趋于平均化之后，购买哪家的商品，最终将取决于情感与关系。

（5）购买群体的行为与倾向。当客户是个体购买者时，其心理在相当程度上受相关群体消费观念、习俗、购买行为等诸多因素的影响，突出地表现为从众购买、逐新购买等。

2. 营业推广与消费心理

1）营业推广的概念

营业推广又称为销售促进，是指在短期内采取一些刺激性手段，如免费试用、优惠券、赠券、折扣和购物抽奖等，来鼓励消费者购买的营销活动。营业推广可以使消费者产生强烈的、及时的反应，从而提高产品的销售量，但这种方式通常只在短期内有效，如果时间过长或过于频繁，很容易引起消费者的疑虑和不信任。

2）营业推广与消费心理

营业推广的目的是鼓励购买的积极性，营业推广手段被制造商、批发商、零售商等诸多组织采用。通过免费样品、优惠券、赠券、折扣、实物奖励、广告特制品、常客回报、现场购物促销、竞赛、抽彩和游戏等方式，针对消费者进行促销，可以鼓励消费者试用一种新产品，可以把消费者从竞争对手的产品那里吸引过来，可以促使消费者购买一种开发已久的产品，也可以保持并奖励那些忠实的顾客。

事实上，近些年来营业推广的大量使用已经造成了消费者开始抗拒销售促进，从而减弱了营业推广激发顾客购买兴趣的作用。因此，营销人员在进行营业推广活动时，应注意避免简单的快速成交式促销，而应该将促销作为一种与消费者建立关系的手段。

练习与实训

一、练习题
1. 商品命名的心理要求是什么？
2. 商标的心理功能有哪些？
3. 包装设计的心理要求是什么？
4. 价格心理的主要表现有哪些？
5. 广告的心理功能有哪些？

二、实训题
1. 成立调查小组，调查几家大型或中小型商场或超市的产品定价情况，并分析其运用的产品定价心理策略和技巧。
2. 以个人为单位，选定一种产品，组织包装设计比赛，并进行评比。
3. 以小组为单位，选定一则广告，分析其心理过程的运用。

案例分析

红旗轿车，路在何方？

想当年，红旗牌轿车何等辉煌！红旗轿车以它典雅的造型、精心的手工工艺、宽敞的车身，代表着一种极高的社会身份，成为人人皆知的名牌，不仅中国人尊尚红旗，连外国人也仰慕红旗。如今红旗轿车却不被人们看好。红旗轿车的这种悲剧就在于把它从炫耀性商品变为一般商品，没有了名牌的光环。

经济学家认为，人的消费动机决定了人的消费行为。人的消费不仅仅是为了满足物质欲望，还要满足精神欲望。随着社会发展，人们富裕程度的提高，精神欲望也越来越重要。精神欲望是多种多样的，其中之一就是通过消费来显示、炫耀自己的社会身份。这种消费称为炫耀性消费，用于这种消费的物品称为炫耀性物品。在市场经济社会中，人的财富总是与社会地位和身份相关的，所以消费高价名牌的物品表现出自己的财富，也炫耀了自己的身份。炫耀性物品就是高价的名牌物品。

当年，红旗轿车之所以受青睐就是因为它是炫耀性物品。汽车实际有两种功能：方便交通与炫耀身份。一般车的功能主要是方便交通，而特殊的名牌车（如英国的劳斯莱斯、德国的奔驰与宝马、美国的凯迪拉克等）则主要是用于炫耀身份。红旗轿车以前作为炫耀性商品，一是它做工精细（许多零件由高技术工人手工制作），成本高，产量少，从而价格高；二是使用它有严格限制（据说新中国成立初期正部级以上干部才有资格坐红旗轿车）。这样，红旗轿车自然身价不凡、名震中外了。

像红旗轿车这样的炫耀性物品只有价格高才有炫耀作用，因此对这种物品的需求与一般物品不同。一般物品是价格下降，需求量增加，但炫耀性物品如果降价，买的人很多，就没有炫耀的作用了。所以，价格下降，作为炫耀性物品的作用就没有了（作为一般物品的作用仍然有），作为满足炫耀性消费的需求量就减少了。这种物品的生产者必须坚持低产量、高质量、高价格才能维持自己作为炫耀性商品的地位，并从中获利。

红旗轿车的悲剧正在于生产者把这种炫耀性物品降为普通物品。如果说一般物品走向大众化是成功的起点，那么，炫耀性物品走向大众化则是它失败的开始。红旗轿车大批量生产，改变了原来典雅的形式，用机械生产的部件代替了手工精制的部件，降低了价格，与其他车型在作为交通工具的市场上竞争，这时它的悲剧也就开始了。作为普通汽车人人都可以用，何身份之有？但作为普通汽车，它的性价比又远远不如其他汽车。红旗轿车象征身份的作用没有了，作为普通车又没有优势，它的前途能辉煌吗？

一种物品能成为社会公认的炫耀性物品是非常不容易的。劳斯莱斯、凯迪拉克这些西方公认的炫耀性名车都有将近百年的奋斗史。红旗轿车在人们心目中作为身份的象征也是由汽车工人的勤劳奋斗和当时特殊的历史条件形成的。但要失去这种地位很容易。红旗轿车几十年的奋斗成果不就在几年中烟消云散了吗？这个历史的教训可不能忘啊！

其实，许多名牌产品都在某种程度上可以作为炫耀性物品，消费这些物品都包含某种炫耀性消费的成分。高质量和高价格是名牌的生命。

炫耀性消费，这种消费需求的存在是不容忽略的，而且还越来越重要。企业要根据市场需求生产，就不能轻视炫耀性物品的重要性。我们一方面要满足广大消费者的普通需求，另一方面也要满足一些人的炫耀性消费的需要。

案例思考题

1. 红旗轿车应该实施哪些营销策略来保持它的高档定位？
2. 请谈谈炫耀性购买动机给企业带来的市场机遇，以及给社会带来的负面影响。
3. 能够满足消费者炫耀性消费的产品具有哪些特点？请举例说明。

第10章
现代信息技术与消费行为

【学习目标】

1. 通过本章的学习，掌握信息源的主要类型；
2. 了解信息在消费者的购买活动中的作用；
3. 掌握不同信息媒体对消费行为的影响；
4. 了解新的媒体环境下消费者如何的改变。

10.1　信息与消费行为

当今世界，信息已成为物质、能量之外的又一重要的经济、战略资源。自 20 世纪 40 年代中期至今，计算机的出现虽然只有 70 多年的时间，但却带来了人类社会有史以来使人的大脑得到延伸的"脑力工具革命"，互联网的出现更是全球一体化的重要标志之一，"互联网热"标志着一个崭新的信息时代的到来。现代信息技术的发展及信息资源的丰富，对产品的创新、信息的发布、市场营销的活动的各个环节、顾客的购买行为和方式都会产生极其深刻的影响。

10.1.1　信息源

一位被唤起需求的消费者可能会去寻找更多的信息。寻找更多信息的目的主要是进行一系列正确的判断，实现消费购买活动。

1. 信息源的概念

从商品本身看，不同商品有不同的特点，同一类商品不同品牌特点也不一样；从购物环境上，不同消费者对环境要求不同；同一消费者在不同情境下，对同一环境也有不同感受。消费者收集信息主要是扩大需要的种类与范围、扩大商品的选择范围、修正对商品的购买信念、选择购物环境和地点、减少决策风险。这些信息归根到底就是帮助消费者对消费行为做出正确的判断。

联合国教科文组织 1976 年出版的《文献术语》将"信息源"定义为：个人为满足其信息需要而获得信息的来源，称信息源。一切产生、生产、存储、加工、传播信息的源泉都可以看作是信息源。

2. 信息的不同来源

信息来源是多方面的，依据不同，有不同的类别。

1）按信息源产生的时间顺序

按信息源产生的时间顺序划分为先导信息源、即时信息源、滞后信息源。先导信息源指的是产生于购买活动之前的信息源，如天气情况、商品信息等。即时信息源是指在购买过程中产生的信息，如看到的产品价格、购买情境等。滞后信息源指购买活动结束的信息，如购买自认为是最划算的一件服装，但在另一同类商店却看到价格还低很多，导致后悔。

2）按信息源传播形式

按信息源传播形式划分为口传信息源、实物信息源和文献信息源。口传信息源是指人们通过交流、讨论、报告会的方式交流传播的存在于人脑的记忆中的信息，如与朋友交流对某次购买活动的体会。实物信息源是人们可通过实践、实验、采集、参观等方式交流传播的存在于自然界和人工制品中的信息，如观看宝石展览获得的有关宝石知识的信息。文献信息源是人们可以通过阅读、视听学习等方式交流传播的存在于文献中的信息，包括印刷型信息源和电子信息源等。如通过阅读有关汽车结构构造方面的信息，了解汽车工作原理。

3）按信息存在的方式

按信息存在的方式划分为内部信息源和外部信息源两种类型。内部信息主要是消费者自身学习和经验获得，如实际运作、研究或测验产品。如果内部搜寻没有产生足够的信息，消费者便会通过外部搜寻追求另外的信息，即外部来源。外部来源包括：公共来源，如杂志或报纸上的文章或电视上的报道；个人来源如朋友、亲戚或同事；营销商控制的商业性的来源，如广告、销售人员或购买点展示及材料。图 10-1 显示了消费者购买决策时的信息来源。

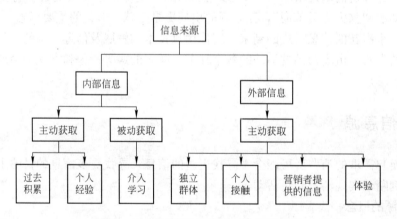

图 10-1　消费者购买决策时的信息来源

4）按信息的加工和集约程度

按信息的加工和集约程度分为一次、二次、三次、四次信息源。一次信息源指的是直接来自作者的原创的、没有经过任何加工处理的信息；二次信息源是感知信息源，是从一次信息源中加工处理提取的信息；三次信息源属于再生信息源或工具书（百科全书、辞典、手册、年鉴）；四次信息源大多指图书馆、档案馆、数据库、博物馆等。

3. 信息在现代消费活动中的作用

科学技术的迅猛发展，市场竞争的加剧，产品生命周期大大缩短，市场上可供选择的产品品种繁多，服务方式、手段不断变化，消费者的消费知识、经验对于科技发展来说的滞后性，使得从事消费活动可供选择的余地越来越大。如何更好地利用现代信息，在消费者认识产品、选择服务、维护消费者权益等方面发挥着重要作用。

消费者在信息的选择和利用上，选择信息的量、获取信息的渠道取决于过去相关经验的积累、获取信息所需的努力、购买决策的重要性、与购买有关的风险程度、可支配的时间等。

消费者在信息的针对性上，收集与购买活动及各环节相关的信息。例如，消费者为了进行正确的品牌选择，就针对计划购买产品收集有关品牌方面的信息。详细的信息可能包括该类产品的全部品牌信息，如消费者知道的品牌、与购买商品相关的备选品牌等。通过品牌信息收集唤起记忆的产品及品牌等信息，降低购买风险，确定自己喜欢的、欲购买的品牌。

对于消费者来说，内部信息的获得又分为主动和被动两种方式。图 10-1 给出消费者内部信息获取方式，通过过去积累和个人经验主动获取信息，被动获取信息是介入学习。内部信息是消费者购买活动的驱动力。

10.1.2　信息传播的媒体与消费行为

信息传播的媒介主要有印刷媒介、电波媒介和其他媒介。印刷媒介包括报纸、杂志等纸媒体，电波媒介包括网络、广播、电视、电影等，其他媒介主要包括路牌、展会、招贴画、橱窗等。各种消费者关心的信息通过媒介传送给消费者，消费者选择性地接收。担当这些媒介角色的媒体有传统的电视、广播、报纸、杂志四大媒介，因互联网的普遍应用出现的新媒体已经很大程度地替代了报纸、杂志和广播媒介，手机已经成为第五大媒介。信息的不同传播方式对于消费者来说，有着不一样的作用和影响，与消费者的购买行为紧密相连。

1. 常见的传统媒体的特点

表 10-1 为常见的媒体特点。从表 10-1 可以看出，消费者是被动接受信息，并受时间和空间限制明显。

表 10-1　常见的媒体特点比较

	优　点	缺　点	受众对象	接受信息方式
电视	受众面广，权威高，时效性强，不受时空限制，视听合一，动态感强	保存性差，针对性弱，受众层面差异大，广告数量多，不易区分记忆，价格极高	全民	被动，受时空限制
报纸	受众相对集中，权威性高，保存性强，传阅率高，适合深度背景分析	时效性差，阅读选择性强（广告受阅率低），媒体获取难度相对较高，价格高	报纸类型不同读者差别明显	被动，受时空限制

续表

	优　点	缺　点	受众对象	接受信息方式
杂志	行业性强，传阅率高，保存性强，印制精美，受众集中，适合分析	时效性差，阅读选择性强，获取成本高，发行量小，受众面窄，价格较高	专业性明显	被动，受时空限制
广播	传播对象广泛、权威性强、覆盖面广、接受信息容易	收听率在下降、受地区影响	全民，但正在减少	被动，受时空限制
户外	受众广泛，视觉冲击力强，面积大，位置高，阅读强迫性好	地域性强，最低投放时间限制大，广告转换度高，受众层面差异大，价格高	商业或旅游区	主动，受时空限制
车身、候车亭等	定义明确的目标受众，数量众多、时效性相对强，广告效果良好	受众局限，广告转换度高	乘客	主动，受时空限制
楼宇、电梯电视	目标受众，针对性强，效果较好	受众局限，信息传播大多以广告为主，反复播放容易形成视觉和听觉疲劳	小区住户	被动，受时空限制
网络	时效性强，参与性强，不受时空限制，可声、像、文、图多媒体传播、立体化、多方位传播接收	技术制约大，资源制约大，操作相对反复，内容良莠不齐，视觉疲劳感强，价格高	网民	主动，不受时空限制

2. 信息传播对消费者行为的影响

消费者受信息的影响的大小，在很大程度上取决于信息和消费者接触的信息媒体。

（1）可信性、可靠性和权威性是消费者选择媒体的必要条件。具有高可信性、可靠性和权威性的媒体，是消费者接受信息的首要渠道，其可信性、可靠性和权威性影响消费者对媒体选择，进而影响消费者接受信息的质和量，是消费者了解产品和丰富消费知识的重要途径之一。

（2）媒体的普及程度影响信息的受众。媒体受众面影响消费者的广度。例如，电视普及程度高，电视观众基本上都能看到电视广告，电视发布的信息受众面广；而展会发布的信息，则只有参加者才能收集。

（3）媒体的吸引力增强了信息的针对性。电视可以利用其音效、图像、光效等吸引众多消费者的注意，特别是儿童通过电视获取很多商品及其相关知识。媒体的吸引力不同，消费者选择不同，也会影响和吸引不同层次消费者的消费行为。

（4）信息传播的时空性制约消费者的信息收集。传统媒体传播的信息大多是消费者被动接受信息，同时受时空限制明显，因此消费者接受的只能是正在传播的信息。

（5）媒体的使用和信息传播速度受地域影响。城市媒体类型多，信息量大，传播快；偏远地区媒体类型单调，信息量小，传递速度慢。媒体类型和信息传播的速度，影响消费者的信息收集活动，媒体类型多、信息传播快，则消费者行为变化多、快；反之，消费行为继承性强。

10.1.3　市场的舆论导向与消费行为

舆论导向是运用舆论操纵人们的意识，引导人们的意向，从而控制人们的行为，按照社会规范、管理者制定的路线、方针、规章从事社会活动的传播行为。舆论导向包括对当前市场的舆论评价；对当前市场舆论及舆论行为的引导；就某一市场事实制造舆论。市场舆论的指导者是商品信息的引导者，在很大程度上是由舆论指导者大量传播商品信息形成的。

1. 媒体舆论导向对消费行为的影响

媒体利用其权威性、覆盖面广、传播的快捷性等优势，无时不在影响消费者的消费行为，在市场经济时代，报刊纷纷改版、加叠、扩容、增厚，且新辟房地产、汽车、电脑、证券及有市场需求、读者需求的行业专版；电视、广播节目类型丰富，有关商品方面的信息比比皆是；网络信息更多，且过去、现在的信息都可以收集得到。这些媒体刊登或播放国家政策法规、经济信息，企业经营者通过传播媒介把企业信息、大量商品及相关信息，传达给目标市场的消费者，消费者通过信息的解读，指导消费行为。例如，近几年的打好蓝天保卫战，倡导绿色出行，在舆论的宣传带动和政策的支持下，公共交通发展迅速；同时，市场上出现的共享单车、共享汽车等为城市出行提供了便利，共享单车成了许多人短程出行的交通工具，这就是舆论导向的作用。

2. 口传信息对消费行为的影响

消费者无论购买了好的商品，还是不好的商品，都会去向别人讲述这件事，并用自己的感情去影响别人，对于商家来说，这就是口传信息。

口传信息也是对消费者行为具有较强影响力的一种信息源。究其原因，在消费者看来，企业是带有经营目的和促销意图的，消费者对企业发出的商品及相关信息往往产生不信任感。而口传信息是消费者以自己的购买经历为依据传播商品信息，他们的意见比较客观、可信，很容易被其他消费者接受。

现代社会人们的交际范围广且频繁，因而口传信息实际上已经成为商家的"义务广告"，口传信息对消费者行为的影响就越来越大。当然，商家希望得到的"广告"是正面的。

以住宅区居民为例。通过对一些住宅区居民装修及装修档次进行调查，结果发现，同一住宅区，如果有一户进行房屋装修，则会引起许多用户陆续装修，并且装修的档次基本一致，也有向高档次递增趋势；反之，如果没有一户装修，小区住户可能都不装修。这种现象就与口传信息有关。口传信息首先影响近邻，进而引起连锁反应。有学者对在新产品普及过程中口传信息的作用做过调查，表 10-2 为调查结果。结果显示，购买新产品的人经常对别人谈论有关该新产品的事情，在调查的已购买该新产品的 185 人中，62%受口传影响；非购买者 231 人中，有 32%听到过口传方式介绍的新产品信息。从表 10-3 中的数据上看，购买者明显地受到了善意的口传信息的影响。

表 10 - 2   购入商品与口传信息的关系

口传信息	购入商品者/%	非购入商品者/%
谈 过 话	62	32
未谈过话	38	68
合 计	100	100

数据来源：江林. 消费者心理与行为. 北京：中国人民大学出版社，1999.

表 10 - 3   购入商品与口传信息的影响

口传信息的影响	购入商品者/%	非购入商品者/%
善意的影响	26	17
无影响	10	11
非善意的影响	1	4
没谈过话	63	68
合 计	100	100

数据来源：江林. 消费者心理与行为. 北京：中国人民大学出版社，1999.

消费者进入消费市场购物也有同样的现象。由此可以说明，无论是媒体舆论还是口传信息，对消费者的购买行为影响很大。商家应利用好媒体和消费者口传信息的影响，让这些"义务广告"确实从正面影响消费者行为，充分发挥"义务广告"的作用。

阅读资料 10 - 1

农夫山泉   连接心灵孤岛

随着城市化发展，越来越多的人远离家乡一个人打拼，难免会感到孤独，渴望寻求认同，迫切希望找到和自己相似的人，倾听和讲述自己的故事，一些瓶装饮料便将消费者原创的瓶体广告投入营销推广活动中。

2017 年 8 月 7 日，消费者购买瓶装水旺季，农夫山泉与网易云音乐合作，精选网友 30 条点赞较高的歌曲乐评，印在 4 亿瓶农夫山泉饮用天然水瓶体，制成"乐瓶"，在全国 69 个城市和京东超市销售。扫描瓶体的黑胶唱片图案即可看到随机乐评。乐瓶的广告词"创造宇宙生命的，不仅是水，还有故事。有水的星球不孤独，有故事的星球才完整"，广告抓住水流动的特性，将故事、水和音乐充分联系起来。《老子》中曾说"上善若水，水善利万物而不争"，把水放到不同的容器中就能变成不同的形态。在中国，水常常被赋予包容的含义，容纳不同个性，该策划赋予"水"一个倾听者的角色，倾听每一个人的故事，戳中消费者隐匿于心的情感，说出那些一直想说又难以说出口的话；抓住了用户渴望表达的感性需求，制造话题热度，激发消费者参与评论的热情。以迪克牛仔的《有多少爱可以重来》为例，共收获 10 188 条评论，点赞率最高的网易云音乐用户"北风神 75"的评论——"人这辈子，最害怕突然把某一首歌听懂了"为例，就已收获 23 483 条点赞。每一首歌都有情怀、有共鸣，每一句乐评都有态度、有故事。人遇到挫折时，往往会感到孤独，但能在乐瓶中找到喜欢同一首歌、有同样经历的人，相互陪伴，获得温暖，又会给人无限的力量和幸福感。

资料来源：朱红羽，张笑. 销售与市场（管理版），2018（7）.

10.1.4 信息获取的程度与消费行为

1. 信息化消费的自乘效应

自乘效应一般是指知识化消费的一种效应。对于信息获取程度，也可以沿用自乘效应来分析。当获取某种信息的消费者数量积累到一定的临界点时，就会有越来越多的人觉得该信息物有所值，加强该信息的收集利用。图 10 - 2 为信息的自乘效应。

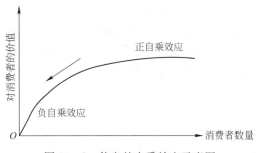

图 10 - 2 信息的自乘效应示意图

对每一个消费者来说，新的信息和产品即消费方式的改变，加上消费者的预期，使消费行为发生改变，如果消费者的预期被大多数人认可，甚至被其他消费者推广，则产生正自乘效应；反之，消费者的预期不现实，信息不被其他消费者认可，负自乘效应就会占主导地位。正自乘效应促进消费者的消费，负自乘效应对消费者行为产生消极影响。

2. 信息不对称与消费者行为

1）对信息不对称的理解

消费市场的信息不对称是指在消费活动中，消费者与销售者、生产者等各类人员对有关信息的了解是有差异的。掌握信息比较充分的机构、人员，往往处于比较有利的地位，而信息相对贫乏的消费者，则处于比较不利的地位。

信息不对称产生的原因，一方面是人们认识能力的差距，另一方面是信息获取成本的限制。

当今社会，一方面，生活节奏快，消费者所拥有的资源有限，如自由支配时间、注意力和信任等的稀缺；另一方面，消费品市场上，同类产品众多的品牌和规格，使得商品性能、质量、外观、价格等方面存在很大差异，消费者若要搜集这些信息，进行评价和选择，就需要花费大量的时间和精力，有些甚至根本不可能收集全面。因此，消费者的注意力具有选择性，一般集中在那些有限的、引人注目的信息上。如果在失实信息和投机行为较普遍的社会环境中，消费者对产品或品牌的选择就自然会与信任程度紧密相关。

2）信息不对称与消费行为

消费者为了作出正确的消费决策，减少信息不对称带来的购买风险，主要围绕信息的搜集、获取、储存、提取、评价、比较和选择等活动展开。搜集的信息也主要是与选择和购买问题有关的信息，补充、完善自己过去经验不足的信息，寻求不同的信息源获取信息。

（1）使用替代知识平衡信息不对称带来的影响。例如，消费者针对产品内在质量判断方面的知识缺乏，根据购买经验和已掌握的信息进行判断，例如，利用厂商的声望、品牌知名度、产地、保证、价格等。样式、包装盒色彩等也会影响消费者对质量的知觉。

（2）寻求商家保证平衡信息不对称。厂商的商品保证条款及相关信息，对消费者减少商品的认知风险具有重大影响。商家通过良好的售后服务保证转移消费者的认知风险，如三包和其他售后服务，使消费者对质量的重视程度减弱。

（3）从众购买以减小信息不对称的影响。消费者的从众心理一方面说明消费者的消费心理特征；另一方面体现消费者对产品知识和信息的缺乏，导致消费者购买决策的自信心的降低。大多数消费者认为，很多人做出类似的购买决定肯定是有道理的，随大流不会有错，因此做出购买决定，以减少购买的知觉风险。

由于信息的不对称性，消费者进行购买决策时受到主观理解的影响，所采用的标准及对各标准所赋予的权重与企业标准和权重可能并不一致，有时甚至出入很大，导致消费者对商品的评价与企业期望有差别。消费者可能会利用对决定内在质量只具有较小重要性的线索来评价产品质量。

10.2　电子商务与消费行为

电子商务（electronic commerce，E-commerce 或 EC）从字面上看，包含两方面内容，一是电子方式，二是商贸活动。很多人将电子商务理解为网上购物。事实上，电子商务的业务领域除了网上购物以外，还包括很多的商业活动。欧洲委员会 1997 年对电子商务的定义是："电子商务是以电子方式进行商务交流，它以数据（包括文本、声音和图像）的电子处理和传输为基础，包含了许多不同的活动（如商品服务的电子贸易、数字内容的在线传输、电子转账、商品拍卖、协作、在线资源利用、消费品营销和售后服务）。它涉及产品（消费品和工业品）和服务（信息服务、财务与法律服务）；传统活动（保健、教育）与新活动（虚拟商场）。"从欧洲委员会的定义中可以概括为，电子商务是利用计算机技术、网络技术和远程通信技术，实现整个商品领域商务（买卖）过程中的电子化、数字化和网络化。

电子商务涵盖的范围很广，通过网络进行的交易或信息交换，如网络购物、公司间账务支付、电子公文通信等都属于电子商务范畴。

10.2.1　电子商务的交易类型主要特征

1. 电子商务交易类型

电子商务一般分为三种类型，即企业对企业（business-to-business，或 B to B），如阿里巴巴；企业对消费者（business-to-consumer，或 B to C），如亚马逊；消费者对消费者（consumer-to-consumer，或 C to C），如淘宝网等。目前还出现了一种全新的电子商务模式 business-to-manager，即 B to M，商家面对的不是最终消费者，而是该企业或者该产品的销售者或者为其工作者。

2. 电子商务的特征

电子商务是因特网发展的直接产物，也是网络技术应用的现实体现。电子商务具有因特网的全球性、开放性、低成本、高效率的特点，同时还有其自身的特征。

（1）电子商务具有全球性、开放性的特点，为企业创造了更多的贸易机会，如可以通过互联网实现跨国交易。

（2）电子商务节省空间和交易时间。企业能够以相近的成本进入全球电子化市场，信息资源与大企业同等，提高了中小企业的竞争能力，给中小企业带来了机会。

（3）电子商务打破了传统的商务流程，多向互动、突破时空限制。电子商务时代，各种商品及相关信息传播范围更广、速度更快、双向交流、反馈迅速，并且以电子化、数字化代替了实物流，使得交易可以在任何时间、任何地点进行，同时电子化、数字化的应用大大减少了人力、物力。企业成本大大降低，效率提高，消费者得到实惠。电子商务活动方式灵活方便，全年 365 天，每天 24 小时无休地持续进行，为人类的各种交易活动提供了方便快捷、经济高效的服务。

（4）电子商务在一定程度上改变了经济运行的模式，为消费者提供更大的自由度。电子商务在提供丰富信息资源的同时，减少了传统流通模式的中间环节，使得生产者和消费者可以直接交流。电子商务能使消费者拥有比传统营销形式更大的选择自由度，可根据自己的需求和喜好对商品进行充分、自由的比较和选择，缩小地区之间、企业之间的产品差价，节省了交易时间和交易成本，使网上商家更注重服务内容、服务质量、响应速度等。另外，通过网络，消费者可以坐在家里，在任何时间，通过网上琳琅满目的商品信息、完善的物流配送系统和方便安全的资金结算系统进行交易。

（5）电子商务具有平等、互动、资源共享等优势。电子商务使任何企业都不受自身规模的绝对限制，在信息获取和提供信息方面，任何企业或个人都是平等的。任何企业的产品，只要是通过电子商务交易，可以共享资源，无须花费推广费，就可传递到各地网上市场，传送给消费者。此外，通过互联网作为媒介，无论是商家之间，还是商家与消费者之间、消费者与消费者之间，可以进行谈判、签合同，也可以直接交流。消费者把自己的意见和建议反映到企业或商家的网站上，企业或商家根据消费者的反馈信息，及时调整产品种类，提高服务品质，做到良性互动。

（6）电子商务实现了一对一沟通。电子商务能够采用店与消费者之间的一对一的沟通。需求者可以按自己的意愿寻找商品，发现新的需求，并与商家充分交流达成一致，在一对一交流下，实现一对一的个性化服务，尽可能让消费者达到更大满意。

10.2.2　电子商务与消费行为

1. 电子商务模式下消费者的行为特征

中国互联网信息中心（CNNIC）发布的《中国互联网络发展状况统计报告》显示，截至 2017 年 12 月，中国互联网网民人数 7.72 亿，手机网民 7.53 亿。智能手机是"万物互联"的基础，移动消费、移动支付、智能家居、车联网等互联网产业持续进步，共享经济融入生活，移动互联网服务不断提升。网民中 10～19 岁占 19.5%，20～29 岁占 23.5%，30～39 岁占 30.0%，39 岁以上人群占 27.0%，60 岁以上网民数量逐年增加，说明互联网在向高龄人群渗透。网络的使用给消费带来极大的便利和创新。

网络模式下的消费者的行为特征如下。

1) 以追求个性为基础，重在表现自我的行为特点

个性化消费是消费者根据自己的价值判断、消费偏好、生活追求来选择消费对象和消费方式。年轻消费者可以说是时尚、时髦、猎奇、个性的代名词，在新的网络环境下，更能满足和体现这部分消费群体的消费特征。

在互联网飞速发展的今天，消费者新的选择在增加，个性化消费已成为消费的主流，消费者更愿意将他们独特的、变化多端的、不同于他人的喜好表现出来。消费者通过电子商务模式实现消费，体现的不仅仅是商品自身的价值，还要与众不同，充分体现个体的自身价值。可见，个性化消费已成为现代消费的主流。如消费者可以按照自己的时间到网上的虚拟商店浏览、比较和选择，最后交易。网络商店具有独特的购物环境，有着与传统交易过程截然不同的方式，引起消费者的好奇和个人情感变化。消费者可以自我为中心，完全按照自己的意愿向商家提出挑战，在消费中充分表现自我。

2) 以自主、独立为基本点，追求文化品位为目标的行为

社会分工日益细分化和专业化，消费者购买选择增多，市场信息剧增，风险感也随之上升。传统营销方式、宣传方式使消费者感到厌倦，信息的不对称有时造成消费者对产品产生信任危机，随着互联网平台的发展，消费者往往主动通过各种可能的途径获取与商品有关的信息并进行分析比较，获取心理上的平衡以减轻风险感。

信息时代，消费者在生活品位、艺术审美和价值理解方面提高了。衣食住行、休闲娱乐各方面极大丰富，消费者艺术审美的趣味、眼光、格调、境界等发生变化，个人对于人生、社会、自然、历史、现实和自我价值的理解判断有所改变。消费者对文化品位的追求，通过互联网平台体现出来。如消费者选择网店购买交易，从传统的千人一店，到网上的千店千人，按自己的喜好、审美选择网店，选择喜欢、乐于购买的产品及交易的方式，节省了时间，避免了嘈杂环境的干扰，通过网上交流和针对性的信息收集，弥补了购物经验的不足，既体现自主、独立，又体现个人文化品位，是广大年轻消费者的首选。

3) 建立在省时省力基础上的快捷购买行为

对于惜时如金的现代年轻人来说，购买活动中能够做到及时、便利、随手显得更为重要。与传统购买活动相比较，电子商务节省消费者的交易时间，省去往返路途时间，不用拥挤排队，用手指就可以完成购买交易活动，既节省时间，耗费精力又少。表 10 - 2 是我国 2008 年年底至 2009 年上半年商务交易类应用用户对比，网络购物、网上支付消费者明显增加，互联网已经成为许多人生活中不可缺少的工具。

表 10 - 2　商务交易类应用用户对比

	2008 年 12 月数据		2009 年 6 月数据		使用增长率/%
	使用率/%	网民数/万人	使用率/%	网民数/万人	
网络购物	24.8	7 400	26.0	8 788	18.8
旅行预订	5.6	1 700	4.1	1 386	−18.5
网上支付	17.6	5 200	22.4	7 571	45.6
网络炒股	11.4	3 400	10.4	3 515	3.4

4) 以追求物美价廉为基本点，追求时尚的行为

由于网上商店利用网络进行营销，省去了销售和促销过程中的人工费、场地租赁费，节省

了大量的广告费用，使得经营成本降低，进而使得产品价格低于传统商店。另外，网络发布的信息可以方便获取，信息筛选、重组、比较也更加便利，从而使得消费者能够迅速而便捷地了解产品特性、产品价格等，方便消费者精心挑选、"货比三家"，通过链接快速完成购物活动。

美国未来学家约翰·奈斯比特曾说过，农业社会看过去；工业社会看现在；信息社会看未来。计算机和网络的普及，使营销活动发生了革命性的改变，电子商务对传统市场的影响还将继续。

5）以追求场景和感受为背景，注重体验的行为

埃森哲在《新消费 新力量》中总结了消费的新特点，包括线上线下联合消费的两线买、社群圈子成为消费新推手的购物社交化、运动健身是新的生活方式的健身消费、冲动消费涌现二手市场的拥抱价值经济、消费体验至上。这些都能体现消费者消费过程中追求场景、要求有良好的感受的新特点。

2. 电子商务模式下消费者的心理改变

电子商务的出现和发展，使消费者在购买活动中发生了心理变化，这种心理变化影响消费行为的改变。影响心理变化的原因有心理因素影响，也有非心理因素影响，还有人际关系影响和观念上的改变。

1）心理因素影响

随着人们生活节奏的加快，自由支配时间缩短，消费者日益增长的需求变化，传统商店已无法满足新时代消费者的需求。如消费者不愿意到拥挤、嘈杂的商店，对购买商品缺乏经验等，也为了避免与销售人员发生不愉快，这些传统商店中容易遇到的情况，在电子商务环境中可以得到弥补。网络一对一交流沟通和订单签署、进行交易，是商家与个人直接接触完成的，满足了消费者某一种自我实现的成功心理。

电子商务模式下的购买中，缺乏传统购物时五官的共同感受体验，对商品的感受只有视觉，对消费者心理有影响。

2）非心理因素

传统购买方式需要花费大量时间，有时又有交通不便、营业时间的限制，大体积商品不易搬运、交易速度慢等，这些是非心理因素影响。选择电子商务形式，不受时间、地点、时令等限制，可以直接挑选自己喜欢的性价比高的商品，还能享受到商家的送货上门服务。电子商务模式不受销售场地的限制，浏览各地的各种商品，超过消费者的满足感预期，消费者享受购买乐趣，这是传统销售方式所不能达到的。

网上购物存在一定的交易风险，主要原因是网上购物是虚拟的购物过程，消费者的感官只有视觉，对产品的检验无法进行，在支付阶段，电子支付通过网络通道，使得货币支付、购物都存在风险。这需要电子技术的发展和法律法规的完善，以保障电子商务的顺利展开和推进。

3）人际关系因素

网络的特点之一就是交流广泛，消费者之间、商家与消费者之间等都可以无拘束地沟通交流。网络环境下，可以减轻现代消费者的工作、生活压力，同时在虚拟环境下，可以满足消费者的角色转换和发泄欲望。电子商务购买方式既满足了交往的需要，也享受到网上虚拟商店的幽雅的购物环境、亮丽的色彩，使视觉感官得到刺激。对商品、网店、购买环境、交流者都可以自由地选择，借着上网购物的过程，寻找未来可能拥有的商品并达成幻想。

网络交流无法重现传统购物方式中的人际互动，购买过程中活动较单一，在某种程度上

影响消费者的社交圈。

  4）时空观念重组因素

  电子商务实现了网络营销，营销的范围大大突破了传统商店商品的销售范围、消费者群体的范围。商家传播商品信息选择网址、网页，不需要产品发布会形式。商家发布的任何产品信息，可以更全面、详细，通过图、文、声、像等多种形式，消费者个体自由选择时间、地点，通过网站浏览和访问，根据自己需要收集信息和学习，消费者了解商品的途径也由完全被动式演变为主动搜寻信息并学习。电子商务带来的 24 小时的营业时间，按消费者约定时间地点送货上门等，方便、快捷、更好地满足消费者对购物时间和地点的要求。

10.3 其他信息技术与消费行为

  除了电子商务以外，近几年一些新兴媒体的出现对消费者行为的改变也起着重要作用。

10.3.1 新媒体的出现

  新媒体是指为适应信息传播的新需求而出现的一批互动式数字化复合媒体的统称，不是专指某一种特定的媒体形式，而是一个综合性概念。现代信息技术飞速发展的今天，新媒体是在传统媒体形式基础上，以最新的科学技术为背景和手段的媒体形式。新媒体主要是指那些伴随数字化、多媒体、卫星通信、计算机网络等技术的发展而出现的新型传播媒体形式。如互联网络及手机、多频道有线电视、电子出版物、跨国卫星广播电视等。与消费者密切相关的新型媒体主要是互联网络及手机、多频道有线电视、电子出版物。

  1. 新媒体的形态

  网络媒体是现代信息传播的重要媒体形式，主要包含万维网站、电子邮件报刊、BBS（电子公告板）、Blog（博客）、Wiki（维基）等。如 Wikipedia（维基百科）就是由全世界的网友自发编辑而成的百科全书，任何网民随时都可以参与到编辑工作中，有人形象地称维基百科为"全球工程"。

  移动互联是继互联网之后出现的又一大媒介形式，手机的智能化，计算机的微型化，使原有的通话工具变成了信息传播的媒介。智能手机、平板电脑集中了以往报刊、广播、电视、网络的所有优点，有多媒体融合性，还具有无线网络传播的"随时、随地、随身、强大"特征。手机传播信息的形式有点对点、点对面、移动定位服务。

  点对点的信息是指两点和多点之间的信息传播，交流方便，传播速度快，交流频率快，信息容量大，反馈及时，可回查。例如，淘宝旺旺的信息交流，微店通过微信传播信息。

  点对面的服务有手机报、手机视频电影、手机音频广播、手机电视、手机社区传播等，是目前被广泛使用的信息传播方式。人们已由原来的每天读报、听广播，变成每天捧着手机看新闻、看电视……利用手机社区进行讨论、游戏。

  移动定位服务是指基于客户的位置提供的服务。例如，基于位置的实时天气、周边银行、附近公交等服务。

2. 新媒体对信息传播的影响

新媒体的概念到目前为止，还没有统一的定义，站在不同的角度对新媒体的理解有所不同。美国《连线》杂志对新媒体做了如下的定义："所有人对所有人的传播。"综合各家理解，新媒体就是能对大众提供个性化内容，人们能够把自己个性化的信息传递给大众，在电信网络基础上出现的，有别于传统媒体的媒体形态，是一种互动式数字化复合媒体。

新媒体的出现加强了大众的沟通，人们可以在任何时间、任何具有网络的地点，传播个性化信息。新媒体具有消解力量，如消除了传统媒体的界限，传统的电视、广播、报纸、杂志在手机中都有，并实现跨越时空的互动，信息发送者也是接收者，接收者也同时是发送者。超低的信息传播费用、受众的主动性大大增强、大众传播的小群化也是新媒体的特征。

新媒介的出现，极大地改变了传统信息传播的模式，以及对信息的组织、传递与接收，对人们的思维方式和生活方式产生着巨大影响，也逐渐改变着我们的生活。网络带来的网络文化，以其开放、高效、海量存储、方便传递、快速更新、交互性等特点，正日益深入地发挥着影响作用。

以互联网为基础的电子商务的兴起，对消费者、企业、贸易环境等都有深刻的影响。电子商务给人们提供虚拟与现实相结合的机遇和挑战，对跨区域、跨行业的商业活动，以及完成企业与消费者之间、企业与企业之间的商业信息交流与联系提供了保障。

新媒体的出现有利于公共信息的传播，加强了政府与企业、企业之间、企业与个人、个人与政府和企业的交流，有利于市场的良性循环，有利于社会的发展。

由于手机具有移动性和便携性，手机除了通信之外，与网络文化交叉融合，还承担了传播信息和文化的新功能。如短信息祝贺节日、短信息笑话等，既传递了信息，又表达着手机文化的特点。

10.3.2　新媒体对消费行为的影响

新媒体使传统的消费场所受到挑战，在消费者购买过程中极大地影响了消费行为。在新媒体环境下，无论是购买环境、交易方式，还是与顾客的交流等，都发生了实质性的改变，怎样更清楚目标市场及顾客特征，是商家面临的重要问题。新媒体对消费者的行为主要有以下影响。

1. 新媒体对消费行为的影响

（1）消费过程简化，节省精力、时间。消费者从消费需求确认、相关信息的收集、产品分析比较、作出购买决策直到消费行为的反馈，这一系列的过程与传统购买相比，突出了简化、快捷、方便等特征。信息发布形式多样化，消费者获取产品信息更加便利、全面，信息不对称差距缩小，加快了消费者决策速度。如消费者通过网络随时查找厂家发布的产品信息，进行产品特征的比较，还可以与其他消费者交流，了解该产品在消费者中的口碑，有助于作出购买决定。

（2）刺激消费需求，增加参与体验。新媒体提供的即时、互动式的买卖和服务，满足了消费者个性化的需求，同时新的销售模式让消费者体验到购物的快乐。有人说，在网上购物上瘾，其实就是参与的良好感受和购买过程的简单快捷的体验。

（3）主动消费，追求方便和享受。现代社会企业竞争加剧，社会分工细化，专业化增强，多样化的产品及新型的交易方式等，随着选择性的增加，为消费者带来的风险感增强。对于贵重或大额商品，消费者表现尤为突出，因此消费者借助多种信息渠道，对产品分析比较，以便作出决策。新的购物方式的方便和快捷又可以让消费者寻找生活的乐趣，减轻工作压力和生活压力。如在网上购买电脑，可以在网站上按自己的需求配置，还可以直接采用商家的建议配置，互动咨询，直接订购，享受商家承诺的售后服务，可以说，动动手指就完成了购买，省去了在电脑商城挑选的麻烦。

（4）节约购买成本，提高消费层次。产品价格的高低是消费者购买商品时考虑的因素之一。新媒体带来的销售方式，商家一方面注重产品的多样化和个性化服务，取悦消费者；另一方面，商品在价格上，大多低于传统零售企业的同种商品。消费者在得到个性化服务的同时，也购买了满意的商品。花费同样的资金，可以购买高档次的商品，提高了消费层次，满足了消费者高层次的追求。

（5）新的行为模式和生活方式的体验者。如用手机看新闻、上网、看电视、购物等，是目前年轻群体所推崇的。手机作为媒体，以手机为视听终端，以大众为传播目标，以定向为传播目的，以及时为传播效果，以短小精悍为特征，以互动为传播应用的个性化即时信息。当人们还在等待新闻联播了解新闻时，这些年轻的群体们早已知道了这些信息。

（6）购买的盲目性和安全机制的不健全，为消费者的购买行为带来了风险。如手机上的垃圾信息，有时被消费者轻信，消费者的此种行为带来了经济损失。

2. 消费行为与消费升级

消费升级直接反映消费水平和发展趋势。一般来说，消费升级指的是消费结构的升级，也就是各类消费支出在消费总支出的层次提高，占比也发生变化。网络信息时代，消费者消费行为与消费升级相辅相成，大数据统计的消费者行为促进了生产和经营的升级，生产和经营的升级能更好地满足消费者行为的改变。BCG 数据调查预测显示，到 2020 年，18～30 岁的消费"新生代"占全部城镇人口的 1/3 以上，销售额将占销售总额的 53%，"新生代"消费行为和习惯具有多元和分散的特点。消费特征个性明显，追求时尚，推崇及时享乐和感官刺激的体验效果，品质认同感强，品牌认知度较高，购买过程网络化明显。中国的数字化消费已经领跑全球，在"唯我"消费时代，价格已不是消费者关注的唯一的主题，消费者更注重的是消费体验。与网络数字化消费相适应的消费行为模式从内容到主题、功能、形态等都需要改变，并不断进化与变革。

练习与实训

一、练习题

1. 电子商务有哪些主要特征？请你就这些特征谈谈个人的主见及体会。

2. 你或你的朋友有没有网上消费的经历？你认为网上商店与传统商店的最大区别是什么？

3. 假如你是企业的经营决策者，你会考虑通过电子商务形式拓展业务和吸引更多消费者吗？请谈谈你的具体想法。

4. 谈谈新媒体对你周边消费者行为的影响。

二、实训题

1. 根据你的知识和经验，从商家的角度尝试设计一家既有利可图又受消费者欢迎的网上零售商店。

2. 利用万维网或手机网，查询 5 个利用新媒体发布信息的例子进行比较，说明其优缺点。

案 例 分 析

"互联网＋"时代的消费者

"互联网＋"融入了各行各业，消费更不例外。网络用户们不出家门几乎可以完成任何事情。网络购物、旅游行程及吃住行的确定、网络金融、网络办公等，都可以借助于电脑、手机来完成。智能手机已经是手、腿、思维的延伸，在生活中更是扮演重要角色，在消费中更是重要的工具。埃森哲将当今的市场定义为"唯我"消费时代，更多的消费者注重的是体验，不仅仅是对产品的体验，还有情境和环境体验、消费过程体验、服务体验等；在营销策略上，面对人们吸收信息的特点和信息碎片化的传播环境，深入了解目标群体，满足"唯我"需求。从下面的实例中可见，运用新技术更高效、精准、友好而富有情感地服务好消费者，进行消费升级，在成本最优、效率最大化的情况下让用户感受科技便捷，获得满足感与身心的愉悦的体验。

1. 体验式消费升级实例[①]

日本佐贺牛采用现代声光电和虚拟现实 VR/AR 技术，应用在餐厅环境中，采用线上预约时间方式，从顾客进入餐厅，到点菜、上餐过程都有相应多媒体视听效果（艺术动画，当料理与器皿被放置在桌上时，原本浓缩封闭在那个料理与器皿内的世界会被解放出来，然后延展到桌子及整个空间里。）在顾客就餐的同时，给顾客带来全新的感官享受和奇幻般的试听、味蕾旅程。

技术升级与引入将助推零售业不断进步。商家将应用技术＋场景化体验使得用户体验升级，但其核心并非技术，仍是用户体验和价值。

2. 我国的数字化消费水平

表 10-3 为中国的数字化消费与世界水平的对比。我国的数字化消费已领跑全球，消费者消费中数字化体现明显。埃森哲战略大中华区总裁余进说："中国的消费者会利用数字渠道获取最优的价格，利用手机的比价，不是单纯的省钱，所以消费者的成熟（sophistication）程度会越来越高。即使是高收入人群也是一样，高收入人群也不是'人傻钱多'，而且高收入往往是跟高成熟度联系的，跟他的受教育程度和判断决策是有联系的。事实

---

① 资料来源：2017 新零售用户体验观察 . http://www.woshipm.com/ucd/935434.html.

上，超过一半的消费者可能愿意花钱省时间，但同时在信息上则可能是更加全面的寻找。"

表 10 - 3　中国的数字化消费与世界水平的对比

	网购规模	网购用户	移动支付渗透率	手机上网时间
中国	8 510 亿美元	4.6 亿人	62%	3.1 小时/天
中国是美国的几倍	2.2 倍	2.6 倍	3.2 倍	1.5 倍
中国是国际平均水平的几倍	18.7 倍	9.4 倍	3.8 倍	1.8 倍

数据来源：https://www.accenture.com/cn-zh/insight-consumers-in-the-new?src=ECAMP

案例思考题

1. 面对我国数字化消费的特点，分析当今时代的消费者消费特点。

2. 实例中日本佐贺牛是如何抓住消费者特点进行体验式消费升级的？

3. 如果你经营一家文创公司，将如何利用网络引导消费者行为？

第11章
消费新趋势与消费行为

【学习目标】

1. 了解消费者权益保护涉及的主要内容；
2. 了解消费者的基本权利；
3. 了解绿色营销的基本内容；
4. 了解影响绿色营销的主要因素。

消费者权益保护目的在于提高消费者在与企业交易时的权力与地位，在很多国家已经形成运动。伴随这场运动，有关消费者保护的立法在增多，各种消费者保护的团体和组织不断出现，消费者的自我保护意识也在增强。在此情境下，企业如果忽视消费者对自身权益要求的改变，很可能带来难以预料的后果。绿色消费目前已成为一个新兴消费领域，也是消费心理和行为研究中的一个新内容，研究绿色消费者的心理特点与行为表现，分析绿色消费市场现状，对适应和促进绿色消费具有重要意义。为此，本章先介绍消费者保护所涉及的主要领域并讨论企业的应对措施；然后介绍绿色消费的含义及存在问题和企业为了促进绿色消费应采用的营销策略。

11.1　消费者权益保护

11.1.1　消费者权益及权益保护运动回顾

1. 消费者权益概述

1）消费者权益的定义

消费者权益，又称消费者权利，是指消费者在购买、使用商品或接受服务时依法享有的权利及该权利受到保护时给消费者带来的应得利益。

消费者权益的特点有：①是消费者享有的权利；②是消费者实施行为的具体表现；③是法律基于消费者的弱者地位而特别赋予的法定权利；④是消费者特殊的地位而享有的特定权利。

在我国 1994 年 1 月 1 日实施的《中华人民共和国消费者权益保护法》（以下简称《消

法》)第七条至第十五条中规定了消费者的 9 项权利,具体包括安全权、知情权、选择权、公平交易权、求偿权、结社权、获知权、受尊重权和监督权。

(1) 安全权:全称是人身财产安全权,它是指消费者在购买、使用商品或接受服务时享有的人身和财产安全不受损害的权利。安全权是消费者九大基本权利之首,是消费者最主要的权利。消费者在购买、使用商品和接受服务时,享有保持身体各器官及其机能的完整及生命不受危害的权利。至于财产安全权,并不仅仅是指消费者购买、使用商品或接受服务本身的安全,还包括除购买、使用商品或接受服务之外的其他财产的安全。

(2) 知情权:指消费者有权利了解其所购买的商品或服务的种种真实性能。按照《消法》规定,消费者有权根据商品或者服务的不同情况,要求经营者提供商品的价格、产地、生产者、用途、性能、规格、等级、主要成分、生产日期、有效期限、检验合格证明、使用方法说明书、售后服务,或者服务的内容、规格、费用等有关情况。经营者有义务向消费者介绍商品或服务的真实情况,如若造成损害,消费者有权要求经营者予以赔偿。

(3) 选择权:消费者享有自主选择商品或者服务的权利。消费者有权自主选择提供商品或服务的经营者;有权自主选择商品品种或服务方式;有权自主决定购买或不购买任何一种商品,接受或不接受任何一项服务;在选择商品或服务时,有权进行比较、鉴别和挑选。

(4) 公平交易权:消费者有权获得质量保障、价格合理、计量正确等公平交易条件,消费者有权拒绝经营者的强制交易行为。

(5) 求偿权:消费者因购买、使用商品或者接受服务而受到人身、财产损害,享有依法获得赔偿的权利。不论是生命健康还是精神方面的损害均可要求人身损害赔偿。财产损害的赔偿,包括直接损失和可得利益的损失。

(6) 结社权:消费者享有依法成立维护自身合法权益的社会团体的权利,简称为结社权。最具典型的例子就是中国消费者协会和地方各级消费者协会。

(7) 获知权:又称求教获知权,指的是消费者所享有的获得有关消费和消费者权益保护方面的知识的权利。消费知识主要指有关商品和服务的知识,消费者权益保护知识主要是指有关消费权益保护方面及权益受到损害时如何有效解决方面的法律知识。

(8) 受尊重权:是消费者在购买、使用商品和接受服务时所享有的其人格尊严、民族风俗习惯得到尊重的权利。

(9) 监督权:指消费者享有的对商品和服务以及保护消费者权益工作进行监督的权利。此外,消费者有权检举、控告侵犯消费者权益的行为和国家机关及其工作人员在保护消费者权益工作中的违法失职行为,有权对保护消费者权益工作提出批评、建议。

这 9 项权利是消费者进行消费活动必不可少的,前 5 项权利是前提和基础,与消费者的关系最为密切,后 4 项权利则是由此派生而来的。消费者权益是关系到我们每个人工作生活的基本权益之一,对这一权益的有效保护,体现了公民权利的实现和市场经济的根本特点。我们讲保护消费者权益不仅要从人的身心健康和全面发展的高度来看,还要从扩大消费需求,从消费需求与经济增长之间良性循环的高度来看,要从社会主义市场经济的本质和客观要求的高度来看,这就说明保护消费者权益的必要性及重要意义。

2) 消费者权益保护的必要性

消费者权益保护最早可追溯于消费者运动,它是消费者权益保护组织的先驱,产生于发达资本主义垄断阶段,而后波及世界各国,成为全球性运动。美国成立了世界上第一个全国性的消费者组织——全国消费者同盟。后来国际消费者联盟组织成立，它是由世界各国、各地区消费者组织参加的国际消费者问题议事中心，其宗旨为在全世界范围内做好消费者权益的一系列保护工作，在国际机构代表消费者说话。无论国内还是国外，消费者权益受侵害的现象屡有发生，其原因主要有以下四个方面。

（1）产品品质与安全漏洞。由于设计缺陷、生产制造水平等因素的制约，假冒伪劣产品的泛滥，导致产品品质与安全性能不合格，损害了消费者的权益。

（2）信息的不对称。企业对消费者行为不了解或了解不够，如主观地认为消费者会按说明书上的要求使用和操作产品，但实际上一部分消费者可能是根据自己的经验来使用产品，甚至尝试将产品用于别的用途，由此造成人身安全或财产方面的损害；也有可能是企业对消费者行为知识已有足够的了解，但有意识地运用它们来操纵和欺骗消费者，以牟取自身的利益。

（3）虚假广告的误导。虚假广告作为不正当竞争方式，往往和假冒伪劣商品结合在一起，不但危害消费者的利益，也侵害其他经营者的合法利益。虚假广告与次品相结合，往往会造成"劣胜优汰"的反竞争规律现象和状态，破坏正常的市场运作机制，危害整个社会。

（4）消费者的保护意识淡漠。消费者力量的薄弱，对法律、法规的缺乏了解，以及对与企业抗争的顾虑、较高的维权成本，使其在利益受到损害的情况下往往采取了自认倒霉的做法。如不按规定购买处方药等疏忽性消费行为，也是消费者权益受到损害的原因。

2. 消费者权益保护运动的发展与现状

1）美国的消费者保护运动发展

美国的消费者保护运动大致可分为四个阶段。

第一阶段从 1905 年到 1920 年。1905 年，辛克莱（Sinclair）出版《屠场》，该书披露了芝加哥地区肉制品加工企业恶劣的工作环境和卫生条件，结果公众纷纷要求食品加工与包装企业加强卫生管理。在消费者的强大压力下，美国相继颁布了一系列法律，如 1906 年的《纯净食品与药品法》、1907 年的《联邦肉类检查法》、1914 年的《联邦贸易委员会法》和《克莱顿法案》等。

第二阶段从 1927 年到 1939 年。1927 年，斯图亚特·蔡斯（Stuart Chase）和斯齐林克（Schlink）出版了《金钱的价值》一书，主要描写了企业如何花大量金钱发展广告和包装技术以提高产品销售量，而对消费者如何正确选择产品则漠不关心。并且该书还呼吁成立不受制造商操纵的客观、公正的产品检测机构，为消费者提供真实信息。顺应此呼声，消费者联盟应运而生。

第三阶段从 1945 年到 1960 年。第二次世界大战以后，美国经济开始复苏并迅速发展，此阶段人们关注更多的是如何重建生活而不是更多地争取消费者权利。此阶段颁布的有关消费者保护的法律相对较少。

第四阶段从 1962 年至 1980 年。这一阶段可称为现代消费者保护运动时期，它开始于肯尼迪总统宣布消费者拥有四大权利的 1962 年，结束于里根执政的 1980 年。1962 年，美国总统肯尼迪在国会咨文中称消费者拥有 4 项基本权利，即安全权、知情权、自由选择权、被倾听和索赔权。此后国会通过的一系列关于消费者保护的法律，实际上都是围绕这些权利制定的。

在 20 世纪 60 和 70 年代，美国颁布了大量旨在保护消费者的重要法律。例如，1966 年颁布的《香烟标签与广告法》要求制造商在香烟包装和广告中标明吸烟有害健康的警示；

1966 年颁布的《儿童保护法案》禁止企业向儿童销售危害儿童安全和健康的玩具及其他儿童用品；1968 年颁布的《消费者信贷保护法》则要求企业在提供信贷时应充分披露有关信贷条件；1972 年颁布的《消费产品安全法》，授权建立消费产品安全委员会。

2）中国消费者权益保护概况

在我国，从新中国成立后很长时间都是实行计划经济体制，生产企业按政府的指令生产产品，产品生产出来以后，由国有商业企业统一销售。当时市场处于短缺经济状态，几乎所有的产品都供不应求，因此，那时消费者面临的主要问题是能否买到产品，至于花色、款式等方面基本上不存在选择余地。另外，企业的人、财、物、产、供、销等各个方面都是由政府统一安排，赢利上交国家，亏损也由国家全部承担。在这种体制下，企业自然没有必要投机取巧，基本上不存在产品粗制滥造、以次充好等欺骗消费者的现象。所以，在实行改革开放政策以前，我国消费者保护问题并没有提上日程。

1978 年以后，随着改革开放政策的实施，我国经济体制逐步转变，越来越多的企业成为自负盈亏的经济主体。在逐利过程中，各种损害消费者和社会利益的行为也逐步增多，由此引起社会对消费者权益保护问题的关注。20 世纪 80 年代，人们关注比较多的是搭配销售、假冒伪劣产品、虚假广告。进入 20 世纪 90 年代以后，更多的问题成为了关注的热点，如住宅等耐用品的质量问题、公共品和服务的收费问题、牟取暴利问题、环境保护问题等。

面对一些企业不负责任的行为，社会作出了适时反应。1984 年，中国消费者协会在北京成立，这是一个旨在维护消费者权益的半官方性的社会组织。继中国消费者协会之后，各地陆续成立了地方性消费者组织，截至 1998 年年底，全国有县级以上消费者协会 3 086 个，基层消费者保护组织 55 316 个。各级消费者组织除了向消费者提供信息咨询和支持服务以外，还直接受理消费者的投诉，参与有关行政部门对商品和服务的监督与检查。各级消费者组织在处理消费者投诉、唤起社会对消费者权益的重视等方面做了大量工作，已经成为消费者保护的重要力量。

政府也颁布了大量涉及消费者保护的法律、法规。1993 年全国人大通过了《中华人民共和国消费者权益保护法》，它是新中国成立以来第一部专门以保护消费者为立法宗旨的法律。该法规定了消费者所拥有的权利，并且对各级政府及行政机构在保护消费者权益方面的职责、经营者的义务、消费争议的解决途径等多个方面作出了规定。可以说，它是我国消费者保护的根本性法律。除此之外，《中华人民共和国产品质量法》（1993 年颁布，2018 年修正）、《反不正当竞争法》（1993 年颁布，2017 年修订）、《商标法》（1982 年颁布，2013 年修正）、《广告法》（1994 年颁布，2015 年修订）、《药品管理法》（1984 年颁布，2015 年修正）、《价格法》（1997）等法律均在各自范围内对消费者权益的维护作出了规定。这些法律已经并将继续对我国的消费者保护提供保障。

阅读资料 11-1

中央电视台"3·15"晚会

每年的 3 月 15 日是"国际消费者权益日"（International Day for Protecting Consumers' Rights）。

这一国际日是由国际消费者联盟组织（现称国际消费者协会）1983 年确定的，目的是扩大消费者权益保护的宣传，使之在世界范围内得到重视，促进各国和各地区消费者组织之间的合作与交往，在国际范围内更好地保护消费者权益。

1991 年 3 月 15 日，中国消费者协会与中央电视台、中国消费者报社、中华工商时报社联合举办了国际消费者权益日"消费者之友专题晚会"，从此拉开了中央电视台"3·15"晚会的序幕。中央电视台"3·15"晚会收视人数已经成为仅次于春节联欢晚会的大型综合性晚会。

"3·15"晚会关注生命安全，关注消费环境，关注消费者权益，贴近消费者的需求，代表了消费者的心声。晚会以真实的案例，以发生在百姓身边的事情提醒消费者，警惕消费骗局，通过强大的媒体优势，揭露了坑害消费者的不法行为，教育和引导消费者，维护了消费者的合法权益。

11.1.2 消费者权益保护涉及的领域

消费者权益保护涉及的领域十分广泛，下面围绕儿童营销、环境保护、产品品质与安全、商品信息与标示、消费者的疏忽性行为、网络安全等几个方面进行讨论。

1. 儿童营销

儿童营销或面向儿童的营销活动正日益受到社会的关注。儿童理解和处理信息的能力有限，很多商业信息会对儿童产生潜移默化甚至是直接的影响。

1）儿童理解广告信息的能力

12 岁以下的儿童尚缺乏完全的认知与信息处理能力，因此任何面向儿童传播的信息都必须考虑它们对儿童心智成长和行为发展所产生的影响。企业应考虑以下方面的问题。

（1）儿童是否理解推销意图。

大多数研究表明，学龄前儿童基本不能区分广告与电视节目，他们要么没注意到从节目到广告的改变，要么将广告看作是另一个节目。年幼的小孩在确定广告的推销意图上，似乎也缺乏理解能力。

伴随着越来越多的产品成为儿童节目的组成部分，儿童广告与儿童节目内容的界限越来越模糊。实际上，很多卡通节目从一开始就怀有如何利用卡通人物促销产品的强烈意图（如变形金刚）。因此社会需要确立合适的有关电视节目的标准并对那些旨在推销儿童产品的电视节目加以限制。

（2）儿童对广告词语是否理解。

在一些针对儿童的广告中，有些广告词内容并不能让孩子理解。例如，在有些儿童奶粉广告中常用的"本品中含有 DHA、PDA"，其他玩具中也会出现"每种单独销售""电池不在其中"等广告语。对于这些内容，儿童是难以理解其确切含义的。

2）广告信息内容对儿童的影响

即使儿童能准确理解电视广告及其内容，人们仍十分关心广告对儿童成长的影响。这些关注主要集中在儿童看电视的时间太多。据统计，美国 2～11 岁的儿童每周有 25 个小时花在看电视上，每人每年平均接收到约 2 500 个电视广告。除了非常小的孩子外，孩子们看电视的时间主要集中在周一至周六晚上 7 点 30 分到 11 点这段时间。

儿童把大部分时间花在电视（包括广告）上引发三个方面的问题：①广告信息可能引发

家庭内部矛盾与冲突；②广告信息对儿童健康及安全也将产生影响；③广告信息对儿童价值观的形成将产生影响。

（1）家庭冲突。当广告鼓励儿童去拥有那些父母不愿意给他们买或买不起的玩具时，就会引起家庭冲突。一项关于家庭冲突的调查发现，大部分儿童在电视广告的刺激下要求购买玩具和食品，几乎一半的儿童因为要求被拒绝而与父母争吵，超过半数的人跟他们的母亲大发脾气是因为其要求被拒绝。这样的冲突并不奇怪，也不一定是坏事。然而，人们担心的是，经常看广告会导致家庭冲突水平的升级，而这种升级的冲突水平则可能是不健康的。

（2）健康与安全。关于广告会促成儿童不安全或危险的行为的担心也在增加。在许多情况下，成人广告被儿童收看，由此产生的后果是极为有害的。再有就是儿童保健类产品广告，尤其是儿童小吃和各类儿童食品广告是备受非议的又一个领域。大量的争议集中在企业对含糖食品、快餐和果冻类零食的大肆宣传。因为我们无法确切地知道在没有这类广告影响的条件下，人们的饮食模式会怎样，所以对这类广告是否应予以限制和约束自然存在不同的意见，然而研究显示，大量收看儿童广告的小孩往往与较低的营养意识相关。

遗憾的是，某些营销者在这方面并不十分负责。例如，儿童食谱中总体脂肪和饱和脂肪的含量高于健康指南中所规定的标准，而且肥胖儿童在不断增加，儿童身体素质逐年下降已成事实。其主要原因是大量快餐食品广告对儿童的饮食习惯产生了影响，尤其是汉堡和比萨饼方面，这些广告无疑影响了儿童对食品的选择及其自身的健康状况。

（3）价值观。广告经常被指责在儿童中助长极端物质主义、只顾自己和注重短期利益的价值观，同时容易助长儿童的虚荣心和攀比心。招致这种指责的一个重要原因是儿童广告太多、太滥。许多人担心，持续面对广告所创造的购买和拥有的压力环境，会对儿童价值观的形成产生负面影响。另外，成千上万旨在促进产品销售的类似广告，对扭曲儿童的价值观有累计效应，因此不少人要求减少直接面向儿童的广告数量。

3）针对儿童的具有争议性的营销活动

（1）儿童俱乐部。发展最快的针对儿童进行营销的手段之一就是儿童俱乐部。这些俱乐部一般向儿童提供会员资格证书、杂志、获奖机会及与赞助商有关的广告或赠券。不同儿童俱乐部为会员提供的服务在内容及运作观念上有着显著不同。下面是美国消费者协会对这类俱乐部作出的描述：

"在一个真正的俱乐部里，孩子们可能会结识朋友，找到共同感兴趣的活动，并得到娱乐和成长的机会。以前，成为俱乐部成员后，孩子们可能获得会员卡、密码环或其他有助于培养产品或节目忠诚度的象征物。在新型儿童俱乐部里，孩子们可能会遇到广告主的硬性推销，获得载有销售目录的杂志、折扣券和其他强有力的购买刺激。俱乐部通常对广告信息遮遮掩掩。孩子们被邀请参加一些保证是'他们自己的'活动，但实际上这只不过是诱使他们购买各种商品的诱饵。广告信息被披上'来自你的俱乐部的建议'的外衣，由此使孩子们无法拒绝和抵挡。"

美国消费者协会对限制儿童俱乐部的行为提出了以下建议：联邦贸易委员会（FTC）应认识到那些旨在销售产品的俱乐部会对孩子们产生误导，应该要求儿童俱乐部为儿童提供大量非购买性服务及活动。

（2）教室里的广告。1989年，惠特尔通讯公司引发了一场争议。该公司推出了一种闭路电视网并为入网的学校提供 12 分钟的新闻节目，如果学校同意让学生在大多数日子里收看该节目，它们将免费获得电视设备。然而，新闻节目里有两分钟的商业广告。与在家里看电视不同，看这个新闻节目时学生没有选择余地，他们在广告开始时没法调换频道。在该网络频道做了大量广告后，很多公司直接或间接地将宣传材料投向校园。

美国消费者协会及其他一些团体希望学校成为"无广告"区。他们认为，所有提供给学校的资料应当符合以下标准。①准确。与已有事实一致，引证确凿且时效性强。②客观。提供所有相关意见，并明确表明赞助商的观点。③完整。不能因遗漏而产生误导。④非歧视性。避免民族、年龄、种族及性别等方面的世俗偏见。⑤非商业性。不能在文字或图示中包含任何广告主的品牌名、商标或公司标志等任何信息，避免明示的或隐含的销售信息。⑥可评价性。鼓励对所教内容的认知与评价。

虽然很多公司表示愿意遵守以上大多数条款，但完全符合这些标准将极大地削弱有关公司向学校提供有价值的教学材料的动力。因此，如何使上述标准付诸实施，无论是对企业还是对学校都是一大考验。

（3）网上儿童营销。伴随互联网的普及，越来越多的孩子正成为互联网的使用者，很多企业也开始利用这一媒体与儿童沟通。社会对此产生了两个方面的担忧，一是企业通过操纵性技术不正当地利用儿童，二是对儿童隐私的侵犯。

侵犯儿童隐私的一个例子是"儿童通讯广场"。该广场以 4～8 岁儿童为目标对象，它要求儿童提供姓名、年龄、性别及电子邮件地址后，才能进入该网站。它还要求孩子们将最喜欢的电视节目、乐队及推荐他们进入该网站的人提供给"儿童通讯"。只要一进入广场，孩子们就能得到"儿童现金"，通过提供别的个人信息，这些"儿童现金"可以兑换成奖品。不少人认为，使儿童卷入诸如建造"游乐场"之类的技术是在利用他们，因为这些"游乐场"充斥着形形色色的广告，而且这些广告与娱乐内容很自然地糅合在一起。

一些组织对如何引导网上儿童广告的发展提出了建议：①不得从孩子们那里索取个人信息，也不应将有关孩子们的个人信息销售给第三方；②针对儿童的广告与促销内容应清晰地标明，以便与节目内容相区别；③儿童节目内容不应直接与广告部分相联结；④孩子与产品代言人之间不应有直接的网上互动；⑤在网上不得针对单个的儿童做广告或进行促销，也不准开展直接反应营销。

2. 环境保护

全球环境污染、气候变暖、生态失衡正在严重地威胁着人类的生存。1998 年我国长江流域的特大洪水，2000 年北方地区大范围的沙尘暴，2008 年南方的特大雪灾，一次又一次警示我们破坏环境所要付出的巨大代价。现在，越来越多的人开始意识到保护自然资源、防止环境污染的重要性。许多国家已采取了种种措施来保护环境，如规定更严格的汽车尾气排放标准，通过立法规定人们少用或不用塑料袋、塑料饭盒、一次性碗筷等对环境造成不利影响的产品。日益增多的个人和组织也纷纷加入环境保护的行列，以自己的行动支持环保事业的发展，抵制和谴责损害环境的行为。

消费者通过何种方式来表达其对环境保护的关注，很大程度上取决于他们对环境问题的认识。如果认为环境损害主要由企业等经济组织造成，他们很可能更倾向通过向企业和政府施加压力来寻求解决；如果认为消费者和社会公众是造成环境问题的重要源头，则更可能倾向于通过改变消费者自身行为，提倡更健康的生活方式来改善环境。贝克（Belk）等人认为，消费者对自然资源的保护行为可以分为 3 种基本类型，即削减行为、保养行为和效率行为。削减行为是指通过调整自己的行为来减少对自然资源的消耗，如用凉水而不是热水洗衣服，远足时尽量利用公共交通而不是私人汽车；保养行为指通过确保设备处于良好运行状态来减少对能源等自然资源的消费，如定期对空调的防尘网进行清洗等；效率行为则是指通过对住宅等环境的结构性改变来减少能源消费，如购置太阳能热水器，购买耗油低的汽车，在房上装隔热层等。政府在制定自然资源保护政策时，应充分考虑使其政策措施与消费者上述类型的行为相衔接，最大限度地鼓励消费者实施这些节约能源消费的行为。

3. 产品品质与安全

现代大规模生产、流通体制的确立，使生产与消费之间介入了许多中间环节，企业对产品质量的责任越来越不明确，从而使消费者处于弱势地位。对于短渠道企业，由于没有中间环节或环节比较少，产品出现质量问题时相对容易解决。而对于长渠道企业，中间环节多，产品出问题时，责任越来越不清楚。

产品质量和安全问题一直是消费者关注的热点。由于假冒伪劣产品的泛滥和产品质量问题的凸显，消费者到底采取哪些措施来防范风险和保护自己，目前国内尚无专门性的研究，但从媒体的报道和对周围消费者的观察，我们仍可以获得有关这方面的结果。消费者针对频发的质量和购买风险问题，他们可以采取多方面的应付措施。

首先，一部分消费者可能对某类产品失去信心，从而在这类产品的购买上非常谨慎或大幅度地减少对这类产品的消费。比如一些消费者在购物时不敢买价格过低的产品，总认为低价产品肯定是品质出了问题或是假冒产品。其次，消费者有可能更多地采用诸如从众购买、购买知名品牌、寻求商家保证等手段来降低购买风险。近些年，一些以专卖形式销售产品或强调售后服务的企业之所以特别具有感召力，这与消费者的上述行为趋势是密不可分的。再次，消费者还可能在产品使用行为上发生改变。比如，患者在没有医生指导的情况下加大药剂服用量、农民因为不相信农药的效果而加倍喷洒农药等均属这种情况。

产品的安全性也是大多数消费者最为关心的一个问题，因为问题产品对消费者造成的危害最大。如快餐业的苏丹红事件、感冒药的 PPA 问题、液态奶的三聚氰氨事件，使广大消费者的利益受到侵害。解决的最好办法就是制定强制性的安全标准，以防止消费者受到伤害。

西方很多国家，产品质量责任有严格的规定，因此企业会更加关注产品可能存在的缺陷和潜在的危害性。为此，企业除了遵守有关强制性的安全标准外，还要对消费者可能的使用情形、各种可能的意外，以及社会对产品的各种不同反应予以跟踪、了解。例如，美国曾有消费者因蜡烛上撒香水受伤而向企业索赔。

4. 商品信息与标示

根据消费者权益保护法，消费者享有知情权，即获得关于商品内容和交易条件的真实信息的权利。欺骗性信息如虚假广告，不适当和含糊其辞的表示，会给消费者的选择带来误导，从而使其利益受到损害。目前我国对欺骗性广告和欺骗性促销信息进行规制的机构，主要是国家市场监督管理总局和地方各级市场监督管理局。

1）欺骗性广告

我国《广告法》明确规定，广告中对商品的性能、产地、用途、质量、生产者、有效期限、允诺或者对服务的内容、形式、质量、价格、允诺有表示的，应当清楚、明白；广告使用数据、统计资料、调查结果、文摘、引用语，应当真实、准确，并表明出处。然而，实际生活中要判断一则广告是否属于欺骗广告，并非易事，原因是很多夸张性广告语如"风味独特""感觉好极了""用了都说好"等虽然言过其实，甚至具有某种虚假成分，但对普通消费者来说，不一定产生欺骗后果。如果对所有吹嘘性广告均予以限制，那么绝大多数广告将会变得枯燥无聊。因此，判断一则广告是否属于欺骗性广告，既应考虑其内容与事实的相符程度，也要考虑它是否具有欺骗的能力或倾向。

我们或许可以从嘉德勒（Gardner）对欺骗性广告下的一个定义中得到些启发。他认为，"如果广告使消费者形成一种印象或信念，而这种印象或信念与消费者在拥有合理知识情况下所正常期待的不同且与事实不符或具有潜在的误导性，该广告就属于欺骗性广告。"据此，欺骗性广告可以分成三种类型。①直接谎言，即从客观上看广告所宣称的内容是完全错误的或所强调的利益是无法实现的。如宣称某种药品可以包治百病，或某种技术或装置可以使水变油。②由于信息披露不充分而使受众无法对广告中声称的内容作出正确评价。例如，广告中宣称 80％的医生推荐某种药品，但由于没有交代有多少医生接受调查，哪些类型的医生接受了调查，以及调查中询问了哪些问题，因此这一声称很可能会误导消费者。③文字意义上具有真实性但实际上误导消费者的广告。例如，某位电视演员长期在某受欢迎的电视节目中扮演赛车手的角色，如果该演员向受众推荐某种品牌的家用轿车，即使他不是以赛车手的身份出现，仍可能误导某些消费者。

在有些国家如美国，对欺骗性广告除了颁布禁令禁止继续刊播以外，还可要求广告主刊登矫正广告（corrective advertising），以消除它们在消费者中造成的"残留影响"。例如，大陆面包公司在广告中声称，其侧影牌面包每片所含食物热量小于其他品牌面包所含热量，而广告只字未提侧影牌面包片比别家的面包片薄这一事实。因此，美国联邦贸易委员会于1971 年责令大陆面包公司在一年内将广告费的 25％用于纠正这一引人误解的表述。

2）信息的足量性

消费者在购买活动中要作出明智的选择，不仅需获得真实的信息，而且要拥有充分的或足量的信息。一些人认为，虽然企业花大量的费用宣传他们的产品和服务，但社会对更多高质量信息的需求，会给企业带来一定的压力。

典型的充分的信息是食品标签上的信息。大多数国家规定，食品包装上应标明生产日期、有效期及食品的主要成分等。随着人们对减肥食品和营养的关注，一些国家还对诸如"低脂肪""低卡路里""非转基因食品"等术语作出界定，以便这些术语传递更明确和具有更多事实成分的信息。美国食品与药品管理署的调查发现，人们将食品标签作为重要的营养信息来源，但他们对前面所提及的这些术语并不了解。研究还发现，如果提供更多的营养信息，一些消费者确实会阅读这些信息并据此购买到更具营养的产品。然而，具体应提供多么详细的信息似乎仍不是十分清楚。一项研究显示，消费者更喜欢中等水平的营养信息而不是较低水平的或高水平的营养信息。估测结果表明，25％～36％的购物者会经常阅读食品包装上的营养信息。女性较男性对这些信息更加留意，而且更可能相信有关健康方面的信息说明；非工作女性、年纪较大的购物者和健康意识较强的消费者最可能只阅读标签上的标题文字，而不看具体说明部分。

另一个与信息的充分性有关的内容是单位定价（unit pricing）。单位定价是指零售商不仅要提供某一商品的总价，而且还需提供单价，如每千克或每 500 克袋装大米的价格。由于商场里同类产品品牌众多，而且包装大小、重量、规格各不相同，因此即使是受过良好教育的消费者也难以对哪些品牌更经济作出准确的判断。从理论上说，单位定价有助于消费者更好地选择。研究发现，处于更高社会地位的消费者往往比较低社会地位的消费者更多地运用单位定价进行决策。一些研究表明，增加信息提供量的措施很多并不一定有效，原因是存在信息超载。也就是说，消费者能够处理的信息量存在一定的限度，超越此限度再进一步提供信息可能适得其反。随着信息量的增加，消费者的满意感增加了，但他们的选择并没有变得更好。

3）警示与负面信息的披露

企业在信息提供过程中，通常只提及对其有利的内容，而对产品、服务所存在的局限则很少提及或有意掩饰。从营销者的角度，信息的披露确实可能影响到消费者对其产品的购买决策。比如，在食品、药品等涉及人体健康与安全的产品上，如果漏掉或隐瞒某些信息不仅使消费者不能很好地消费这些产品，而且可能给消费者造成身体上的伤害。典型的是"吸烟有害健康"的警示和药品上有关副作用和哪些病人忌用的强制性标示。

对于很多没有警示信息就无法消费或直接使用会给消费者带来伤害的产品，如绝缘材料、药品等，应当强制企业披露相关信息并作出适当的标示。对那些潜在危害尚存争议或在目前技术条件下其危害性尚无法确定的产品，是否提供这类信息，各国规定差异相当大。例如，手机上是否应标明有害身体健康的标示、利用转基因技术生产的食品是否影响身体，目前在不同的国家规定并不一样。

5. 消费者的疏忽性行为

对危害社会和消费者长期生活品质的行为，如吸烟、酒后开车、不按规定的剂量服用非处方药等，被称为疏忽性行为。为减少消费者的疏忽性行为，主要从两个方面采取措施：一是采用法律手段，如强迫人们系安全带、禁止刊播香烟广告、酒后开车予以处罚；二是运用营销手段，如刊播公益广告，开展大规模的宣传活动来劝导消费者自觉杜绝有害的疏忽性行为。

6. 网络安全

尽管电子商务和网络技术日趋普及和完善，但网络依然存在着其安全的脆弱性。尤其是金融结算体系还不能完全适应电子商务的要求，无法消除消费者对交易安全性的顾虑。网上交易首先要防黑客，还要防诈骗、防个人信息泄露。如果通过电子银行或信用卡付款，一旦密码被人截获，消费者损失就会很大；再有就是有些木马程序，会窃取消费者信息，侵害其隐私权。

11.1.3　企业对消费者权益保护的应对措施

1. 消费者权益保护与企业的社会责任

现代企业与个人消费者在市场主体地位上的不对称日益明显。首先是资源不对称。消费者无论是在人力、物力、财力还是在其他资源的拥有上，均无力与企业尤其是大企业抗衡。其次是信息不对称。企业对其所提供的产品拥有较充分的知识，相比较而言，消费者则可能缺乏这些知识，因此后者依赖前者提供信息。而企业提供的信息是否真实、可靠，是否充分，消费者在很多情况下不一定能及时作出判断，由此引发信息提供上的道德风险。最后是权利意识和自身保护能力的不对称。个人消费者力量薄弱，对法律、法规缺乏了解，使其在利益受到损害时常处于弱势地位。

以前，几乎所有的企业都认为企业的唯一使命是创造利润，现在持这种观点的企业虽然仍然存在，但比例却在不断下降。越来越多的企业开始认识到，除了创造利润，企业还应承担其他一些社会责任。从长远看，只有那些具有社会责任感并在经营活动中表现这种责任感的企业，才可能获得持续的成长。

面对消费者保护运动中所提出的各种问题，不少企业作出了积极的回应，并赢得了消费者的信赖。例如，IBM 公司制定了严格的公司商业守则，以使员工的行为和企业经营活动充分体现社会和职业道德的要求。也有一些企业尚未正确认识它们应承担的社会责任，在企业利润与消费者利益发生冲突时，一味注重自身利益，从而使自己陷入十分尴尬的境地。调查研究表明，不同类型的企业对消费者保护运动的反应，总体而言并不令人满意：①很少有企业有计划地对消费者保护运动作出协调性反应；②大多数制造商认为，消费者保护运动对它们的决策产生的影响甚微；③很多企业声称，它们已经是消费者导向型的企业，消费者保护运动不会对其产生冲击，言下透露出对这一运动的冷淡；④很多企业对消费者保护运动采取高度的防御心态，将其视为买卖双方的一场"战斗"。

由此看来，不少企业恐怕需要进一步提高保护消费者的责任意识，否则的话，企业和消费者在很多问题上的认知落差会不断扩大。

2. 建立有效的消费者反应系统

消费者的权益要得到充分的体现，就要求企业必须建立相应的反应系统。一个有效的消费者反应系统通常应包括以下 5 个方面。

1）了解消费者的实际感受

由于很少与顾客直接接触，企业的经理人员或高层管理人员常常对顾客的实际需求缺乏了解。例如，他们不与顾客在同样的渠道购物，没有那种经常性的囊中羞涩感，对通货膨胀的压力具有与后者完全不同的感受。自然，他们也很难理解顾客对相同事物的看法和反应。因此，企业建立消费者反应系统的第一步是让企业高层获得顾客的第一手资料，如通过站柜台、回答顾客抱怨电话和与顾客一起排队等候，来亲身感受顾客的内心想法。

2）举行消费者座谈会

可以每隔一段时间，邀请具有一定代表性的来自不同领域的消费者举行座谈会，让他们面对面地与公司高层交换意见和看法。通过这种方式，一方面可以了解消费者对公司、对公司的产品和经营活动的评价，另一方面可以就未来的一些具体政策、战略征求消费者的意见。

3）及时处理投诉和进行补救

现在很多公司都有专门的人员或机构接受和处理消费者的投诉，一些公司还把消费者的抱怨和投诉作为一种资源来开发。为了获得消费者的反馈信息，一些公司在产品或产品包装上附上了投诉电话。通过对消费者的投诉和抱怨的分析，可以发现企业产品和营销策略中存在的问题，从而改进企业的工作。另外，对不满的消费者及时补救，不仅可以消除他们的怨气，在很多情况下，还可以使他们成为企业的忠诚客户。研究表明，企业在抱怨和投诉处理上的费用支出，可以在顾客往后的重复购买和向他人推荐的过程中得到补偿。消费者向企业抱怨，通常是为了使其问题得到解决，因此企业应予以快速反应。遗憾的是，很多企业没能有效地做到这一点。例如，研究表明，23％的抱怨信是石沉大海，企业的反应有 1/3 令人失望，消费者收到企业答复信的平均时间超过 3 个星期。因严重消费问题而抱怨的消费事件中，超过 40％是以消费者非常不满而告终。

很明显，企业有必要切实采取措施改进营销系统，同时对消费者提供相关信息，使他们了解营销系统的运作情况，向他们宣传市场机制的作用和政府干预的局限性。因此如何缩短由于部门推诿所造成的时间拖延，是企业设计其投诉处理系统时应认真考虑的问题。

4）建立消费者事务部

对消费者保护运动成功地作出回应，要求企业在组织设置上做出相应的安排和调整，成立消费者事务部也许对改善企业和消费者之间的关系会有很大帮助。

消费者事务部主要有以下功能：接受和处理消费者的投诉；处理、分析与顾客沟通中的问题；为消费者提供公司产品、服务购买和使用方面的信息；作为公司内消费者保护的咨询与促进机构；负责与有关消费者保护组织的沟通和联系。

消费者事务部的作用体现在两个方面：一方面可在识别公司的哪些活动被消费者视为具有欺骗性或误导性上发挥重要作用；另一方面可以针对性地就此提出具体的解决办法。此外，公司在作出与消费者利益密切相关的重大决策时，也需要消费者事务部提供信息和意见。当然，消费者事务部能否有效地发挥作用，与企业高层对消费者保护的认识和态度密不可分。

5）提供消费教育

企业可以通过发展消费教育项目帮助个体成为合格的或更加明智的消费者。此类项目的着眼点并不是为了促销公司的产品，而是侧重提供有关消费方面的知识。例如，可口可乐公司曾经专门印制了一本如何向一家公司投诉的小册子，分发给消费者。由于该小册子提供了大量消费者如何向各种公司投诉的消费知识，所以对消费者非常有用。拿到这一小册子的消费者对可口可乐公司好感倍增，据说其中一半的人由此对可口可乐公司更有信心，并有 15％的人表示要更多地购买可口可乐产品。

消费者保护运动的目的是提高消费者在与企业交易时的权力与地位。这场运动之所以能够在世界大多数国家持续，根本原因是在现代市场经济条件下，个体消费者在市场交易过程中的弱者地位越来越突出。

消费者保护所涉及的内容非常广泛。在不同国家、同一国家经济发展的不同阶段，社会所关注的消费者问题可能会存在差别。在现阶段，儿童营销问题、环境保护问题、产品品质与安全问题、商品信息与标示问题、消费者的疏忽性行为问题、网络安全问题是很多社会所共同关注的。在解决这些问题的过程中，消费者行为研究可以发挥重要的作用。

面对消费者权益保护运动中提出的一系列问题，一些企业给予了积极的回应，但仍有很多企业没有以负责任的方式作出反应。实际上，保护消费者权益并不完全是一种外部的强制，在很大程度上，它是企业获得长期增长所必需的，是企业应当也必须承担的社会责任。为履行这一责任，企业应建立起有效的消费者反应系统。

阅读资料 11－2

中国消费者协会"年主题"

中国消费者协会从 1997 年起，通过每年确定一个主题的方式，开展"年主题"活动。所谓"年主题"，就是消费者协会在广泛宣传贯彻《中华人民共和国消费者权益保护法》的基础上，每年突出一个方面的内容，加强保护消费者合法权益的宣传，加大保护消费者合法权益的力度，使保护消费者合法权益工作不断地向纵深发展。

中国消费者协会历年主题如下。

1997 年：讲诚信反欺诈；　　　　　　　1998 年：为了农村消费者；

1999 年：安全健康消费；　　　　　　　2000 年：明明白白消费；

2001 年：绿色消费；　　　　　　　　　2002 年：科学消费；

2003 年：营造放心消费环境；　　　　　2004 年：诚信·维权；

2005 年：健康·维权；　　　　　　　　2006 年：消费与环境；

2007 年：消费和谐；　　　　　　　　　2008 年：消费与责任；

2009 年：消费与发展；　　　　　　　　2010 年：消费与服务；

2011 年：消费与民生；　　　　　　　　2012 年：消费与安全；

2013 年：让消费者更有力量；　　　　　2014 年：新消法 新权益 新责任；

2015 年：携手共治 畅享消费；　　　　　2016 年：新消费 我做主；

2017 年：网络诚信 消费无忧；　　　　　2018 年：品质消费 美好生活；

11.2　绿 色 消 费

当今时代，工业化浪潮以前所未有的速度和效率为社会创造了巨大财富，为广大消费者提供了丰富多样的物质生活，也给企业带来了巨额商业利润。但与此同时，人类赖以生存的自然环境也在遭受严重破坏。资源被大量浪费，环境被严重污染，生态面临失衡的威胁，人类开始感受到前所未有的生存危机。面对这样的困境，人类不得不重新审视自己的发展历程，寻觅一条新的可持续发展道路，绿色生产、绿色消费便应运而生了。

11.2.1　绿色消费概述

1. 绿色消费的含义

1）绿色消费

绿色消费是一种以"绿色、自然、和谐、健康"为宗旨，有益于人类健康和社会环境的新型消费方式，指消费者已经意识到环境恶化影响其生活质量及生活方式，要求企业生产并销售有利于环保的绿色产品或提供绿色服务，以减少对环境的伤害。在国际上，绿色消费已经变成了一个"广义"的概念，即节约资源，减少污染，绿色生活，环保选购，重复使用，多次利用，分类回收，循环再生，保护自然，万物共存。中国消费者协会在公布 2001 年消费主题——"绿色消费"的同时，也提出了"绿色消费"的概念，包括三层含义：一是倡导消费者在消费时选择未被污染或有助于公共健康的绿色产品；二是在消费过程中注重对垃圾的处理，不造成环境污染；三是引导消费者转变消费观念，崇尚自然、追求健康，在追求生活舒适的同时，注重环保，节约资源和能源，实现可持续消费。

绿色消费的主要原则如下。

(1) 节约资源，减少污染。地球的资源及其污染容量是有限度的，必须把消费方式限制在生态环境可以承受的范围内。为此，必须节制消费，降低消耗；控制废料的排放，减少污染。其中最为紧要的是节约用水。地球表面的 70% 是被水覆盖着的，但是，其中有 96.5% 是海水。剩下的虽是淡水，但其中一半以上是冰，江河湖泊等可直接利用的水资源，仅占整个水量的极少部分。水是珍贵的资源，不能浪费。其次，要减少废水排放，加强废水管理。工业废水、城市污水，都应及时处理，防止直接排入自然水体。除了水，空气污染也应重视，要减少废气排放。大气所受的污染，主要来源于燃烧煤所产生的烟尘、机动车尾气等。应当采取治理措施，污染物排放超过国家规定的排放标准的汽车，不得制造、销售或者进口。

(2) 环保选购，绿色购物。每一个消费者都要带着环保的眼光去评价和选购商品，审视该产品在生产过程中会不会给环境造成污染。消费者看哪种产品符合环保要求，就选购哪种产品；哪种产品不符合环保要求，就不买它，同时也动员别人不买它，这样它就会逐渐被淘汰，或被迫转产为符合环保要求的绿色产品，这样就可以引导生产者和销售者走向可持续发展之路。

(3) 重复使用，多次利用。为了节约资源和减少污染，应当多使用耐用品，提倡对物品进行多次利用。20 世纪 80 年代以来，一次性用品风靡一时，"一次性筷子""一次性包装袋""一次性牙刷""一次性餐具"等成为消费主流。一次性用品给人们带来了短暂的便利，却给生态环境带来了很大的破坏。在发达国家，曾风靡一时的"一次性使用"风潮正在成为历史。许多人出门自备可重复使用的购物袋，拒绝使用不可降解的塑料袋；许多大旅店已不再提供一次性牙刷，以鼓励客人自备牙刷用以减少"一次性使用"给环境所造成的灾难。

阅读资料 11 - 3

限 塑 令

据有关部门估算，全国仅每天买菜就要用掉 10 亿个塑料袋，其他各种塑料袋的用量每天在 20 亿个以上。我国快速消费品零售全行业每年消耗的塑料袋数量约为 500 亿个，消耗资金约 50 亿元。日本每年消耗的塑料袋约为 300 亿个，英国约为 170 亿个。我们每天大包小包拎回家的购物袋自然分解需要 200 年以上，即使所谓的可降解塑料袋，也不是可以完全降解的。白色污染的危害已经到了非常严重的地步。

按照国务院办公厅下发的《关于限制生产销售使用塑料购物袋的通知》，从 2008 年 6 月 1 日起，在全国范围内禁止生产、销售、使用厚度小于 0.025 毫米的塑料购物袋；所有超市、商场、集贸市场等商品零售场所一律不得免费提供塑料购物袋。

限塑令的出台，无疑是对环境保护和实施绿色消费起到了关键作用。

(4) 垃圾分类，循环回收。垃圾是人类生产与生活的必然产物。人类每天都在制造垃坂，垃圾中混杂着各种有害物质。随着城市规模的扩大，垃圾产生的规模也越来越大，垃圾处理的任务也越来越重。现有的办法是拉去填埋，但这种方法侵占土地、污染环境，不是长久之策。而将垃圾分类，循环回收，则可以变废为宝，既减少环境污染，又增加了经济资源。

（5）救助物种，保护自然。在地球上，生态环境是一个大系统，各种动物、植物互相依存。任何一个物种的灭绝，都会影响到整个生物链的平衡。人是地球上最高等的动物，但实质上也不过是生物链中的一环，人类的生存要依赖于其他生物的生存。因此，保护生物的多样性，就是保护人类自己。人类应当爱护树木，爱护野生动物，要将被破坏了的生态环境重新建立起来。

2）我国绿色消费现状

1996 年第八届全国人民代表大会第四次会议批准了《中华人民共和国国民经济和社会发展"九五"计划和 2010 年远景目标纲要》，正式将可持续发展确定为国家的发展战略。可持续发展是指既满足当代人的要求，又不对后代人满足其需求的能力构成危害的发展。结合绿色消费与可持续发展的定义来看，绿色消费是资源环境与经济可持续发展相协调的关键和重要保证。可以说，可持续发展战略的正式提出逐步开启了我国绿色消费的宣传和推广活动。

绿色消费近些年来得到了较为快速的发展。在经济飞速发展的今天，绿色消费越来越引起人们的关注，"绿色概念"已经成为一个国家、一个民族综合素质和文明程度的体现。各类绿色产品诸如绿色食品、绿色服装、绿色家电、绿色住宅等陆续在我国的消费市场上出现，由此可见绿色消费发展之迅速。尽管发展形势较为乐观，但总体看来绿色消费在我国仍处在发展阶段，绿色产品占总消费的比例仍然很低，要想实现普遍的绿色消费则需要进一步的发展。

阅读资料 11 - 4

中国绿色消费的观念和行动纲领

在 2003 年 4 月 22 日世界地球日之际，中华环保基金会向全国发出了"绿色志愿者行动"倡议书，提出了中国绿色消费的观念和行动纲领。

（1）节约资源，减少污染。如节水、节纸、节能、节电、多用节能灯，外出时尽量骑自行车或乘公共汽车，减少尾气排放等。

（2）绿色消费，环保选购。选择那些低污染低消耗的绿色产品，如无磷洗衣粉、生态洗涤剂、环保电池、绿色食品，以扶植绿色市场，支持发展绿色技术。

（3）重复使用，多次利用。尽量自备购物袋，自备餐具，尽量少用一次性制品。

（4）垃圾分类，循环回收。在生活中尽量地分类回收，像废纸、废塑料、废电池等，使它们重新变成资源。

（5）救助物种，保护自然，拒绝食用野生动物和使用野生动物制品，并且制止偷猎和买卖野生动物的行为。

2. 绿色消费者的心理特点

伴随绿色消费的蓬勃发展，一个新兴的群体——绿色消费者，逐渐地成长和成熟起来，下面介绍绿色消费者的心理特点。

1）绿色需要

（1）绿色需要的含义。

从广义上讲，所谓绿色需要，是指人类为了健康和可持续发展而产生的需要，这种需要的满足有利于人类的长久生活；从狭义上讲，绿色需要是指人类的"生态需要"，即由于人类生理机制中内在的一种对自然环境和生态的依赖性与不可分割性而产生的需要，也是人们为了满足生理和社会的需要，而对符合环境保护标准的产品和服务的消费意愿。

绿色消费需要是一种超越自我的高层次的消费需要，它不仅仅考虑自身的短期利益，而且更注重人类社会的长远发展，其内容主要包括：讲究经济实惠；讲求生态效益；符合平等、人道原则；减少非必要的消费；修理旧物；提倡使用再生资源制造的产品。

绿色消费需要是人类自身产生的并内化于人体之中的一种机制，是绿色营销存在与发展的原始驱动力和客观基础。绿色需要大致可分为三种存在状态：一是已满足的绿色需要；二是尚未满足的绿色需要；三是人们尚未意识到的潜在的绿色需要。

（2）绿色需要产生的原因。

消费者绿色需要的产生主要有以下原因。

① 严重的环境问题损害了人们的正常生活，引起人们的密切关注。绿色需要产生的因素是多方面的，但生态环境恶化是其产生的主要原因。恶劣的生活环境，对人类的威胁不仅是身体方面的，更是精神方面的，对环境的悲观预期及环境问题的复杂，会造成人类内在的不安、挫折、愤怒、绝望与无助感。人们产生了"生存危机"的感觉，所需要的健康和安全的感觉却没有得到满足，于是为了安全和健康的生活，人们的绿色消费需要就随之产生了。

② 消费者经济水平已达到一定程度，人们对环境质量和生活品质产生了更高的要求。随着经济的发展，人们的物质生活极大丰富，在这个大多数人无须再为温饱问题而忧虑的时代，追求高品质的生活成为人们日益关注的焦点。这种高品质注重"质"而非"量"，它使我们能够聆听自己发自内心的声音，追求一种真、善、美的和谐和自然的生活，使自己享受真正的快乐。生活品质和环境质量是息息相关的，对生活质量和自身快乐的追求成为人们绿色需要的又一内在动因。

③ 绿色消费形成流行时尚，促进绿色需要进一步扩展。人类的心理活动是微妙的，人们很容易受到外来环境的影响。如果说绿色需要的最初诞生是由于少数人推动保护环境的结果，那么成熟了的绿色需要在很大程度上是追赶绿色潮流的产物。当身边越来越多的人产生了绿色意识的时候，多数消费者才有了绿色需要。这种绿色需要的产生是一种被动的接受过程，大多数人都属于这种被动接受者。现代社会，绿色消费渐成时尚，再生资源的利用、节约能源、反对浪费、保护生态环境、主动承担社会责任等逐渐成为个人素质、修养、身份和地位高低的重要标志。在这种社会环境下，消费者追求社会需求引发的人类共同情感的积极性越来越高。所有这些都会对消费者心理产生良性刺激，促使其产生喜欢、认同和积极的态度。人们会自觉将绿色消费作为追求高品质消费的方式，并发展成为一种理所当然的消费行为。

④ 环境保护的宣传教育，科学知识的普及，以及传媒对环保运动的推动，提高了消费者在环保方面的知识与素质。很多人并没有意识到环境的恶化，他们对环境问题的认识完全来自绿色观念的宣传。如国际上把每年的 6 月 5 日定为"国际环保日"，每年开展声势浩大

的宣传活动；北京市建立的地球村环境文化中心，向参观者免费介绍中国环境保护的迫切性和重要性，从而不断培养消费者的绿色意识。这些活动都在促使消费者的绿色消费需要从无意识向有意识转化。人们思想素质的提高是绿色需要产生的又一促动因素。

（3）绿色需要与绿色需求。

如果说人类的需要是指没有得到某些基本满足的感受状态，人类的欲望是指想得到基本需要的具体满足物的愿望，那么当人们具有购买能力时，欲望便转化为需求。而所谓的"绿色需求"，狭义而言就是市场需求的生态化，是人类的生态需求在具体市场需求中的体现，或者说是人们的生态需求与物质需求在现代市场条件下的一种组合，即人类自身在日常生活中的吃、穿、住、行等方面的生态需求；而广义的"绿色需求"是指现代人类经济活动中社会经济系统对自然生态系统的生态环境资源需要的一种现实市场表现，包括人类经济活动对自然资源的消耗、人类经济活动对环境质量的消耗、人类自然的生态需要。

绿色需要在现实市场中可以转化和表现为有货币支付能力的绿色需求。但是，绿色需要与绿色需求有着原则上的区别，主要表现为以下三个方面。

① 绿色需要是客观存在的，而绿色需求是生产力发展到一定程度后，并且人的生态需要满足出现危机时才表现出来的。绿色需求可以主观控制，而且可通过市场机制加以调节和改变。

② 绿色需要受人体自然的制约，由人的感觉决定，而绿色需求除受制于绿色需要外，还受消费者的购买力，可供绿色商品的数量、质量、价格水平等因素的影响。

③ 绿色需要与绿色需求之间非同步和非同量。由于受生产力水平和人们货币收入量等因素的制约，绿色需求量总是远远小于同一时期的绿色需要量。

2）简约主义

简约主义又称极限艺术、最小主义、极少主义，是源于 20 世纪 60 年代兴起的一种非写实绘画雕塑，其理念在于降低艺术家自身的情感表现，而朝单纯、逻辑的选择方向发展。无论是在建筑、工艺还是时装设计界，简约主义都占有重要的一席之地。它主张利用有限的信息传达耐人寻味的意味，可以于纷乱之中保持清晰的脉络，更能在观者的记忆里提供精练的索引信号，给人留下深刻的整体印象。

随着绿色消费理念的兴起，简约主义被绿色消费者所借用，成为绿色消费领域中一种独特的心理倾向。消费者的简约主义心理特征表现为"少即是多""质量即是数量"。崇尚环境保护的绿色消费者更偏好于简单、节约，尤其对原材料和能源等资源的节俭。

3）引致效应

在人的行为方式中容易出现各方面趋于同一倾向的特点。这一特点在消费者的绿色消费行为中则明显地表现为一种"引致效应"，即人们对某一事物的态度会引起他们对其他同样具有引起该种态度因素的事物产生相同的反应。

绿色产品涉及各个行业领域，引致效应可以使消费者的绿色消费从一个领域扩展到另一个领域。比如，一个初次尝试绿色消费的家庭，刚开始也许只会尝试绿色食品，但如果感觉良好，就会增强他们对绿色产品整体概念的好感和信心，起到一种强化作用，进而开始扩大绿色消费的范围，如购买节能电器或进行其他绿色消费；而一旦感觉不好，也同样会引起反效果。有分析表明，"引致效应"对绿色消费者的影响要比对一般消费者的影响明显。

3. 绿色消费的心理过程

与一般消费者的心理活动过程一样，绿色消费者的心理过程也大致可分为认知过程、情感过程和意志过程三个环节。在这些过程中，绿色消费者的心理行为直接反映出绿色消费的个体心理特征；但与其他普通商品相比，绿色消费在消费内容和消费心理上又有其明显的特征。

1）绿色消费者的认知过程

消费者购买行为的心理活动是从商品的认知过程开始的，这一过程构成了消费者对所购买商品的认识阶段和知觉阶段，是其购买行为的重要基础。在认识的开始阶段，消费者从广泛的途径获取有关绿色商品的各种知识和信息，如"绿色食品""绿色家电"等，在心理上产生刺激，从而形成对绿色商品片面、孤立和表面的心理印象；随着绿色商品和绿色知识的不断传播，而完成了记忆、思维、想象等一系列复杂的心理过程。在此基础上，对绿色产品产生信任情感，在购买中借助于记忆，对过去生活实践中感知的商品和体验过的情感或有关的知识经验作出决定。所以在这个阶段，消费者需要大量的绿色商品知识和有关绿色消费的信息，在头脑中形成一定量的信息储存，以便在以后的购买决定中随时提取并作为决策依据。

2）绿色消费者的情感过程

消费者对绿色商品和绿色消费的认知过程是实施购买行为的前提，但并不等于必然采取购买行为。因为消费者生活在复杂的社会环境中，是具有独立思维能力的人，也是容易受多种因素影响的个体。因此，他们在购买时将必然受到生理需求和社会需求的支配，由于生理需求和社会需求会引起消费者产生不同的内心变化，造成消费者对商品的各种情绪反应，如果情绪反应符合或满足了其消费需求，消费者就会产生愉快、喜欢等积极的态度，从而导致购买行为；反之，如果违反或不能满足其消费需要，则会产生厌恶和抵触情绪，也就不会产生购买欲望和购买行为。

这里，需要引起重视的是消费者的社会需求及其所引起的情感，这是人类高级的社会性情感。这种情感具有稳定的社会内容，往往以鲜明的、突发性的情绪表现出来，对消费者的购买行为具有明显的影响力。

绿色产品或绿色消费恰恰能够最大限度地满足人们的生理需求和社会需求。如"绿色蔬菜"是指不用化肥、农药，不受其他化学污染的蔬菜；"绿色食品"是不用防腐剂及其他人工色素和化学品的食品，这些不仅满足了人们的基本生理需求，而且最大限度地保护了身体健康。"绿色冰箱"的制冷剂采用非氟利昂制品，节能、高效，可以保护地球大气层不受破坏并节约能源，注入了生态理念，满足了社会需求。上述绿色产品如果同时辅以良好的购物环境、优质的服务，可使消费者产生愉悦的心理情绪，从而刺激消费者的购买欲望。

3）绿色消费者的意志过程

绿色消费者往往是理性的消费者，在购买活动中表现为有目的、自觉地支配和调节自己的行为，努力克服自己的心理障碍和情绪障碍，实现预定目标。这一过程就是绿色消费者心理活动的意志过程。它具有两个基本特征：一是有明确的购买目标；二是排除各种干扰和困难，实现预定目标。

总而言之，消费者心理活动的认知过程、情绪过程和意志过程是消费者心理活动过程的统一，是密不可分的三个环节。这一过程对于绿色消费者也同样适用。所以，绿色企业只有充分认识各环节的内在特征，才能与绿色消费者进行有效沟通，从而实现二者利益的最大化。

11.2.2　影响绿色消费行为的因素

由于各种外在因素和消费者自身内在因素的共同影响，每个消费者的绿色意识程度和消费行为模式之间会有很大的差异，年龄、收入、教育水平、生活方式、观念和爱好等诸多方面都会大大影响着绿色消费行为的发生，其中对绿色消费行为影响最大的有以下几个方面。

1. 社会文化因素

一个社会及其文化的绿色程度，会直接影响着该文化群体的环境意识和绿色思想，进而影响绿色消费行为的模式。绿色消费也可以说是一种社会性的消费文化和消费习惯，绿色消费行为一般容易形成社会性的潮流趋势，其具体的消耗模式会被绿色社会文化所带动，或者说被绿色时尚所带动。一个社会的绿色文化和环境意识越强烈，该社会群体的绿色消费行为一般就会越成熟。

例如，绿色食品的安全健康和环保的观念不是每个人都能主动学习和接受的，即使接受也是有不同的看法和态度。据调查，有 20.8% 的居民知道绿色食品的标志但不知道其含意，另有 79.2% 的居民表示对此不了解。改变传统消费观念为现代消费观念是一项艰巨的任务，尤其在经济发展不平衡、受教育程度不同、生活习惯和消费习惯各不相同的中国，更需要进行长期有力的宣传教育，而这方面恰恰是绿色食品发展中的薄弱环节。

2. 绿色教育

绿色教育是指对公众进行的生态环境意识的普及和宣传，也包括通过公共关系、广告、产品说明等方式对消费者进行环保观念的强化。

绿色产品大多采用新的技术和材料做成，成本和生产工艺及市场开发费用相对高昂，具有较高的附加值，价位也较高。对一般消费者来说，初次接触时可能感到难以接受，必须通过一定的教育手段，使他们了解绿色产品的实质，即为什么是绿色，有什么优势，有哪些好处等。就社会层面而言，绿色教育有利于提高人们的环境意识，促进社会自然环境的改善；从企业层面看，绿色教育则积极引导了绿色消费，为绿色营销创造了更好的环境。绿色教育重在绿色观念的培养，而人的行为是受观念指导的，所以可以说绿色教育是绿色消费和绿色营销的前提。

政府、有关环保机构和行业协会等组织要承担起绿色教育的责任，主要进行对消费者、经营者、经销商等教育；生产企业也应积极参与其中，可以利用各种宣传工具和宣传方式如公益广告、专题活动等，积极传播环境保护和绿色消费知识，提高人民的绿色意识，推动绿色消费运动的发展，形成绿色消费的良好气氛和环境，促进绿色消费需求的增长，进而促进绿色消费市场的快速发展。

3. 绿色产品的质量

发展绿色消费市场遇到的问题中，最棘手的问题就是假冒产品的横行，消费者对假冒产品无法验证，往往在上当受骗后对绿色产品失去信任，从消费者本能的风险回避和简化购买决策过程的消费心理出发，他必然会对绿色产品敬而远之甚至全盘否定。

绿色产品的检验鉴定难度大，认证过程复杂，一些不法企业为追求高额利润不按照绿色标准生产，甚至把假冒伪劣产品当作绿色产品销售，形成了产品良莠不齐的现象。造成市场上到处都是"绿色"产品，真正的绿色产品可能得不到消费者的青睐，达不到应有的价格，真品打不过假货。例如,鞍山市嘉禾绿色食品开发有限责任公司私自仿印绿色食品标志,并将标志贴在各大蔬菜批发市场购进的普通蔬菜上,然后送往沈阳市各大超市,以绿色蔬菜的名义进行销售,严重地影响了绿色消费的开展。

4. 消费者自身因素

绿色消费者的购买决策最主要还是受个人特征的影响,包括年龄、家庭、生活周期、职业、经济环境、生活方式、个性及自我概念等,其中收入水平、消费成本、生活方式和受教育程度的影响最为突出。

(1) 收入水平。收入水平在一定程度上代表了消费者的购买力。一般来讲,绿色产品中消费品的比重较大,同时绿色产品的成本和价格相对较高,可见绿色产品的消费需求受到居民收入水平的影响非常大。中国大多数消费者由于收入水平的限制,绿色消费意识普遍较低。大多数理性消费者奉行"实用主义",尤其在居民整体收入水平还不算高的情况下,性价比仍是消费者购买产品的主要考虑因素。一项 7 个省 20 个地区的调查表明:"积极的绿色消费者"大城市占 40%,中小城市占 29%,农村占 8%;按人口数比重加权,"积极的绿色消费者"比重平均只有 13.3%。

(2) 消费成本。价格偏高是绿色产品得不到普及的重要原因,也是绿色产品企业面临的主要难题。顾客在购买绿色产品时不仅仅要付出货币成本,还要付出时间成本、精力成本和体力成本。这些成本对于不同的消费者,重要意义是不一样的。调低价格只是减少了在绿色食品购买时付出的货币成本。现实生活中,搜寻绿色食品信息、咨询,对绿色食品的寻找、比较、鉴别和购买所耗去的时间和精力体力比一般产品要多得多,即使有心购买绿色产品,也不知什么产品是绿色的、哪里有卖的,减少消费者的购买成本是要解决的重要问题之一。

(3) 生活方式。根据阿诺德·米切尔的划分法,消费群体有 9 种生活方式:求生者、维持者、归属者、竞争者、有成就者、我行我素者、经验主义者、有社会意识者、综合者。

在各种方式的人群中,求生者和维持者处于需求驱使阶段,他们缺乏经济资源,温饱问题尚未解决,不可能有实力关注环保,实施绿色消费;归属者、竞争者和有成就者处于符合客观外界标准的阶段,受客观外界影响较大,其绿色消费行为与所处环境的绿色化程度有关;我行我素者、经验主义者、有社会意识者和综合者已进入有自我看法的阶段,有其明确的价值取向,假如是环保者,一般情况下都是积极的绿色消费者。

(4) 受教育程度。通过全社会的绿色教育,对绿色消费会有很大帮助,因为从消费者自身而言,一个人的观念行为等大多是后天因素作用的结果;而教育则是其中非常重要的一个方面,受过良好教育的人,一方面对各方面知识有深入了解和正确认识,另一方面有较高的素质,往往会采取明智的行为,因此,教育从很大程度上影响一个人的绿色消费观念和行为。

11.2.3 促进绿色消费的营销策略

1. 倡导绿色消费意识

绿色产品有利于消费者的身心健康,改善生存环境。当今世界,人们对绿色产品越来越青睐。世纪之初,我国已全面启动"开辟绿色通道,培育绿色市场,倡导绿色消费"的"三绿工程"。目前我国消费者使用的绿色产品主要包括以下 5 类。

（1）绿色食品。绿色食品是指无公害、无污染、安全，经过有关部门认定，许可使用绿色食品标志的无污染的优质营养类食品。由于对绿色食品认识的误区，有的消费者把"绿颜色的食品"当作绿色食品，误把"天然食品"和绿色食品等同，我国每年因误食野生蘑菇中毒的事件屡有发生。

（2）绿色服装。绿色服装又称生态服装、环保服装。它具有保护人类身体健康，使其免受伤害，并具有无毒、安全的优点。在穿着和使用时，给人舒适、松弛、回归自然、消除疲劳、心情舒畅的感觉。消费者不能只为追求美观而购买化学纺织品、颜色过于鲜艳、式样不适合人体生理要求的服装。

（3）绿色家电。绿色家电是指在质量合格的前提下，高效节能，且在使用过程中不对人体和周围环境造成伤害，在报废后可回收利用的家电产品。例如，环保型微波炉、水处理机、防辐射手机等一系列家电产品，这些产品广泛地采用适合环保要求和保障人类健康的新技术，必将成为顾客的新宠。

（4）绿色家居。家居所用的装饰材料要选择经过放射性试验的石材、不含甲醛的环保型涂料及复合型环保型地板等新型装饰材料，而且要求在居室设计中，色彩要有纯天然的绿色创意和一种回归大自然的美感。家居要追求健康、宜人、自然、亲和的目标。

（5）绿色包装。绿色包装是在绿色浪潮冲击下对包装行业实施的一种革命性的变革，它不仅要求对现有包装不乱丢、乱弃，而且要求对现有包装不符合环保要求的要进行回收和处理，更要求按照绿色环保要求采用新包装和新技术。白色污染已经成为世界公害，提倡使用可重复利用和循环使用的包装物。

2. 加强政府监管

由于绿色产品能满足消费者追求健康、安全、环保，追求高品质生活的要求，同时由于绿色产品生产的高技术性要求和成本偏高的特点，使得其价格要比一般产品高，因而很容易成为制售假冒伪劣的目标。对于绿色产品市场鱼龙混杂的复杂局面，政府的严格监管非常重要，要加强绿色标志的管理，严厉打击不法厂商的违法行为，切实维护好消费者的权益，加强消费者对绿色产品的信心；同时政府要从可持续发展的战略角度出发，采取相关政策，鼓励企业进行绿色生产，满足消费者的绿色需求，促进绿色消费市场的健康发展。

3. 实行绿色营销

绿色营销是指企业以环境保护作为经营哲学思想，以绿色文化为价值观念，以消费者的绿色需求为出发点，力求满足消费者绿色需求的营销策略。它强调消费者、企业、社会和生态环境等四者利益的统一，以可持续发展为目标，注重经济与生态的协同发展，注重可再生资源的开发利用，减少资源浪费，防止环境污染。

目前，绿色浪潮席卷全球，绿色消费意识得到了各国消费者的认同。一项调查显示，75%以上的美国人、67%的荷兰人、80%的德国人在购买商品时考虑环境问题，有40%的欧洲人愿意购买绿色食品。企业在获取自身利益的同时，必须考虑环境的代价，不能以破坏或损害环境，来达到企业赢利的目的。

阅读资料 11-5

中国部分绿色标志

中国环保标志　　中国绿色材料标志　　中国环保产品认证标志　　环境保护协会标志

中国节水标志　　　　　回收标志　　　　　绿色食品标志

练习与实训

一、练习题

1. 什么是消费者权益？具体包括哪些权利？
2. 消费者权益保护主要涉及哪些领域？
3. 绿色需要是如何产生的？它与绿色需求有何异同？
4. 影响绿色消费行为的因素有哪些？

二、实训题

1. 收集身边发生的消费者权益保护事例，按类型进行划分。
2. 按绿色产品的主要类型，搜集相关企业的营销活动，并分析其营销策略。

案 例 分 析

中消协启动线下实体店无理由退货承诺活动

　　2018年3月15日，中国消费者协会在人民网新媒体大厦1号演播厅召开以"品质消费 美好生活"为主题的"3·15国际消费者权益保护日活动"。在活动现场，中国消费者协会 启动倡导线下实体店无理由退货承诺践诺活动，在全国范围内拉开线下实体店无理由退货承 诺的序幕。

苏宁易购、国美、沃尔玛、便利蜂、一得阁、日日顺、立昇、京东商城等企业率先响应做出承诺。

《中华人民共和国消费者权益保护法》第二十五条明确规定了网络等远程购物七日无理由退货制度，但是线下实体店购物尚未有无理由退货的法律规定。无理由退货有利于实现消费者的知情权、选择权、公平交易权等权益。为推进消费者上述权益的实现，充分发挥优秀企业的带头示范作用，中国消费者协会制定了《中国消费者协会倡导线下实体店七日无理由退货承诺践诺管理办法》。

苏宁易购、国美、沃尔玛、便利蜂、一得阁、日日顺、立昇、京东商城自愿开展七日无理由退货承诺活动，对于线下实体店中可以适用七日无理由退货的商品，参照网络无理由退货要求实施无理由退货。在承诺七日无理由退货的基础上，沃尔玛承诺：实体门店除店内公示的特殊商品及例外情况，消费者可享受普通商品 90 天无理由退货，新鲜易腐食品在沃尔玛购物广场可享受 14 天无理由退货。

中国消费者协会欢迎更多企业参与线下实体店无理由退货承诺活动。考虑到不同行业、门店、商品的特点，中消协倡导经营者可以采取一行业一承诺、一企业一承诺、一门店一承诺、一商品一承诺等形式，逐步务实推进。同时，中消协强调承诺单位应在实体店及官方网站上以显著的方式标明可以适用无理由退货的具体商品、退货条件等，方便消费者查询，接受社会各界的监督。

案例思考题

1. 请结合案例，分析线下实体店无理由退货承诺对消费者有哪些影响。
2. 结合个人实际，分析消费者权益还在哪些领域得到了保护。

参 考 文 献

[1] 霍金斯，贝斯特，科尼. 消费者行为学. 符国群，译. 北京：机械工业出版社，2003.

[2] 阿塞尔. 消费者行为和营销策略. 韩德昌，等译. 北京：机械工业出版社，2000.

[3] 科特勒，凯勒. 营销管理. 梅清豪，译. 12 版. 上海：上海人民出版社，2006.

[4] 多米尼克，夏代尔，拉祖. 消费者行为学. 李屹松，王飙，译. 北京：中国财政经济出版社，2007.

[5] 中国营销总监职业培训教材编委会. 消费者行为. 北京：朝华出版社，2004.

[6] 聂志红，崔建华. 消费者行为学教程. 北京：经济科学出版社，2005.

[7] 田义江，戢运丽. 消费心理学. 北京：科学出版社，2005.

[8] 江林. 消费者心理与行为. 3 版. 北京：中国人民大学出版社，2007.

[9] 李东进. 消费者行为学. 北京：经济科学出版社，2001.

[10] 符国群. 消费者行为学. 北京：高等教育出版社，2001.

[11] 吴健安. 市场营销学. 3 版. 北京：高等教育出版社，2007.

[12] 廖晓中. 消费心理分析. 广州：暨南大学出版社，2009.

[13] 荣晓华，孙喜林. 消费者行为学. 大连：东北财经大学出版社，2001.

[14] 臧良运. 消费者心理学. 北京：北京大学出版社，2009.

[15] 叶敏，张波，平宇伟. 消费者行为学. 北京：北京邮电大学出版社，2008.

[16] 韩小红. 网络消费者行为. 西安：西安交通大学出版社，2008.

[17] 陈岳林，窦路明，李怀萍. 管理心理学. 北京：清华大学出版社，2006.

[18] 成栋. 电子商务概论. 北京：中国人民大学出版社，2001.

[19] 徐萍. 消费心理学教程. 3 版. 上海：上海财经大学出版社，2008.

[20] 单凤儒. 营销心理学. 北京：高等教育出版社，2005.

[21] 汪玉光. 消费心理学. 北京：化学工业出版社，2008.

[22] 王官诚. 消费者心理学. 北京：电子工业出版社，2004.

[23] 王生辉. 消费者行为分析与实务. 北京：中国人民大学出版社，2006.

[24] 冯丽云，孟繁荣，姬秀菊. 消费者行为学. 北京：经济管理出版社，2008.

[25] 杨大蓉，陈福明. 消费心理理论与实务. 北京：北京大学出版社，2009.

[26] 张理. 消费者行为学. 北京：北京交通大学出版社，2008.

[27] 申纲领. 消费者心理学. 北京：电子工业出版社，2007.

[28] 李海岚，蔡国良，冯宗智，等. 简营销：大数据时代市场营销的逆向思维. 北京：机械工业出版社，2014.

[29] 麦克丹尼尔，兰姆，海尔. 市场营销学：案例与实践. 时启亮，朱洪兴，王慧，译. 上海：格致出版社，2013.